KB122417

경제육전과 육전체제의 성립

경제육전과 육전체제의 성립

윤훈표 · 임용한 · 김인호

혜안

책을 내면서

한국 중세법제사 연구회는 1989년 1월에 당시 연세대학교 대학원의 박사, 석사 과정의 재학생들(윤훈표, 이인재, 임용한, 김인호, 박진훈)로 구성한 세미나 그룹에서 시작하였다. 이때 시작한 작업이 『경제육전』 조문의 복원과 검토였다.

처음에는 『경제육전』 조문을 정리한 기존의 연구서를 통해 『경제육전』을 강독한다는 목적으로 시작했으나 세미나를 진행하는 중에 『경제육전』의 중요성에 놀라게 되었다. 조선전기사 연구에서 빼놓을 수 없는 핵심적인 내용 중에서 『경제육전』의 조문들이 차지하는 비중이 대단히 높았던 것이다. 더욱 놀란 사실은 『경제육전』의 조문 판독 방식과 분류에 대한 연구가 근본적으로 착종되어 있다는 사실이었다. 특히 『원전』과 『속전』의 판별에 오류가 많아서 주요 사료의 시간적 배열이 도치되는 경우가 많았다. 그러다 보니 태조대에 만든 법조문을 태종·세종대의 정책으로 이해하는 경우가 비일비재 했고, 이것이 누적, 확대되면서 조선초기 개혁론 및 국가체제의 성격과 변화 과정에 대한 착오와 오해를 양산하고 있었다. 동일한 조문을 서로 다른 기록으로 이해하거나 법조문의 원사료가 실록에 엄연히 기재되어 있음에도 법조문이 아닌 한때의 상소나 건의로 치부해 버리는 경우도 많았다.

이에 우리는 조선왕조실록과 문집, 지리지 등 사료를 섭렵하여『경제육전』조문을 추출하는 기초적인 작업부터 다시 시작하기로 하였다. 그리하여 약 1,045개의 기록을 추출할 수 있었다. 다음에 이 기록들을 검토하여 원전과 속전의 판본을 확정하고, 조문의 원형이 된 상소나 기록을 찾아 복원하였다. 이 작업은 약 3년간 지속되었는데, 3년간 설날과 추석 명절을 제외하고는 단 한 주도 쉬지 않고 세미나를 수행하였던 것이, 지금도 모든 성원에게 잊지 못할 추억으로 남아 있다. 그 작업의 성과물이 1993년 연세대학교 국학연구원의 이름으로 출간한『경제육전집록』이었다.

그러나『경제육전집록』은 충분한 연구결과를 설득력 있게 담아내지 못했다는 점에서 아쉬움이 많은 책이다. 원래는 역주본과 연구서를 포함한 일련의 연구서를 기획했으나 당시의 사정으로는 연구의 지속과 출간이 불가능했다. 이에 사료집 성격의『경제육전집록』을 출간하는 것에 만족할 수밖에 없었다.

이후로도 여러 번 연구서와 역주본의 출간을 시도했으나 여의치 않았다. 다만 위안이 되는 사실은 어려운 중에도 세미나를 중단하지 않고 지속해 왔으며, 연구에 참여했던 성원들이 개인적으로는 꾸준히『경제육전』연구를 토대로 한 연구성과를 발표해 왔다는 사실이다. 그러나 개별적인 연구성과로는『경제육전』의 편찬과정과 의의, 그 배후에 자리 잡은 개혁론과 국가체제의 구조를 밝히는 데는 어려움이 있었다.

2002년에야 공동연구의 성과물로 육전체제 성립의 전사(前史)인 고려후기의 법전편찬론과 사법체제의 변화를 정리한『고려시대의 형법과 형정』(『한국사론』 33, 국사편찬위원회)을 간행하게 되었다. 이 연구가 의외로 주위의 여러분들로부터 좋은 평가를 얻었고, 우리에게는 큰 힘이 되었다.

이를 계기로 세미나가 다시 활성화되었다. 연구회의 성원들은 개별적으로 『경제육전』과 관련된 연구성과를 발표하는 한편, 『경국대전』과 16세기의 법전 연구에 대한 일련의 연구계획을 수립하여 그 세미나를 지금까지 지속해 오고 있다. 그리고 2006년부터 그동안 개별적으로 발표했던 연구성과를 수합하여 재정리하는 작업을 시작하였고, 1년의 작업 끝에 이번에 한 권의 연구서로 묶어 출간하게 되었다.

겨우 여기까지 오는데 15년이라는 세월이 필요했다고 생각하니 무상하면서도 부끄럽기도 하다. 그러나 어려운 여건에서도 최선을 다했다. 회원 각자가 뿔뿔이 흩어져 서로 다른 연구팀에 속해 서로 다른 과제에 종사하면서도 시간을 쪼개 모여서 세미나를 지속했고, 연구를 진행할 시간이 없으면 개별연구를 수행하면서 토론과 격려의 끈을 놓지 않았다. 힘들여 짜 놓은 연구계획이 탁상공론이 되어 몇 년째 사장되어도 부끄러워하지 않고 몇 번이고 다시 펴서 계획을 짰다. 이 책의 목차도 처음 기획한 때가 1997년이었다. 지나간 시간에 대한 안타까움은 이제부터라도 『경제육전』의 역주본과 16세기 이후의 법전으로 이어지는 연구를 지속적이고 활발하게 수행함으로써 보상하고자 한다.

본 연구회가 법제사 연구에 주목했던 이유는 법전이 조선의 국가체제를 규명하는 최고의 단서가 되기 때문이다. 근래에 들어 『경국대전』 체제라는 용어가 연구자들 사이에서 크게 주목받고 있는 것도 바로 이와 같은 이유 때문이라고 생각한다.

그러나 『경제육전』의 규명 없이는 『경국대전』 체제, 크게는 조선의 국가체제에 대한 올바른 이해가 불가능하다. 그 이유는 크게 두 가지이다.

첫째, 조선의 국가체제와 각종 제도의 성격과 운영방식에 대한 근본적인 논의는 『경국대전』 편찬기가 아닌 『경제육전』의 성립기에, 그것도 개혁 주도세력의 급격한 교체와 반동적인 정책이 교차할 정도로 격렬하고도 극명하게 등장한다. 따라서 이 시기의 논의와 정책변동을 통해서만이 각각의 제도가 지니는 정치적, 사회적, 기술적 의미와 조선의 건국을 주도한 개혁파 사대부들이 지향했던 체제의 성격을 구체적으로 파악할 수 있다.

둘째로 조선을 일관하는 법제사적 원리들, 법전의 편찬원리, 법전의 편찬방식, 입법과 사법체제의 기초 역시 『경제육전』의 편찬기에 성립한다는 사실이다. 그러므로 『경제육전』의 편찬과정을 통해서만이 왜 그와 같은 독특한 법제와 입법체제가 성립했으며, 조선의 국가체제 개혁과정에서 새로운 법전과 육전체제의 도입이 늘 개혁의 중추에 놓여 있는 이유를 규명할 수 있다.

이 연구가 결실을 맺기까지 많은 분들의 도움을 받았다. 도서출판 혜안의 오일주 선배님은 연구실을 제공해 주셨고, 오랜 시간을 기다려 주시며, 이 책의 출판에 지원을 아끼지 않으셨다. 이 지면을 빌어 진심으로 감사를 드린다. 본 연구서의 저술에는 함께 하지 못했지만 지난 세월 동안 세미나를 함께 수행하면서 공동연구와 토론을 수행해 준 박진훈, 이정훈, 노혜경, 최숙 님께도 감사를 드린다. 아무쪼록 이 시작이 한국의 중세국가체제의 규명과 본 연구회의 지속적인 활동의 초석이 되기를 기원한다.

2007년 9월

집필자 일동

차 례

제 1 장
경제육전 연구와 시각

1. 경제육전 연구를 위하여

1) 경제육전 연구의 시각과 방법

『경제육전』에 대한 관심은 일찍부터 시작되었다. 일본학자들은 한국에 대한 기초적 연구로 법과 제도에 관심을 가졌다. 따라서 그들은 조선의 법과 제도가 어떤 내용을 지녔는지, 그리고 그것은 어떻게 만들어졌는지 등에 대해 연구하였다.

물론 여기에는 일본학계에서의 중국이나 자국사 연구의 동향과도 관계가 있다. 특히 중국에 대한 관심은 동아시아 세계의 형성에 대한 이해로써 한(漢)과 당(唐)나라 등의 법제에 기울여졌다. 그 중에서 기초적 연구는 당나라의 『대당육전』과 법률문서 등에 대해 집중적으로 이루어졌다.[1)] 이를 통해 일본학자들은 유럽 등과 다른 중국의 특성을 찾아내려 하였다.

또한 중요한 것은 이런 기초연구를 위해 이용한 법제 복원 방식이다. 그 방식이란 현존하는 법전 이외에 각종 문헌자료 속에서 법제자료를 찾는 것으로 시도되었다. 이러한 방식은 조선 법제의 기초조사와 복원에도 이용되었다.

사실 조선법의 기본적인 모습은 『경국대전』을 통해 확인할 수 있

1) 仁井田陞의 일련의 연구가 이를 뒷받침하고 있다. 예컨대 기초적 연구로는 『唐宋法律文書の研究』, 東方文化學院東京研究所, 1937 등이 있다.

다. 그러나 우리가 관심을 가진 조선왕조 최초의 법전인『경제육전』은 현존하지 않는다. 따라서 선행적인 작업은 일단 법전의 모습과 내용을 이해하는 면에 집중될 수밖에 없다.

이 문제에 관심을 기울인 학자가 경성제국대학에 있던 하나무라(花村美樹)였다. 그는 자신의 매우 긴 논문인「經濟六典について」(『法學論纂』第1部論集 第5冊, 1932)에서 복원을 시도하였다. 그의 복원은 조선왕조실록에서 보이는 경제육전에 관련된 기록들을 모으고, 그에 대한 간단한 해제를 붙인 것이었다. 당시 일반 연구자들은 쉽게 조선왕조실록에 접근하기 어려웠다. 그런 면에서 그는 유리했을 것이다. 하지만 그의 연구방식이 이후『경제육전』에 대한 관심과 복원의 기본 방식을 제공했다는 측면에서 중요하다.

하나무라(花村美樹)의 연구 이후에『경제육전』자체에 대한 관심은 한동안 멀어져 갔다. 근본적인 이유는 이 법전이 현존하지 않는다는 점, 그리고 국왕의 수교를 모아 놓은 임시적인 법전으로 생각했다는 점 때문이다. 즉『경국대전』이 조선왕조에서 완성된 법전으로 생명력을 지속했다는 점을 연구자들이 크게 의식했다는 뜻이다. 그 결과 법제에 대한 관심은 주로『경국대전』자체에 집중되었으며, 사실 이 분야의 연구 역시 해방 이후 커다란 과제 중에 하나였다. 그 결과『경국대전』에 대한 관심은 이 책의 번역과 꼼꼼한 주석으로 귀결되었다.[2] 이를 통해 법전에 대한 연구자들의 관심도는 이전보다 높아졌을 것이고,『경국대전』에 선행하는『경제육전』의 정리에 대한 필요성 역시 제기되었을 가능성이 있다.

그런데『경제육전』의 기초연구에 대한 것은 남한보다는 북한 쪽에서 먼저 이루어졌다. 북한의 학자들이 조선왕조실록 번역을 먼저 시작

2) 한우근 외,『譯註 經國大典』, 한국정신문화연구원, 1986.

한 결과인지는 모르겠지만, 그에 맞추어 『경제육전』 복원을 시도하였다. 대표적인 연구가 윤국일의 『경국대전연구』이다. 그는 『경국대전』의 선행적 이해를 위해 『경제육전』을 복원하였다. 그의 시각은 다음 서술에서 단적으로 드러난다.

> 『경제륙전』과 『경국대전』은 하나의 줄기로 이어진 리조초기의 성문법전으로서 서로 밀접한 사료적 관계를 가지고 있다……물론 『경제륙전』과 『경국대전』은 책이름이 다르지만 『경제륙전』의 편찬은 『경국대전』 편찬의 과도적인 작업으로 진행된 것이라고 본다……다시 말하여 『경제륙전』은 『경국대전』의 모체이며 『경국대전』은 이것을 모체로 하여 여러 차례의 수정을 걸쳐서 완성을 보게 된 것이다. 따라서 『경국대전』의 사료에 대한 연구는 반드시 『경제륙전』을 디딤돌로 하여 진행하여야 할 것이다.[3)]

우리는 여기서 『경제육전』이 『경국대전』으로 가는 과도적인 것이라는 시각을 엿볼 수 있다. 따라서 『경제육전』의 가치는 과도기적 법전이라는 점에서 낮게 평가받고 있다.

또한 그는 『경제육전』의 성격에 대해 몇 가지 지적을 하고 있다.[4)] 그 지적은 우선 수교집적인 성격이다. 즉 조선왕조의 최초의 성문법전이라는 특색과 관련된다. 두 번째로는 정도전의 『조선경국전』과 대비되는 국가의 통일법전으로 법적 효력을 지니는 관찬 법전이라는 점이다.

아울러 이 책에서는 『경제육전』의 원형을 복원하는 쪽에 힘을 기울였다.[5)] 복원 방향으로 윤국일이 주목한 문제는 우선 6개의 전(典)의

---

3) 윤국일, 『경국대전 연구』, 과학백과출판사, 1986, 5쪽.
4) 윤국일, 위의 책, 1986, 6~7쪽.
5) 이하의 내용은 윤국일, 위의 책, 1986, 14~18쪽에 의거하였다.

명칭과 순서를 밝히는 것이었다. 조선왕조실록의 기록을 모으고 참조해 본 결과, 그는 각 전의 이름과 구성은 『경국대전』과 동일한 것으로 보았다. 즉 여섯 개의 이, 호, 예, 병, 형, 공전의 순서로 이루어져야 한다는 주장이다.

둘째, 각 전에서 항목과 항목 안의 조문을 찾아내는 일인데, 이것은 쉽지 않은 일이었다. 왜냐하면 현재 남아 있는 실록의 기록에는 『경제육전』의 각 전이 몇 개의 항목인지, 또 그 이름이 어떤 것인지를 확인하기 어렵기 때문이다. 윤국일은 『경제육전』이 처음 나왔을 때부터가 아닌, 세종 때의 『신속육전』 단계에 이르러서야 항목을 설정했을 것이라고 보았다.

아울러 현재 남아 있는 『경제육전』의 항목은 실제 『경국대전』의 그것과는 큰 차이를 보인다고 하였다. 그 결과 복원에서는 원래 항목명이 남아 있는 것은 그대로 수록하고, 없는 것은 『경국대전』의 항목과 대비하여, 이를 이용하였다.

셋째 문제는 조문의 서술형식과 방법이다. 『신속육전』 서문 등에는 첫 『경제육전』의 원전에는 『경국대전』처럼 큰 글자였고, 이후 개정된 내용을 그 아래 작은 글자로 주석을 달았다고 하였다. 그리고 조문 내용은 『경국대전』과 달리 비준받은 문건의 내용과 날짜까지 그대로 수록했다는 것이다. 하지만 현재 복원에서는 본문과 주석의 내용 구분이 어렵기에 이를 구분하지 않고 그대로 수록하는 방식을 취했다. 그 결과 윤국일은 실록에서 550여 개의 관계 자료를 조선왕조실록에서 취합했고, 그 중에서 중복된 내용을 빼고 450여 개를 추려냈다. 그 중에서 그는 '육전에 의거하여(依六典)'라는 말이 들어가 실제 육전 조문인지 여부가 불투명한 자료를 제외하고 350여 개를 가지고 『경제육전』을 복원했다.

윤국일의 연구는 『경제육전』을 본격적으로 연구하고, 전체를 복원하려 했다는 점에서 큰 의미를 지닌다. 특히 그는 원형을 염두에 둔 복원방식을 채택하였고, 실록에 수록된 기본적 자료를 정리했다.

그럼에도 몇 가지 점에서 그의 연구가 문제가 없었던 것은 아니다. 우선 『경제육전』과 관련된 기록 탐색과 그 검토에 소홀한 측면이 있었다. 『경제육전』의 조문관련 기록은 그가 찾았던 450여 개를 훨씬 상회한다. 이 점은 뒤에 다시 설명할 예정이지만, 실록에 수록된 조문관련 기록은 거의 1,000여 개에 이른다. 따라서 윤국일의 복원은 기본적으로 보충되어야 할 기록이 많은 것이 되었다.

두 번째, 그는 『경제육전』의 판본에 따른 원형 복원을 하지 못했다. 『경제육전』은 모두 4차례의 간행을 거쳤다. 태조 6년에 처음 간행된 『경제육전』은 이후 세 차례의 개정작업을 거쳤다. 이번 우리 연구에서는 이를 각기 『원전』(태조 6년), 『속집상절』(태종 12년), 『신속육전』(세종 8년), 『신찬경제속육전』(세종 15년)으로 부르기로 한다.

그런데 윤국일의 연구는 각각의 간행본에 대한 신경을 쓰지 않았다. 단지 『원집』과 이후 판본 만으로 구분하여, 이를 각기 '원', '속', '등록'으로 구분해 놓았을 뿐이다. 다시 말해서 각개의 조문은 나온 시기 등을 고려해 볼 때 해당되는 간행본을 찾을 수 있다. 그러나 윤국일은 이 과정을 거치지 않았다.

여기에는 윤국일이 『경제육전』을 보는 시각, 즉 『경국대전』으로 가는 과도기적 성격의 책으로 보는 것이 은연 중에 작용하고 있다. 그렇기에 그는 과도기적 법전에 연구 역량을 집중하기 보다는, 『경국대전』 이해의 선행작업 정도로 보았던 것이다. 그럼에도 그의 복원방식과 기초연구는 이후에 큰 도움이 되었다.

남한 쪽에서는 『경제육전』에 대한 본격적 복원이 3년뒤에 이루어졌다. 이 작업은 해방 이후 법제사 연구에 많은 영향을 주었던 전봉덕(田鳳德)에 의한 것이다. 그는 일제하 경성제국대학 예과 시절부터 법제사에 관심을 가졌다. 이후 그는 나이토(內藤吉之助)와 하나무라(花村美樹)의 강의와 지도를 받았다. 따라서 그의 『경제육전』에 대한 관심은 이 시절부터 생겼던 것일 수 있다.[6] 그는 1983년 법조인 생활을 마무리한 이후 본격적으로 『경제육전』에 대한 연구를 시작하였다. 미국에 간 전봉덕은 조선왕조실록에서 약 1,000여개의 조문을 뽑아냈으며, 이것은 『경제육전습유(經濟六典拾遺)』라는 책으로 간행되었다.

그는 조선의 법전이 국왕의 명령인 수교로 구성되어 있고, 수교는 곧 입법행위라고 보았다. 그에 따라 법전편찬 과정은 영구하게 지킬 것과 임시법을 가려내고 이를 각기 다른 법전으로 만들게 된다. 후자는 등록으로 편찬된다는 뜻이다.[7]

그의 복원방식은 찾아낸 실록 기록을 6전으로 배치하고, 그 이하 항목 이름은 『경국대전』의 것을 원용했다. 그런 점에서 전봉덕의 책은 윤국일의 그것과는 다른 것이 되었다. 즉 윤국일이 항목 이름을 원 실록 자료와 『경국대전』의 것을 혼용했다면, 전봉덕의 책은 후자만을 취했던 것이다.

그 결과 윤국일이 지적했던 내용을 상기할 필요가 있다. 즉 『경제육전』의 원래 항목이름과 『경국대전』의 그것이 크게 다른 것이 많다는 점이다. 따라서 실록에 있는 『경제육전』 관련 조문을 뽑아 낸 후에, 이를 그대로 『경국대전』의 항목 이름 아래 배열하는 것은, 무리가 따르게 된다. 또한 충실한 원형 복원에도 문제가 있게 된 셈이다.

또한 윤국일과 마찬가지로 『원전』과 『속전』, 『등록』으로만 구분하여, 각 판본별의 충실한 복원은 이루어지지 못했다. 그럼에도 전봉덕의 책은 가장 많은 자료를 찾아내어 수록했다는 점에서 평가받을 만하다. 또한 이 책은 이후 한국사 연구자들에게 『경제육전』에 대한 연

---

6) 전봉덕, 『經濟六典拾遺』, 아세아문화사, 1989.

7) 전봉덕, 「해제」, 위의 책, 1989, 10쪽.

구의 필요성을 제기했다는 점에서도 의미가 있다.

이후 『경제육전』에 대한 연구는 연세대학교의 중세법제사 연구회에 의해 다시 이루어졌다. 1989년에 시작된 연구는 윤훈표, 이인재, 임용한, 김인호, 박진훈 등에 의해 『경제육전집록(經濟六典輯錄)』(국학연구원 편, 다은출판사, 1993)으로 첫 번째 결실을 이루었다.

이 책에서는 기존 연구서들의 문제를 극복하고자 다음의 몇 가지 점에 유의했다. 우선 그 방식은 기존의 『경국대전연구』와 『경제육전 습유』를 비교하고, 아울러 여기에 빠진 조문을 찾아내는 일이다. 그 결과 실록에서는 표와 같이 자료를 정리했다.

실 록	기록수	실 록	기록수
태조실록	14	예종실록	3
정종실록	8	성종실록	44
태종실록	188	연산군일기	0
세종실록	608	중종실록	9
문종실록	70	인종실록	0
단종실록	39	명종실록	2
세조실록	41	선조실록	1

그 외에도 조선전기 개인문집과 법전, 야사류 등에서도 몇 개의 조문이 발견되었다.[8)]

『경제육전』의 복원방식은 우선 항목이름에 대해 윤국일의 것을 채택했다. 그에 따라 원래 조문에 나오는 것은 그대로 쓰고, 없는 것은 『경국대전』의 것을 취하였다. 단, 항목에 따라 배열할 때에는 충분한 토론을 거쳤다. 물론 그럼에도 『경국대전』의 항목 아래 배열하기 어려운 조문이 있었다.

---

8) 전체 경제육전을 복원한 결과, 총 육전조문은 1,045개로 그 중에서 중복되는 내용을 제외한 조문수는 589개였다. 전체 중에서 조선왕조실록에 수록된 것은 총 1,027개이다.

둘째, 중요한 방식은 기존 연구와 달리 편찬된 간행본에 따라 조문을 구분했다는 점이다. 각 조문이 어떤 시기에 편찬된 법전에 소속되는지를 파악하여 이를 배치했다. 그것은 각기의 기록이 나온 시점과 실제 자료 상에 표기된 법전, 예컨대 '원전(元典)'과 같은 것들을 이용했다. 문제는 속전(續典)으로 나오는 경우에 어떤 시대에 나온 것인지를 밝히는 작업이었다. 이 책은 속전을 최대한 구분하였다. 『경제육전집록』의 최고의 장점은 법조문의 원수교를 찾아 복원하였다는 사실이다. 다만 원수교의 복원이 철저하게 수행되지는 않았고 복원과정에 대한 설명이 충분치 않고, 내용을 이해하기가 쉽지 않다는 결점이 있다.

『경제육전』 복원 자료집이 갖추어진 이후에, 이에 따른 연구논문들이 나오기 시작했다. 이제 해제가 아닌 『경제육전』 자료에 기반한 논문들이 등장했던 것이다. 물론 활발한 정도는 아니지만, 중세법제사연구회가 앞서 『경제육전집록』을 바탕으로 한 논문들을 쓴 것들이다.

여기에는 자료의 검토과정을 통해 얻어진 시각이 내재해 있다. 가장 큰 것은 국가운영론이란 전제 하에 『원전』과 『속육전』 등의 개혁방향에 대한 부분이다. 그 중 맨 처음에 나온 『원전』은 정도전과 조준계열의 개혁파 사류의 현실인식과 국가개혁 방향을 담고 있는 법전이다. 이것이 흔들리게 되는 것은 하륜 등과 같은 온건개혁파 사류들의 방향을 담은 『신속육전』이 나온 후부터라는 것이다.

그에 따라 법전에 입각한 연구는 각 시대별로 나온 판본에 따라 조문이 어떻게 변해가는지, 그리고 이것은 최종적으로 『경국대전』에 어떻게 귀결되는지를 보는 것이다. 그에 따라 우리는 조선왕조의 국가운영방향이 어떻게 변화하고 그 시스템이 정착하는지를 살펴보려 하였다. 이와 함께 현재까지 법전편찬과정과 법의 원리 등에 대한 기초적인 연구가 병행되었다.

이와는 달리 조선전기 이래 발간된 모든 법전편찬을 정치권력론의 입장에서 접근하는 연구도 등장했다.[9] 그 시각은 각 법전편찬이 왕권과 신권의 강약에 의거하여 이루어졌다는 것이다. 그러나 왕권론과 신권론이 조선의 국가체제를 이해하는 핵심적인 틀이 될 수 있는가라는 의문을 낳는다. 또한 이러한 연구는 법전 내용 자체에 대한 검토보다는 기존의 정치사 연구에서 도출된 틀을 선험적으로 적용했다는 한계가 있다.

2) 경제육전 연구의 성과

이 연구는 『경제육전』에 대한 최초의 본격적이고 종합적인 연구이다. 이 연구는 원래 1997년에 기획했던 것이다. 당시 연구주제와 목차를 정하고, 연구원별로 분담하였으나 여러 사정으로 인해 단행본 출간을 보류하고, 연구원 각자가 개별적으로 발표하게 되었다.[10] 2006년부터 그간에 발표한 논고를 수합한 뒤 처음에 기획했던 목차에 따라 배열하고, 전체 체제에 맞추어 논고도 대폭 수정, 보충하였다. 또 학술지에 발표할 수 없었던 글들을 새로 저술하여 첨가하였다.

본 연구회가 추구하는 목적은 궁극적으로는 한국의 중세국가체제의 구조와 특성을 규명하는 것이다. 한 국가의 상부구조와 운영의 메

---

9) 대표적으로는 오영교 편, 『조선 건국과 경국대전체제의 형성』, 혜안, 2004.

10) 본고에 수록한 글의 토대가 된 논문들은 다음과 같다. 김인호, 「김지(金祉)의 주관육익 편찬과 그 성격」, 『역사와 현실』 40, 2001 ; 김인호, 「여말선초 육전체제의 성립과 전개」, 『동방학지』 118, 연세대학교 국학연구원, 2002 ; 윤훈표, 「경제육전의 편찬과 주도층의 변화」, 『동방학지』 121, 2003 ; 윤훈표, 「고려말 개혁정치와 육전체제의 도입」, 『학림』 27, 2006 ; 임용한, 「조선초기 법전 편찬과 편찬원리」, 『한국사상과 문화』 6, 1999 ; 임용한, 「경제육전의 편찬기구 - 검상조례사를 중심으로-」, 『조선시대사학보』 23, 2002 ; 임용한, 「조선초기 의례상정소의 운영과 기능」, 『실학사상연구』 24, 2002.

커니즘을 규명하기 위해서는 국가 운영의 모체가 되는 법전을 분석하는 것이 필수적이자 기초적인 과정일 것이다. 『경제육전』은 육전체제에 기초한 최초의 법전으로서 이러한 연구의 시발점이 된다.

그러나 『경제육전』 중세국가체제의 규명에 있어서 최초라는 시간적 의미 이상의 중요성을 지닌다. 『경제육전』의 편찬과정은 육전체제에 기초한 새로운 법치국가의 틀과 규칙을 창조해 가는 과정이었다. 여기에는 고려의 국가체제에 대한 반성, 새로운 국가에 대한 이상과 개혁론의 갈등, 새로운 제도와 정책의 시행과정에서 발생하는 시행착오의 과정이 내포되어 있지만, 법의 의미와 기능, 법의 적용방식, 일사부재리의 법칙과 같은 근원적인 법리(法理), 입법방식과 법전편찬방식, 행정부와 입법부의 분리, 법조문의 표현방식, 상위법과 하위법의 구분과도 같은 다양한 고민을 해결해 가는 과정이기도 했다. 그리고 이와 같은 한 세기의 산고를 거쳐 『경국대전』체제라는 육전체제가 성립하게 되는 것이다.

따라서 『경제육전』의 성립과 변천과정에 대해 고민하지 않고는 15세기 개혁론의 흐름과 정책의 의미, 조선의 법체제와 법전의 구성원리와 특성을 제대로 파악할 수가 없다. 이것이 『경제육전』이 지니는 가치이자 의미라고 할 것이다.

이와 같은 문제의식을 단 한 권의 연구서로 담아낼 수는 없었다. 그러나 이러한 지향 하에서 단계적인 접근을 시도하려고 하였다.

1장은 본 연구의 서설로서 『경제육전』의 연구사 및 한국 법제사 연구의 연구사 및 방법론에 대한 검토이다. 『경제육전』에 대한 검토에서는 오랫동안 지속되었던 『경제육전』 조문의 판독 및 판본 판별방식에 대한 실증적 오류를 검토하고, 그것이 야기한 연구사적 오류에 대해 살펴보았다. 법제사 연구에 대한 검토는 일제 하에 시작된 조선 법제사 연구와 그 극복과정에 대해 사학사적으로 검토하였다. 여기에서는 그간의 법제사 연구가 법 조문에 대한 실증적 검토보다는 논쟁과 정치사적 배경에 의존하여 진행되었던 잘못을 지적하고, 바람직한 극복방향에 대한 의견을 개진하였다.

2장에서는 고려후기에 등장한 고려 국가체제에 대한 반성이 육전체제로 귀결되었다는 관점에서 『경제육전』 편찬의 전사(前史)를 고찰하였다.

① '고려후기 주관육익의 편찬과 성격'은 국가운영과 법체제의 정비라는 차원에서 주관육익을 검토한 책이다. 주관육익의 저자인 김지(金祉)가 개혁파 사류와 밀접한 관련이 있는 인물임을 논증하였다. 이어 주관육익이 형식적으로는 원나라 법전의 편찬방식을 참고한 종합서와 같은 것이지만, 내용적으로는 고려말기 조준 등의 급진개혁파 사대부들의 개혁방향과 일치하는 자료수록서로서의 성격, 즉 법전적 성격을 지향하는 책이었음을 밝혔다. 이는 고려후기 사대부들의 고민이 육전체제로 모색되어 갔음을 보여주는 증거이기도 하다.

② '고려말 육전체제의 도입'은 고려말에 집권한 개혁파 사류들에 의해 체제 개혁이 시도되고 그것이 육전체제와 법전편찬으로 연결될 수밖에 없었던 이유와 과정을 고찰하였다. 구체적으로 위화도회군 이후 조준을 중심으로 한 개혁파의 개혁론을 고찰하고, 이들이 추구한 통치제도 개혁의 요체는 육전체제의 도입이었음을 논증하였다. 육전체제의 도입은 곧 통치체제 전반에 걸친 개혁을 의미하는 것인만큼 이 전체의 내용을 체계적으로 집약시켜 놓은 법전편찬이 개혁의 주요한 내용으로 들어갈 수밖에 없었다.

3장은 경제육전에 대한 본격적인 분석으로 편찬과정과 주도세력, 판본별 특징, 『경제육전』 조문의 입법과정과 형성과정에 대한 법제사적 고찰을 다루었다.

① '조선경국전과 경제육전의 성격'은 육전체제의 실현과정으로서

『조선경국전』과 『경제육전』에 대한 비교이다. 고려후기부터 시도되던 육전체제의 성립과 법전편찬은 조선 건국 후에 『조선경국전』과 『경제육전』이라는 두 개의 법전으로 실현되게 된다. 이는 김지의 주관육익 이후 육전체제에 따른 집권적 국가운영형태를 염두에 둔 법전편찬이었다. 특히 『조선경국전』에 대해서는 그동안 이 책이 정도전의 사찬서라는 성격 때문에 개인의 저서로 간주되었고, 『경제육전』과의 차별성에 주목하는 경향이 있었다. 그러나 『조선경국전』 역시 기존에 발표된 법령을 찬집한 법전으로 이것은 당시 정도전 계열의 급진개혁파들의 입장과 체제정비 방식을 대변한 것이라고 할 수 있다. 경제육전의 육전체제로의 편찬은 이후 조선법제와 통치기구와 그대로 연계된다. 따라서 이후 조선법의 체계는 여기에 기초하여 이루어진다는 점에서 육전체제의 성립은 그 의미가 크다고 할 것이다.

② '경제육전의 편찬과정과 판본별 특징'에서는 『경제육전』의 4개의 판본, 『원전』, 『속집상절』, 『신속육전』, 『신찬경제속육전』의 편찬과정, 체제, 판본별 특징에 대한 총괄적 설명이다. 정치적 상황과 정황증거에 의한 추론적 접근을 지향하고, 복원한 『경제육전』의 조문을 토대로 실증적인 검토와 복원을 수행하였다. 특히 4번에 걸친 『경제육전』의 재편찬과 개량과정을 수교집 체제라는 법전 양식의 자체적 한계라는 측면과 정치세력의 변동에 의한 개혁론의 차이라는 양면적 관점에서 각 판본의 특징을 고찰하였다.

③ '경제육전의 편찬주도세력'에서는 경제육전의 편찬을 주도했던 각 세력과 그들의 정치적 입장의 차이를 고찰했다. 『경제육전』의 개정은 정치세력이 변동하면서 각 세력의 입장과 개혁론의 차이에 따라 기존의 법을 폐기하고, 새로운 법을 도입하는 과정에서 발생하였다. 그러나 정치세력 간의 입장이 통일된 것은 아니어서 정치세력이 개혁론에 따라 명확하게 구분되는 것은 아니다. 정치적 상황의 변동에 따

라 개개인의 정치적 입장이 바뀌기도 하고, 개별 정책을 둘러싸고는 그들 간에도 입장이 착종되기도 하였다. 그러므로 개혁론의 구조와 성격을 이해가기 위해서는 개혁세력에 대한 이해가 필요하고, 개혁세력을 이해하기 위해서는 면밀한 고찰이 필요하였다. 본 연구에서는 편찬세력을 최초의 편찬그룹이었던 정도전, 조준 그룹, 속집상절 편찬을 주도한 하륜, 그리고 양자를 종합하고, 편찬을 완료했던 세종대의 편찬주도세력으로 분류하고, 각 법전의 편찬 당시의 정치적 상황과 법전 편찬의 상호관계를 고찰하였다.

④ '법조문의 성립과 법전편찬 원리'는 법안의 기안과 성립, 법전 조문의 성립과정, 『경제육전』의 편찬과정에서 발생하여 조선의 독특한 법전편찬 원리가 된 조종성헌존중주의와 각주 수정방식, 정전(正典)과 등록(謄錄)의 분류에 대한 기원을 추적한 글이다. 법조문의 성립 과정은 『경제육전』 조문이 발의, 기안, 성립하는 과정을 고증을 통해 추적하여 복원하였다. 다음으로 『경제육전』이 수교집 형태라는 특성에 착안하여 수교집 체제의 법전이 지니는 장점과 단점, 법 운용상의 문제와 한계를 논증하고, 이 한계를 극복하는 과정에서 각주 수정방식이나 정전과 등록의 분류와 같은 독특한 원칙이 발생했으며, 궁극적으로는 『경국대전』이라는 새로운 형태의 법전으로 변화하게 된다는 점을 논증하였다.

4장은 『경제육전』의 편찬을 담당했던 법전편찬기구에 대한 고찰이다. 『경제육전』은 4번의 개정을 거쳤는데, 그때마다 법전편찬기구가 새롭게 바뀌었다. 이 변화의 근저에는 정치세력의 변동이라는 측면도 있지만, 입법부와 행정부의 분리라는 중세국가가 지닌 근원적인 고민이 내재해 있었다. 대체로 태조~태종대에는 정치세력과 편찬주체라는 측면이 두드러진다. ① '경제육전 원전의 편찬과 검상조례사', ② '속집상절과 편찬기구의 독립'은 이 같은 측면에서 법전편찬기구의 설립과 운영과정을 고찰했다. 특히 태종대의 법전편찬은 하륜이라는 개인에 의존하는 바가 높아서 하륜의 정치적 지위의 변동에 따라 거의 위인설관(爲人設官)적으로 법전편찬기구가 자주 변동하였다. 결과적으로는 이것이 『속집상절』이 단명한 원인이 되었다.

세종대 이후에는 위인설관적인 기구 설립을 반성하고, 합리적이고 체계적인 편찬 시스템의 마련을 추구하는 노력이 발생한다. ③ '세종대의 변화와 입법기구의 상설화'는 이 과정을 고찰한 연구이다. 세종대에는 그간의 법전편찬기구가 지닌 단점과 모순을 해결하기 위해 의례상정소를 상설기구화하고 의례상정소에 입법기능을 대폭 부여하였다. 이러한 개혁의 결과로 『경제육전』을 완성할 수 있었다. 하지만 『경제육전』을 완성하고 보니 행정부의 중추세력이 의례상정소의 요직을 차지하게 됨으로써 행정부와 입법부가 중복되고, 의례상정소가 소정부화하는 폐단이 나타났다. 이에 세종은 상정소의 폐지를 결단하게 되는데, 이후로 조선에서는 법전편찬의 필요성이 등장할 때마다 임시기구를 세워 법전을 편찬하는 것이 관행이 되었다. 이것은 행정부와 입법부가 분리되지 않은 중세국가체제가 지닌 근원적인 한계였다. 그러나 비록 실패하기는 하였어도 세종대의 시도는 이 같은 중세국가체제의 한계가 법전편찬의 걸림돌임을 인식하고, 그 극복을 시도했었다는 것으로 역사적 의미를 지니는 것이었다.

3) 연구의 의미와 과제

『경제육전』 연구의 의의는 크게 세 가지로 정의할 수 있다. 첫 번째, 『경제육전』 조문의 시간별 순서를 복원하고, 법조문의 존재형태에 대한 새로운 파악 방법을 제공할 수 있다는 것이다. 그간의 연구에서는『경제육전』조문의 판본별 순서를 잘못 이해하거나, 문헌기록에 어엿이 남아 있는 법조문의 기록을 상소나 건의문으로 인식하는 경우가 대단히 많았다. 이러한 오류를 교정하는 것은 제도사 연구에 크게 기여할 수 있을 것이라고 생각된다.

두 번째로 정도전, 조준과 같은 개혁파 사대부의 구상과 조선전기의 국가체제에 대한 보다 구체적이고 입체적인 분석을 가능하게 한다. 개혁파 사류의 구상과 조선 건국의 의미에 대해서는 지금까지 많은 연구가 행해졌지만, 왕권론과 신권론 등 몇 개의 추상적 원칙에 의해 그 성격을 규정하고 규정받고 있는 것이 가장 큰 한계라고 하겠다. 『경제육전』의 연구는 이들의 정책과 변천사항을 실증적으로 보여줄 뿐 아니라 육전체제라는 정리되고 종합된 틀 안에서 제공해 주는 장점이 있다. 그러므로『경제육전』을 통한 연구는 이들의 정책과 국가체제에 대한 구조적인 인식의 틀을 넓히는 데 도움이 될 것이다.

세 번째로『경국대전』이후 조선시대 법제사의 과제들에 대한 연구의 단서를 제공해 줄 수 있다.『경제육전』의 편찬과정은 조선시대 법전편찬 원리 및 법리의 형성과정이기도 하다. 그러므로 이 과정의 분석을 통해 얻은 정보들은 조선시대 법제사의 여러 과제들,『속록』이나『등록』,『수교집록』과 같은 정전 이외의 법전들,『경국대전』이하 4대 법전 이외의 여러 법전들에 대한 새로운 시각과 방법론을 제공할 것이다.

그러나 이와 같은 의의를 달성하기 위해서 이 연구는 아직 작은 한 걸음에 불과할 뿐이다. 특히『경제육전』의 각 판본의 내용적 특성이나 개혁론의 차이에 대한 설명은 아직까지는 부분적이고 피상적인 결론의 단계에 머물러 있다. 이 부분을 확정하기 위해서는『경제육전』에 대한 세밀한 역주 작업과『경제육전』이 수록하고 있는 각종 제도들에 대한 개별적인 고찰들이 보다 풍부히 집약되어야 할 것이다.

2. 법제사 연구의 발전방향과 방법론

1) 연구사를 출발하며

조선시대는 이전 고려시대와 다르게 국가의 공식적인 법전이 출간되었다. 『경제육전』으로 시작된 법전편찬은 16세기 『경국대전』의 완성으로 일단락된 이후에, 19세기 『대전회통』까지 증보와 수정이 이루어졌다. 또한 다양한 수교집과 국가운영에 필요한 법전이 만들어졌다.

이러한 법전이 조선왕조의 국가운영과 사회적 변화를 이해하는 첩경임을 말할 나위가 없다. 그 결과 법전을 통한 법제 연구는 일찍부터 시작되었다. 우리의 근대학문의 대부분이 그렇듯이, 법제연구는 일본학자들에 의해 한국사회나 역사 이해와 결부되어 시작되었기 때문이다. 여기에는 메이지 유신 이래 일본이 근대화를 추진하는 가운데, 법제에 대한 중요성과 그에 대한 학문적 관심이 고조된 배경이 있다. 또한 일본학자들이 동아시아 국가들에 대한 제국주의적 침략에 필요한 학문적 요구에 부흥한 것이라는 점도 간과할 수 없다.

자연히 일본의 초기 한국법제연구는 이러한 시대상황과 관련이 깊다. 요컨대 초기 법제연구는 한국연구의 일환으로 추진되었다는 점, 그것이 사실상 중국사회나 역사연구의 시각 및 편견과도 깊은 연관성을 지닌다는 점이 중요하다.

우선 본고는 1945년 이전 일본인의 법제사 및 법전에 대한 연구 시각과 방법을 중심으로 살펴보려 한다. 앞서 말했듯이 법제사 연구는 일찍부터 시작되었고, 이에 대한 연구시각과 방법은 후대 학자들에게까지 커다란 영향을 주었다. 특히 본고의 초점은 법전편찬과 법전 자체를 보는 시각에 둘 예정이다. 법전편찬에 대한 시각은 편찬 당시의 정치적 상황과 결부시켜, 법전의 성격을 규정하는 것으로 이어진다. 그 결과 이 시각은 법전 자체로 끝나는 것이 아닌 정치제도사를 규명하는 것에까지 연결된다. 예컨대 중앙정치기구인 의정부 변천에 대한 시각은 법제를 보는 그것과 긴밀하게 연결된다. 부언하자면 의정부를 고찰하는 시각이 정치사의 국왕권과 재상권 대립 속에서 검토되었고, 이는 법제 연구의 시각에서 출발했다는 점이다. 이처럼 양자는 밀접한 관련을 지녔고, 법제의 연구사적 검토는 이런 점에서 의미가 있다. 그러나 모든 논자들을 다룰 수 없기에 중요한 인물들만 검토의 대상으로 한다.

두 번째 장에서는 1945년 이후 한국사 연구자들에 대해 살펴볼 예정이다. 사실 법전이나 법자체에 대한 연구는 많은 편이 아니었다. 원래 연구성과는 법과대학과 역사학계의 일부 학자들에 의해 이루어졌다. 물론 최근에는 법전이나 법에 대한 연구가 크게 증가하고 있는 실정이다. 그러나 본고에선 주로 연구의 기초적인 시각과 방법에 유의할 예정이므로, 1970년대까지의 성과를 중심으로 살펴보려 한다.

본고가 주대상으로 한 법전은 『경제육전』과 『경국대전』이다. 그 중 전자는 현재는 남아 있지 않은 법전으로, 최근까지 『조선왕조실록』 등을 통해 나름대로의 복원작업이 이루어졌다. 『경국대전』의 중요성은 두말할 나위가 없다. 조선의 가장 기본적 법전이므로 그에 대한 시각은 조선왕조를 바라보는 그것이라고 보아도 과언이 아닐 것이다.

2) 일제하 연구의 시각과 방법

한국법제에 대한 연구는 아사미 린타로(淺見倫太郎)로부터 시작된다. 그는 1906년 7월부터 통감부 법무원에 근무하게 되어 한국에 오게 되었다.[1] 이후 그는 경성에서 1919년 3월까지 총독부 법원에 있으면서 조선의 문헌을 연구하였다. 그의 문헌 연구는 본인에 따르면 고서와 금석문에까지 미쳤다.

그 결과 그는 한국법사에 대한 최초의 저서인 『조선법제사고(朝鮮法制史稿)』를 1922년에 펴내게 된다. 그는 이 책의 목적과 문제의식을 다음과 같이 밝히고 있다.

> 본론의 목적은 조선반도에서 상고로부터 민족이 원시적 생활을 하게 되는 시대에서 현재 제국의 영토가 된 것에 이르는 법률적 변천을 서술하는데 있다. 종래 조선사회는 우리의 중세시대와 같이 오랜 쇄국상태에 있었기에, 그들의 자발적 문화에는 하등에 배워야 할 것이 있지 않다는 이유로, 우리는 이를 아는 것에서 실제적 필요를 느끼지 않았고, 이로써 반도에 관한 연구는 어느 방면보다도 소략을 면치 못하였다.……[2]

여기서 우리가 짚어볼 점은 그의 저서가 원시생활부터 현재까지의 통사로 기획했다는 점이다. 그 때까지 한국사 연구의 수준과 통사적인 책이 별로 없는 상황을 고려한다면, 그의 저서는 최초의 법제사적인 통사라는 점에서 의미가 있다.

그러나 그의 연구는 당시 일본 연구자들이 대개 그러했듯이 일본의

---

1) 淺見倫太郎, 『朝鮮法制史稿』, 巖松堂書店, 東京, 1922, 2쪽. 이하 서술은 이 책에 의거하였다.
2) 淺見倫太郎, 위의 책, 1922, 11쪽.

우월감을 전제로 하고 있다. 위 서술에서는 한국이 일본의 중세처럼 오랫동안 쇄국상태로 있어, 한국문화에서 배울 것이 없었다는 점을 비판한다. 하지만 그는 주변인들이 생각하는 한국문화의 영속성과 폐쇄성에 대해서만 언급을 하고 있을 뿐, 그에 대한 반대의견이나 원인분석을 하지는 않고 있다. 다만 연구의 소략성만이 그의 문제의식일 뿐이다. 그런 점에서 아사미 자신도 주변 학자들의 시각에 일정 정도 동조하고 있는 것이다.

이 점은 그가 1916년 조선총독부가 발행하는 『조선휘보(朝鮮彙報)』에 실은 논문에서도 확인할 수 있다. 그는 조선이 세계역사에서 고립된 존재라고 보면서 그 문물이 침체, 부패한 상태라서 마치 일본의 헤이안 시대 사회를 보는 것 같다[3]고 하였다. 이처럼 그의 한국사관은 정체 상태로 지속되어 왔다는 정체성론에서 벗어나지 못하고 있다.

그런데 그는 이런 상태에 대한 변화계기로, 갑오개혁(1894)을 통한 육조와 한문 법전의 폐기에서 찾고 있다. 갑오개혁이 일본과 밀접한 관련을 가지고 추진된 것이라서, 그는 이를 근대적 개혁의 일환으로 간주했던 것이다. 나아가 그는 법전에 대한 소개 속에서 『경국대전』, 『대전속록』, 『대전후속록』, 『수교집록』, 『전록통고』, 『속대전』, 『대전통편』, 『대전회통』을 주요 법전으로 간주하였다. 그리고 그는 그 외의 법전으로 태조 3년에 나온 『경국원전』, 세종 12년의 『경제육전』, 국한문 혼용체인 『형법대전』이 있다고 하였다.[4] 그 중 『경국원전』은 정도전의 『조선경국전』을 말한다.

아사미는 조선초기 육전이 일회적인 것임에도 『경국대전』 편찬까지 이어진다고 하고, 이것이 최근 군국기무처를 설치하는 대개혁에 이

3) 淺見倫太郎, 위의 책, 1922, 321쪽. 그는 이전에 썼던 글을 이 책에 수록하였다. 위 글 역시 마찬가지이다.

4) 淺見倫太郎, 위의 책, 1922, 321～322쪽.

르기까지 보수, 증보를 거치면서 정치의 표준이 된다[5]고 하였다. 이후 조선전기에는 유학진흥 시대를 거치면서 이황, 이이와 같은 학자를 배출하지만, 법전 사업은 중종대 『대전후속록』의 편찬 이외에 별로 없게 된다는 것이다. 이처럼 조선초기의 법전이 근대까지 이어진다는 시각은 조선사회의 발전이 이루어지지 않았다는 인식에서 나온 설명임에 분명하다.

이어서 그는 선조대 임진왜란을 거치면서 7년간 명나라 군대의 주둔 등으로 식량을 대주면서 국력이 피폐하게 되고, 명나라 역시 임진왜란으로 인한 피폐로 인해 멸망한다고 보았다. 나아가 조선의 당쟁사는 사회계급의 반목으로 인해 반도의 원기를 소진시킨 원인이라고 하였다. 당연하게도 그의 시각은 조선인의 당파성론에서도 벗어나지 않고 있다. 그러면서도 그는 조선과 명나라가 외부의 충격, 즉 일본의 침략으로 인한 국력 소진에 주목했다는 점에서 철저하게 일본중심적 시각을 지닌다. 결국 조선후기의 문화는 전기에 비해 저급하게 된다고 한다. 이런 시각은 당시의 일본인 역사학자들의 그것과 동일하다고 볼 수 있다.

아사미는 조선법제사의 시대구분을 다음과 같이 하였다. 그는 우선 성족(姓族)이라 표현되는 친족문제에 커다란 관심을 표명하였다. 그에 따라 총론에서는 이 성족부터 시작하여, 상속, 소유권, 계약, 소송수속, 범죄에 대해 각 장을 나누어 설명하였다. 이후 전체 시대는 원시시대(3세기 이전), 삼국시대, 후고려시대, 이조시대로 구분했다. 이는 대체적으로 왕조에 따른 시대구분을 적용한 것이지만, 국가성립을 늦게 잡고 있는 점에서 주목된다.

우선 그는 조선초기의 법제에 관해서 다음과 같이 보았다. 조선의

---

5) 淺見倫太郎, 위의 책, 1922, 241쪽. 이하의 설명도 이 책에 근거하였다.

법제는 태조 즉위 원년 7월의 즉위교서부터 시작되며, 육전의 각 조항 해설은 정도전의 『조선경국전』의 내용을 그대로 옮겨 설명하고 있다.

특히 그는 조선에서 편찬된 육전의 성격을 두 가지로 보았다. 첫째는 행정법규이고, 또 다른 하나는 역사라고 지적했다. 후자는 법전이 역사의 성질을 포함한다는 의미이다. 그 이유는 '사물의 재현'을 통해 역사가 작용된다는 점이다. 또한 그 사물에 법이 적용되는 여부를 따져 기존 법령을 적출하여 뒤에 나온 법전에 편입시킨다는 것에서 찾았다.[6)]

그에 따라 육전은 근대법전이 만들어지는 것과 달리, 기존 법령을 모아 정리하는 것에 그치는 연혁적 법령집이 된다. 이에 법전은 앞선 왕의 법령을 재현하는 역사적 편찬이 된다. 그리고 법의 시행시점은 애매하게 되는 것이다. 결국 이러한 그의 시각은 한국법의 발전이 거의 없다는 점을 전제로 한 결과다.

이 점은 조선의 육전편찬 방식에도 관철된다. 그는 육전체제적인 편찬에서 조선법의 특징을 찾으려 하였다. 원래 육전의 분류는 주관 육경의 설에 기초한 것이다. 그런데 아사미는 이 점에 대해 다음과 같은 관점을 지녔다. 첫째, 주관에는 육경 위에 총재가 있어 이를 육관으로 개칭함은 논리적이지 않다는 주장이다.

둘째, 조선의 법전은 육관의 소관사항을 표준으로 해서 육전의 항목을 정하였다. 그리고 이전(吏典)은 총재직이 되는 의정부는 물론이고 무관(武官)을 포함한다. 또한 호, 예, 형, 공의 4전은 그 사무만을 적고, 관제는 이전(吏典)에 넘겨주었다는 것이다. 이에 그는 조선의 육전 분류방식은 원리 자체가 없었다고 주장한다. 즉 중국의 형식을 빌려 오면서 원칙이 없이 적용했다는 것이다.

---

6) 淺見倫太郎, 위의 책, 1922, 302쪽.

또한 그는 육전의 특징을 다음과 같이 본다. 첫째 육전 규정이 영(令)과 격식(格式)의 성질을 갖고 있어, 행정법과 함께 관행의 성질을 지닌다는 점이다. 여기서 그는 영(令)이 행정법, 격(格)은 유사가 집행하는 관행이라고 보았다. 그는 이 특질이 근대법과 다른 것이라고 파악하였다. 그리고 이는 근대의 『형법대전』에 이르러서야 폐기된다고 주장한다.[7] 특히 그는 이 『형법대전』이 일본과 관계 깊은 갑오개혁 추진의 연장선상에 있다는 점, 예컨대 연좌율의 폐지와 같은 근대법적인 법전이라는 점을 강조했다.

나아가 아사미는 조선 형률로 쓰인 중국 명나라의 『대명률』이 『형법대전』으로 전환한다고 보았다. 여기에 조선처럼 반역죄에 대한 가혹한 형벌은 그 민족의 심리를 표징하는 것이라고 하였다.[8]

그가 서술한 조선법의 특징으로 우리는 그의 시각을 더욱 분명하게 이해할 수 있다. 그것은 우선 조선법이 중국의 육전체제를 따랐지만, 그 원리와 체계성이 분명치 않다고 보는 점이다. 그 비교의 전제는 근대법이며, 갑오개혁 이전까지의 조선법의 변화, 발전은 거의 없는 셈이 된다. 이 점은 육전의 규정이 영(令)과 격식(格式)의 성질을 지녔다고 보는 것에서도 분명해진다. 즉 행정법과 관례가 섞여 있다는 것은 근대법처럼 상위법과 하위법의 개념이 분명치 않다는 논리인 것이다.

나아가 이 논리는 율과 같은 상위법에서는 중국법을 본체로 하고, 조선법령을 행정법, 관습법과 같은 하위규정으로 보는 인식에 바탕을 두었다. 이 해석은 그가 한국 최초의 근대법으로 본 『형법대전』을 『대명률』의 대체라고 보는 것에서도 확인된다. 곧 한국법의 본류는 중국

7) 淺見倫太郎, 위의 책, 1922, 305~306쪽. 淺見倫太郎은 『刑法大典』이 張燾에 의해 1905년에 만들어져 다음해 반포되는데, 그 편찬은 갑오개혁 이후 형법 개정의 영향으로 파악하고 있다.
8) 淺見倫太郎, 위의 책, 1926, 308쪽.

법이라는 주장이다. 그는 일본제국의 영향으로 조선은 탈 중국화하는 동시에 근대법적으로 전환하는 계기가 되었음을 강조한다. 주목할 점은 아사미 린타로(淺見倫太郎)의 시각이 이후 법사학에서 중요한 영향을 미친다는 점이다. 요컨대 이후 법사 연구는 그에 대한 동조 내지 비판으로부터 출발하게 된다는 점을 기억해야 할 것이다.

한편 아사미와 동시대에 법제를 연구했던 인물이 아소(麻生武龜)다. 그 역시 조선총독부 중추원 촉탁으로 있으면서, 조선법전의 편찬에 대한 단행본을 썼다.[9] 그는 법에 대한 것만 아니라 정치제도와 정치사 연구까지 겸하였다. 따라서 그의 경우는 조선정치사와 법제를 보는 시각이 서로 연결되어 있다.[10]

이 점에서 우리는 그의 정치사에 대한 시각을 먼저 파악하는 것이 필요하다. 특히 그는 정치사의 기본흐름을 국왕권과 신권의 대립, 소장으로 파악한 대표적인 학자다. 그것은 역사상에서 국왕권이 강화되면 신권이 억압받고, 때로는 그 반대가 되기도 한다는 시각이다.

그는 정치기구의 설립이나 제도의 설치이유를 이러한 시각에서 검토했다. 아울러 그는 정치기구를 담는 '제도'가 한국에서는 중국의 것을 수용했다는 인식을 전제로 한다.[11] 다시 말해서 이는 한국제도의

9) 中樞院調査課 編, 『李朝法典考』, 朝鮮總督府 中樞院, 1936.

10) 그의 한국정치사에 대한 시각은 麻生武龜, 「朝鮮中央地方及制度沿革史」, 『朝鮮史講座』, 1923 ; 「李朝の建國と政權の推移」, 『青丘學叢』 5, 1931에서 찾아 볼 수 있다.

11) 예컨대 그는 조선건국 직후인 태조대에 행정관청의 수반인 門下府가 권력을 집중할 위험성이 커지자, 세력분산을 위해 정종 2년의 관제개혁이 있었다고 본다. 그리고 都評議使司와 門下府를 이은 의정부가 권력을 모으게 되자 태종 5년의 六曹分掌이 이루었다는 것도 국왕권 강화로 파악한다. 이처럼 국왕권과 신권의 대립이란 관점은 임란 이후의 비변사의 설치에 대한 설명에도 나타난다. 그에 따르면 비변사는 兵權과 政權을 장악하여 문무 양립의 관료조직을 파괴하게 되었다는 것이다. 구체적으로 지적하고 있지는 않지만, 그는 비변사의 권력집중이 조선정치의 탄력성을 상실시켜 국력을 약화시키

변화가 중국의 것을 받아들임으로써 이루어진다는 한국적 후진성이나 타율성을 전제로 했다는 뜻이다.

그의 시각은 이후의 한국사 연구자들에게 커다란 영향을 주게 된다. 특히 정치사의 왕권과 신권의 대립이란 논리는 이후 한국정치사나 정치기구, 정치사상사에서 기본적인 시각으로 자리잡게 된다. 이는 현재의 학계에까지 미치고 있다.

아울러 중국의 것을 모델로 한 제도적 변화란 시각도 제도사 연구에 막대한 영향을 미치게 되었다. 이 논리는 후일 학자들에 의해 중국의 제도를 모델로 했다는 점을 전제하면서 그 가운데에서 한국적 요소를 찾는 학문적인 작업으로 발전한다. 다시 말해서 이는 한국의 제도개혁 당시에 중국제도를 원리로 했지만, 그 속에서 한국적 토양으로 변질되는 요소를 찾는 연구로 발전했던 것이다. 여기에는 과거 중국제도의 선진성을 전제로 하면서도, 민족적 관점에서 토착성을 찾는다는 시각이 들어 있다.

한편 아소가 본 법개념은 다음과 같다. 그는 법의 근원을 '전(典)'이라 하였다. 전의 의미는 성현의 가르침을 존중하는 경전, 나라에서 법을 제정하고 행하는 법전이라는 것이다.[12] 그리고 법전의 기본형태는 육전이 된다. 그 결과 육전은 하나의 통치법이자 교화법적인 성격을 지닌다.

그런데 육전의 완비는 고려 때까지 이루어지지 않았다. 특히 고려왕조는 태조 유훈 등을 지키는 것을 추구하여 이를 통해 권력자의 재량과 행정처분이 많았다. 그 결과 권신들의 상쟁과 사당(私黨)이 일어나 국정이 문란해졌다고, 아소는 이해하였다. 그런데 이성계는 법으로 난세를 진압해야 한다고 인식했으며, 그 결과 『조선경국전』, 『경제육

는 요인이었다고 본다.

12) 麻生武龜, 앞의 책, 1936, 2쪽.

전』 등이 편찬되었다는 것이다.

그의 인식은 여러가지 시각을 갖고 있다. 첫째는 법을 사적 권력에 대항하는 기능으로 본다는 점이다. 즉 이 논리를 그의 정치사적 시각과 결부시켜 본다면, 그는 사적 권력의 발호가 통제되지 않을 때 국가가 붕괴된다는 것이다. 따라서 법은 이를 통제하는 수단이 된다고 보며, 이성계는 이를 이용한 권력자가 되는 셈이다. 여기에는 은연 중에 법 지상주의, 나아가서는 법치에 의한 전체주의적 시각까지 엿보이고 있다. 이는 세조의 경우에도 이성계와 동일한 정치적 행태를 했던 인물의 묘사로 이어진다. 즉 세조는 김종서 등의 무리를 살해하고 법전에 의한 통치를 기도했던 인물이다. 따라서 그는 국왕권력의 강화가 법으로 뒷받침된다는 생각을 하고 있다. 그 결과 국왕 중심의 중앙집권은 사적 권력을 매개로 한 신권 우위의 권력체계보다 우월한 것으로 파악한다. 이 시각은 또한 조선후기 『속대전』의 편찬이 당쟁의 폐를 없애려는 의도였다고 보는 것에서도 드러난다.[13] 법전편찬이 국왕권 확립과 깊은 연관이 있다는 시각은 이후 연구자들에게 크게 영향을 미치게 된다.

둘째, 그는 고려왕조까지 법전편찬이 없었다는 점을 후진적인 것으로 본다. 즉 고려시대까지 육전과 같은 법전편찬이 이루어지지 않았고, 판례 등에 의존했다는 점에서 집권체제가 완성되지 못했다는 것이다. 이런 점에서 아소는 국왕 중심의 중앙집권체제의 성립을 역사적 발전의 한 지표로 인식하고 있는 듯하다. 이 점은 유추하자면 일본이 분권적 봉건사회에서 천황 중심의 근대적인 중앙집권체제로 발전했다고 보는 것에서 나왔을 것이다. 따라서 한국사의 발전과정에서 집권체제를 뒷받침하는 법전의 완성이란 그의 입장에서 중요한 지표다. 그러

13) 麻生武龜, 위의 책, 1936, 158쪽.

나 여기에는 고려시대 법전편찬이 되지 못한 이유에 대한 근원적인 질문이 빠져 있다. 다시 말해서 고려시대 법전편찬의 필요성이 없었던 이유에 대한 추구가 없다는 의미다. 그렇지만 그의 이런 인식은 해방 이후의 박병호(朴秉濠) 등의 연구에 의해 다른 형태로 계승된다고 생각한다.

셋째, 그가 지적한 조선법의 특징 중 하나는 '조종지성헌(祖宗之成憲)' 준수론이다. 이 준수론이란 과거, 특히 태조가 만든 기존 법을 존중하여 함부로 입법하거나 법을 변개하지 않는다는 입장이다.[14] 그는 이것을 법제 제정이나 운영시의 기본원칙으로 보았지만, 실제 법운영에서 약간의 변동은 가능했다고 보았다. 그의 준수론은 특히 사회적 정세에 의거해 법전이 변천되었음에도『경국대전』이 조종의 성헌으로서의 성격을 잃지 않았다는 논리다. 이 논리는 조선사회가 변화해 법전이 재편찬되어도 그 본질이 변화하지 않았다는 것이다. 그것은 뒤집어 말한다면 조선사회의 본질이 변화하지 않았다는 논리이기도 하다. 그런데 조종성헌론은 이후 조선법의 가장 커다란 특징으로 부각되며, 이후에도 법의 보수성을 설명하는 중요한 논리가 된다.

또한 형전의 발전은 가혹한 것에서 관대한 법으로 진보하는 경향을 지닌다고 했다. 이 형률은 조선의 사회적 실정에 맞추어 만들어지고『속대전』에 이르면 조문의 수가 크게 증가한다. 이 경향은 조선이 채택한 명률(明律)의 적용범위가 축소됨을 의미한다는 것이다. 그럼에도『대전통편』,『대전회통』까지 큰 변화가 없어 형벌이 천단되고 극형이 행해졌다고 주장한다.[15] 이러한 그의 시각은 앞서 아사미의 것을 그대로 계승하고 있다. 아사미 역시 극형의 남발이 민족의 심성을 반영한다고 보았으며, 이것의 전환이 근대법의 확립이란 시각을 지니고 있었

14) 麻生武龜, 위의 책, 1936, 37~39쪽.
15) 麻生武龜, 위의 책, 1936, 309쪽.

다. 결국 아소의 기본시각과 방법은 아사미와 동질적이다. 아소(麻生武龜)의 연구는 조선의 법전편찬에 대해 이전보다 자세한 고찰을 행하고 있다는 점, 그리고 그의 방법과 서술이 이후 법제사 연구자들에게 커다란 영향을 미쳤다는 점에서 매우 유의할 필요가 있다.

다음으로 다루어야 할 논자는 하나무라(花村美樹)와 나이토(內藤吉之助)이다. 두 사람 모두가 경성제국대학과 관계를 맺으면서 그 곳 법학회가 발행했던 논문집에 연구성과를 발표하였다. 그 중에서 하나무라는 고려율[16]과 경제육전,[17] 주관육익[18] 등에 대한 연구를 하였다. 그의 연구는 고려와 조선초기의 법제에 관련된 자료의 기초적 정리에 주력하였다. 이 정리는 주제에 해당되는 전체 자료를 인용, 소개하여 원래의 모습으로 복원하려는 의도가 강했다. 예컨대 그는 고려율과 관련된 자료를 『당률소의』의 항목을 기준으로 하여 복원하였다. 그의 작업은 한국의 법이 중국의 것을 모델로 하여 이루어졌다는 전제에 충실한 것이다.

그의 작업은 당시 『조선왕조실록』이나 『고려사』 등이 공간되지 않아 다른 연구자들이 접근하기 어려웠다는 사정에서도 기인한다. 그런 점에서 그의 연구는 기초연구로서 의미가 있다고 볼 수 있다. 왜냐하면 그의 복원방식과 내용은 이후 없어진 법전인 『경제육전』 복원에 그대로 이용되기 때문이다. 그러나 기초연구이기에 그의 시각이나 방법론은 앞선 논자들과 큰 차이가 없다.

한편, 나이토는 16세기 『경국대전』의 편찬 과정에 대해 고찰하였

16) 花村美樹, 「高麗律」, 『朝鮮社會法制史研究 : 京城帝國大學法學會 論集』 9, 岩波書店, 1937.

17) 花村美樹, 「經濟六典について」, 『京城帝國大學法學會 論文集』 5, 刀江書院, 1932.

18) 花村美樹, 「周官六翼の撰者と其の著者」, 『京城帝大法學會論文集』 12-34合, 1926.

다.[19] 그는 주로 중국법을 연구하는 가운데 조선법제에 관심을 가지게 된 것으로 보인다. 그는 여러 차례에 걸친 『경국대전』의 편찬과정을 실증적으로 정리하였다. 그에 따라 그는 먼저 문종, 세조대의 법전편찬 시도를 서술하였다. 이어서 『경국대전』은 세조대부터 편찬되기 시작하는데, 이미 경진년(세조 6, 1460) 호전, 신사년(세조 7, 1461) 형전에 이어 병술년(세조 12, 1466) 대전, 기축년(1469, 예종 1) 대전으로 나온다. 물론 최종 완성본은 이후에도 갑오대전을 거쳐 을사대전으로 이루어졌다. 따라서 그는 이 과정에 대한 고찰과 함께, 각 시대에 제정된 법조문을 『조선왕조실록』에서 추출하였다. 그의 고찰은 이후 북한쪽의 연구로 보완된다.[20]

나이토는 조선법의 기본이 되는 것을 국왕의 명령으로 보았다. 그에 따라 그는 교지, 전지의 구별이 애매하지만, 수교 시행과 봉왕지(奉王旨) 시행의 구별은 간단하다고 보았던 것처럼 주로 기초적인 용어해석에 유의하였다.[21] 아울러 그는 조선법 제정에 대한 당대인들의 태도를 다음과 같이 보았다. 즉 당시인들은 사태의 근본적 해결보다는 당장의 수요에 따른 법을 만들었기 때문에 이를 가볍게 여겨졌다는 것이다.[22]

그 결과 조선의 법이 갖는 문제는 다음과 같다고 하였다. 우선 왕조초기에 수립한 법은 여러 차례 동요·남용되었고, 각 관청마다 법을 달리하는 경우가 생겼다. 따라서 분쟁을 해결하기 위한 안정과 획일, 간명함을 위해 법전이 편찬되었다는 것이다. 다시 말해서 그는 수교문을 모아 편찬되는 것으로 인한 법의 불안정성과 번다함을 없애기 위

19) 內藤吉之助, 「經國大典の難産」, 『朝鮮社會法制史硏究 : 京城帝國大學法學會 論集』 9冊, 岩波書店, 1937.

20) 윤국일, 『경국대전연구』, 과학백과사전출판사, 1986.

21) 內藤吉之助, 앞의 글, 1937, 137쪽.

22) 內藤吉之助, 위의 글, 1937, 138쪽.

해 법전을 만들게 된다고 보았다.

이때 법전의 편찬과정은 기존 법령을 모으고 그 가운데 가치있는 것을 뽑고 수정하는 작업에서 시작한다. 그리고 육전은 행정체계인 육조로 인해 구성되었음이 자연스러운 것이라고 그는 주장했다.

그의 논리는 사실 하나무라의 것을 그대로 계승한 것이다. 나이토는 이때 법의 구속력과 국왕권력과의 관계에서 문제가 생긴다고 하였다. 이 말은 그가 아소와 마찬가지로 법의 문제를 국왕권력과 결부시켜 보고 있음을 뜻한다. 물론 나이토는 이 언급 외에 권력문제에 대해서 더 이상 논의를 진전시키고 있지는 않다.

한편 그는『경국대전』이전에 성종대 추가된 규정 외에는 대개가『경제육전』의 법제가 많다고 보았다. 또 이 규정의 적지 않은 부분이 고려시대에 기원한다고 하였다.[23] 이 말은 그가『경제육전』의 법원(法源)으로 고려법까지 상정하고 있음을 말해준다. 그가 법전을 '민족 생활사의 노정표'로 본다는 점에서, 그의 관점은 법전의 연속적 성격에 비중을 둔 것이다.

그렇지만 그는『경제육전』과『경국대전』의 차이를 나름대로 지적하였다.『경제육전』은 법령선집(法令選集)인데,『경국대전』은 하나의 규범체계로 설정된 법전이라는 지적이 그것이다. 또한『경국대전』은 만세 성법의 사명을 지니며, 민족의 자기규제 의사가 들어 있다고 했다. 그리하여『경국대전』은 세조의 예리하고 격한 성격과 민족의 오랜 전통과의 결합으로 싹텄다고 한다. 그의 설명은 일시적이고 임시적인 법에 대한 불만과, 깊게 뿌리 박혀 있는 영구적 법에 대한 의도가 세조의 쿠데타 이후에 표면화했다는 것이다.[24] 이와 같은 그의 설명은 앞서 다른 논자들처럼 법과 제도의 문제가 민족성이나 최고통치자 개

23) 內藤吉之助, 위의 글, 1937, 156쪽.
24) 內藤吉之助, 위의 글, 1937, 158쪽.

인의 성격과 결부된다고 보는 방식이다. 그리고 한국의 민족성이 불변함을 선호한다는 것을 인식의 전제로 하고 있음도 엿보인다.

이처럼 법, 제도의 성립을 민족성과 결부시켜 보는 방식은 이후 그것에 대한 반론을 포함해서 커다란 영향을 미치게 된다. 우리는 일본학자들이 법의 성격을 민족성과 결부시켜 이해했던 것을 식민통치의 합리화라는 시각에서만 살펴서는 곤란하다. 물론 연구의도에서 그런 측면이 강하게 내포되어 있다. 그러나 보다 중요한 것은 이러한 법제사 시각의 연원과 학문적 이유를 찾는 일이다. 그들이 염두에 둔 근대화 및 아시아적 특질에 대한 고찰과 그에 대한 이론적 탐구가 이 문제에 대한 답을 시사해 줄 것이라고 본다. 본고에서는 이 문제에 대한 고찰은 다른 과제로 남기려 한다.

3) 해방 이후 한국학자들의 연구와 방법론

해방 이후 한국법사에 대한 연구는 일제 강점기 하에서 경성제국대학 등에서 배운 법학자들에 의해 주로 이루어졌다. 초기 연구자들은 주로 일본인 학자들의 연구시각과 방법론을 계승하거나, 비판하는 방식 중에서 자신들의 시각을 선택하였다. 그들의 문제의식은 중세 한국법의 특질, 즉 서구는 물론이고 중국, 일본과 다른 특성이 무엇인가를 찾는 것에 초점을 두었다.

특히 중국법의 수용과 관련해 한국적 특질, 고유법의 존재 등에 많은 관심이 있었다. 아울러 주 연구대상은 『경국대전』이나 『경제육전』과 같은 법전편찬, 법전의 개략적인 이해, 법원(法源)이나, 중세법의 특질 등이다. 사실 이와 같은 문제의식이나 대상은 일본인 학자들의 그것을 계승, 발전시킨 부분이 많다. 그것은 초기 연구자들이 일본학자들에게서 배웠다는 점과 함께, 연구자들의 수가 너무 적었던 열악한 상황을 고려한다면, 이는 당연한 것인지도 모른다. 특히 법학에서 이루어진 법사 연구는 70년대까지 연구자 숫자가 크게 늘지 않은 가운데, 문제의식이나 방법론에서 진전이 크게 이루어지기 어려웠다. 거기에는 아직 중세법에 대한 기초적 연구가 미흡한 상태로 있다는 점에서도 그 이유를 찾을 수 있다.

또한 법전의 영인출간, 번역, 주석 등의 작업이 이루어져야만 심화적인 연구가 나오기 쉽다. 그에 따라 정부의 법제처는 조선시대 법전을 영인하거나 한글로 번역하는 작업을 수행하였다. 이를 통해 주요한 법전이 차례로 출간되면서 법전 연구의 기틀을 이전보다 다질 수 있었다.

우선 해방 이후 가장 중요한 법사 연구자는 전봉덕(田鳳德)이다. 그는 특이한 경력을 지닌 법학자인데, 일제시기에 경성제국대학 법학과에서 공부를 시작하였다. 그는 앞서 살펴본 하나무라와 나이토의 제자다. 그가 처음 관심을 가지고 연구한 주제는 암행어사였다.[25] 이 주제는 후일 서울대학교 박사학위논문으로 체계화된다. 원래 그는 일제시기에 고등문관시험을 준비하였다. 그 자신이 밝힌 것처럼 후일 북한 역사학계의 중요인물이 된 김석형(金錫亨)이 그의 예과 동기였다.

이후 그는 행정, 사법의 고등문관시험에 모두 합격하고, 해방 이후 헌병사령관과 국무총리 비서실장을 역임하였다. 1951년부터 그는 변호사 생활을 시작했다. 동시에 그는 당시 서울대학교의 정광현 박사의 요청으로 법제사 강의를 하였다. 이후 그는 대한변호사협회장에 선출되어 변호사에 관한 역사책을 간행하는 일에 주도적 역할을 하였다. 나아가 1970년대에 들어와 법사학 학회를 만드는 일에도 관여하였다.

25) 이와 관련된 것은 田鳳德, 「법제사와 나」, 『박병호교수환갑기념(II) 한국법사학논총』, 박영사, 1991 참고.

이처럼 전봉덕은 초기 한국법사학계의 대표적 인물이며, 연구만이 아닌 다양한 활동을 하였다. 그로 인해 그의 영향력은 크다고 할 수 있다.

그의 법사학적인 연구는 많은 편이 아니지만, 그의 시각과 방법이 후학들에게 영향을 주었다. 그의 시각과 방법론을 잘 알 수 있는 것이 「한국법의 구조와 성격」이라는 논문이다.[26] 우선 그는 로마법이나 중국법을 보편법으로 하여 한국에 수용하는 문제에 관심을 가졌다. 그래서 로마법과 중국법, 한국법과의 차이에 유의하였다. 그는 동아시아에서 중국이 무력, 종교와 법률을 이용해 지배했다고 보았다. 그 특징은 법률이 개인보다 가족 위주, 인륜과 도덕을 실천하는 충복으로 역할을 한다는 점에 두었다.[27] 또한 공법 특히 행정법과 형법이 발달한 중국법은 동양 여러 민족에게 큰 영향을 주었다는 것이다. 그 영향성은 한국 고대에는 범금팔조를 만든 기자의 전설 이래, 고대의 율령제, 고려시대의 당률과 『송형통』의 수용, 고려말기 원률 수용과 조선시대 『당회요』, 『원전장』, 『대명률』, 청률에 이르기까지 컸다고 하였다.

특히 그는 삼국 가운데 신라가 민족적 지성과 문화수준이 가장 높았기 때문에 중국의 문물제도를 배워 삼국을 통일하고, 황금시대를 열었다고 평가한다.[28] 여기에서 착안한 그는 한국토착법과 중국법과의 혼용에 따른 '수용형태'를 생각하였다. 그래서 이후의 고려율은 신라제도를 수용하는 가운데, 당률과 송형통을 압축해 71개조로 만들었다고 하였다. 이후 조선의 『경국대전』은 『당회요』, 『원전장』 등과 기존 법전인 『경제육전』 등을 가감해서 만들었다고 보았다. 이때 율로는

26) 이는 원래 『法政』 4・5・7月(1948) ; 『學風』 3月(1949)에 처음 수록되었다가, 『한국법제사연구』, 서울대학교 출판부, 1968에 재수록되었다.

27) 田鳳德, 「한국법의 구조와 성격」, 위의 책, 서울대학교 출판부, 1968, 192쪽.

28) 田鳳德, 위의 책, 1968, 192~193쪽.

『대명률』을 보통법으로 채택했는데, 조선말기의 『형법대전』에도 명률과 청률을 많이 참작했다는 것이다.

이러한 그의 주장의 배경에는 한국법이 중국법의 절대적인 영향 하에 있으면서, 그 수용에 의해 성립했다는 시각이 들어 있다. 당연하게도 중국의 법과 제도가 선진이며, 한국은 이를 어떻게 수용하는가에 따라 국가발전의 여하가 달라진다는 입장이다. 나아가 수용 토대가 어떤 것인가에도 그의 관심이 쏠려 있다. 이는 신라의 삼국통일에 대한 주장에서 확인할 수 있다. 앞서 말했듯이 삼국통일은 신라가 중국의 문물제도를 가장 잘 수용했기 때문에 가능했다는 논리다.

그래서 한국은 중국 중심의 동양문화권 가운데 문화가 일찍부터 발달하고, 이지적 민족성으로 인해 외래문화의 섭취에 비상한 재주를 지녀 소중화로 자칭했다는 것이다. 그의 주장의 핵심은 결국 선진 중국문화를 섭취하는 속도와 수용성의 정도가 중요하다는 것이 된다. 그래서 그는 다음과 같이 말한다.

> 중국의 법정사상은 배천(拜天)사상을 중심으로 한 유교가 기본정신이 되어 있고 개인적 도덕의 구체적 실현을 통하여 국가적 조직완성을 이상으로 하는 고로 한국민족 본래의 자연숭배사상과 온후한 성격과 사랑하는 정신과 아무런 모순도 없었던 것은 물론, 오히려 우리 한국의 국민생활은 유교의 본국인 중국보다 일층 더 유교정신 실현에 적합하였던 관계로 유교 및 중국문화의 섭취가 용이자재(容易自在)하여 방대하고도 복잡한 중국법체계를 우리 조상의 법학자들은 유루(遺漏)없이 섭취하는 동시에 풍토와 국민성에 가장 적합하게 융합통일하여 기본사상의 일치를 유지하면서도 근대한국에 이르러서는 과학적 조직적 실천적 독자의 입법체계를 발전시킨 것이다.[29]

---

29) 田鳳德, 위의 책, 1968, 194쪽.

그의 논지는 동양의 보편정신으로서의 유교를 설정하고, 이에 대한 이해가 법제 수용과 긴밀한 관련이 있다는 것이다. 유의할 점은 이를 민족성과 결부시켜 설명하는 시각이다. 한국민족이 유교사상의 섭취에 적합한 이유는 자연숭배사상, 온후한 성격, 사랑하는 정신을 갖고 있었기 때문이라고 하였다. 그런데 그의 설명에는 국민성에 맞는 수용성이 근대한국의 과학적, 조직적, 실천적 독자의 입법체계 발전과 어떤 관련이 있는지가 나타나 있지 않다. 아마도 그는 근대한국민족이 중국유교의 수용과 마찬가지로 서구 등의 합리적 사유와 법체계의 수용에서도 적절함을 지녔다고 보는 것 같다. 따라서 그의 시각은 중국 등의 외래선진사상을 어떻게 토착화하는가에 초점이 맞추어져 있다고 본다. 그 바탕에는 지형, 기후와 그로 인한 민족성을 요소로 깔고 있다. 그런 점에서 그의 관점은 과거 일본학자들의 시각을 대부분 받아들이고 있는 편이다.

그래서 그는 한국 국토의 특성이 반도이고 기후가 온화한 것을, 민족성 형성의 중요한 요소라고 본다. 반도는 대륙적 요소와 해양적 요소의 교합을 의미하고, 기후의 온화는 자연과 인생을 융합하는 계기가 된다는 것이다. 특히 후자는 단순한 온화함이 아니고 복잡하고 변화가 많다고 하였다. 그는 이를 계절적인 변화에서 찾았다. 이런 기후, 풍토가 한국인의 생활과 사상을 규정하여 예술에는 예민하고 섬세한 감정으로 탁월한 재질을 나타냈고, 생활태도에서는 '팔자(八字)'와 '신수(身數)'의 운명에 맡기는 소극적 고답주의적 성격을 가져왔다고 한다.

또한 그 결과 법률제도에서는 생활범위의 봉쇄적 소지역성이 조상숭배를 중심으로 한 가족주의적 법률의식을 배양했다는 것이다. 그러한 예가 조선시대의 산송(山訟)에 반영되며, 소지역성은 모함을 위한 소송으로 나타난다고 한다.[30]

사실 이러한 전봉덕의 설명은 일본학자들이 주장해 왔던 민족의 반도성론에 입각해 왔음을 알 수 있다. 다시 말해서 이는 앞서 민족성론이 법제에 반영된다고 보는 일본학자들의 시각을 계승한 것이다. 다만 그의 시각은 한국적 특성으로의 긍정성에 보다 유의했다는 점에서 일본학자들과 다르다.

그가 주목한 법적 특징의 지표는 자연질서와 사회질서와의 관계, 예와 법, 법과학과 법기술이다. 그에 따라 한민족은 자연질서의 절대성과 사회질서의 부종성(附從性)의 신앙이 있다고 한다. 따라서 사회질서의 기본에는 변하지 않는 자연의 이법이 있다는 소박한 자연법 사상을 지녔다고 주장한다. 이 사상이 한민족의 지배적 사상원리라는 것이다.[31] 이에 전봉덕은 천인상여(天人相與)의 신념이 한국법의 본질이라고 하였다.

예와 사회질서와의 관련성은 이 논리와 관련된다. 예(禮)는 실천궁행의 통일체를 실현하여 자연질서와 사회질서와의 조화를 꾀한 것으로, 사회질서의 골격이라고 한다. 그리하여 예의 본질은 그 시대의 합리적 인식에 의해 정리된 사회적 습속으로 도덕, 정치, 법률, 군사, 의식 등의 원리가 된다. 즉 예적 규범을 실현하는 것이 정치, 도덕, 법률이 된다는 것이다.[32] 이로 인해 서양의 법학은 법을 강제질서로 파악하고 다른 사회질서와 구별한다.

그러나 한국법에서는 강제의 계기가 법의 본질이 아니며 예에서 근원한다. 그 결과 광의의 예가 법과 일치한다는 것이다. 즉 서양사상에서 도덕률은 법의 타당성을 보충하기 위한 보조물이지만, 동양에서는 법이 도덕률의 효력을 보충하기 위한 보조물이다. 이에 동양법은 본질에서부터 초국가적이고, 동양세계 내에서 보편인류적 기초 위에 성립

30) 田鳳德, 위의 책, 1968, 195쪽.
31) 田鳳德, 위의 책, 1968, 203쪽.
32) 田鳳德, 위의 책, 1968, 206쪽.

하는 세계법의 성질을 갖는다고 한다. 그런 이유로 인해 형벌의 적용이 적을수록 선정, 선치(善治)의 상징이었다. 즉 신형주의(愼刑主義)가 한국의 위대한 제왕과 학자의 사상이었다는 것이다. 이 논리는 이후 한국법의 특질에 관한 파악에서 많은 영향을 미쳤다. 사실상 그의 논리는 유교적 법제관에 기반한 것이다.

나아가 그에게 법이란 천(天)의 의사이며, 천을 대신하여 다스리는 주권자의 의사, 명령이다. 그래서 법전은 천명의 위임을 받은 군주의 명령 수교를 모집, 정리한 것이 된다. 이에 법전에는 백성의 의사표시로 그 권리를 옹호하는 것과, 군주에 대항하여 권력을 제한하는 규정이 있을 수 없다고 한다.[33] 결국 이 논리는 한국법이 전통적인 성격을 지니며, 근대법과는 다른 특성을 지녔다는 뜻이 된다. 여기에 한국법의 특징은 규범과 실천이란 관념에 기초를 두고 있기 때문에, 규범적 행위를 본받아 실천하는 점에서 찾았다.

그에 따라 입법 기술은 왕명의 모집과 정리가 골자이며, 법규내용도 추상적 포괄적 규정이 아닌 구체적 개별적 지시가 원천이 된다는 것이다. 이는 『경제육전』과 같은 수교집 형태의 법전편찬에 대한 이해와 인식에 근거하고 있다.

그는 한국사상에서 추상적 관념이나 사실로부터 추출한 개념이 발달하지 못했다고 보았다. 그래서 한국법 구조는 이론적 범주와 실재적 유형의 관념이 없다는 것이다. 즉 서양처럼 통치권이나 권리주의, 물권 등과 같은 개념 규정이 없다는 의미이다. 그래서 입법기술에서도 개념의 엄격한 규정이 없게 되었다. 또한 의제추정과 유추 등의 애매한 방법이 애용되었다고 보았다.[34] 그런데 의제(擬制)라는 것은 법규가 고정된 채로 있으면서, 사회 변화에 따라 법의 발전이 있어야 하기

33) 田鳳德, 위의 책, 1968, 213쪽.
34) 田鳳德, 앞의 책, 1968, 218쪽.

때문에, 법률운용에서는 이를 수정해 가는 점을 숨기려 하는 허구라고 보았다.

그에 따라 동양법에서 속죄제도의 의제는 형사책임과 민사책임분화의 계기가 되었다. 또한 양자제도의 의제(擬制)는 가계혈통의 지속을 위한 것으로, 가족주의적 사회유지를 위한 것이라는 설명이다. 또한 형벌운영에서도 예컨대 '제서유위율(制書有違律)'은 다양하게 적용되어 법의 원래 적용범주를 크게 넘기게 된다고 한다. 이는 변천하는 새로운 사태에 대응할 때 법규의 개정보다는 법규운용을 유권적으로 수정하는 허구를 사용하는 방식이라는 것이다. 이처럼 그의 해석은 서양법과의 대비를 통한 한국법의 특성을 파악하려고도 했다.

한편, 추정의 중시는 그가 생각한 한국법의 또다른 특색이다. 형식적 증거보다는 피고인의 태도, 거동, 안색을 중시하고 추정에 미신적 가치를 부여하기도 했다. 전봉덕은 이로 인해 사회발전의 고정과 정체를 가져오게 된다고 주장했다.

나아가 추리방식은 유추를 중시한다고 하였다. 서양적 방식은 법규를 대전제로, 사건을 소전제로 하여 결론을 유도하는 추리가 기본이다. 여기서는 삼단논법적 연역방식이 쓰인다. 그런데 한국적 법이론은 몇 개 이상의 사실이나 선례를 전제로 하여, 연속적으로 추론하는 유추해석을 좋아한다는 것이다. 이에 정신적이고 직관적인 한국법학과, 개념을 기초로 인과관계와 모순원리를 적용하는 서양법학과의 차이가 있다고 그는 주장한다.

여기에 유추해석의 용인은 고대적인 방식이라고 보았다.[35] 그 결과 전봉적은 반죄형법정주의사상(反罪刑法定主義思想)을 특징이라고 생각했다. 이러한 그의 주장은 동양법과 서양법의 대비에서 나오는 것이

35) 田鳳德, 위의 책, 1968, 221쪽.

지만, 그 바탕에는 동양법의 전근대성과 서양법의 근대성이라는 전제가 들어 있다.

자연히 그는 한국에서는 권리의식이 박약하고 법률용어 역시 불분명하게 드러난다고 본다. 특히 대표적 경우로 그는 시간 관념에 대한 무관심을 들고 있다. 이는 그가 볼 때 소유권 의식 자체의 박약이란 점과 동일한 맥락이다. 결국 그의 문제의식은 박병호에게 계승되었고, 이후 중요한 연구주제로 계승 발전된다.[36)]

이처럼 전봉덕의 시각과 방법론은 일제하 일본인 연구자들의 그것을 계승, 발전시켰다는 점, 또한 그에 따른 연구영역이 이후 학자들에게도 커다란 영향을 미쳤다. 예컨대 법이 제정되는 과정에 대한 고찰에서도 이런 점은 잘 드러난다.

그는 입법과정에서 국왕의 '명령'이 법이 되고, 그 형식화된 것이 '교지', 각 관아에 하달된 교지를 행하는 것이 '수교'라고 하였다. 그리고 세종대에 이를 중요한 것과 세부적인 것으로 구별하여, 전자를 '전교', 후자를 '전지'라 칭했다고 것이다. 나아가 그는 국왕의 재가를 얻은 왕지를 '판지(判旨)', 해당 관아는 이를 '수판(受判)'이라 했다. 또한 수교의 법조문화는 '조례(條例)', '조령(條令)', '조획(條劃)', '조건(條件)' 등으로 불렀다. 육조에 하달된 수교는 해당 관아가 등록(謄錄)하여 두기에 이 등록제도의 발달이 조선행정 사무의 특색이며, 또한 법전이 행정법규인 동시에 역사라고 칭하는 이유를 그는 여기서 찾았다.[37)]

이러한 그의 어휘 분석은 자신의 스승인 나이토의 방식을 계승한 것이다. 아울러 전봉덕이 지적한 법전의 이중적 성격('행정법규'와 '역사'라는 것)은 아사미의 지적을 이어받은 것이다. 또한 그는 조례 가운

---

36) 대표적인 경우가 朴秉濠, 「토지소유의 법과 법의식」, 『韓國法制史攷』, 법문사, 1974.

37) 田鳳德, 앞의 글, 1968, 234~236쪽.

데 영세지전(永世之典)이 되는 것과 임시적인 것이 각기 '전(典)'과 '록(錄)'으로 나뉜다는 점을 강조하였다. 그가 보기에 이러한 구별은 입법과정에서 하나의 진전이라는 것이다.

이 논리는 법전편찬의 기본원리로서 원전(元典) 중시라는 '조종지법(祖宗之法)'의 개념 속에서 전개된다. 이 조종지법이란 앞에 나온 법전을 중시하는 것으로 특히 『경국대전』은 조종지법의 집대성으로 간주하였다.[38] 그의 시각은 아소가 조선법의 특징으로 지적한 조종지성헌준수론과 같은 맥락이다. 나아가 영세지전인 전(典)과 일시법인 등록(謄錄)의 구별에 대한 자세한 설명이 없지만, 이를 서양법에서의 상위와 하위법처럼 구별한 것으로 보인다. 즉 전은 상위법이 되고, 등록은 이를 뒷받침하는 하위법의 개념으로 대비시켰다.

이처럼 그의 시각은 동양법=전근대법, 서양법=근대법의 특성을 비교하는 가운데, 한국법의 특성을 동양법 전체라는 시야 속에서 찾아내려 했다. 물론 그 시각은 일본학자들의 그것을 계승하고 있다. 그러나 전체적으로 그는 한국법이 동양법의 전통 속에서 한국적 특성을 갖고 있으며, 그것이 중국법 등과 비교해 뒤지지 않는 수준이었다고 하였다. 다만 그는 한국법의 특성을 낳게 한 역사적 사회적 이유에 대해서는 크게 관심이 없었다. 이는 역사학자가 아닌 법학자로서의 관심으로 인한 때문이기도 하다.

특히 그는 한국고유법의 연구를 통해 현대법과의 가교를 마련할 수 있다고 믿었다. 말하자면 그는 서양법체계를 맹목적으로 수용하는 것에 반성을 촉구하였다. 그는 한국법의 특성에 대한 것을 조선의 법원(法源)에서 찾으려 했었고, 그에 따라 조선법전에 대한 기초연구에 몰두한다. 그 결과물 중 하나가 『경제육전습유』(아세아문화사, 1989)라는

---

38) 田鳳德, 위의 글, 1968, 239쪽.

책이다. 주지하듯이 『경제육전』은 조선왕조 최초의 법전이며, 이후 몇 차례 수정 내지 재편찬되었다. 앞서 보았듯이 이 법전은 『경국대전』이 등장한 이후에 이용되지 않아, 현존하지 않는다.

그는 『조선왕조실록』 속에서 이 법전과 관련된 기록과 조문을 찾아 내 복원하였다. 복원한 책이 바로 『경제육전습유』다. 이 책은 최초의 『경제육전』에 대한 복원이라는 점에서 그 의미가 크다. 『경제육전』은 현존하지 않기 때문에 항목배열에 대해 알 수가 없다. 그래서 『경제육전습유』는 『경제육전』과 관련해서 뽑아낸 자료를 『경국대전』의 항목에 의거해 분류하였다. 그러나 각 조문의 성격과 시대를 배려하지 않고 무작위로 배열했다는 점에서 문제가 있다. 왜냐하면 『경제육전』은 태조 6년에 처음 출간된 이후 태종과 세종대를 거치면서 3번의 편찬 작업이 이루어지기 때문이다. 그러므로 법조문의 성격은 시대마다 달라질 수 있다. 이를 무작위로 배열하면 이와 같은 법조문의 시대적 변화에 대한 고찰이 불가능해진다. 그렇다고 『경제육전습유』가 지닌 남한 최초의 복원자료집이라는 선도적 의미가 완전히 사라지는 것은 아니다.

한편, 전봉덕의 문제의식과 방법을 계승한 것이 박병호의 연구다. 그는 대학원 입학 이후 정광현과 전봉덕의 권유로 법제사를 본격적으로 연구하기 시작하였다. 당시 그의 연구주제는 조선시대의 부동산 물권이었고, 이를 위해 고문서를 집중적으로 연구하였다. 이후 이 주제는 부동산 매매법, 담보법의 연구로 이어졌다. 그의 문제의식은 당시 서구적 근대적 법체계 속에서 전통법제가 경원시되고 있는 상황으로 인해 발현되었다. 이는 '법의 근대화'를 어떻게 이해할 것인가의 문제의식이기도 하다.[39)]

---

39) 朴秉濠, 「서문」, 앞의 책, 법문사, 1974.

그는 형법체계가 동양법에서 중심이 되어 왔고, 서양에서는 권리 즉 사권(私權)의 법체계가 그러했다고 보았다. 그렇다고 한국에서 사권의 발달이 없었던 것이 아니고, 형법을 너무 강조해서 이것에 소홀해졌다고 한다.[40] 이러한 그의 인식 속에는 동양, 특히 한국법의 근대화 가능성을 어디에서 찾아낼 것인가에 대한 문제의식이 숨어 있다고 느껴진다. 따라서 그는 근대법과 전통법의 차이를 밝히는 작업을 중시했다.

그 결과 법원(法源)에 대한 연구는 『경제육전』과 『경국대전』 편찬에 대한 것으로 이루어졌다. 그의 연구는 우선 전봉덕의 그것을 계승하고 있다. 『경제육전』에 대해 그 역시도 육전으로 분류하고, 이것이 『주례』를 본뜬 것이라고 하였다. 그런데 이 책은 각각의 전 속에 항목이 세분화되어 있었지만, 구성하고 있는 항목의 숫자 및 정도전의 『조선경국전』과 『경국대전』의 항목과의 차이도 명백치 않다고 하였다.[41] 그리고 『경제육전』은 과거 수교, 판지로 영구준행(永久遵行)할 것으로 만들었다는 점, 그리고 단시일 내에 완성해 법조가 추상화, 일반화되어 있지 않는 수교 자체를 법전에 수록해 소박하다는 점을 중시했다. 이에 박병호는 『경제육전』의 성격을 최초의 성문법전이며 조종성헌(祖宗成憲)이라고 보면서도, 이것이 통일법전인 『경국대전』에 이르는 과도적인 것으로 규정한다.[42] 그의 이해는 『경제육전』에 대한 기존 견해와 거의 마찬가지다. 특히 유의할 점은 『경제육전』이 과도적 법전이라고 보기에, 『경국대전』을 완성된 형태로 이해한다는 사실이다.

그가 생각하는 제정법의 기초는 국왕의 명령이다. 그러나 입법은 대부분 해당 관청의 상신(上申)에 대한 국왕의 재결로 성립한다고 보

40) 朴秉濠, 『韓國의 傳統社會와 法』, 서울대학교출판부, 1985, 3~5쪽.

41) 朴秉濠, 앞의 책, 1974, 405쪽.

42) 朴秉濠, 위의 책, 1974, 406쪽.

았다. 그리고 법의 발달에는 계하행이지사(啓下行移之事), 봉왕지시행지사(奉王旨施行之事), 계문취지지사(啓聞取旨之事)가 중요한 역할을 했다는 것이다.

법전편찬의 필요성은 해당 관청의 상신으로 인해 입법이 되므로, 육조 간의 입법의 수가 늘고 동일 사안에 대해 다른 규정이 생겼다는 점에서 찾아진다. 왜냐하면 관리들이 적용할 법을 달리하게 되기 때문에 이를 해결하여 안정화할 필요성이 증대된다는 설명이다. 그래서 『경제육전』은 행정체계가 육조로 구성되어 있기에 육전으로 만들어지게 되었다고 보았다.

이때 만든 법은 민중을 대상으로 한 것이 아니라 해당 관청이 주대상이기에, 국가행정기구와 그 운용에 대한 행정법이 되었다는 지적이다. 또한 그 중 민사에 관련된 것은 개인 상호 간의 법적 관계를 조정하는 순수한 사법(私法)이 아니라, 민중에 대해 작위와 부작위를 명령하는 강제법규라는 성격을 지니게 된다고 한다. 따라서 법전은 관청, 관리에게 배포하는 것이라서 민중은 법을 알지 못하게 되었다고 한다.

이것이 그가 생각하는 한국중세법의 특징이면서 근대법과 다른 점이다. 요컨대 그는 근대법, 특히 서구의 로마법에서 중시한 개인권리 및 민법적인 부분을 한국법과 대조하여 특성을 찾으려 했다. 이 점은 앞서 전봉덕의 연구방법론과 문제의식을 계승한 것이라 하겠다.

한편 『경국대전』의 편찬동기에 대해서는 다음과 같이 보았다. 우선 『경제육전』의 불완전함이 첫째 이유가 된다. 이 불완전함이란 세종 15년에 속전을 제정한 이후에 전지, 수교 등에 영구하게 준수할 사항이 많았다는 점에서 유래한다. 즉 이것들이 일시적으로 지켜야 할 법조문 속에 들어 있다는 것이다. 그에 따라 그는 양법(良法)이 망각되어 폐기할 위험에 놓이게 되었다고 한다.

둘째, 성헌존중주의로 인해 원전을 증보하는 방식은 고식적 편찬방법이기에 혼란이 야기되었다는 점이다. 이에 모든 법령을 조화시켜 새로운 통일적 법전이 편찬되어야 했다는 설명이다. 그에 따라 세조 이래 몇 차례의 대전 편찬이 이루어지는데, 박병호의 시각은 이런 편찬작업을 시행하는 것에서 세조와 같은 군주의 개인적 능력이란 요소를 중시하고 있다. 그는 세조가 직접 법전편찬작업을 검토하였고, 『경국대전』이란 이름을 붙인 것에 대해 그의 '과감영매(果敢英邁)'함을 엿볼 수 있다고 하였다.43) 이와 같은 군주 개인의 능력을 중시하는 평가 방식은 어찌보면 아소(麻生武龜)의 군주권력에 대한 이해, 즉 군주권과 신권의 대립이란 설정에서 온 인식과도 맥락이 닿는다.

한편 『경국대전』은 성종대 새로운 법령의 증가에 따른 기존 법과의 충돌, 즉 기존 법전의 불완전함으로 인해 개정작업에 들어갔다고 보았다. 그에 따라 이 법전은 육전체계에 의해 이루졌지만, 『경제육전』과 달리 추상화, 일반화된 훌륭한 법전으로서의 면목을 갖추게 되었다는 것이다. 따라서 『경국대전』 편찬의 역사적 의의는 다음과 같이 설명하고 있다.

> 경국대전은 정치의 요체는 법에 있으며 여말에 문란한 기강을 바로 잡는 것은 법률의 정립에 있다고 서약선명(誓約宣明)한 태조의 이상의 종국적 결정이다. 이 태조의 강렬한 의지가 계승발전된 명실상부한 조종성헌이며, 우리 법사상 최대의 업적이며 영광이 아닐 수 없다.
>
> 법치주의를 표방한 태조는 창업군주답고 그를 계승하여 법전편찬에 전심전력한 제왕(諸王)도 또한 정치의 요체를 체득한 명군들이었다. 왕에 의한 중앙집권적 전제정치는 법치주의에 의해서만 수행될 수 있으며, 그 정치를 실현하는 최대의 도구, 즉 국가의 정책을 구현하는 수단이 법인 것이며, 따라서 통일적 획일적 법전편찬은 통치의 필연적

43) 朴秉濠, 위의 책, 1974, 409쪽.

> 요청이다. 경국대전의 편찬은 이러한 의미에서 조선왕조 통치의 법적 기초, 즉 통치규범체계가 확립되었다는 데에 커다란 의의가 있다. 경국대전의 편찬은 판례법·관습법 등 우리 고유의 법을 성문화 즉 조종성헌화함으로써 외국법, 즉 중국법의 무제한적 침투에 대해 방파제의 역임(役任)을 한 점에 있어서도 커다란 의의가 있다.44)

그가 본 법전편찬이란 정치의 도구, 즉 기강을 바로 잡는 종착점으로 생각하고 있다. 이것은 아소(麻生武龜)의 사적 권력에 대립하는 공적인 법의 탄생이라는 시각과 연계되어 있다. 그에 따라 박병호는 앞서 보았듯이 법전 제작에서 군주의 역할을 매우 중시하였다.

또한 그는 외국법의 침투라는 현대의 상황을, 과거 중국법 수용과 관련지어 이해하고 있다. 그에 따라 『경국대전』 편찬의 의미 중 하나가 고유법의 성문화이다. 이 시각은 전봉덕의 문제의식을 수용한 것이며, 민족적 전통 중시라는 당시 학계의 분위기와도 관련이 깊다. 이에 그는 조종성헌주의에 입각한 전통의 고수라는 측면을 긍정적으로 보았다. 사실 이것은 일본학자들이 지적한 중세법의 특징 가운데 하나인데, 그는 이를 통해 한국 민족의 정체성을 설명하는 방식으로 이용하여, 긍정화시켰던 것이다.

한편 그의 지적 가운데 법이 국가정책의 구현수단이라는 것은 매우 중요하다. 기존 연구는 정책이 법제화하는 과정을 크게 주목하지 않았기 때문이다. 그 이유는 조선법의 시행이 제대로 이루어지지 않았다는 점, 그리고 법담당자의 자의적인 적용이 컸을 것이라는 연구자들의 막연한 믿음 때문에서 비롯된 것이라고 본다. 그런 점에서 박병호의 연구는 앞선 연구자들의 시각과 방법을 계승하면서도, 이를 정책과 일부 연관시켰다는 점에서 진전된 것이라고 평가할 수 있다. 그의 연구 이

---

44) 朴秉濠, 위의 책, 1974, 419쪽.

후 1980년대까지 법사 연구는 연구방법상에서는 큰 진전이 없다고 생각한다.

우리는 지금까지 주로 한국법사 연구에서 1970년대까지 중요한 연구자들을 중심으로 살펴보았다. 초점은 연구자들의 문제의식과 그 배경, 그리고 법사연구의 방법과 그 영향 등에 두었다.

한국의 법사 연구는 다른 근대학문처럼 일본인들에 의해 본격화하였다. 주 관심대상이 된 것은 『경국대전』이었지만, 그 이외에도 여러 법전들이 되었다. 그러나 법사연구는 단지 법 자체에 대한 것 외에도 정치사와 결부시켜 보는 시각으로 이루어졌다.

아사미는 조선법사에 관련된 최초의 단행본을 낸 인물이다. 그는 조선법에 대한 접근을 일본법=근대법이란 시각에서 행하였다. 여기에는 조선법의 후진성 규명이란 문제의식이 내포되어 있지만, 그는 많은 중요한 논점을 제공하였다. 우선 조선법전은 육전을 기본으로 하면서, 이것이 행정법규이자 사(史)라고 보았다. 육전체제는 중국법의 그것을 빌려왔다고 보아, 중국법의 영향을 크게 인식하였다. 중국 명나라의 『대명률』은 이후 『형법대전』으로 전환한다고 보아, 조선법에서 형전의 존재를 미약하게 보았다. 또한 가혹한 형벌은 조선민족의 심리를 표징한다고 보았던 점에서 특징적이다. 이것의 근대적 변환이 일본법에 의해 이루어졌다는 점 역시 그의 문제의식을 잘 보여주는 대목이라 하겠다.

그의 뒤를 이은 아소(麻生武龜)는 특히 정치사적 시각을 법제도와 연결해 본 대표적 논자이다. 그런 만큼 그의 시각은 현재까지 큰 영향력을 미치고 있다. 그는 조선정치사를 군주권과 신권의 대립으로 설명하였다. 특히 그는 군주권의 강화를 법전편찬과 결부지어 본다는 점에서 인식적인 특징을 지닌다. 왜냐하면 신권의 발전은 사적 권력의 그

것으로 보기 때문이다.

아울러 그는 고려시대까지 법전편찬이 없는 점을 후진성의 상징으로 보았다. 또한 조선법의 특징으로 조종성헌이란 점을 꼽았다. 이는 이후 연구자들에게 계속적으로 계승되는 중요한 지적이다. 그리고 그는 형전의 발전이 가혹한 것에서 관대한 법으로 진보하는 경향을 지닌다고 보았다. 이 점은 앞서 아사미의 시각을 그대로 이어받았다고 할 수 있다.

이후에 등장하는 하나무라와 나이토는 주로 법전의 기초연구에 힘을 기울인 학자들이다. 전자는 특히 조선왕조 최초의 법전인 『경제육전』 등에 관심을 기울였으며, 후자는 16세기 『경국대전』까지의 편찬에 대한 고찰 등으로 법사 연구에 노력하였다. 하나무라의 『경제육전』 등에 대한 복원과 탐구방식은 이후 이 책의 복원작업에 기초가 되었다.

그리고 나이토는 『경제육전』과 『경국대전』의 차이를 지적하였다. 즉 전자는 법령선집, 후자는 규범체계로 설정된 법전이라는 지적이다. 아울러 그는 『경국대전』과 조선민족의 특성을 결부지어 설명하려 했다. 우리는 이와 같은 방법론에 대한 근원적인 인식적 배경에 대해 이해해야 할 필요가 있다.

해방 이후 법사에서는 단연 전봉덕의 연구가 중요하다. 그는 로마법이나 중국법을 보편적인 것으로 보고, 한국법의 특성을 찾아내려 했다. 그런 점에서 그의 연구방식은 이후 중요한 영향력을 지닌다고 여겨진다. 그의 문제의식은 한국적 특성을 찾는 것에 있지만, 그 뿌리에는 일본학자들의 영향을 무시할 수 없다. 요컨대 중국법의 선진성을 전제한 가운데 한국법의 수용성을 처리하는 방법이 이를 말해준다. 또한 이를 수용한 한국의 선진적 부분은 유교와 결부시켜 설명하고 있다. 예컨대 유교적 법제관인 신형주의 등은 한국법에서 수용되어, 중요한 문화적 지표로까지 이해되고 있다. 아울러 조선법에 대한 이해는 자료 속에서 등장하는 각종 용어에 대한 개념규정으로 이루어지고 있어, 뒤의 학자들에게도 큰 영향을 미친다. 그의 문제의식의 근간에는 현대법과 전통법의 연결을 마련한다는 점이 미치고 있다. 특히 지금은 없어진 『경제육전』을 최초로 복원, 시도했다는 점은 매우 중요하다고 할 수 있다.

그의 뒤를 이은 박병호는 전봉덕의 문제의식과 방법을 이어받아 더욱 발전시켰다. 그의 주 연구 주제는 조선시대의 부동산 물권이었다. 이는 서구법과 대비해 부족했다고 보이는 계약법에 관련된 연구에 대한 필요성에서 이루어졌다고 보인다. 요컨대 그의 문제의식은 한층 발전된 것으로 한국법의 근대화를 이해하는 방식에 있다고 할 수 있다. 그는 법전이 행정법규 중심이기에 민중이 아닌 행정관리를 주대상으로 했다고 보았다. 이 점이 근대법과 다른 특징으로 보았던 것이다. 그럼에도 그는 법을 정책의 수단으로 이해했다는 점에서 이전보다 한 걸음 진전된 인식을 나타내고 있다.

이처럼 1970년대까지 법사연구는 일제하의 일본학자들에 의해 기초가 놓여진 것을 계승하면서도, 한국적 특성을 긍정적으로 규명한다는 점에 시각의 중심이 놓여 있다. 그에 따라 법전 자체에 대한 연구와 여러 법의 특징들이 중국이나 서구법과 대조하여 지적되었다. 이후 연구사에 대한 검토는 과제로 남아 있지만, 아직까지 법사연구방법론이나 시각에서 커다란 전환점이 이루진 것으로 보이지는 않는다. 특히 조선시대 국가운영과 결부된 법체계에 대한 이해가 보다 심화될 수 있다면, 조선시대의 사회와 국가에 대한 이해범위는 더욱 넓어질 수 있을 것이다.

(김인호)

제 2 장

고려후기 법전편찬론의 대두

1. 고려후기 주관육익의 편찬과 성격

1) 주관육익에 대한 고찰과 의미

『주관육익』은 고려말 김지에 의해 편찬되었으나 현존하지 않는 책이다. 그럼에도 이 책은 일찍부터 학계의 주목을 받았다.[1] 그 이유는 『주관육익』이 조선초기의 여러 법제 정비와 관련되었다고 보았기 때문이다.

지금까지 연구는 이 책의 서지학적 측면에 주로 관심을 두었다.[2] 그러나 최근에는 김지의 책의 성격을 밝히려는 시도가 있었다.[3] 여기서 김지는 고려말 유학자인 이색 계열과 가까운 인물이라는 점, 책의 편찬목적을 고려왕조의 정치체제의 정상화에 있다고 하였다. 이 주장은 고려말기 사대부가 정치적으로 정도전과 이색 계열로 분립되며, 그들의 『조선경국전』과 『주관육익』이 이를 각기 대변하는 책으로 본 결과물이다. 그리고 이런 평가는 『주관육익』이 고려후기 사회변화의 산물이라는 인식에 바탕을 두었다는 점에서 긍정적이다.

그럼에도 몇 가지 의문점이 드는 것이 사실이다. 우선 첫 번째로는

1) 花村美樹, 「周官六翼の撰者と其の著者」, 『京城帝大法學會論文集』 12-34合, 1926.

2) 대표적 연구는 許興植, 「金祉의 選粹集·周官六翼과 그 價値」, 『奎章閣』 4, 1981.

3) 都賢喆, 『高麗末 士大夫의 政治思想硏究』, 一潮閣, 1999, 119~130쪽.

김지가 이색 계열로 정치적 활동을 했는가 하는 점이다. 현재 그에 관한 기록이 매우 적은 편이다. 그가 이색 계열로 추정되는 근거는 김지 개인에 관한 기록이 주로 이색의 문집에 들어있다는 점이다. 그렇지만 사대부가 정치적으로 대립하게 된 시기는 조선왕조의 성립 직전이며, 그 이전까지 정치적 지향성은 동질적인 것이 많았다. 다시 말해서 사대부 간의 정치적 분립 이전까지는 이색을 중심으로 한 사대부들간의 교유가 활발했었기에, 이를 근거로만 하기에는 한계가 있다는 뜻이다. 그러므로 본고에서는 여타 기록 등을 근거로 그의 가계와 활동에 관해 검토하고, 그가 관계했던 정치집단을 재론해보고자 한다.

두 번째로 『주관육익』의 편찬의도와 책의 성격에 대한 검토이다. 초점을 두려는 것은 책의 편찬의도와 역사적 성격이다. 왜냐하면 이 책이 『주례』의 육전체제로 편집되었다는 점은 널리 알려졌지만, 이 체제에 주목하게 된 동기와 그 의미에 대해서는 보다 논의가 필요하다. 기존연구는 육전에 의한 고려전기 육부체제의 재건이라고 보았지만, 이는 삼성육부와 고려말기에 등장하는 육전체제를 동일한 구조로 보는 인식의 발로이다. 그러나 고려전기의 육전체제가 후대의 그것과 동일한 것이라고 할 수는 없다.

이 육전체제는 이후에 나오는 조선왕조의 최초 법전인 『경제육전』으로 계승되었다. 『주관육익』은 『경제육전』과 이처럼 체제상에서 일정한 관련성이 있는 셈이다.[4] 이런 점에서 이 책은 당시 개혁과 관련된 법전적 측면에서 재검토되어야 할 것이다. 여기에서는 특히 원나라에서 발간된 『경세대전』과의 관련을 염두에 두려고 한다.

---

4) 양자의 관련성에 대해서는 末松保和, 「朝鮮經國典再考」, 『和田博士還曆記念東洋史論叢』, 1951 참조.

2) 김지의 가계와 활동

(1) 가계

김지에 대한 기록은 별로 없어서 그에 관해 알려진 것이 많지 않다. 그러나 그의 가계와 활동 등을 살펴본다면, 그와 관계된 정치세력을 추정하는데 도움이 된다. 먼저 김지의 가계에 대한 기록은 『정재일고』에 실린 공민왕 11년 문과방목에서 찾아진다.

> 가) 을과는 세 사람……여택재 출신으로 김지(金祗)는 이름을 지(祉)로 고쳤고, 아버지는 사순(思順)이며 영광사람이다.[5)]

여기에 의하면 김지의 처음 이름은 지(祗), 본관은 영광임을 알 수 있다. 그리고 그의 부친은 김사순이다. 이를 바탕으로 영광김씨 족보에서 찾아보면[6)] 그는 고려의 김심언[7)]을 시조로 하며, 그에 관한 기록은 '무후(無后)'라고 되어 있다. 김지에 대한 기록이 적은 이유는 그가 고위직에 오르지 못했던 점과 함께, 이처럼 후손이 없었던 것도 하나의 요인이 되었던 것 같다.

그의 가계의 특징은 무인 집안이라는 점에 있다. 그의 중시조인 김정부(金正父)가 금오위 별장, 그의 아들인 세첨(世瞻)은 금오위 중랑장이었다. 그 후 3대가 되는 김지저(金之抵)만은 문과 출신으로 충렬왕

---

5) 『貞齋逸稿』 권2, 文科榜目, "乙科三人……麗澤齋生 金祗 改名祉 父思順 靈光人".

6) 『靈光金氏世譜』 全(古 5807, 국립중앙도서관 소장). 이하 그의 가계에 대한 기록은 여기서 인용하였다. 여기에는 그가 김심언의 15世孫으로 되어 있다.

7) 김심언은 성종 때 과거에 급제하였고, 9년 7월에는 봉사를 올려 수령의 업무에 대해 刺史 6政으로 勸戒토록 한 인물로 유명하다(『고려사』 권93, 열전6, 金審言).

15년에 민지, 정가신 등과 함께 세자를 따라 원나라에 시종했었다. 그러나 그의 관직도 금오위 대장군 지예병부사에 이르렀다는 점에서 본다면, 역시 군과 관계가 있다. 이어 4대째인 김일(金鎰)도 무예로 이름을 드러내 관직이 충렬왕대에 홍위위 보승장군 감찰시승[8]에 이르렀다. 이처럼 김지의 집안은 무인집안으로 출발해 성장하였다.

이후 김지의 증조부인 김천보(金千寶)는 소용대장군이 되어 충숙왕 3년에 국왕을 따라 원에 갔던 인물이다.[9] 이때 이르러 그의 집안은 본격적으로 중앙정계에서 활약하게 된다. 마침내 조부인 김휘전(金輝全)은 공민왕 6년에 입사하여 주기철공신(誅奇轍功臣)이 되었으며 판위위사사로 치사하였다.

한편 그의 부친 김사순은 이런 가문을 배경으로 군공으로 출세하였다. 족보에 따르면 그는 공민왕 10년에 국왕이 홍건적의 침입으로 복주로 남행했을 때, 안우·이방실·김득배·유숙·이자순·정세운 및 이성계와 함께 2천명을 거느리고 10여 만을 무찔렀다고 한다.[10] 그리고 그는 국왕 환도 시에도 호종하여 적의 준마를 빼앗아 바치는 등의 공으로 영록대부 병부상서 좌우위 보승낭장 전중어사 급사동정에 임명되어 이후 국왕의 시위를 담당했다. 그 결과 그가 사망했을 때 국왕

8) 그는 충렬왕 6년 3월 을묘일에 將軍으로 감찰시승으로 임명되었다. 그의 임명은 당시 감찰사가 올린 진언에 대해 국왕이 감찰시사인 심양과 잡단 진척, 侍史인 문응 및 전중시사 이승휴를 파면시킨 후에 이루어진 것이다(『고려사』 권29, 세가29, 충렬왕 6년 3월 을묘). 그는 충렬왕의 시위를 담당했던 측근으로 여겨진다.

9) 그는 충숙왕 11년에 知密直司事에서 密直副使로 임명되었으며(『고려사』 권35, 충숙왕 11년 2월 정묘), 같은 왕 14년 11월에는 원에 시종했던 공로로 2등공신이 되었다(『고려사』 권35, 충숙왕 14년 11월 무자). 이때 그는 三重大匡 匡正大夫 知都僉議評理司 大護軍에 임명되어 通化君에 봉해지는 것으로 생각된다.

10) 이는 자신이 주도했다기 보다 참여했다고 보는 것이 옳을 것이다. 왜냐하면 당시 『고려사』 등의 기록에는 그가 등장하지 않고 있다.

이 감선하고 3일간 조회를 하지 않았으며, 충정(忠貞)이란 시호를 내렸다는 것이다.[11]

이 사실은 『고려사』 등에서는 관련기록이 보이지 않으므로 과장된 것일 수 있다. 단 우왕 3년에 이성계가 해주에서 왜구와 전투를 할 때 그 밑에서 활약한 김사훈(金思訓)을 그와 동일 인물로 본다면,[12] 그가 이성계 휘하에서 활약한 점은 사실이 될 것이다. 그렇다면 김지의 가계는 고려후기 이래 성장한 신흥무장 집안이며, 부친대에는 이성계와도 관련을 맺게 된다고 추정된다. 이처럼 그의 가문은 원간섭기 이후 계속적으로 관료의 지위를 유지했다. 하지만 그의 집안은 고려정계에서 중요한 문벌까지는 이르지 못했다.

김지는 이러한 집안배경 속에서 고성 이씨가와 혼인하게 된다. 그런데 그의 혼인관계는 김지의 정치적 계열을 파악하는 중요한 단서가 된다. 이에 관해서는 권근이 쓴 「이정 신도비」에 다음과 같이 나오고 있다.

> 나) 영락원년 가을 8월……이시중(이숭)은 아들을 낳기를 (첫째로는) 민(광주목사), 둘째는 린(사재소감), 셋째는 치(연안부사)이고, 맏딸은 판전농시사 최안준에게 시집가고, 다음은 판한성부사 최유경, 다음은 평양부원군 조준, 다음은 봉례랑 김지에게 시집갔다.[13]

---

11) 이에 대한 기록은 족보 앞 부분에 따로 실려 있는 「忠貞公事蹟」에 보다 자세히 나와 있다.

12) 『고려사』 권133, 열전46, 우왕 3년 8월 무오. 이 시기 이름이 중간에 바뀌는 경우 등이 많았으므로, 동일 인물일 가능성이 있다.

13) 『陽村集』 권38, 有明 朝鮮國 追贈……西原伯 諡文簡公 行光祿大夫 刑部尙書 集賢殿學士 李公 神道碑銘, "永樂元年秋八月……李侍中 生男 曰岷 光州牧使 次曰僯 司宰少監 次曰峙 延安府使 女長適判典農寺事崔安濬 次適判漢城府事崔有慶 次適平壤府院君趙浚 次適奉禮郎金祉".

그의 장인은 이시중으로 나오는 이숭(李崇)이다. 이숭은 위 기록의 주인공인 이정(李挺)의 첫째 사위이며, 공민왕대 수문하시중을 지냈던 이암(李嵒)의 아들이다.[14] 그런데 이숭은 아들 세 명, 딸 네 명의 자녀가 있었고, 김지는 그 중에서 막내딸과 결혼하였다. 김지는 당시 명문가와 혼인관계를 맺게 된 셈이다.

주목할 점은 그의 동서관계이다. 조준이 그의 동서 중에 한 사람이기 때문이다. 주지하듯이 조준은 고려말기 정도전 등과 함께 급진개혁파 사대부의 대표적 인물 중 하나이다. 아울러 그의 개혁안이 조선왕조의 정치, 행정조직의 기초가 되었다는 점은 잘 알려져 있다.

또한 그의 동서 중 한 사람인 최유경은 이성계와 관계가 있다고 추정된다. 그는 완산군이던 최재(崔宰)의 아들[15]인데, 우왕 14년에 양광도 안무사가 되었다. 이때 최영이 염흥방, 임견미를 처형하면서, 최유경은 그들의 가노(家奴) 8명을 잡아 처단하여 보고했었다. 그러나 최영은 그의 옥사가 불명확하고 처단이 부진했다고 노해서, 사자를 죽이려 하자 이성계가 이를 만류했었다.[16] 이 사실은 두 사람의 정치적 관계에 대한 시사를 준다.

그리고 최유경은 위화도회군 직후인 창왕 즉위년 7월에 있었던 인사조치에서 안렴사를 개칭한 전라도 도관찰출척사에 임명되었다.[17] 이때의 인사조치는 이성계와 급진개혁파 사대부가 권력을 장악한 이후에 자신들의 개혁안을 추진하면서 이루어진 것이다. 특히 이 조치는 조준이 대사헌이 되어 올린 상소문 중에서 안렴사와 관련된 부분이

14) 『牧隱文藁』 권17, 鐵城府院君李文貞公墓誌銘 幷序. 이암의 집안은 그의 조부인 李尊庇대부터 문신관료로 성장하여, 아버지인 李瑀는 철원군이 되었다.

15) 『고려사』 권111, 열전24, 崔宰.

16) 『고려사』 권113, 열전26, 崔瑩.

17) 『고려사』 권137, 열전50, 신우 7월 무신.

실현된 것으로,[18] 자신들의 지방제 개혁정책의 일환이었다. 따라서 당시 최유경의 임명은 조준 등의 추천에 의했을 가능성이 컸다.

이처럼 김지의 동서는 고려말기 급진개혁파 사대부로 활동했던 인물들이며, 김지 역시 이들과 정치적으로 무관할 수는 없었을 것이다. 이런 점이 『주관육익』의 편찬을 조준 등의 개혁추진과 연관시켜 볼 필요가 있는 첫 번째 이유이다. 아울러 후술하겠지만 그는 정도전이 명한 『대명률직해』 작업에 조준과 같이 참여하였다. 이 사실은 그가 조준과 단순히 인척관계로만 연결된 인물이 아니라는 점을 방증한다.

(2) 활동 및 교유관계

공민왕대 이후에 사대부들은 점차 정치세력화하면서 새로운 국가운영을 모색해 가고 있었다. 특히 이들은 공민왕 16년 성균관 중영을 계기로 자신들의 인적 결합을 공고히 해가고 있었고, 국가운영의 문제를 해결하기 위한 여러 방안을 모색해 갔다. 그런 가운데 이들은 유교경전이나 역사책 등에서 자신들의 개혁방식을 찾아내려 했었다.

김지는 이런 분위기 속에서 공부하고 성장했을 것이다. 그가 공부했던 곳은 여택재이다(자료 가). 여택재는 고려중기인 예종 4년 7월 국학에 두었던 7재 중에 하나이며, 『주역』을 강론한 곳이다.[19]

그는 이곳에서 경서에 대한 기초지식을 습득하였을 것이다. 그런 가운데 그는 『주례』에 대해서도 유의했을 것이다. 고려후기 이후에 '고제'의 운영원리에 입각한 개혁방안의 모색이 활발해지고 있는 가운데, 그 제도원리로써 이 책에 주목하는 경우가 많았다.

특히 원간섭기 이후에 고려 유자들은 원나라 문인들과의 활발한 교

---

18) 『고려사』 권75, 선거3, 전주 범선감사, 신창 즉위년 7월.

19) 『고려사』 권74, 지28, 선거2 학교, 예종 4년 7월.

유를 하는 경우가 많았다.[20] 양자의 교우가 주자학의 수용에서 큰 역할을 했음은 주지하는 바이다. 그런데 원나라 문인들은 이 『주례』를 중시하는 경우가 많았다. 그들은 『주례』를 『주관』이라고 주로 불렀다.[21] 그보다 앞서 이 책은 송대에도 왕안석에 의해 제도개혁의 근거로서 주목받기도 하였다.[22]

따라서 김지가 이 책에 주목했던 것은 당시 사대부들의 국가운영에 대한 위기의식의 고양 속에서 당연한 일인지도 모른다. 그의 경우는 과거에 급제한 해가 공민왕 11년이다. 이때는 홍건적의 침입을 겪고 있으므로 집권자들 사이에서의 위기의식이 고조되던 시기였다. 이러한 사정은 그 해 좌주가 되었던 홍언박과 류숙에 대한 재추들의 태도에서 이해된다. 당시 재추들이 좌주가 된 이들에게 연회를 베풀어 주었다. 많은 신하들이 이 두 사람에게 기대를 걸었기 때문이었다.[23] 관료들이 기대한 것은 인재 등용이라는 바램이었다.

김지는 이런 분위기 속에서 과거에 급제하였다. 당시 급제자는 을과 3인, 병과 7인, 동진사 23인으로, 김지는 을과에 합격하였다.[24] 여기서 그의 동년들의 명단에 주목해보면, 병과에는 이숭인이, 그리고 진사에는 설장수, 정도전 등이 포함되어 있었다. 이들은 이후에 정치적으로 크게 활약하는 인물들이다. 고려후기 좌주문생과 동년관계를 고려해 볼 때, 김지는 이들과 인적 관계를 맺었을 것이다.

그러나 그는 급제한 이후에 출세하지는 못하였다. 그의 처지에 대해 이색은 김지에게 주는 글에서 다음과 같이 말한다.

---

20) 張東翼, 『高麗後期 外交史硏究』, 一潮閣, 1994.
21) 고려 유학자들과 교류했던 원나라 姚燧는 「澧州廟學記」(『牧菴集』 권5)에서 『주례』를 『주관』이라고 하여, 이를 주공의 저술로 보았다.
22) 왕안석은 『주례』에 대한 새로운 주석서인 『주관신의』를 편찬했다.
23) 『고려사』 권111, 열전24, 洪彦博.
24) 『貞齋逸稿』 권2, 文科榜目.

다) 궁벽한 땅에 거처하고 쓸모 없는 직책에 있어 거의 전재(錢財)가 없기에 구입하기도 어렵고 시장도 없어 (책을) 구경하기도 어려운데 모아놓은 것이 많아 수백권에 이르는 사람은 오직 경숙(敬叔 : 김지) 뿐이다. 경숙은 임인년에 과거에 급제하고 뜻이 문학에 돈독하고 해서를 잘쓰므로 뽑혀서 일찌기 표장(表章)을 썼는데 공민왕이 보고는 매우 칭찬하였다.[25)]

과거 급제 이후 그는 한직인 비서랑에 있었다. 이는 전교사 정8품의 낮은 관직이다. 또한 그의 사회경제적 처지도 위와 같이 열악하였다. 그럼에도 그는 책수집을 통해 학문적 열정을 발휘하고 있었고, 표장과 같은 문장작성에도 능력을 보였다.

여기서 그가 모았다는 수백권의 책은 자신의 『주관육익』과 『선수집』 편찬의 기초자료가 되었을 것이다. 이에 관해

라) 또 아무 벼슬에 있는 아무가 와서 말하길, "김경숙이 벼슬길에 나서서 그 뜻을 행하지 못하고 이제 늙어 버렸다. 이것을 나도 역시 슬프게 생각하는 바이다. 그가 다행히 전장(典章)을 널리 구해 모아서 한 권의 책을 만들었다. 이것을 선생이 『주관육익(周官六翼)』이라고 이름지었다. 또 고금의 시문 몇 권을 모았는데, 선생은 또 이것을 『선수집(選粹集)』이라고 했다."[26)]

라고 하였다. 이처럼 그는 출세하지 못했지만 많은 책을 수집하여 『주

25) 『牧隱文藁』 권9, 贈金敬叔秘書詩序, "至若處於荒陬 居於冗職 旣無錢財難於購 又無市肆難於游 而輯之多 至於數百卷者 獨吾敬叔而已 敬叔 壬寅科及第 篤志文學善楷書 被選嘗書表章 大爲玄陵所賞".

26) 『牧隱文藁』 권9, 選粹集序, "某官某 又來曰 金敬叔 仕不得行其志 老且至矣 雖吾亦爲之悲焉 幸而博求典章 叢爲一錄 先生名之曰周官六翼 又集古今詩文若干卷 先生又名之曰選粹集".

관육익』과 『선수집』을 편찬하였던 것이다. 위의 자료에서 보이듯이 이 책들의 편찬은 김지의 학문적 열정의 소산만은 아닐 것이며, 김지의 어떤 의지를 실현하기 위해서 만들었을 가능성이 크다.

여기서 생기는 한 가지 의문은 김지가 뛰어난 능력에도 불구하고 낮은 벼슬에만 머물렀던 점이다. 물론 이 시기에 김지처럼 능력이 있으나 크게 출세하지 못한 인물들이 많았을 것이다. 그의 과거 동년들 중에서도 상당수가 알려지지 않은 인물로 남는다는 점에서도 이를 짐작할 수 있다.

그런데 그의 경우는 공민왕도 칭찬할 정도의 표장 작성 능력과, 조준의 동서라는 점을 고려해 볼 때에 상당한 의문이 생긴다. 더구나 김지는 조선 건국 후에 5개월만에 파직된다.

> 사헌부에서 상언하기를, "쌍부감무 백천우(白天祐)는 글자도 모르고 그 직무에도 칭송이 없어서 안렴사 조박(趙璞)에 의해서 출척된 바 있습니다. 청컨대 백천우를 천거했던 예조의랑 김지(金祗)를 파직시켜서 후인의 경계가 되게 합시다."라고 하였다. 왕이 윤허하였다.[27]

이 자료는 조선왕조실록에 단 한번 등장하는 김지의 행적에 관한 기록이다. 여기서 나오는 김지(金祗)에 대해서는 이미 김지(金祉)와 동일 인물로 추정되었다.[28] 그 근거는 전장에 밝은 노숙한 학자가 예조에 등용되기에 알맞다는 점, 그리고 김지가 이색의 후원을 받았을 인물이라는 점에 있었다. 따라서 선행연구는 백천우를 파출한 조박이 이방원의 동서이고, 개국공신 일등에 봉해진 인물이므로 이 사건은 조선왕조 개창에 이은 이색 계열의 정치적 숙청의 결과라고 보았다.[29]

---

27) 『태조실록』 권2, 태조 원년 11월 무자.
28) 許興植, 앞의 논문, 1981, 38쪽.

당시 파면된 김지가 『주관육익』의 저자라는 점에서는 이의가 없다. 왜냐하면 첫째로는 그의 첫 이름이 김지(金祗)였다는 점, 둘째로는 자료 나)의 태종 3년(1403)에 지어진 「이정 신도비」에 나오는 그의 관직이 '봉예랑(奉禮郞)'으로 나오고 있기 때문이다. 봉예랑은 조선시대 국가의례를 담당한 통례원의 종6품직이다. 그런 점에서 이 관직은 예조에 소속된 예조의랑과는 차이가 있지만, 소속된 관서나 관품에서 비슷하다. 따라서 위에 등장한 김지가 『주관육익』의 저자일 것이라는 추리가 가능하다.

그러나 필자는 김지가 이색과 같은 계열의 인물이기 때문에 숙청되었다는 주장에 동의하기 어렵다. 그가 이색과 친밀한 관계였다는 점은 분명한 것 같다. 이색은 자료 라)에서 보듯이 그의 책이름을 지어주었으며, 그를 '자신의 친구(吾友)'라고 부르고 있다. 그러나 이 점은 위화도회군 이후 사대부 계열의 정치적 분립 이전까지 지녀왔던 이색의 유종(儒宗)으로서의 지위를 고려해야 한다.[30] 요컨대 김지와 이색과는 이 시기까지 대개의 사대부들처럼 우호적 관계였을 것이다. 아울러 정계의 핵심인물이 아닌 김지가 이색과 인간적 관계를 유지하고 있다고 해도, 정도전·조준 계열에서 건국 후에까지 이를 문제삼지는 않았으리라고 본다.

더구나 김지를 축출한 주체는 조박이 아닌 사헌부였다. 김지가 관직에서 물러난 이유는 이른바 수령천거를 잘못한 것에 대한 연좌제에 걸렸기 때문이다. 원래 수령천거에 따른 거주연좌제(擧主連坐制)는 조준이 창왕 즉위년에 제시한 천거방안으로 제기한 것이다.[31] 이 방안

29) 이에 관해서는 都賢喆, 앞의 책, 1999에서도 동의하고 있다.

30) 예컨대 이색과 정치적으로 대립한 정도전의 경우에도 그를 "우리 도의 맹주가 되어 유학을 흥기시켰다."고 평가했다(『三峯集』 권4, 李牧隱送子虛詩序卷後題).

31) 『고려사』 권73, 선거3, 전주 선용수령, 창왕 즉위년 8월.

은 조선왕조에 들어와 6품 이상 관료들에 의한 수령천거와 그 잘못에 대한 연좌제로 확정되었다.[32] 김지의 백천우에 대한 천거는 이에 따른 결과이다. 그리고 백천우의 파출은 태조 원년 9월 각 도에 안렴사가 파견되자 예조전서인 조박이 양광도로 나가면서 이루어졌던 것이다.[33]

이때 김지의 탄핵은 '죄급거주(罪及擧主)'의 원칙을 적용한 것이다. 이 규정은 원래 당률에서 유래된 것으로, 조선에서는 별도의 처벌규정이 없어 『대명률』을 이용하였다. 그러나 실제로는 6품 이상의 관원이 이로 인해 처벌받는 경우는 거의 없었으며, 다른 관원들도 주로 수속(收贖)으로 처리되었다.[34] 따라서 김지의 파면조치는 극히 예외적인 경우였다. 그렇다면 그의 파면사건은 신왕조 개창 이후에 새로운 법제 적용에 따른 본보기적 성격이 강하다고 할 수 있다.

한편, 그가 높은 관직에 오르지 않은 것은 개인적 이유에서였을 수도 있다. 지금까지 주목되지 않았던 다음 자료를 살펴보도록 하자.

> 정서(淨書)와 총록(叢錄)의 빠르기는 신(神)과 같은데
> 만권당(萬卷堂) 가운데에서 또다시 봄을 지냈구려.
> 이구(耳具)는 총명하나 마음은 홀로 괴롭고
> 형용(形容)은 말랐지만 기운은 오히려 떨치니
> 조정에 (올린) 법제는 금옥과 같고
> 대각(臺閣)에 (올린) 문장은 봉린(鳳麟)과 유사하니
> 이름이 서책 끝에 달렸으니 매우 다행이구나.
> 흰머리와 많은 병에 사신(詞臣)의 일까지 더해지는구나.[35]

---

32) 이 방안은 태조 6년에 만들어진 『경제육전』에 수록되었다(연세대 국학연구원 편, 『經濟六典輯錄』, 다은출판사, 1993, 71쪽).

33) 『태조실록』 권2, 태조 원년 9월 기축.

34) 임용한, 『朝鮮前期 守令制와 地方統治』, 혜안, 2002, 152~155쪽.

이 시는 이색이 김지를 추억하며 쓴 글이다. 그런데 우리는 이 시에서 그에 대한 몇 가지 시사를 받을 수 있다. 우선은 그의 연구와 저작에 대한 열정이다. 이 점은 이색의 다른 글에서도 확인된 바 있다. 위 시에서 보면 김지는 만권당에서 연구에 몰두하였다. 이 만권당은 김지의 개인서재이거나 관청 가운데에서 책을 모아놓은 곳으로 보인다. 그는 이곳에서 『주관육익』과 『선수집』 편찬에 필요한 연구를 했을 것이다.

또한 시의 마지막에서는 김지의 건강상태를 말해주고 있다. '흰 머리'와 '많은 병'이 있다는 표현은 나이가 들었다는 상투어이기도 하다. 그러나 실제로 김지가 병이 많았다면, 관직 수행에 어려움이 있었을 것이다. 이런 점 역시도 그의 출세와 관련된 장애가 될 수 있다.

그러나 위의 시에서 가장 눈에 띄는 점은 김지의 법제를 만들어내는 개인적 능력이다. 위 시가 시사하듯이 그는 법제 초안의 실무자로 활약했다. 위 시에서 '조정에 (올린) 법제는 금옥과 같다'는 표현이 이를 말해준다. 이 사실은 그의 『주관육익』 편찬과 연결지어 생각해 볼 필요가 있다.

실제로 김지의 법제에 관련된 능력은 그가 1395년(태조 4)에 나온 『대명률직해』 편찬작업의 실무 책임자였다는 점에서도 알 수 있다. 그는 자신의 법에 관한 지식과 능력 때문에, 태조 원년에 파면되었지만 다시 일을 하게 되었다. 『대명률』의 번역에 대한 참여가 그것이다. 그는 『대명률직해』의 발문에서 이 책의 제작경위와 자신의 역할을 쓰고 있다.

---

35) 『牧隱詩藁』 권22, 憶金秘書祉, "淨書叢錄疾如神 萬卷堂中又過春 耳具聰明心獨苦 形容枯槁氣彌振 朝廷法制如金玉 臺閣文章似鳳麟 名掛篇端深自幸白頭多病忝詞臣".

> 성상께서 이것을 중외에 반포하여 사진(仕進)들에게 전하여 서로 익히고 외워서 모두 법을 얻게 하였다. 그러나 문자가 통상적이지 않아 사람마다 쉽게 깨우치기 어려운데 하물며 우리나라에는 삼한 때에 설총이 방언문자를 만들어 이두라고 하여 토속으로 인해 나면서부터 익혀 능히 혁거할 수 없으니 어찌 집집마다 일러주고 사람마다 가르칠 수 있겠는가. 마땅히 이 책을 이두로 읽게 하여 양능으로 이끌게 하겠다. 정승 평양백 조준이 이내 검교중추원 고사경(高士褧)과 나에게 명하여 이 일을 위촉하였다. 우리들은 상세히 연구하길 반복하여 글자에 따라 직해하였다. 아아! 우리 두 사람이 먼저 초안을 만들고 삼봉 정도전 선생과 공조전서 당성(唐誠)이 후에 윤색하였다.[36]

그는 발문의 말미에 자신을 '상우재(尙友齋) 김지(金祗)'라고 밝혔다. 선행연구에서는 이 사람을 『주관육익』 찬자인 김지(金祉)와 동일 인물이 아니라고 보았다.[37] 그러나 앞서 보았듯이 김지의 법률에 관한 능력은 물론이고, 조준과의 관계를 염두에 둔다면 양자는 동일인이라고 판단된다. 더구나 현재 자신의 관직을 적지 않고 '상우재'라고 적은 점도 이를 증명한다. 이것은 태조 원년의 김지의 은퇴를 반영하고 있기 때문이다.

특히 『대명률직해』 작업에서 주목할 점은 조준과 김지가 단지 인척관계로만 얽히지 않았다는 사실이다. 조준이 김지에게 이를 맡긴 것은 지금까지 법제 개혁에 관한 논의의 대상으로 여겨왔다는 증거이기도 하다.

아울러 김지와 함께 작업한 고사경도 이색과는 관계가 있었다. 그

---

36) 『大明律直解』 跋文.

37) 許興植, 앞의 논문, 1981, 38쪽, 그 논거는 김지가 이색 계열로 인해 숙청된 인물이므로 순탄한 말년을 가질 수 없었을 것이라는 점이다. 그러나 숙청되었다고 해서 다시 등용되지 않는 것은 아니다.

는 우왕대 지인상서였다가 파면된 적이 있었다.[38] 이색은 그러한 고사경을 불러 자신의 생각을 말할 정도의 가까운 관계였다.[39] 이는 이색과 김지와의 개인적 친분 관계가 있었다는 것과 마찬가지이다. 그리고 고사경에 대한 자료가 조선왕조실록에 등장하지 않는다는 점에서, 그는 김지처럼 법제적 실무능력으로 인해 선발되었을 것이다.

이는 『대명률직해』의 윤색자였던 당성(唐誠)의 능력에서도 확인된다. 졸기에 의하면 그는 중국 강절 출신으로 율령에 밝았으며, 중국관련문서를 거의 담당했다고 한다.[40] 결국 이 사실은 법제에 능력있는 인물들이 『대명률직해』 편찬에 실무자로 참여했음을 말해준다.

조준의 지시와 정도전의 참여는 편찬에 관여한 정치세력의 성격을 단적으로 말해준다. 이는 건국 이후에 주도권을 장악한 정도전과 조준 계열과 개혁파 사대부의 편찬의도와 목적이 투영되고 있음을 뜻한다. 따라서 여기에 참여한 김지는 이들과 깊은 정치적 관계에 있다고 보아야 한다.

그러나 김지는 『대명률직해』의 간행 이후로는 기록상에 등장하지 않는다. 그는 조준과의 관련 속에서 마지막까지 실무자적 위치에서 일을 했던 것이다. 그럼에도 그가 정도전·조준 계열과 일정한 연관이 있다는 점은 분명해졌다. 따라서 『주관육익』의 편찬목적과 책의 성격은 이런 각도에서 접근해 볼 필요가 있다.

---

38) 그의 파면이유는 다음과 같다. 그가 궁중에 입직하였을 때, 우왕의 폐행인 반복해와 지신사 이존성이 희롱삼아 고사경의 의복을 빼앗고 떠들었다. 우왕이 시끄러운 이유를 묻자 이들은 고사경이 술에 취해 주정하고 있기에 이를 말린다고 보고했다. 고사경은 이로 인해 파면 당했다(『고려사』 권124, 열전 37, 폐행2, 潘福海).

39) 『牧隱詩藁』 권11, 二月十六日呼高士褧話所懷.

40) 『태종실록』 권26, 태종 13년 11월 기묘.

3) 주관육익의 편찬목적과 성격

여기서는 먼저 『주관육익』의 편찬시기를 추정하는 일부터 시작해야 할 것 같다. 원래 편찬시기는 자료가 없어 정확하게 알려져 있지 않다. 다만 책의 편차인 전리, 군부 등의 6부의 명칭을 근거로 하여 현재로는 공민왕 21년부터 우왕대 사이로 추정되고 있다.[41] 이는 6부의 명칭이 고려후기에 변화하는 것을 근거로 한 것이지만, 그 설정시기가 지나치게 넓다고 생각된다.

우리는 앞서 김지와 조준과의 관련성을 살펴보았다. 이처럼 그가 조준 계열과 관련해서 활동했다면, 이 책의 편찬시기는 더욱 좁혀질 수 있다. 그 이유는 김지의 책이 조준의 개혁방향과도 일정한 연관성을 지닐 수 있다는 사실에 근거한다.

조준이 『주례』의 육전체제를 근거로 한 관료제 개편안을 제시했음은 잘 알려져 있다. 그는 우왕 14년 위화도회군 직후에 지밀직사사 겸 대사헌으로 임명되었고 그 직후에 국가운영의 전반에 대한 개혁론을 제기했다. 그런데 그의 개혁방안은 자신만의 구상은 아니며 그와 관련된 사대부들의 의론과 생각을 모은 것이다. 왜냐하면 『고려사』에 나오는 그의 상소에는 올린 사람을 '조준 등(趙浚等)'으로 쓰고 있기 때문이다.[42]

그런데 조준 계열의 사대부들이 집권 이후부터 이런 방대한 개혁안들을 새로이 구상하고 제시했다고는 생각되지 않는다. 개혁안들이 방대하며, 집권 직후에 제시된 것으로 보아 구상에 따른 시간적인 여유가 별로 없기 때문이다. 따라서 이 개혁방안들은 이전부터 이들 집단들의 연구결과라고 보아야 한다.

---

41) 도현철, 앞의 책, 1999, 124쪽.

42) 『고려사』 권78, 지32, 식화1 전제 신우 14년 7월.

그런 점에서 우리는 조준이 우왕 10년부터 위화도회군까지 두문불출하면서 경사(經史)를 벗삼았다고 했던 시절에 주목해야 한다.[43] 당시 조준 계열의 인물들은 개혁방안을 구상하고 이를 토론했던 것으로 생각된다. 그가 이성계와 만나 『대학연의』를 권유한 시점도 이 시기라고 보아야 자연스럽다.[44] 그렇지 않다면 이성계가 집권 직후에 그를 대사헌에 임명해 개혁방안을 제시하고 곧바로 이를 추진시킨 것을 이해하기가 불가능하다.

이때 김지는 조준과 같이 이를 토론하는 과정에 참여했다고 추정된다. 그가 『주관육익』의 기준으로 삼은 육전체제는 이런 과정의 산물이었다. 당시에 조준 등은 경사(經史)를 연구하면서 『주례』의 원리에 주목했을 것이다. 그에 따라 이들은 정부조직과 관료체제 개편에 『주례』의 육전체제를 적용하고자 했다. 김지의 『주관육익』은 동일한 문제의식의 소산으로 보아야 한다. 그렇다면 책의 편찬시기는 우왕 10년에서 14년 사이라고 볼 수 있을 것이다. 그리고 이 점은 책의 서문인 자료(라)에서 이색이 현재 김지가 늙었다고 지적한 사실과도 부합된다. 물론 이 시기는 사대부 전체의 정치적 분기가 확고하게 이루어지지 않은 시점이다. 그 결과 그의 책에 대한 서문은 이색이 서술하였다. 따라서 『주관육익』은 조준은 물론이고, 이색을 위시한 사대부들의 동일한 문제의식을 반영하고 있었을 것이다.

이렇게 나온 『주관육익』의 지향은 육전체제를 따른다는 것이었다. 『주관육익』 서문에는

> 마) 근래에 고통을 많이 당한 이래로 식량과 병기에 관한 것은 따로 국(局)을 설치하고 일 잘하는 자를 뽑아서 이를 주관하게 하였다.

---

43) 『고려사』 권118, 열전31, 趙浚.

44) 김인호, 「여말선초 군주수신론과 『대학연의』」, 『역사와 현실』 29, 1998, 98쪽.

> 전리(典理)의 백사(百司)에 대한 출척, 군부(軍簿)가 제위(諸衛)를 단속하는 것, 판도(版圖)가 재부를 출납하는 것, 전법(典法)이 형옥을 평결(平決)하는 것, 예의(禮儀)가 조회, 제사를 담당하는 것, 전공(典工)이 공장(工匠)과 공사를 하는 것, 고공(考工)이 도력(都歷)하는 것, 도관(都官)의 노비 담당했던 것은 고사(故事)로만 보일 뿐이다. 모든 사(司)와 부(府)에 대하여 관리를 두게 된 까닭을 찾아 힘써 행하는 경우가 매우 드물다. 김경숙은 그리 된 것을 매우 개탄하고 이에 육방(六房)으로 강(綱)을 삼고 각기 그 일을 분류하여 조목을 만들어서 벼슬에 있는 자에게 모두 준수하게 하여 마땅히 해야 할 일을 다하도록 할 것을 생각했다. (만약) 힘이 부족하면 애써서 일을 하도록 하여, 지난날에 가버리면 그만이라는 것과는 같지 않게 했다.[45]

라고 하였다. 여기서 이색은 현재 관직 남설의 문제점을 지적하면서 이 때문에 김지가 육방(六房)에 따라 각 관직의 기능을 정리하였다고 하였다. 또한 이색은 같은 글에서 삼대 제도를 이상형으로 상정하고, 이를 『주례』 등에서 찾아 볼 수 있다고 하였다.

이처럼 그의 책은 『주례』 등에서 관직 구성에 대한 원리를 찾으려 하였다. 이 점은 송의 왕안석이 『주관신의』를 지어 『주례』에 대한 새로운 해석서를 제시하고, 이를 제도개혁의 근거로 삼으려 했던 것과[46]

---

45) 『牧隱文藁』 권9, 周官六翼序, “比年多苦以來 糧斛甲兵 則別置局 選能者以主之 典理之黜陟百司 軍簿之約束諸衛 版圖之出納財賦 典法之平決刑獄 禮儀之朝會祭祀 典工之工匠造作 考工之都曆 都官之私人 視爲故事而已 至於百司庶府 能探設官之故 而力行者 盖寡 金君敬叔 深慨其然 以六房爲綱 各以其事 疏之爲目 俾居官者 咸有所遵守 思盡其所當爲 力不足 則勉而及之 不但如前日之苟去而已焉”.

46) 王安石은 『周官新義』 自序에서 “임관하여 법을 행하는 것이 주나라 때를 본받아야 한다.”고 하면서 그 기준을 찾을 수 있는 책으로 『주례』를 제시했다(『周官新義』, 臺灣商務印書館, 1946).

비슷하다.

이때 『주례』의 육전체제에 따른 관직 정리는 조준의 관제 개혁안과 관련 깊다. 조준은 창왕 즉위 직후에 시무책에서 관직 개편안을 제기했다. 이 내용의 취지는 『주례』 천관처럼 고려 태조가 관료조직을 만들었는데, 재상에게 6부를 통솔시키고 그 아래에 감(監), 시(寺), 창고(倉庫)를 두어 이를 뒷받침하게 하였다. 그런데 현재 전리 등의 각 관부가 제 역할을 못하니, 육전의 일을 6부로 돌리고 각 관사를 이에 소속시키며, 재신들이 이들을 관할토록 한다는 것이다.[47)]

물론 이 개혁안이 김지의 『주관육익』에서 인용한 것이라고 볼 수는 없다. 그러나 조준이 『주례』의 육전체제에 주목했던 것은 우연이 아니다. 특히 조준이 제기한 관부 운영체제의 난맥상은 『주관육익』 서문에서 지적된 현실적 문제와 상통하고 있다. 『주관육익』에서는 각 관부가 자신의 영역을 고수하지 못하고 있으며, 전란 등에 따른 임시기구의 증설 때문이라고 지적하였다. 이는 이색의 시각이지만 김지나 조준의 경우도 같았을 것이라고 판단된다. 즉 당시 사대부들은 고려의 관료제 운영에 대해서 공통된 문제의식이라고 할 수 있다.

그리고 이들은 그 해결방식으로 『주례』의 육전체제에 입각한 관부의 체계화와 정리를 염두에 두었던 것이다. 실제로 조준은 조선 건국 이후에 『경제육전』을 편찬하면서, 이 육전체제를 법전의 기본형태로 채택하였다.[48)] 그런 점에서 육전체제는 이후 조선왕조 건국 후에까지 미치는 영향이 지대하다고 볼 수 있다.

『주관육익』 등이 추구한 육전체제가 고려전기의 6부체제와 동일한

---

47) 『고려사』 권118, 열전31, 趙浚.

48) 『경제육전』은 조선왕조 최초의 간행 법전이다. 이 책은 태조 6년에 편찬되었으며, 책의 특징은 수교를 모아 수록한 점에서 찾을 수 있다. 현재는 남아 있지 않다. 이에 관해서는 林容漢, 「朝鮮初期 法典 편찬과 편찬원리」, 『韓國思想과 文化』 6, 1999를 참조.

것은 아니다. 여기서는 이와 관련해 상론할 여유는 없다. 그런데 이색은 『주관육익』 서에서

> 그러므로 제도가 옛 것인가 아닌가 하는 것이 급한 바가 아니며, 하늘을 받들어 사물을 다스리고, 때에 따라 제도를 만들어 강상을 돕고 풍화를 넓히면 이와 같을 뿐이다.[49)]

라고 하여, 이색은 현재 제도가 '고제'인가를 따지기 보다는 상황에 맞는 제도를 만듬이 더 중요하다고 하였다. 여기서 '고제'는 주로 고려전기의 그것을 의미할 것이다. 이처럼 이색은 이전 제도로의 복귀가 아닌 현 상황에 맞는 새 제도를 만드는 일에 찬성하고 있다. 아마도 그의 생각은 『주관육익』의 성격을 반영한 것으로 생각된다. 그렇다면 『주관육익』은 새 제도를 만드는 것에 필요한 내용이 들어 있을 것이라고 보아야 한다. 앞서 보았듯이 김지의 법제 제정에 관련된 능력도 이 사실을 뒷받침하고 있다. 이처럼 『주관육익』은 당시 사대부들의 현실개혁에 대한 공통된 문제의식을 담고 있는 책이었다. 이 문제의식은 현재 관료체제 운영을 육전체제에 입각해 재정리한다는 것에 입각한 것이고, 따라서 법제 제정과 관련 깊다. 말하자면 이 책의 성격은 단순한 지리지 내지 문물제도에 대한 방대한 참고서만은 아니라고 할 수 있다.

이 책의 가치에 대해 이색은 다음과 같이 말하고 있다.

> 주관육익은 직위에 있는 자의 좌우명이니, 만약 전하지 못한다면 지치(至治)의 혜택이 내리지 않을 것이니, 그 세도(世道)에 관계된 것이

49) 『牧隱文藁』 권9, 周官六翼序, "然則制度之古不古 非所急也 奉天理物 隨時創制 扶綱常 廣風化 如斯而已矣".

어찌 소중치 않으랴.[50)]

이처럼 『주관육익』에는 관료들의 직무와 관련된 여러 규정들이 들어 있음을 알 수 있다. 그리고 이것이 '세도'와 관계되어 있음은 일종의 법제적 성격을 지녔음을 시사한다.

김지는 아마도 이 시기에 나온 유사한 성격의 책을 참고하면서 육전체제에 입각해서 자료 정리를 했을 것으로 보인다. 육전체제는 『주례』 이래의 법전에 채택되어 왔지만, 김지는 자신과 동시대인 원대에 출간된 『경세대전(經世大典)』을 주목했을 것이다.[51)] 『경세대전』은 1323년에 완성되었고, 전체가 880권에 달하는 방대한 분량한 책이다.[52)] 그런데 이 책은 『주례』와 『대당육전』에 기초하였고, 그 내용은 『통전회요』를 모방했다고 한다. 즉 『경세대전』은 육전체제에 입각한 법전이었다.[53)]

그런데 『경세대전』은 방대한 내용을 담고 있는 만큼, 흔히 생각하듯이 법제에 관련된 자료만 들어 있는 책은 아니다. 이 책은 현재 남아 있지 않으므로 전체 내용을 알 수는 없다. 단 목록과 일부 내용만은 전해지고 있다. 책의 체제는 목록에 따르면 군주와 관련된 제호(帝

50) 『牧隱文藁』 권9, 贈金敬叔秘書詩序.

51) 末松保和는 『경세대전』과 『주관육익』, 『조선경국전』과의 관계를 논했지만, 육전이라는 체제상의 동일성에만 주로 주목하였다(앞의 글, 1951). 그 결과 그는 『경세대전』과 『주관육익』과의 구체적 관계를 설명하지는 못했다.

52) 이 점은 「經世大典表」에 잘 드러나 있다. 歐陽玄이 지은 표에는 "爰命文臣體會要之遺意 徧勅官寺 發掌故之舊章 倣周禮之六官 作皇朝之大典 臣某叨承旨喩 俾綜纂修 物有象而事有原 質爲本而文爲輔 百數十年之治蹟 固大略之僅存 千億萬世之宏規 在鴻儒之繼作 謹繕寫皇朝經世大典八百八十卷 目錄十二卷 公牘一卷 纂修通議一卷 裝潢成帙 隨表以聞 伏取進取."(『元文類』 권16)라고 하였다.

53) 이 책에 대한 것은 市村瓚次郎, 「元朝の實錄及び經世大典に就きて」, 『支那史研究』, 春秋社, 1939 참조.

號), 제훈(帝訓), 제제(帝制), 제계(第系)와, 신하의 일과 관련된 치전(治典), 부전(賦典), 예전(禮典), 정전(政典), 헌전(憲典), 공전(工典) 등의 육전으로 구성되어 있다. 즉 왕실과 관료체제 운영에 관련된 사항이 나뉘어 있었다는 점에 유의할 필요가 있다.

이 책은 이제현 등이 보았다는 기록에서 알 수 있듯이, 고려 국내에 유입되어 있었다. 이제현은 이 책에서 고려와 관계된 외교사 부분에 대해서 비판했었다.[54] 그가 비판한 부분은 『경세대전』 정전, 정벌 고려편의 내용이었다. 이처럼 『경세대전』은 법조문 만이 들어 있는 책이 아니고, 왕실의 세계(世系)와 역사, 주변국과의 관계 정리를 위한 역사 사실의 기록 등까지 들어 있었다. 다시 말해서 이 책은 정리된 법조문만 들어 있던 법전이 아니었다.

이런 형태의 편찬방식이 『주관육익』에도 적용되었다. 아마도 그가 『경세대전』을 참조할 수 있던 것은 그의 집안이 국왕의 원나라 수행에서 성장했다는 점을 상기할 필요가 있다. 이러한 분위기는 김지가 원나라의 법전 이해에 작용했으리라 여겨진다.

둘째로는 그가 『대명률』 번역이 가능했던 것처럼 원나라 법전에 대한 정보와 지식을 습득했을 것이기 때문이다.[55]

김지는 고려말기 급진개혁파 사대부들의 개혁적 분위기 속에서 고려의 법제와 왕실 역사 등의 정리에 노력했다. 그런 가운데 그는 『주관육익』의 정리방식으로 원 법전 등의 그것에 주목하지 않았을까 한다. 특히 육전체제에 입각한 편찬방식은 『주례』와 함께, 당대 법전 가운데 『경세대전』을 모범으로 삼기가 좋았을 것이다. 즉 『경세대전』은

---

54) 『익재집』 역옹패설 전집.

55) 『대명률』은 여러 판본이 있다. 『대명률직해』에 사용된 판본은 명 태조 22년본으로 추정되고 있고, 이 책이 원 법전의 영향을 받았음은 주지의 사실이다(佐藤邦憲, 「明律・明令と大誥および問刑條例」, 『中國法制史』, 東京大學出版會, 1993, 440~442쪽).

육전체제에 입각하여 법과 제도 제정을 위한 역사적 사실과 다양한 내용까지 들어있다는 점에서 『주관육익』의 편찬방식에 참고될 수 있었다. 『경세대전』의 육전은 치전(治典), 부전(賦典), 예전(禮典), 헌전(憲典), 공전(工典)으로, 『주관육익』은 전리(典理), 군부(軍賦), 판도(版圖), 전법(典法), 예의(禮儀), 전공(典工)으로 비슷하게 구성되어 있다. 그런 점에서 『주관육익』은 법전적인 성격을 지향한 책이었다. 그러나 『주관육익』 자체가 법전이었다고 보기는 어렵다.

이상과 같은 점을 염두에 둔다면, 우리는 『주관육익』의 현존자료의 성격을 추정할 수 있다. 현존 자료의 대부분은 『조선왕조실록』과 『신증동국여지승람』 등에 인용되고 있다. 먼저 다음의 자료에 주목해 보았다.

바-1) 영암군 : 『주관육익』에 이르기를, "도선이 당에 들어가서 일행선사에게 지리법을 배워 가지고 돌아왔다. 산을 답사하는데, 백두산에서 시작하여 곡령에 이르러 세조의 집을 지나다가, 그 새로 집짓는 곳을 보고 말하기를,……세조가 즉시 이 비결에 따라 집을 짓고 살았는데, 그 이듬해에 과연 태조를 낳았다."고 한다.[56)]

바-2) 전포(錢浦) : 부(府)의 서쪽 36리에 있다. 『주관육익』에, "당나라 선종이 장삿배를 따라 바다를 건너 처음 개주 서포에 이르렀는데, 그 때 조수가 마침 물러가고 감탕(泥濘)이 갯가에 가득하니, 따라온 관원이 배 안에 있는 돈을 꺼내다 진흙 위에 편 다음 상륙했으므로, 전포라고 이름을 지었다."고 하였다. 김관의의 『통록』을 보면 돈을 편 일은 숙종 때의 일이라 하였는데, 여기에 대한 변명은 형승조 아래에 있다.[57)]

56) 『세종실록』 권151, 지리지, 전라도 나주목 영암군.
57) 『신증동국여지승람』 권4, 개성부 상, 산천.

두 자료는 단순히 지리적 내용만이 아닌 그 지역과 관련된 역사적 사실을 설명하고 있다. 주목되는 것은 모두가 고려왕실과 관련된 사실이라는 점이다. 따라서 위 자료들의 원래 형태는 『신증동국여지승람』처럼 각 지역에 대한 역사적 설명만으로 수록된 것이 아닐 수 있다. 오히려 자료의 내용은 『고려사』에 실린 왕실 세계(世系)와 유사하다.[58] 그런데 그가 책의 체제에 참고했을 『경세대전』에는 세계편이 육전과 별도로 4개 편이 구성되어 있다. 이런 점에서 『주관육익』에서는 이 부분이 왕실 세계편으로 따로 기록되어 있을 가능성이 있다.

이 방식은 이후에 나온 정도전의 『조선경국전』의 총론 부분, 즉 정보위(正寶位), 국호(國號), 안국본(安國本), 세계(世系), 교서(敎書) 부분과 육전으로 나뉘어 있는 것과 같다. 이 부분이 국왕과 왕실 문제를 육전과 따로 다루고 있다는 점에서 동일하기 때문이다. 즉 『주관육익』은 『조선경국전』의 찬술 체제와 같다.

또한 『주관육익』에는 다음과 같은 자료가 수록되어 있었다.

사-1) 본부(本府) : 한(韓), 조(趙)……성씨는 모두 『주관육익』, 윤회의 지리지, 경상・전라 두 도의 관풍안에 의거하였다.[59]

사-2) 위 여러 소(所)에는 다 토성의 아전과 백성이 있었다. 김부식이 편찬한 『삼국사기』 지리지는 다시 여기에 쓸 것이 없고, 정인지가 편찬한 『고려사』에도 또한 (이를) 그대로 기록하였다. 이제 저명한 성씨는 그 성씨의 근본되는 땅을 싣지 않을 수 없으므로 『주관육익』에 의거하여 증거하였는데, 지금 상고할 만한 것은 겨우 열에 하나, 둘이며, 모두 읍마다 고적 밑에 달아 두었다.[60]

사-3) 본부……수성(壽城) 빈(賓), 나(羅), 조(趙), 혜(嵇) : 『주관육익』에,

58) 『고려사』 권1, 고려세계.

59) 『신증동국여지승람』 권3, 한성부, 성씨.

60) 『신증동국여지승람』 권7, 여주목 고적.

"수성에는 옛날에 3성(城)이 있었는데, 수대군, 일명 양성(壤城)은 그 성이 빈이고, 구구성(句具城)은 그 성이 나(羅)이고, 이조이성(仍助伊城)은 그 성이 조(趙), 혜(嵇)이다."라고 하였다.[61]

사-4) 김경숙이 『주관육익』을 편찬함에 미쳐, 삼한을 서술하면서 말하길, "고려는 낙랑과 변한을 병합하고, 백제는 마한과 대방을 병합하였다." 하고, 삼국을 서술함에 이르러서는 "고구려를 마한으로 삼고 백제를 변한으로 삼았다."고 하였으니, 한 사람의 말이 서로 모순되어 어찌 말할 것이 되겠습니까.……『주관육익』에 고려 세조가 궁예를 달래면서 한 말을 기록하기를, "대왕이 조선, 숙신, 변한 땅의 왕이 되시고자 한다면 먼저 송악을 점령함이 좋을 것입니다." 하고, 주에 이르길, "오늘의 서경은 옛날의 변나경인 까닭으로 변한이라 한다."는 이 말은, 더욱 거짓이요 망령된 것입니다.[62]

사-5) 울산군 : 본래 굴아화촌(屈阿火村)인데……『삼국사』와 『고려실록』에는 기재되지 아니하였으니, 그 옳고 그름을 자세히 알 수 없다. 오직 『육익』에 이르기를, "예전에는 화성군(火城郡) 또는 여흥부(興麗府)로 일컬었다."고 하였다.[63]

사-6) 미질부성(彌秩夫城) : 『주관육익』에 고려 태조 13년에 북미질부 성주 훤달(萱達)이 남미질부 성주와 함께 와서 항복했으므로 두 미질부를 합쳐서 흥해군으로 삼았다고 하였다.[64]

사-7) 고포성(古浦城)……금성(金城)……, 우곡성(于谷城)……『주관육익』에 신라 때 이 세 성을 합쳐서 압량군(押梁郡)을 만들었고, 통합한 뒤에 고쳐서 세 성으로 만들었다고 하였다.[65]

여기에는 몇 가지 다른 성격의 자료가 섞여 있다. 우선 사-1・2・3

---

61) 『신증동국여지승람』 권26, 대구도호부, 성씨.
62) 『신증동국여지승람』 권6, 경기.
63) 『세종실록』 권150, 지리지, 경상도 경주부 울산군.
64) 『신증동국여지승람』 권22, 흥해군 고적.
65) 『신증동국여지승람』 권27, 경산현, 고적.

에는 『주관육익』에 각 지역의 성씨가 기재되어 있음을 보여준다. 그래서 이 책은 『신증동국여지승람』의 성씨 고찰에 매우 유용하게 이용되었음을 알 수 있다.

두 번째로는 사-5의 삼한에 대한 간략한 역사적 고찰이다. 그것은 역사적으로 존재한 국가의 간단한 내력 정도가 될 것이다. 여기에는 각국의 계승 관계에 대한 서술도 존재했을 것으로 믿어진다.

세 번째는 각 지역의 역사적 고찰이다(사-5・6・7). 내용은 미질부성의 흥해군으로의 변환과 같이 행정구역의 조정이나 그 내력에 대한 것들이다.

이처럼 김지가 각 지역의 내력이나 성씨를 다루게 된 이유는 무엇일까? 그 이유는 고려왕조의 지방통치운영과 관련지어 생각해 볼 필요가 있다. 원래 고려왕조는 각 지역의 호족과 같은 재지세력의 통치권을 일정 정도로 인정하면서 성립되었다.[66] 그리고 중앙정부는 이들을 체제내의 지배세력으로 편제하려고 노력하였다. 물론 재지세력은 시간이 지날수록 중앙정부와 무관한 독자세력으로만 존재하지 않았다. 그럼에도 중앙정부는 재지세력의 존재와 각 지역과의 관계를 파악하고 정리하는 일이 필요했을 것이다.

특히 고려왕조에서는 각 군현의 위상이 그 내부의 인간행동과 관련하여 끊임없이 변화하였다. 곧 군현인의 충효관계 등에 따른 승강이 고려왕조 내내 이루어지고 있었다. 이러한 군현 변화는 중앙정부가 각 지역의 조세와 역역을 개인별로 직접 파악하지 않고, 군현별로 거두는 구조 하에서는 중요한 사안이었다. 따라서 군현 변화의 파악은 국가운영에서 중요한 문제였다.

특히 고려후기에는 지방제 운영개혁과 관련해 군현의 재정리가 필

66) 河炫綱, 『韓國中世史硏究』, 一潮閣, 1989.

요해지고 있었다.[67] 이에 부흥하는 자료정리의 필요성도 역시 높아지고 있었다. 『주관육익』의 자료수록은 이러한 정리작업의 시대적 요구에 부흥하는 성격을 지녔다. 이렇게 수록된 자료들은 『주관육익』의 육전 가운데 판도(版圖) 부분에 실렸을 것이다.

한편, 『주관육익』에 수록된 자료는 예제와 관련된 것들이 있다. 이 자료들은 『고려사』 예지 편찬에도 활용되었다.

> 이제 역사상의 기록과 『상정례』를 기본으로 하고, 『주관육익』, 『식목편록』, 『번국예의』 등의 책을 참작하면서 길례, 흉례, 군례, 빈례, 가례의 오례로 분류하여 예지를 만들었다.[68]

『고려사』 예지 편찬에는 『고금상정례』 이외에 『주관육익』의 자료가 활용되었음을 알 수 있다. 그러한 사례가 다음의 경우일 것이다.

> 정사를 보았다. 좌대언 허성이 아뢰기를, "문과에 합격한 자는 (고향으로 돌아가서) 그 어버이를 영화롭게 하기를 청합니다." 하니, 임금이 말하기를, "『주관육익』을 상고하여 아뢰어라." 하였다.[69]

이 경우는 문과합격자가 고향에 돌아가서 행하는 예식이다. 『주관육익』에 실린 위 예식은 『고려사』 예지 가례에 실린 '새로 급제한 진사의 부모를 우대하는 예식'[70]을 가리킨다. 그 내용은 급제자가 거주하는 주(州)에 들어오는 날에 수령(官)이 오리정(五里亭)에서 수행원들과 함께 맞이하고 예를 행한 후에, 그 부모를 찾아가 연회를 베푸는

---

67) 林容漢, 앞의 책, 2002 참조.
68) 『고려사』 권59, 지13, 예1.
69) 『세종실록』 권43, 세종 11년 3월 병인.
70) 『고려사』 권68, 지22, 예10, 가례 신급제진사영친의.

것이다.

『주관육익』이 『상정고금례』 등과 같이 모든 예제를 수록했는지는 알 수 없다. 아마도 『주관육익』에서는 위의 사례처럼 주로 관료들에 관한 예식들을 수록했을 것으로 보이기 때문이다. 그 점은 『주관육익』이 주로 관료의 직제 규정과 관련되어 있다는 이색의 서문에서 유추될 수 있다. 그럼에도 이 책은 위 자료에 나온 것처럼 세종대까지도 고려시대 예제를 참고할 수 있는 자료로 인정받고 있었다.

예제만이 아니라 『주관육익』에는 이전(전리)에 해당하는 것도 세종대에 중요하게 이용되었다.

> 이조에서 아뢰기를, "외관의 품질은 『주관육익』에 의하여 유수관은 종2품, 대도호부와 목관은 정3품, 도호부는 종3품, 지군사는 종4품, 판관·현령은 종5품, 현감은 종6품으로 하옵소서."하니, 그대로 따랐다.[71)]

여기서 보면 『주관육익』에는 고려시대 외관의 품질이 정리되어 있었다. 그렇다면 이 책에는 외관만이 아닌 경관까지 포함된 전체 관료의 직제가 수록되어 있을 것이다. 단지 외관의 직제만을 수록했을 이유가 없기 때문이다.

문제는 김지가 이런 자료들을 수록, 정리한 이유를 찾는 것에 있다. 위 자료는 외관의 품질을 규정하고 있는데, 이에 따르면 각 지방관의 서열에 입각해 정리되어 있다. 그런데 고려시대에 파견된 지방관은 실제로 위와 같은 품계로 임명되지 않았다. 실제로는 보다 낮은 품계로 임명되는 경우가 많았다.

무인집권기 이후에 외관직 임명은 그 난맥상으로 인해 개혁논의의

---

71) 『세종실록』 권51, 세종 13년 정월 정축.

대상이 되어 왔다. 예컨대 이제현의 개혁방안을 본다면, 감무의 경우에 지금까지 9품직이나 품외직으로 임명되었던 것을, 보다 높은 품계인 수령직으로 상승시키자는 안이 제시되었다고 한다. 즉 그의 방안은 고려전기의 사신과 감무 증파 및 순회관적인 운영에서 탈피하여 수령중심의 군현운영체제의 강화를 시도하려는 의도였다.[72] 이러한 방안은 감무와 현령을 참상직으로 올리고, 대간과 육조가 이들을 천거하자는 창왕 즉위년 조준의 개혁안으로 계승되었다.[73] 그리고 조선왕조의 최초법전인 『경제육전』에서는 이 조준의 방안과 유사하면서도 수령천거자가 6품 이상으로 확대되어 수록되었다.[74]

따라서 위의 『주관육익』의 수록자료는 이와 같은 고려후기 개혁방향과 일치하고 있다. 다시 말해서 현령과 감무 즉 현감의 관직이 각기 5품과 6품으로 정리되고 있다. 이러한 양자의 방향일치가 우연이라고는 생각되지 않는다. 특히 조준의 방안인 감무, 현령을 참상직으로 올린다는 것과 관련지어 본다면 더욱 그러하다.

이 사실은 앞서 김지와 조준과의 개인적 관계 뿐만이 아니고 육전체제에 기반한 개혁방향의 동일성이란 각도에서 볼 필요를 다시 확인시켜 준다. 또한 『주관육익』의 편찬시기를 우왕 10년부터 14년 사이로 보았을 때, 결국 이 책의 수록자료들은 조준 등의 급진개혁파 사대부들의 개혁방향과 일정한 관계에 있다고 할 수 있다. 물론 온건개혁파 사대부들의 문제의식과 동일한 부분이 있으므로, 이것 역시 책에 반영되었던 것이다. 이 점은 『주관육익』의 성격이 당시 개혁파 사대부들의 문제의식의 산물이라는 점을 확인케 해준다.

---

72) 林容漢, 앞의 책, 2002, 88~105쪽.

73) 『고려사』 권75, 지29, 선거3, 전주 선용수령, 창왕 즉위년 8월.

74) 『태종실록』 권3, 태종 2년 6월 경신, "經濟六典一款 守令近民之職 民之休戚焉 選擧不可不精 願自今兩府至顯官六品 各擧所知 以曾經顯秩有名望者歷任中外有聲績者 以備除授 所擧非人 罪及擧主".

이와 관련해 『주관육익』에 실린 다음의 자료를 주목해 볼 수 있다.

호조에 하교하기를, "우리나라(我國) 손실(損實)의 법이 김지가 지은 『주관육익』에 보이는데, 대개 고려 때부터 이미 행한 것이었다. 이것이 비록 아름다운 법이나, 수세의 가볍고 무거움이 관리의 한때의 보는 것에서 나왔으므로, 경중을 크게 잃고 백성의 폐해도 또한 많았다. 또 하나하나 좇아서 손실을 정하는 것은 옛부터 경전(經傳)에 없었다.[75]

이는 고려시대 답험손실에 대한 법이 이 책에 수록되어 있음을 보여준다. 원래 고려시대에 이 법은 성종대 법으로 제정되어 문종대에 대체적으로 완성되었다. 그 법은 각 주현에서 수해나 한해 등의 피해로 곡식이 잘 익지 않은 토지를 촌전(村典)이 수령에게 보고하고, 수령이 이를 친히 답험해서 호부에 보고한 후에, 호부는 삼사에 보내어 재검토해 조세 감면 여부를 처리하도록 하였다.[76] 위의 자료에서 "이것이 비록 아름다운 법"이라고 함은 이러한 맥락에서 파악할 수 있다.

그런데 고려시대에 사전의 경우에는 사전주의 직접 답험이 이루어지고 있었다. 수취량은 그 해의 경작상황을 살펴본 이후에 결정되었다. 이때 사전주는 손실이 난 것을 아닌 것으로 처리하는 방식으로 그 해의 풍흉에 관계없이 수취량을 늘릴 수 있었다. 그리고 이들은 관에서 지정한 두곡(斗斛)이 아닌 '자량자개(自量自槩)'하여 많은 폐해를 낳고 있었다. 이러한 사전주에 의한 답험 내용이 어느 만큼 『주관육익』에 실려 있는지는 위의 자료로는 알 수 없다.

그러나 위의 자료에서 말한 '우리나라 손실의 법'이란 공양왕대 정

75) 『세종실록』 권102, 세종 25년 11월 계축.
76) 『고려사』 권78, 志32, 식화1, 전제 답험손실, 문종 4년 11월.

해진 과전법과 관련된 손실처리규정이라고 볼 수 있다. 이때 정해진 과전법이 조선왕조에서 적용되었기 때문이다. 이 공양왕 3년에 제정된 과전법의 답험손실 규정은 두 가지 내용을 담고 있었다. 하나는 수령에 의한 답험손실 추정과 그에 따른 조세감면 규정이다. 그리고 다른 하나는 과전에 대한 사전주의 답험 규정이다.[77] 위 자료에서는 조선의 손실법이 『주관육익』에 실렸다고 하였다. 말하자면 이 책에 기재된 답험손실은 공양왕 3년의 과전법 규정의 그것과의 상관성이 깊음을 보여주는 것이다.

원래 조준 등은 창왕 즉위년의 상소에서 사전주들의 수세횡포에 대해 크게 지적한 바가 있었다. 그 대체적인 내용은 토지를 겸병한 사전주들 소속의 수세자들이 병마사 등과 같은 관직을 칭탁하면서 마음대로 답험, 수조한다는 것이었다.[78] 이처럼 사전개혁 논의는 『주관육익』의 자료와 관계가 깊으며, 공양왕 3년 과전법의 손실에 관한 법은 『주관육익』의 그것에 기초하여 이루어졌다고 보아도 과언은 아니다.

그래서 『주관육익』에 실린 급전제 내용도 세종대 법제제정에 이용될 수 있었다. 세종 13년에 외관에게 지급되는 급전제를 개정하려는 논의가 있었다. 논의의 핵심은 세종의 경우에 지급액 기준을 산관에 두려 했고, 이조판서 권진 등은 현재 직책에 입각하려 한 것이다. 이때 양자 중에서 선택 가능한 기준으로 『주관육익』이 이용될 수 있었다.[79] 따라서 『주관육익』에 실린 급전제는 외관은 물론이고 경관까지

---

77) 『고려사』 권78, 志32, 식화1, 전제 답험손실, 공양왕 3년 5월, "都評議使司請定損實 十分爲率……踏驗則 其官守令 審檢辨 報監司……各品科田 損實則令其田主 自審收租收稅".

78) 『고려사』 권78, 志32, 식화1, 신우 14년 6월.

79) 『세종실록』 권51, 세종 13년 정월 갑신, "視事 上謂左右曰 欲更給田之制 但於守令 有難斷處 外官或有秩卑而陞授者 若從職事 則過於科數 莫若從散官也 卿等謂何……上猶欲從散官 稠曰 更考周官六翼 參酌以定 上曰然".

포함해 관료에 대한 급전원칙이 실려 있다고 할 수 있다. 특히 이 내용이 기준이 될 정도라면, 『주관육익』의 자료는 고려시대에 대한 참고자료의 수준을 넘는다고 보아야 할 것이다. 말하자면 『주관육익』에서는 앞서 과전법과 관련된 손실법처럼, 급전제에 대한 일정한 개혁방향하에 자료가 정리되고 배치되었다고 생각된다.

이런 성격은 『주관육익』 호전에 있었을 것으로 보이는, 고려왕조 당시 염분(鹽盆)의 자리 수[坐數]와 어량·강소(網所)·곽전(藿田)의 결복에 대한 자료수록에서도 드러난다.[80)]

고려후기에는 소금전매제 실시에도 불구하고 권세가들의 사점화와 사사로운 매매가 성행하였다. 사점화 현상은 어량 등에서도 마찬가지였다. 이런 가운데, 그 현황에 대한 파악은 국가운영에 있어 중요한 사안이었다. 물론 소금이 국가재정에서 차지하는 중요성도 적지 않았기 때문이기도 했다. 따라서 조준 등과 같은 사대부들에게도 중요성은 마찬가지였을 것이다. 염분 등의 수록은 지리관계의 수록자료처럼 국가운영에서 조세수취의 기초로써 이루어졌다고 보아야 한다.

결국 『주관육익』은 단순한 종합자료서라기 보다는, 고려말기 조준 등의 급진개혁파 사대부의 문제의식을 반영하여 개혁방향에 필요한 자료를 정리, 수록한 책이었다. 따라서 이 책은 일종의 법전적 성격을 지향하였고, 그렇기 때문에 육전체제에 맞추어 국가운영에 필요한 여러 자료를 수합하고 정리했던 것이다.

『주관육익』을 지은 김지는 고려후기 이래 성장한 신흥 무인집안 출신이었다. 영광 김씨인 집안은 원나라에 입번하는 국왕 수행 등을 통해 관료의 지위를 유지하였다. 그럼에도 김지의 집안은 흔히 말하는

---

80) 『세종실록』 권117, 세종 29년 9월 임자, "禮曹參議李先齊上書曰……前朝之時 鹽盆坐數 魚梁網所 藿田結卜 皆載于周官六翼".

명문가나 문벌이 되지는 못했다.

김지는 고성 이씨가와 혼인을 맺게 되었는데, 그의 장인은 이숭이었고, 고려후기 성장한 명문가이기도 하다. 김지는 이숭의 막내딸과 혼인했다. 그런데 그의 동서는 고려말기 대표적 사대부인 조준과 완산군이던 최재의 아들 최유경이었다. 이들은 위화도회군 직후에 개혁정치의 핵심에서 활약하게 된다.

또한 김지는 여택재에서 공부하였으며, 공민왕 11년 과거에 급제하였다. 당시 그의 동년들은 이숭인, 설장수, 정도전 등과 같이 신진사대부들의 대표적 존재들이다. 김지의 주변 인맥은 이처럼 고려말기 정치계에서 중요한 역할을 했던 사대부들이었다. 그럼에도 그는 과거 급제 이후에 출세하지는 못했다. 그는 정8품직인 비서랑에 있으면서도 많은 책을 수집하고 학문 탐구에 열정을 가진 학자였다. 결국 그는 조선건국 후 5개월만에 종6품직인 예조의랑에서 파직되었다. 파직 이유는 이른바 거주연좌제 때문이었다. 그러나 이러한 연좌는 극히 드문 경우라는 점에서 의문이 남는다. 아마도 그의 개인적인 사정과 거주연좌제 실시에 따른 시범적 경우였던 것이 아닌가 한다.

하지만 김지는 문장작성 뿐만 아니라 법제와 관련된 탁월한 개인적 능력을 지니고 있었다. 이런 능력으로 인해 그는 조준과 함께 『대명률직해』 작업의 실무자로 참여할 수 있었다. 인적 관계에서 그는 조준 등의 급진개혁파 사대부들과 가까운 관계를 유지했으며, 이는 『주관육익』의 성격과 관련깊다고 보았다.

『주관육익』의 편찬시기는 정확히 알 수가 없지만, 책의 편차와 조준과의 관계로 볼 때에 우왕 10년부터 14년 사이가 아닌가 한다. 이때는 조준이 정계에서 은퇴하고 연구에 몰두한 시기이다. 이색이 책의 서문을 써주었다는 점도 이를 뒷받침한다. 그런 점에서 이 책은 사대부들의 공통된 문제의식을 바탕으로 하였을 것이다.

이 책의 체제는 원나라 법전인 『경세대전』과 유사했을 것으로 보았다. 『주관육익』은 서문에서 보듯이 법전적 성격을 지녔지만, 역사적 자료까지도 책에 수록하고 있었다. 여기에 더하여 왕실 세계 등과 같은 자료의 수록은 『경세대전』과 같이 육전체제이면서도 국왕 관련 부분을 따로 설정한 체제와 유사하기 때문이었다. 그리고 이런 방식은 정도전의 『조선경국전』에 계승되었다. 특히 육전체제적인 편성은 이후 조선왕조의 최초 법전인 『경제육전』까지 이어졌다. 단, 『경제육전』에서는 왕실 관련 부분이 따로 정리되지는 않았다.

『주관육익』의 현존 자료는 주로 『신증동국여지승람』과 『조선왕조실록』 등에 인용되어 있다. 그 내용은 군현의 변화와 같은 역사지리적 내용 뿐만이 아니고 고려왕실 세계, 지역의 성씨 및 예제, 답험손실 등 다양하다. 문제는 이런 자료를 수록한 이유와 성격에 있다. 김지가 각 지역의 군현 통폐합이나 성씨를 고찰했던 것은 고려왕조의 지방통치체제와 관련있을 것으로 보았다. 고려왕조에서는 군현의 위상이 그 지역의 인간행동과 관련하여 변화하였으며, 이런 변화는 중앙정부가 파악해야 할 조세 등에 연결되었다. 따라서 고려후기 이래 지방제 운영개혁과 관련한 군현의 재정리에는 이런 자료정리가 필요했다.

아울러 『주관육익』의 예제 관련 자료는 『고려사』 편찬에도 이용되었다. 예컨대 문과합격자가 고향에 돌아가서 행하는 예식은 『고려사』에 실린 '새로 급제한 진사의 부모를 우대하는 예식'으로 생각하였다. 이 책에서는 주로 관료의 직제와 관련된 것들이 수록되었을 것이다.

『주관육익』에는 고려시대 외관의 품질을 정리하였다. 따라서 이 책에서는 전체 관료의 직제가 수록되어 있을 것으로, 그 형태는 『고려사』 직관지와 유사했을 것이라 보았다. 현존하는 외관 품질 규정은 원래 고려시대의 외관 임명 품질과 다르다. 이를 고찰하면 고려후기 이래 외관직 품계 상승 방안과 같은 맥락에 서 있다. 이제현의 개혁방안은 이후 조준의 그것으로 계승되었는 바, 『주관육익』의 자료는 이와 관계가 깊다고 할 것이다.

또한 호전에 실렸을 답험손실 자료는 고려시대의 그것을 반영하는데, 이는 공양왕 3년에 제정된 과전법의 내용과 관계가 있다. 공양왕 3년 답험손실 규정은 사전주의 직접 답험과 수령의 손실처리 규정을 담고 있다. 따라서 『주관육익』에는 이 양자가 모두 실려 있을 것이라고 보았고, 공양왕 3년의 규정은 이를 반영하고 있다고 생각한다. 이것 역시도 고려후기 개혁방안과 일치하는 성격을 지녔다. 그에 따라 『주관육익』의 급전제 규정도 세종대의 법제 제정에 이용될 수 있었다.

이처럼 『주관육익』은 단순한 종합자료서라기 보다는 고려말기 조준 등의 급진개혁파 사대부들의 개혁방향과 일치하는 자료수록서로서의 성격, 즉 법전적 성격을 지향하는 책이었다. 이 책에서 체계화된 육전체제는 이후 조선전기 법전체제의 기틀로 이어지게 되었던 것이다.

(김인호)

2. 고려말 육전체제의 도입

1) 고려말 체제개편 작업의 문제와 수습방안의 제기

(1) 체제개편 작업의 문제와 그 원인

공민왕 5년(1356)의 반원 조치를 계기로 여러 분야의 개혁 작업이 꾸준히 추진되었다.[1] 하지만 그리 긍정적이지 못한 평가를 받았을 뿐

1) 공민왕대에 추진되었던 개혁에 대해서는 다음과 같은 연구성과들이 참조된다. 閔賢九, 「辛旽의 執權과 그 政治的 性格(上·下)」, 『歷史學報』 38·39, 1968 ; 黃雲龍, 「高麗 恭愍王代의 對元明關係」, 『東國史學』 14, 1980 ; 朱碩煥, 「辛旽의 執權과 失脚」, 『史叢』 30, 1986 ; 李淑京, 「李齊賢勢力의 形成과 그 役割」, 『韓國史研究』 64, 1989 ; 閔賢九, 「恭愍王의 反元改革政治에 대한 一考察」, 『震檀學報』 68, 1989 ; 黃乙順, 「高麗 恭愍王代의 改革과 그 性格에 관한 研究」, 東亞大博士學位論文, 1989 ; 洪榮義, 「恭愍王의 反元政策과 廉悌臣의 軍事活動」, 『軍史』 23, 1991 ; 洪榮義, 「恭愍王 初期 改革政治와 政治勢力의 推移(上·下)」, 『史學研究』 42, 43·44合, 1990, 1992 ; 白仁鎬, 「恭愍王 20년의 改革과 그 性格」, 『考古歷史學志』 7, 1991 ; 閔賢九, 「高麗 恭愍王代 反元的 改革政治의 展開過程」, 『許善道先生停年紀念論叢』, 一潮閣, 1993 ; 김기덕, 「14세기 후반 개혁정치의 성격」, 『14세기 고려의 정치와 사회』, 민음사, 1994 ; 李益柱, 「공민왕대 개혁의 추이와 신흥유신의 성장」, 『역사와 현실』 15, 1995 ; 최연식, 「공민왕의 정치적 지향과 정치운영」, 『역사와 현실』 15, 1995 ; 金光哲, 「개혁정치의 추진과 신진사대부의 성장」, 『한국사』 19, 국사편찬위원회, 1996 ; 閔賢九, 「政治家로서의 恭愍王」, 『亞細亞研究』 100, 1998 ; 蔡守煥, 「高麗 恭愍王代의 改革과 政治的 支配勢力」, 『史學研究』 55·56合, 1998 ; 李亨雨, 「高麗恭愍王代의 政治的 推移와

이었다. 우현보 등이 올린 상소에 따르면,[2)]

> "전하께서 즉위하신 이래로 정신을 가다듬어 다스림을 도모하시고 여러 차례 덕음(德音)을 내리시며 조령(條令)을 반시하시니 나라를 걱정하고 백성을 사랑하시는 성려(聖慮)가 심히 심원하고, 법이 모두 구비되었지만 (아직까지) 다스림의 효과가 나타나지 않고 교화가 원만치 못한 까닭은 다름이 아니라 다만 유사가 문구로 여기고 구폐에 따르기 때문이니 원컨대 병신년(공민왕 5) 이후 누차 내린 조획(條畫)을 유사에게 신칙하여 거행함에 하나라도 빠뜨림이 없도록 하시기 바라며 백성을 편리케 하는 방도는 이 밖에 더 없을 것입니다"라고 하니 왕이 도평의사사에 내렸으나 끝내 행하여지지 않았다.[3)]

위 내용으로, 공민왕이 여러 차례 반포한 덕음(德音)과 조령(條令) 등으로 해서 법이 구비되었음에도, 유사, 즉 관리들의 호응을 얻지 못한 관계로 제대로 시행이 안 돼 실질적인 효과를 거두지 못하고 있음을 알 수 있다.

개혁 작업의 지지부진이 어느 한 가지 요인에서 비롯되지는 않았을

武將勢力」, 『軍史』 39, 1999 ; 姜恩卿, 「高麗後期 辛旽의 政治改革과 理想國家」, 『韓國史學報』 9, 2000.

2) 우현보 등이 올린 상소의 전문이 『고려사』 권115, 열전, 우현보전에 실려 있으나 언제 것인지는 명시되어 있지 않다. 그런데 같은 내용이 『고려사』 권81, 병지1, 병제, 공민왕 21년 10월 諫官禹玄寶等上疏 및 동책 권83, 병지3, 선군, 공민왕 22년 5월 諫官禹玄寶等上疏條에 나누어 기재되어 있다. 이로 말미암아 제출 시기에 관해 혼선이 일기도 했다. 그런데 『고려사』 권120, 열전, 윤소종전에 우현보의 상소와 관련된 기록이 있다. 그 대목에 따르면 윤소종이 공민왕 22년 5월에 상소하고자 했는데, 우현보 등이 중간에서 이를 저지시키고 자신들의 것을 대신 올렸다고 했다. 이 기록을 통해 우현보 등의 상소가 공민왕 22년 5월에 제출되었던 것으로 보인다(朴漢男, 「恭愍王代 倭寇侵入과 禹玄寶의 '上恭愍王疏'」, 『軍史』 34, 1997, 61쪽).

3) 『고려사』 권115, 열전, 우현보.

것이다.[4] 다만 위 인용문에 거론된 바 유사들이 개혁 조치를 담았던 법을 문구로 여기며 구폐에 따랐던 것의 비중이 결코 적지 않았을 것이다. 그렇게 된 요인은 무엇인가? 유사가 모두 개혁에 반대했기 때문일까? 그렇다면 국왕과 그를 둘러싼 소수의 측근만이 개혁에 찬동했을 뿐 대다수는 관심 없거나 반발했다고 보아야 할까? 하지만 이는 당시의 정황으로 미루어 상상하기 어렵다. 왜냐하면 개혁 방안을 제시했던 인물이 한둘이 아니었기 때문이다. 그러나 개혁의 필요성 및 당위성에 대해 공감하면서도 시행 방식과 지향점을 놓고 입장의 차이가 존재했던 것은 사실이었다.[5]

그 문제와 관련하여 다음의 이첨(李詹) 상소가 주목된다.

> "만기(萬機)를 처리해 나감에 따라 스스로 사견(私見)을 가지게 되어 신하들의 말이 내게 지혜를 주지 못한다고 생각하여 상벌과 치폐(置廢)함에 있어서 자의로 독단하며 자문하는 바가 없기 때문에 나라의 치란과 정치의 득실에 대하여 여러 관리들 중에서 감히 말하려는 자가 없으니 진실로 개탄할 일입니다. 전하께서는 모든 정무에 친림하시여 재상으로부터 대사헌(大司憲)·육부상서(六部尙書)·간의대부(諫議大夫)에 이르기까지 모두 일의 득실에 대해 말할 수 있게 한다면 승평(昇平)의 다스림을 거의 회복할 수 있을 것입니다. 그리고 작은 공적을 대조하고 사소한 과오를 규찰하고 적발하는 일은 유사의 임무이고 전하가 하실 일이 아닙니다."[6]

위 상소 내용을 통해 대개 중요한 국사가 임금의 일방적 지시나 명령으로 처리되었음을 알 수 있다. 즉, 위로는 재상을 필두로 대사헌,

---

4) 지금까지 거론되었던 것 가운데 가장 대표적인 견해로는 개혁주도세력의 부재를 들 수 있다(김기덕, 앞의 글, 504쪽).
5) 李淑京, 앞의 글, 63~81쪽.
6) 『고려사』 권117, 열전, 이첨.

육부상서, 간의대부라는 최고위직 및 핵심부서의 책임자들마저 국정에 대해 논급하기 어려웠을 뿐만 아니라 아래로 말단의 사소한 과오에 대한 적발까지도 유사가 자체로 처리하지 못하고 임금에게 보고하여 집행하는 형편이었다.

기본 정책·정강의 입안 및 추진 방략을 국왕이 홀로 결정하고, 관료들은 그저 따르는 것 외에는 별다른 역할을 할 수 없었다면, 불평·불만이 커지는 것은 당연했다.[7] 그 같은 상황에서 임금이 아무리 혁신적인 방안을 내놓는다 해도 유사들이 흔쾌히 동참하기가 힘들었을 것이다.

시간이 흐르면서 상호 갈등과 대립만 커졌다. 급기야 공민왕은 조정에 친당의 뿌리를 내리며 상호 얽혀 엄폐하기에 급급했던 세신대족(世臣大族)은 말할 것도 없고 가식된 행동으로 명망을 낚은 뒤에 존귀하게 되면 대족과 혼인하여 초심을 저버리는 초야 신진 및 문생이네, 좌주네, 동년이네 하면서 당파를 이루며 사정에 이끌려 행동하는 유생 등의 세 부류는 족히 쓸모 없는 존재들로 단정하기에 이르렀다.[8]

이런 상황에서는 원활한 개혁을 위해 무엇보다 갈등과 불신을 해소하는 대책이 시급했을 것이다. 하지만 앞에서 인용했던 우현보 등의 입장은 이와 달랐는데, 병신년, 즉 공민왕 5년 이후에 선포했던 조획

---

7) 그런 조짐은 이미 전부터 존재했었다. 즉, 홍건적의 침입으로 파천하게 되었을 때, 행궁에서 쓸 금과 은은 적은데 왕의 용도에 제한이 없자, 洪彦博이 왕에게 고하기를, "궁중창고의 저축이 수도에 있을 때와 어떠합니까? 경비를 반드시 절약해야 할 것이다."라고 하니 왕이 멀거니 보고 대답이 없었다. 홍언박이 물러 나와서, "말을 받아들이지 않으니 이것이 얼마나 뻔뻔한 태도인가"라고 말하였다. 이제현이 이 말을 듣고, "내가 재상으로 있을 때에도 항상 이와 같이 말을 받아들이지 않았으므로 늘 왕을 위하여 애석하게 생각하지 않을 수 없었다."고 응수했던 일화를 통해 그 사정을 짐작할 수 있다(『고려사』 권111, 열전, 홍언박).

8) 『고려사』 권132, 열전, 신돈.

들을 유사에게 신칙하여 철저하게 거행할 것을 주장했다. 개혁이 시급하므로 국왕이 중심이 되어 마련했던 일련의 조치들을 유사들로 하여금 엄중하게 따라 시행케 할 것을 강조하였다. 설사 유사들의 불만이 있을지 몰라도 '편민(便民)'을 위해서라면 어떻게 해서든지 실시케 해야 한다는 입장이었다.

우현보 등의 건의를 도평의사사에 내렸음에도 끝내 시행되지 않았다. 그 이유가 건의했던 방안이 여러 개에 달해서 전체를 한꺼번에 처치하기 곤란했던 것에서 연유할 수도 있고,[9] 상호 갈등이 여전히 해소되지 않았기 때문일 수도 있다. 하지만 상황의 급박함을 잘 알고 있던 상태에서 현안을 처리하는데 유사가 여전히 구폐에 따랐다는 것은 개혁 자체에도 상당한 문제가 있었기 때문에, 즉 그대로 시행하기 어려운 부분이 있다고 보았기 때문이 아닐까 추측된다. 특히 문제를 더욱 심각하게 만들었던 것 가운데 하나로 공민왕 5년 이후에 육부를 포함하여 대규모의 관제 개편이 무려 4차례나 단행되었던 점을 들 수 있다.[10] 개혁을 효율적으로 추진하기 위해서는 어떤 조치를 취하는 것과 함께 관제 개편을 단행하여 강력하게 뒷받침하는 것이 필요했다. 그러나 짧은 기간에 빈번히 실행하다보니 혼란을 피하기 어렵고, 후유증 또한 만만치 않았다.

우선 근간이 되는 육부를 보면, 충렬왕 1년에 전리, 군부, 판도, 전법 등의 사사(四司)로 축소되었다가 공민왕 5년에 전기의 이병호형예

9) 우현보 등이 올린 건의의 상세한 내용 및 그것이 제대로 시행되지 않았던 이유에 관해서는 朴漢男, 앞의 글을 참조할 것.

10) 『고려사』 권76, 백관지서에 따르면, 공민왕의 20여 년 재위 기간 중 관제를 4번이나 개편했는데, 어떤 때는 구제를 따랐고, 어떤 때는 신제를 씀으로써 번잡함을 이기지 못했다고 했다. 동왕 5년, 11년, 18년, 21년에 대대적으로 단행되었으며, 그 밖의 자질구레한 것을 더하면 7차 내지 그 이상의 횟수를 기록할 수도 있다고 한다(黃雲龍, 앞의 글, 6~9쪽).

공부로 회복되었다. 그 뒤에 명칭이 몇 번 변경되었다가 공민왕 21년에 전리(典理), 군부(軍簿), 판도(版圖), 전법(典法), 예의(禮儀), 전공(典工)의 육사(六司)로 되었다.[11] 그런데 예부는 충렬왕 1년에 이부와 함께 전리사에 병합되었으며, 그 때 공부는 혁파되었다.[12] 공민왕 때 예부가 복구되고 얼마 후에 예의사로 바뀌었으며, 그 때의 전리사는 이부의 기능만을 담당하게 되었다. 즉, 전리사라는 명칭은 같았으나 충렬왕 때의 그것과 공민왕 5년 이후의 그것은 기능 면에 차이가 있게 되었다. 그로 말미암아 예부, 즉 예의사는 이전의 전리사로부터 본연의 업무를 인수받아 독자적으로 운영해야 했는데, 그 일이 제대로 이루어졌는지는 의문이다.

그와 관련해서 공민왕 때 급제하여 예조정랑[13]을 역임했던 박상충(朴尙衷)의 사례가 주목된다. 그에 따르면, 무릇 향사(享祀)는 예의사에서 모두 관장해야 했으나 옛 문부(文簿)가 없어 누차 착오를 일으켰다. 이에 박상충이 고례(古禮)의 서차(序次)를 참작하고 증거 삼아 조관(條貫)을 수사(手寫)해서 사전(祀典)을 만들어 후임자들이 의거할 수 있게 했다고 한다.[14] 한 나라의 사전이 한 명의 관료에 의해 수사의 형태로 만들어졌다는 것은 당시 상황이 얼마나 심각했는지를 생생하게 보여주는 전형적 사례에 속한다. 또한 혁파되었다가 부활된 공부, 즉 전공사도 사정은 비슷했을 것이다. 여기에 문무(文武)의 전선(銓選)을 담당했던 전리·군부가 정방(政房) 때문에 제역할을 다하지 못했다는 점을 고려해 볼 때,[15] 육사가 과연 제대로 운영되었겠는가는 의

---

11) 육부와 육사의 명칭 변화는 都賢喆,『高麗末 士大夫의 政治思想硏究』, 一潮閣, 1999, 124쪽, 주 240)의 표에서 인용한 것이다.

12)『고려사』 권76, 백관지1, 예조와 공조.

13)『고려사』 권76, 백관지1, 예조조에 의거하면 禮儀司正郎이라고 해야 정확했다.

14)『고려사』 권112, 열전, 박상충.

문이다. 다시 말해 기구를 만들어 관직만 배치했을 뿐, 정작 운영에 필요한 규례나 지침 등이 충분히 갖추어지지 않았던 것 같다.[16] 그러므로 형식상 관제 개편이 이루어졌을 뿐, 실질적으로 기능할 수 있는 제반 여건은 미흡한 형편이었다.

담당관서가 제 역할을 충실히 해내기 어려운 상태에서 연이어 쏟아지는 개혁 조치들이 과연 제대로 실행되었을까는 의문이다. 유사들이 새로운 조치들을 힘들게 따르기는커녕 앞선 관례들을 답습하는 데 급급했을 것으로 생각된다. 그런 풍조로 말미암아 우현보 등이 언급했던 바 '유사가 문구로 여기고 구폐에 따르는' 현상이 자연스럽게 빚어진 것으로 추정된다.

그렇다면 이처럼 체제 정비를 위해 노력했음에도 불구하고, 제대로 되지 않고 각 관사가 제대로 기능하지 않았던 것은 무엇때문이었을까? 이 문제와 관련해서 주목되는 기록 하나가 있다. 곧 공민왕 19년에 사헌부와 이부에서 노비에 관한 일을 아뢰자, 임금은 헌사(憲司)는 백관(百官)을 탄규(彈糾)하고, 이부는 오로지 형옥(刑獄)을 담당해야 하는데, 어째서 노비 문제를 거론하느냐며 지금부터 각자의 직무에 힘쓰고 타관을 침범하지 말할 것을 명령했던 사례가 있었다.[17]

위 경우처럼 그 당시 사헌부와 이부의 관원들이 소속 부서의 업무를 임금에게 지시받을 정도로 그렇게 무지하고, 무능했다고 생각되지

15) 金昌賢,『高麗後期政房硏究』, 高麗大民族文化硏究院, 1998, 202~207쪽. 한편 정방이 폐지되었을 때에도 전주를 이부와 병부에 돌리기보다는 왕의 측근세력으로 공정하고 강직한 인물에게 맡겨졌다고 한다(張東翼,「高麗後期銓注權의 行方」,『大丘史學』15·16, 1978, 141쪽).

16) 실상 고려사회에는 당시, 즉 고려말까지도 행정기구의 직사 분담에 관한 명백한 배치라든가 그 근무 편람이 아직도 객관적으로 조목화하여 있지 못한 편이었다고 한다(金泰永,「여말선초 성리학 왕정론의 전개」,『朝鮮時代史學報』14, 2000, 23쪽).

17)『고려사』권42, 세가, 공민왕 19년 12월 병인.

않는다. 그것은 이전까지 육부를 포함한 각 부서의 업무 분장이 그렇게 철저하지 않았기 때문에 발생했을 가능성이 높았다.

또한 업무 처리 절차상에도 혼선이 일어났다. 상세한 운영 지침이 마련되지 못했던 관계로 심각한 문제가 종종 발생하였다. 이와 관련해서 다음의 사례가 주목된다. 종전에는 재상 가운데 상의(商議)의 직을 지닌 자는 정사를 의논할 때 참여했으나 문건에는 서명하지 않았다. 그런데 공민왕 때 비로소 서명하기 시작했다. 그런 가운데 목인길(睦仁吉)이 자기보다 지위가 낮은 상의 김귀(金貴)가 먼저 서명했다는 이유로 거부하는 일이 생겼다. 최영까지 나서 왕에게 보고하여 서명케 하려고 했으나 끝내 거부했다. 『고려사』에서 이 일은 목인길이 임금의 총애를 믿고 거만했기 때문에 일어났다고 했다.[18] 그러나 이런 문제가 발생한 근본적인 원인은 목인길 등이 익숙한 운영방식과 새로운 관제의 취지가 서로 어긋났기도 했고, 한편으로는 현실에 맞춘 운영 규정이나 지침이 제대로 마련되지 않았기 때문이다.

목인길의 사례에서 과거에 상의의 직을 지닌 자들이 정사에 참여는 했으나 서명은 하지 않았다는 이야기는 관제의 운영방식에 변화가 발생했음을 보여준다. 공민왕은 육부제로 개편하면서 재상들들에게도 모두 서명을 하게 하여 책임소재와 담당 업무를 분명하게 했다. 서명제도를 처음 시행하다보니 지위가 낮은 관원이 먼저 서명하는 실수가 발생했다. 목인길이 끝까지 거부할 수 있었던 것도 이런 사건에 대한 전례나 처리 지침이 없었기 때문이었다.

이런 상황이었기 때문에 관제 개편을 단행했음에도 유사들은 과거의 관행대로 그리고 자기에게 편하고 유리한 방향으로 업무를 처리하고자 애를 썼을 것이다. 이와 관련하여 공민왕 20년의 이진수(李進修) 상소 내용이 주목된다. 즉, 경조(慶弔) 외에 권문에 투알(投謁)하는 제

18) 『고려사』 권114, 열전, 목인길.

사 관원 따위를 법사(法司)에서 처단하는 것을 비롯해, 품관은 재상의 신복(臣僕)이 아니며, 제사(諸司)의 공사계과자(公事啓課者)는 합좌소(合坐所)에 진달해야 하는데, 만약 한번이라도 권문에 이른 자는 삭직시킬 것 등을 건의해서 임금으로부터 가납되었다.[19] 이를 통해 제사의 관원들이 공무를 공적 절차를 통해 처리하기보다 권세가들에 의지해서 해결하고자 했음을 알 수 있다. 이러한 사례도 육부의 업무 분장이 제대로 이루어지지 않았기 때문에 발생한 현상이라고 할 수 있다.

시급한 사회 현안을 해결하기 위해 개혁을 효과적으로 추진하려면 그 기초 조직인 관제의 개편이 중요했다. 그리고 이를 실행하려면 각종 법령을 필두로 상세한 규례와 지침 따위를 포함하는 운영체계를 새롭게 확립하는 일이었다. 관서를 만들고 관원만 배치하면 되는 것이 아니었다. 더구나 국정 전반으로 확대되면 될수록 그에 수반해서 운영체계도 방대해질 수밖에 없었으며, 그로 인해 종전의 것과 비교해서 차원이 다른 것이 필요하였다.

이러한 시행착오의 과정에서 단순히 육부제를 복구하는 것만으로는 대처가 어렵다고 보고, 그 이상의 운영체계가 마련될 필요가 있다는 인식이 싹트지 않았는가 싶다. 이것이 곧 육전체제의 도입을 본격적으로 검토하게 만든 배경이 되었다고 생각한다.

(2) 수습책의 제기와 주관육익

개편 작업의 추진에도 불구하고 숙폐가 좀처럼 해소되지 않은 상황에서 공민왕의 돌연한 암살 및 어린 임금의 등극은 사태를 더욱 복잡하게 만들었다.[20] 더구나 명과의 외교분쟁, 왜구의 격화라는 외환까지

---

19) 『고려사』 권84, 형법지1, 직제, 공민왕 20년 7월.

20) 李亨雨, 「高麗 禑王代의 政治的 推移와 政治勢力 硏究」, 高麗大 博士學位

겹치면서 극도로 어수선해졌다. 우선 흐트러진 내정을 바로잡기 위한 방안을 서둘러 마련해야 한다는 주장이[21] 힘을 얻는 가운데 『주관육익』이 간행되었다.

『주관육익』은 김지(金祉)에 의해 육전을 바탕으로 고려 일대의 제도에 관한 전고(典故) 및 전장(典章)을 정리해 놓은 책이다. 실물이 전하지 않고 일부 내용이 다른 서책에 수록되어 있을 뿐이나, 그 가치 때문에 많이 연구되었다.[22] 특히 육전체제에 기반해서 당시 사회의 혼란을 수습하기 위해 제도, 기구 및 운영 방침 등의 정비를 꾀했다는 점이 주목된다.[23]

먼저 이색이 쓴 서(序)에 따르면,

> 근년에 고난을 많이 겪은 이래로 식량과 병기는 따로 국(局)을 설치하고, 능한 자를 뽑아 주장하게 했지만, 전리의 백사(百司)에 대한 출척과 군부의 제위(諸衛)를 단속하는 것, 판도의 재부(財賦)를 출납하는 것과 전법의 형옥을 처결하는 것, 예의의 조회제사(朝會祭祀)와 전공의 공장조작(工匠造作)과 고공(考工)의 도력(都曆), 도관(都官)의 노비 담당했던 것은 고사(故事)로 볼 뿐이요, 모든 사와 부에 대해 그 관을 두게 된 연유를 탐지하여 힘써 행하는 자가 매우 드물다.[24]

論文, 1999, 49~71쪽.

21) 洪榮義, 『高麗末 政治史 硏究』, 혜안, 2005, 222~239쪽.

22) 花村美樹, 「周官六翼の撰者と其の著者」, 『京城帝國大學法學會論文集』 12-34合, 1926 ; 許興植, 「金祉의 選粹集·周官六翼과 그 價値」, 『奎章閣』 4, 1981 ; 都賢喆, 앞의 책, 119~130쪽 ; 김인호, 「김지(金祉)의 『주관육익(周官六翼)』 편찬과 그 성격」, 『역사와 현실』 40, 2001.

23) 다만 그 성격이나 어디까지, 그리고 무엇을 지향했는지에 관해서는 연구자들마다 조금씩 견해가 다르다. 그러나 실물이 전하지 않는 상태에서 확실하게 단정짓기란 사실상 곤란하다.

24) 『牧隱文藁』 卷9, 周官六翼序/『高麗名賢集』 3, 成均館大 大東文化硏究院, 866쪽, "比年多苦以來 糧斛甲兵 則別置局 選能者以主之 典吏之黜陟百司

라고 하였다. 위에서 근년에 고난을 많이 겪은 이래로 따로 설치된 식량과 병기를 맡았던 국이란 아마도 계속된 전란에 대비하고자 식량 및 군기 조달을 목적으로 설치했던 병량도감(兵糧都監)·전수도감(轉輸都監),[25] 그리고 방어도감(防禦都監)[26]·화통도감(火桶都監)[27] 등을 가리키는 것으로 보인다. 전쟁 수행에 긴요했던 군수품의 공급을 맡았던 도감에 업무에 능통한 자들을 배치했던 것은 당연했다. 당시 국가의 존망이 여기에 달려 있었기 때문이다.

반면 중요 업무를 관장하던 육사와 고공·도관은 제기능을 충분히 발휘하지 못했다.[28] 이 기록도 당시 육부체제가 외형만 있을 뿐 본질을 구현하고 있지 못함을 말해주고 있다. 전리사가 인사를 맡지 못하고, 판도사가 재정을 관할하지 못하는 등 육부는 기본적인 임무조차도 수행하지 못하고 있었다. 사실 국가의 중요 업무를 임시기구인 국을 세워 처리하는 방식 자체가 육부체제를 파괴하는 행위였다.

軍簿之約束諸衛 版圖之出納財賦 典工之平決刑獄 禮儀之朝會祭祀 典工之工匠造作 考工之都曆 都官之私人 視爲故事而已 至於百司庶府 能探設官之故 而力行者 盖寡".

25) 군수조달을 목적으로 설치되었던 軍須田이 탈점당해 거의 없어지자, 그것을 재원으로 하였던 병량도감이 유명무실해졌으며, 마침내 그 기능을 대신하기 위해 전수도감이 새로이 설치되었던 것이라 한다(李章雨, 「軍資田」, 『朝鮮初期 田稅制度와 國家財政』, 一潮閣, 1998, 34쪽의 註 5).

26) 언제 설치되었는지는 분명치 않으나 우왕 이전에는 기록에 없으므로 고려말에 왜구의 격퇴를 위하여 군기 제조의 필요가 증대하자 이를 설치하게 된 것으로 추측하고 있다(李基白, 『高麗史兵志譯註』, 一潮閣, 1969, 123~124쪽).

27) 우왕 3년(1377)에 최무선의 건의로 화약을 제조하기 위해 설치했다가 창왕 1년(1389)에 군기시에 합속시켰다(許善道, 「麗末鮮初 火器의 전래와 발달」, 『朝鮮時代火藥兵器史硏究』, 一潮閣, 1994, 12~19쪽).

28) 우왕대에 들어와 육사가 정상적으로 운영되지 못하는 상황은 朴宰佑, 「高麗恭讓王代의 官制改革과 權力構造」, 『震檀學報』 81, 1996, 69~70쪽에서 대략 정리된 바가 있다.

위 인용문에서 유사들이 자기 관부의 기본 업무를 '고사'로만 볼 뿐이라고 했다. 이것은 이와 같은 체제가 오랫동안 관행으로 굳어져 왔다는 것을 말한다. 심지어 고전에 기재되어 있는 육부의 기본적인 업무조차도 '고사'로 치부할 정도였던 것이다.

이색의 서가 어느 무렵의 상황을 가리키는 것인지는 『주관육익』의 간행 연도가 분명치 않으므로 단정하기 어렵다. 기존 연구에서 간행 연도를 공민왕 21년 이후 우왕대에 걸친다고 파악하였다.[29] 이를 그대로 따르면 우왕대 초반 무렵까지의 상황이 언급되었다고 볼 수 있다. 먼저 전리의 백사에 대한 출척은 우왕 때 권간이 정권이 차지하여 친인척을 사사로이 벼슬시키고, 뇌물을 탐하여 관작이 사문에서 나오면서 도목정이 폐지되었다는 기록으로 미루어 제대로 실시되지 않았음을 짐작할 수 있다.[30] 도목정조차 실시되지 않았는데, 출척이 규정대로 될 리가 없었다.[31] 군부의 제위 단속도 근시(近侍)·충용(忠勇)에 호군(護軍) 이하의 관을 설치하여 금위의 임무를 대신케 한 이래로 조종팔위(祖宗八衛)가 허설화되었다는 기록으로 미루어 사실상 이루어지지 않았다고 볼 수 있다.[32] 판도의 재부 출납은 수조지분급제가 거의 마비된 상태에서 한 필지의 땅에 두세 명의 주인이 나타나 각기 민에게서 조(租)를 거두어들이는데 소재 관사와 안렴·찰방도 이를 저지하지 못할 지경이었다니,[33] 과연 조세 수취와 재정이 제대로 운영되었

29) 都賢喆, 앞의 책, 124쪽.

30) 『고려사절요』 권33, 우왕 14년 8월.

31) 당시 국왕이었던 우왕은 인사행정이 어떻게 이루어지는지 조차 몰랐고 도당의 재상들에 의해 주도되었다고 한다. 뿐만 아니라 6부의 기능 일부가 도당에 의해 수행되었을 정도였다(金塘澤, 「都堂을 통해 본 高麗 禑王代의 정치적 상황」, 『歷史學報』 180, 2003, 38쪽).

32) 『고려사』 권81, 병지1, 병제, 공양왕 1년 12월.

33) 『고려사』 권78, 식화지1, 조세, 우왕 9년 2월.

을지가 의문이다. 그리고 창왕 즉위년 9월에 전법사에서 올린 상소에 따르면, 형을 관장하는 기관이면서도 온 나라의 형륙(刑戮)을 모두 알지 못하고 있으니 이는 국가에서 관을 설립한 뜻이 아니라고 했다.[34) 『주관육익』이 간행된 이후의 사정을 서술한 것으로도 볼 수 있겠으나, 성격상 그 이전부터 지속되었던 상황을 묘사한 것임에 틀림없다. 한 달에 아일이 두 번인데도 매번 조회를 행하지 않아 백관들이 반차조차 알지 못하게 되었다고 언급된 기록으로 미루어 예의의 조회 제사에 관한 사항도 제대로 집행되었다고 보기 힘들다.[35) 한편 본래 궁궐을 짓기 위해 설립되었던 조성도감(造成都監)이 그 뒤 선공(繕工)의 직사도 겸해 온 나라의 목재와 철의 쓰임을 관장하게 되었다고 했으니,[36) 그런 정황에서 전공이 제 역할을 다했을 것으로 보이지 않는다. 그 밖의 고공·도관도 사정은 비슷했을 것이다.

결과적으로 당시 상황에서 육사와 그에 소속된 유사들이 맡은 업무를 의욕을 가지고 처리하고자 해도 힘들었는데, 아예 없거나 부족했다면 심히 위태로운 지경에 처할 수도 있기 때문에 『주관육익』의 간행을 서둘렀던 것으로 짐작된다. 즉, 심각한 국면을 타개하기 위해 무엇보다 육전을 바탕으로 하는 관직 운영체계의 정비가 긴요하다는 인식하에 나온 것으로 생각된다.

> 김군 경숙(金君敬叔)이 그리 된 것을 깊이 개탄해서 육방(六房)으로 강(綱)을 삼고, 각기 그 일을 분류하여 목(目)으로 만들어 관에 거하는 자로 하여금 모두 준수하게 하여, 마땅히 해야 할 바를 다하게 할 것을 생각하고, 힘이 부족하면 애써서 미치게 해서, 지난날에 가버리면 그만이라는 것과는 같지 않게 하려고 했다.[37)

---

34) 『고려사』 권84, 형법지1, 직제, 우왕 14년 9월.
35) 『고려사』 권135, 열전, 우왕 10년 11월.
36) 『고려사』 권118, 열전, 조준.

위 서술을 통해 김경숙(金敬叔), 즉 김지(金祉)가 『주관육익』을 간행한 의도와 정리 방식에 대해 알 수 있다. 당시의 정치체제를 육전을 통해 재정리함으로써 정상화시키려 했던 것이 목적이었다.[38] 그 때 단순히 이전 제도로의 복귀가 아닌 현 상황에 적합하게 운영할 수 있게 새로운 것들도 포함시켰을 것이다.[39] 육전체제 자체가 명칭은 있지만, 실제 제대로 기능한 적이 없었다. 그러므로 관리들도 육전체제에 기초한 운영에 익숙하지 않았고, 기본 업무조차도 실무 경험이 부족한 상황이었다.

이 문제를 해결하려면 관서마다 어떤 일을 어떻게 맡게 되었으며, 그에 해당하는 업무를 처리하려면 이런 방식 따위를 쓰면 된다는 것 등을 구체적으로 적시해 놓으면 되었다. 그렇게까지 했음에도 이를 행하지 않는다면 고의로 태만히 여기는 자로 간주해서 처벌하면 되는 것이다.

따라서 김지의 『주관육익』은 육전체제에 입각해서 통치질서의 전면적인 개혁을 주창하는 이들에게 커다란 영향을 주었을 것이다.[40] 당시의 실정에 부합하도록 전체를 육전으로 나누어 강(綱)으로 설정하고 그 아래 세부적인 내용을 목(目)으로 삼아, 전체와 부분이 한꺼번에 연결되어 돌아가도록 하나의 운영체계로서 구체화시켰다는 점은 체제 개혁의 전체 틀 마련에 고심하던 인물들에게 매우 큰 자극을 주었을 것이다. 더구나 간행 당시까지의 문물·제도에 관한 연혁 정리는 개혁파들에게 절대적으로 중시되었을 것이다. 무엇이 문제이며, 앞으로 어

---

37) 『牧隱文藁』 卷9, 周官六翼序/『高麗名賢集』 3, 成均館大 大東文化硏究院, 866쪽, "金君敬叔 深慨其然 以六房爲綱 各以其事 疏之爲目 俾居官者 咸有所遵守 思盡其所當爲 力不足則勉而及之 不但如前日之苟去而已焉".

38) 許興植, 앞의 글, 1981, 41쪽 ; 都賢喆, 앞의 책, 123～124쪽.

39) 김인호, 앞의 글, 2001, 146～147쪽.

40) 김인호, 위의 글, 149쪽.

떻게 하면 개선할 수 있는지를 당시의 실정에 근거해서 해결해 나갈 수 있는 귀중한 지침을 제공해 주었기 때문이다.[41] 따라서 개혁에 필수였던 전체의 틀에서 세부 사항의 정리에 이르기까지 널리 활용되었을 것으로 추정된다.

2) 급진개혁파 사대부의 등장과 육전체제의 도입

(1) 체제개혁의 추진과 육전체제의 도입

위화도회군 이후 정계를 주도했던 급진파 사대부들에 의해 이전과 다른 차원의 전면적인 체제개혁이 추진되었다. 그들이 추구했던 정치체제 개혁의 요체는 육전체제의 도입이었다.[42] 구체적인 방안은 조준 등의 상소를 통해 제시되었다.

> "법이 오래되니 폐단이 생겨, 전리(典理)하는 자가 선거(選擧)를 알지 못해 유품(流品)이 범람해졌으며, 군부(軍簿)를 맡은 자가 군액을 다스릴 줄 몰라 무비가 해이해졌습니다. 호구가 늘고 주는 것, 전곡의 많고 적은 것과 옥송(獄訟)에 질서가 없는 것과 도적이 다스려지지 않는 것에 이르러서도 판도(版圖)와 전법(典法)의 관리된 자가 어떻게 해야 할지 전혀 알지 못합니다. 예의(禮儀)는 예에, 전공(典工)은 공(工)에 대하여 과연 능히 각각의 직책을 수행하고 있습니까? 대개 육부는 백관의 근본이요, 정사가 나오는 곳입니다. 근본이 어지럽고도 말단이 다스려진 예는 아직 없습니다. 이에 백료(百僚)와 서사(庶司)가

41) 『주관육익』이 세종 때 새로운 법이나 조치들을 제정하는 데 지침으로 활용되었다는 사실은 시사하는 바가 매우 크다(都賢喆, 앞의 책, 127~128쪽의 사례).

42) 김인호, 「여말선초 육전체제의 성립과 전개」, 『東方學志』 118, 2002, 5쪽.

흩어져 통솔되지 않아 여러 가지 일에 힘쓰지 않아서 이름만 있고 실상은 없습니다. 비록 임금과 재상이 우려하고 부지런하더라도 정사가 제대로 거행되기를 또한 기대하기 어렵습니다"라고 했다.[43)]

위에서 조준 등은 육전, 특히 육부의 이름만 있고 실상은 없는 것이 정사가 제대로 거행되지 않는 주된 요인으로 파악했다. 임금과 재상이 부지런하더라도 소용이 없다는 점을 부각시킴으로써 실질 회복의 필요성을 한층 강조하였다.

그리고 두 방향에서 구체적인 개편안을 제시했는데, 먼저 제도 및 관직의 배치에 관한 것을 거론했다. 육전의 일을 육부로 돌리고, 각사를 육부에 분속시키며, 시중(侍中) 이하가 판사사(判司事), 밀직(密直)은 겸판사(兼判書)를 맡아 위에서 제어하고, 봉익(奉翊)을 육부 판서로 삼아 낭관과 소속 유사를 거느리며 아래에서 명령을 듣게 하되, 대사는 육부의 낭관이, 소사는 육부의 색장이 맡아서 때때로 명령을 받들어 행이(行移)하게 할 것을 건의했다.[44)]

이미 전기부터 육부제가 실행되기도 했지만, 급진개혁파가 구상했던 그것과는 성격이 달랐다.[45)] 특히 육전의 일을 육부로 돌리라는 것은 이부 이하가 원래 맡아야 했던 일을 모두 귀속시키라는 조처이며, 나아가 각사마저 분속시키라는 것은 실질적으로 통솔할 수 있게 하려는 것이었다.[46)] 한편 시중 이하의 재추를 위시하여 하급의 실무자까지

---

43) 『고려사』 권118, 열전, 조준.

44) 『고려사』 권118, 열전, 조준.

45) 초기의 삼성육부제를 고려 특유의 육전제로 이해하려는 연구가 제시되었다(金大植, 「高麗前期 中央官制의 成立과 六典制의 影響」, 成均館大 博士學位論文, 2003). 그러나 말기의 급진개혁파가 구상했던 육전체제와는 여러 면에서 달랐다. 이에 관해서는 이정훈, 「高麗前期 三省六部制와 各司의 運營」, 延世大 博士學位論文, 2004를 참조할 것.

46) 柳昌圭, 「高麗末 趙浚과 鄭道傳의 改革方案」, 『國史館論叢』 46, 130쪽.

망라하여 소속시켜 대소사를 구분하여 적당히 일을 맡기라는 것은 직위에 걸맞은 역할을 부여함으로써 상하로의 구분이 뚜렷해진 운영체계에 의거해서 정사가 이루어지게 하려는 것이었다.[47]

만약 위에 제시된 방안대로 실시한다면, 전과 같이 업무가 분산적으로 실행됨으로 해서 일어나기 쉬운 상호 중복, 또는 사각지대 발생 등의 문제를 해결하기 위해 별도로 조정을 위한 합좌 및 회의 기구 따위를 만들거나 사업의 종류나 내용에 따라 수시로 임시 관청을 설치해야 하는 등의 폐단을 제거할 수 있을 것이다.[48] 동시에 관할 부서에 대한 통제가 강화됨에 따라 인사 및 조직 관리, 관계 법령과 규례의 제정 및 폐기를 조속히 처리할 수 있게 될 것이다.[49]

다음으로 기구 및 관직이 정비되었다고 곧 육전체제가 정상적으로 기능할 수 있는 것이 아니었다. 반드시 업무와 직결되는 법이나 규례가 마련되어야 했다. 그것이 얼마큼 갖추어졌느냐에 따라 기구와 관직의 정상적인 운용이 좌우될 것이었다. 이렇듯 기구・관직은 물론이고 관련법과 규례를 함께 개혁하여 새로운 체제를 구축하고자 했던 것이 급진파가 추구했던 기본 방향이었다.

첫째로 선거를 담당했던 전리사의 경우, 일단 전선법(銓選法)을 회복하는 것부터 시작했다. 구제에 문무의 전선을 이・병부에서 관장하

---

47) 다만 그 성격에 관해서는 연구자들마다 조금씩 견해가 다르다. 이 문제에 관해서는 金昌賢, 「고려말 조선초기 정치체제 개편의 방향과 그 의미」, 『史叢』 47, 1998, 76~80쪽을 참조할 것.

48) 김인호, 앞의 글, 2002, 10~11쪽.

49) 전기의 육부제와 급진개혁파들이 구상하였던 육전체제의 궁극적 차이점은 인사 및 조직 관리, 그리고 관련 법령 및 규례의 제정권을 보유하느냐의 여부에 달려 있다고 생각한다. 즉, 각전의 중심부서, 그것이 육부이거나 또는 육조이거나를 막론하고 소속 관서 및 관원들에 대한 확실한 통솔권을 보유하느냐의 여부에 달려 있다. 그리고 거기에는 관련 법령 및 규례의 제정권 문제도 포함되어야 한다.

고, 부위(府衛)는 대정(隊正) 이상, 제사(諸司)는 9품 이상, 또한 부사(府史)·서도(胥徒)들도 연월 및 공과에 의해 연말에 벼슬을 올리고 내리는 도목정을 실시했지만, 우왕 때 폐지되었다가 창왕이 등극하자 비로소 회복되었다.[50] 아울러 조준은 공경 사대부(公卿士大夫)의 유약자제는 동반 9품에 오르지 못하게 하며, 거짓으로 제수 받은 자는 부모를 논죄할 것을 청했다.[51] 이것은 유품(流品)이 범람해지는 것을 막기 위한 일차적인 조치로 이해된다. 즉, 기존의 권세가와 연결된 사람들이 함부로 출세하는 것부터 차단했다. 일단 출발이므로 너무 큰 것도 아니고 작은 것도 아닌, 그 대신 개혁에 상당한 효과를 줄 만한 것을 택해 밀어붙이려고 했다.

둘째로 군부를 맡은 자가 군액을 다스릴 줄 몰라 무비가 해이해졌다는 것은 군정을 제대로 다스리지 못했다는 것을 의미하므로, 우선 이 문제부터 해결하고자 했다.[52] 일단 간관의 상소를 통해 병정의 붕괴로 늙고 어림과 재능의 유무를 묻지 않고 부병에 제수했던 까닭에 갓난아이와 공상 노예가 아무런 공도 없이 차지해서 녹을 축내고 있음이 문제라면서, 앞으로는 용기와 지략을 겸비한 자를 정밀히 선발하여 대신케 할 것이며, 또한 항상 무예를 익히게 하되 능력 여부를 고찰하여 출척케 하고, 대호군과 상호군은 병사의 사표이므로 늙은이나 어린아이에게는 제수하지 말고 선왕이 설치한 바의 관액(官額)을 제외한 증치된 관원을 모두 제거할 것을 주장했다.[53] 위 부병은 일단 병사가 아닌 무관직을 가리키는 것으로 보인다. 무능하고 자격을 갖추지

---

50) 『고려사절요』 권33, 창왕 즉위년 8월.

51) 『고려사』 권75, 선거지 3, 전주, 범선법, 창왕 즉위년 8월.

52) 군부사로 하여금 처음부터 군령에 관여하게 하는 것은 당시 사정을 고려해 볼 때 곤란했다. 그러므로 본연의 임무였던 군정이라도 확실히 관장할 수 있도록 만들려고 했다.

53) 『고려사』 권81, 병지1, 병제, 창왕 1년 2월.

못한 인물들을 무관직에서 제거하고 그 대신 능력 있는 자를 선발해서 충당하되 항상 단련케 해서 성적에 따라 출척이 이루어지게 만들려고 했다. 이 부문 역시 권세가와의 연줄 등을 내세우며 함부로 자리를 차지한 자들을 제거하는 것부터 출발하여, 조직 및 인사 관리가 제대로 이루어짐으로써 무비를 실질적으로 강화시키는 것을 목표로 했다.

셋째로 호구가 늘고 주는 것, 전곡의 많고 적은 것을 판도사가 파악할 수 있게 하는 것이었다. 우선 조준 등은 상소를 통해 무너진 호적법부터 복구할 것을 건의했다. 그 때 양전하면서 경작하는 전지를 조사하여 소경의 다소에 따라 호구를 상중하의 3등으로 정하고 양천 생구(良賤生口)를 분간하여 호적을 만들어 수령은 안렴에게, 안렴은 판도사에 올려 병사의 징발 및 조역(調役)의 수취에 근거로 삼게 하며 수령과 안렴이 혹 법을 어기면 처벌할 것을 주장했다.[54] 만약 이 방안대로 시행된다면 호적은 단순히 각 호당 인구를 파악하는 것에 그치지 않고, 신분별 구성이라든지 소경전의 크기에 따른 경제적인 능력까지도 상세히 파악할 수 있는 수단이 되는 것이다.[55] 이로써 군역 징발 및 조역 수취의 근거가 확인됨으로 인해 조세를 얼마나 거둘 수 있는지도 가늠하게 되기 때문에 전곡의 많고 적음, 즉 재정 상태를 판도사가 조감할 수 있게 된다. 즉, 판도사가 새로운 규정에 맞추어 작성된 호적을 궁극적으로 관장하게 된다면, 그리고 허위 또는 그 밖의 부정을 저지른 수령·안렴을 처벌할 수 있는 권한을 부여받게 된다면, 그 위상은 이전과 비교할 수 없을 정도로 높아질 것이다.[56]

---

54) 『고려사』 권79, 식화지2, 호구, 우왕 14년 8월.

55) 박진훈, 「高麗末 改革派士大夫의 奴婢辨正策」, 『學林』 19, 1998, 19쪽.

56) 그러나 당시 최대의 현안이었던 사전 문제는 판도사에 의해 처리되기 곤란했다. 먼저 창왕 즉위년 9월에 右常侍 許應 등이 근래 사헌부, 판도사, 전법사와 더불어 선왕의 균전제를 복구하기를 청해 윤허 받았다고 상소했던 것

넷째로 옥송에 질서가 없는 것과 도적이 다스려지지 않는 것과 관련해서, 전법사에서 올린 상소에 따르면, 본사는 형을 맡은 관인데 일국의 형륙을 제대로 알지 못한다는 것은 관서를 설립한 본래의 뜻에 어긋나므로 앞으로는 경외 관사에서 만약 형륙할 자가 있으면 본사에 통보하여 율문을 살펴보고 행이한 뒤에 시행토록 할 것이며, 다만 수령들은 태형(笞刑)에 해당하는 죄에 대해 율에 의해 직접 시행하고 장형(杖刑)은 관찰사에게 보고하여 명을 받아 시행케 할 것이고, 대벽(大辟) 즉 사형에 대해서는 장군이 전쟁에 임했을 때를 제외하고 죄상을 기록해서 도관찰사에게 보고하되, 이를 통고받은 전법사에서 율에 준하여 사형이 합당하다고 판정한 뒤 도평의사에 보고하고, 도평의사로부터 보고 받은 임금이 살펴본 다음에 전법사에 명하여 율에 의거해 행이하라고 한 후에 시행하도록 청했다.[57] 만약 상소대로 실시한다면, 전법사가 장차 전국의 모든 형정을 관장할 수 있게 될 것이었다. 그렇게 되면 자연히 옥송이라든지 도적에 관한 문제가 일체 전법사의 소관으로 자리잡게 됨으로써 질서가 없다거나 다스려지지 않는다거나 하는 따위의 일이 일어나지 않을 것으로 파악했다.

다섯째로, 예의의 예에 대한 것을 보면, 창왕 즉위년 9월에 도평의사가 조정, 즉 명나라가 보내준 의주(儀注)와 우리나라의 구의(舊儀)를 참작해서 군신(群臣)의 임금 알현을 비롯한 조야통행례의(朝野通行禮

(『고려사』 권78, 식화지1, 전제), 그리고 동왕 1년 9월 급전도감에서 과전 받을 사람들 가운데, 종실 제군은 종부시에서, 문관은 전리사, 무관은 군부사, 전함 품관은 개성부에서 맡아서 확인할 것을 건의했던 것(『고려사』 권137, 열전, 창왕 1년 9월)에 의해 짐작된다. 어쨌든 이는 육전체제의 정상화를 주장하는 급진파 사대부의 개혁안과 일견 모순되는 것으로 볼 수 있다. 그러나 임무를 다하자 곧 폐지되었던 것은 6조 정상화에 대한 구상이 무효화되지 않았으며 단지 6조체제를 완전히 정상화하기에는 당시 정치현실이 그만큼 급박했기 때문이라는 것이다(朴宰佑, 앞의 글, 85쪽).

57) 『고려사』 권84, 형법지1, 직제, 우왕 14년 9월.

儀)를 정했다.[58] 이것에는 관품자 상호간의 예절뿐만 아니라, 민간에서 행하는 것, 관민(官民)이 상견(相見)할 때의 것이 대략적이지만 포함되었다. 이를 계기로 예제에 대한 정비가 단행되었다. 마침내 예의사의 청에 따라 황조(皇朝), 즉 명나라 예에 의거해 매달 육아일(六衙日)에 조참(朝參)을 거행하도록 했다.[59] 앞 시기에서 비록 지켜지지 않았다고 하더라도 일월 양아일(一月兩衙日)을 시행했던 것과 비교해 볼 때 역시 상당한 변화로 보이며, 그것을 예의사가 주도했다는 점이 주목된다. 한편 같은 시기에 예의사에서 군신의 의종(儀從)·개선(盖扇)을 차등 있게 다시 정하기를 청했다.[60] 명나라의 제도 등을 참고하면서 예제를 전면적으로 개편하는 작업을 추진하는 과정에 예의사가 점차 주도적인 역할을 수행하게 되었음을 알려주는 사례이다.

마지막으로 공(工)을 관장하는 전공사에 관해서는 비중 등을 반영하듯 별다른 조처가 보이지 않는다. 다만 공양왕 1년에 공조로 바뀌는 것을 계기로,[61] 장복서(掌服署),[62] 장야서(掌冶署)[63] 등을 병합하면서 점차 실질적인 기능을 발휘하기 시작했던 것으로 보인다.

이렇게 해서 육전체제의 근간을 이룬다고 볼 수 있는 육부의 조직과 관원, 그리고 담당 업무와 관련된 새로운 법령, 규례 등이 차례로 정비되어 가는 모습을 살펴보았다. 하지만 이것이 전부가 아니며, 오히려 출발에 불과했다. 일단 기초를 확립한 다음 그 위에 다양한 장치

58) 『고려사』 권68, 예지10, 가례, 朝野通行禮儀, 우왕 14년 9월 계미.

59) 『고려사』에는 우왕 14년 4월 경자조(예지9, 가례, 一月三朝儀)로 되어 있는데, 당시 요동정벌이 단행되고 있는 상황에서 명나라 예제에 의거해 정했다는 것은 상상하기 어렵다. 『고려사절요』의 기록대로 창왕 1년 4월로 정정하는 것이 타당하다.

60) 『고려사』 권72, 여복지, 노부, 百官儀從.

61) 『고려사』 권76, 백관지1, 공조.

62) 『고려사』 권77, 백관지2, 장복서.

63) 『고려사』 권77, 백관지2, 장야서.

라든가 세부 사항을 마련하고자 했다.

기존 체제를 대처하는 새로운 틀의 구축을 지향했던 만큼 범위라든가, 규모가 방대해지는 것을 피하기 어려웠다. 한 가지 예로, 국정을 쇄신하고자 올린 개혁안 가운데 가장 대표적인 것은 조준의 상소였다. 그런데 『고려사』 열전에 따르면, 조준이 헌사에 있으면서 전후에 걸쳐 논한 글들이 수만언에 달하였는데 모두 당시의 병폐들을 절실하게 지적했던 것들이었다고 한다.[64] 그 외에도 여러 사람들에 의해, 그리고 다수의 기관 등에 의해 다양한 방안 및 법안이 제출되었다.

여러 계통에서 제출된 방대한 개혁안을 실천에 옮기는 작업은 매우 복잡 미묘할 수밖에 없는데, 여기에 적극적인 호응과 강력한 반발까지 겹치면서 사정이 한층 어려워졌다. 따라서 중심을 잡고 체계적으로 추진하지 않으면 개혁에 혼선이 생길지도 모르고, 그로 인해 지지부진해지면 반대 세력들로부터 공격을 당할 소지가 그만큼 커지게 되는 것이다. 그러므로 전체를 조감하면서 각 분야의 당면 목표를 설정하여 밀고 나가게 만드는 특별한 장치 및 수단이 절실히 필요했다. 드디어 개혁 작업 전체가 축약되어 있어 체계적 추진의 지침이 되는 법서, 그리고 이것을 보리(補理)하는 역할을 수행하는 형서의 편찬이 시도될 수밖에 없었다.

(2) 법서와 형서의 편찬 시도

넓은 범위에서 방대한 규모로 추진되었기 때문에, 여러 조치들이 만약 서로 상충되거나 얽혀서 혼선이 생길 경우에 작업의 성과 및 효율이 저하됨으로 인한 후유증이 심각해질 수도 있었다. 그러므로 차질 없이 진행되기 위해서는 각 부문별로 분명하게 목표가 설정되고, 동시

64) 『고려사』 권118, 열전, 조준.

에 전체적인 통일성을 기해 어느 하나에도 심각한 문제가 발생하지 않도록 하는 방도가 강구되어야 했다. 다시 말해 전체를 하나로 집약시켜 구폐를 철저히 제거하는 동시에 새로 개편된 체제가 제 기능을 충분히 발휘할 수 있게 해주는 틀의 구축이 필요했다. 만약 그것이 부실해서 동요하게 된다면, 과거의 폐단이 되풀이됨으로써 개혁이 한층 어렵게 될지도 몰랐다.

이때 작업을 주도했던 조준 등은 그에 대한 방도를 다음과 같이 제시했다.[65]

> 옛날에 나라를 다스리는 이들은 반드시 먼저 기강을 확립하였습니다. 나라에 기강이 있는 것은 몸에 혈맥이 있는 것과 같으니, 몸에 혈맥이 없으면 기운이 통하지 못하고 나라에 기강이 없으면 법령이 시행되지 못하며 법령이 시행되지 못하면 나라가 나라 구실을 할 수 없습니다. 전하께서 즉위하신 후 크게 언로를 열어서 상신(相臣)과 헌신(憲臣)들이 각각 시무를 진술하고 있으나, 구폐가 겨우 없어진 데 불과하고 신법이 시행되지 않아 원망과 비방이 한창 일어나고 기강이 문란합니다. 병이 혈맥으로부터 고황에 달하게 되면 비록 편작(扁鵲)과 같은 명의가 있더라도 마침내 고치기 어렵습니다. 원컨대 지금부터 판부(判付)한 법제를 판(板)에 새겨서 시행하시되 그것이 금석(金石) 같이 굳고 사계절 같이 믿을 수 있게 할 것이며 감히 법을 범하거나 금지된 것에 저촉되는 자가 있으면 헌사(憲司)에 맡겨 처리하게 하십시오.[66]

위 인용문의 내용을 통해 개혁 실시로 말미암아 일단 구폐의 제거

65) 『고려사』 권84, 형법지1, 직제, 우왕 14년 10월조에는 憲司上書로 되어 있는데, 동일한 내용이 조준의 열전에 그대로 실려 있다. 이로써 헌사에 재직 중에 있던 조준 등이 올렸다는 사실이 확인된다.

66) 『고려사』 권84, 형법지1, 직제, 우왕 14년 10월.

에는 성공했으나, 새로운 조치를 담고 있는 신법이 아직까지 제대로 시행되지 못함에 따른 원망과 비방이 일어나는 상황이 벌어지고 있음을 알 수 있다. 각종 폐해를 낳았던 기존의 제도나 관행을 혁파, 중단시킴으로써 더 이상의 확산을 저지하기란 그렇게 어렵지 않을 수도 있었다. 문제는 그것을 대체했던 개혁 조치들이 현실에 부합해서 조속히 가시적인 성과를 내놓아야 하는 것에 있었다. 만약 늦어지거나 지지부진할 경우 고래의 관습에 익숙하거나 그것으로 이득을 보았던 기득권 세력이 다시 등장하여 개혁에 반발, 또는 저항하면서 동조자들을 집결시키게 되면 상황이 걷잡을 수 없게 될지도 몰랐다.[67]

다방면에 걸쳐 방대한 개혁 조치가 담긴 신법이 차질 없이 시행되어야 비로소 안정되게 국정을 운영할 수 있다는 전제하에 방도 마련에 부심했는데, 곧 판부한 법제를 판에 새겨서 시행하는 일이 그에 해당했다. '판부한 법제'란 상주(上奏)한 안건을 국왕의 승인을 받아 법으로 확정시킨 것을 의미했다.[68] 위 자료 내용에 의거해서 보면, 창왕이 즉위한 뒤 상신과 헌신들이 건의했던 시무 중에서 받아들여진 것을 가리킨다고 생각된다. 아마도 위화도회군 이후에 급진개혁파들이 추진했던 조치들이 주를 이루었을 것이다.

그런데 '판에 새겨서 시행한다(刊板施行)'는 것은 인쇄하여 책자 형태로 만들어 널리 보급함을 의미하는 것으로 생각된다. 다시 말해 신법들을 한데 엮어 인쇄물로 만들어 나누어주고 그대로 시행케 하되, 만약 이를 어기는 사람이 있으면 헌사에서 처결토록 하자는 것이다. 그렇게 해서 위반하거나 고의로 기피하는 자들이 나올 수 없게 만들

---

67) 일찍이 공민왕 때 우현보가 병신년, 즉 반원 개혁정치를 단행한 이후 성과를 제대로 거두지 못했던 것과 관련하여 누차 내린 條畫을 유사에게 신칙하여 철저히 거행할 건의했던 사실을 상기해 볼 필요가 있다.

68) 판부란 상주한 안건을 임금이 허가하는 것이다(『韓國漢字語辭典』 권1, 단국대학교 동양학연구소, 1992, 578쪽).

고자 했다.

내용상의 정리 방식에 관해서는 아무런 서술이 없어 알기 어렵다. 그러나 앞서 살폈듯이 육전체제의 수립을 구상했으므로, 거기에 맞추어 관련된 모든 사항들을 정리하고자 했을 것으로 추정된다. 다시 말해 개편된 기구 및 인원에 대한 규정, 운영에 필요한 제반 규칙, 나아가 법령 및 규례 등도 육전에 의거해서 배열시키려고 했을 것이다. 그렇게 해야만 시행 과정에서 서로 어긋나지 않고 정상적으로 기능할 수 있게 될 것이다.

결국 통치제도나 기구 및 운영 규정 등에 관한 개혁 조치들을 '판에 새겨서 시행한다'고 했을 때에는 외형면에서는 책자 형태가 될 것이고, 내용적인 면에서는 당연히 육전체제로 구현되는 것을 상정했을 것으로 추정된다. 그리고 이를 통해 전체를 일목요연하게 파악하여 통일성을 기하면서도 각 분야에 대한 실질적인 조치가 동시에 이루어질 수 있게 만들려고 했다.

한편 개혁의 심도가 크면 클수록 반대 세력의 저항이 거세지기 마련이다. 더구나 고려말에는 전제개혁을 동반했기에 그 강도가 대단할 수밖에 없었다. 따라서 육전체제에 근거한 법서, 법전을 편찬한다고 해서 누그러질 상황이 아니었다. 그로 인해 드러내놓고 반대하는 세력뿐만 아니라 회의적이거나 망설이는 사람들에게 단호함을 과시해서 반발을 억누르며 구체적 성과가 나올 것임을 각인시켜 주어야 했다. 그러므로 개혁을 성공으로 이끌려면 또 다른 보완책이 강구되어야 했다.

그것은 전법사의 상소를 통해 제시되었으니, 곧 '政以立法 刑以補理 法如不行 不可無刑以齊之'의 원칙에 따른 율(律)의 제정이었다.[69]

---

69) 『고려사』 권84, 형법지1, 직제, 우왕 14년 9월.

'정(政)'으로써 세운 '법(法)'이 제대로 시행되지 않으면 '보리(補理)'의 기능을 수행하는 '형(刑)'으로써 정제(整齊)해야 한다는 논리였다. 이때 '정이입법(政以立法)'을 모아놓은 것이 법서·법전, 다시 말해 '전(典)'이라 한다면, 이것이 본의대로 운영되기 위해 '형이보리(刑以補理)'의 실질적 기능을 수행하는 '율'의 정리가 필수였다.[70] 적당한 '율'의 뒷받침 없이 각종 개혁 조처들을 집약시킨 '전'이 본래의 의도대로 실행되기란 상당히 힘들었다.[71]

먼저 조준 등은,

> "형에 정해진 법이 없어서 내외의 관사가 출입(出入)을 자기 뜻대로 하고 있는데, 지금 전교(典校)의 한 관사는 모두 문학을 하는 신하로서 다른 맡은 바가 없으니 원컨대 형서(刑書)의 산정(刪定)을 위임하여 만세에 혜택을 주게 하고 또 중외의 관사가 서로 접촉하는 절차와 문서를 상통하는 격식을 또한 산정케 하여 반행하십시오."[72]

라고 하였다. 위에서 기존 체제의 혼란을 제거하기 위해서는 형법의

70) 고려말의 형률 정비 작업과 관련해서 단지 일부분을 다룬 것이지만 尹薰杓, 「고려시대 官人犯罪의 行刑 운영과 그 변화」, 『고려시대의 형법과 형정』, 2002가 참조된다.

71) 제도나 기구만 개혁하고 정작 그들이 제 역할에 충실하도록 '補理'의 기능을 수행하는 형률을 그대로 둔다는 것은 곤란했다. 양자는 별개로 존재하는 것이 아니며 공히 하나로 연결되면서 운용되는 것이다. 이러한 원리가 보통 律令格式의 상호 관계에 의거해 설명된다. 특히 律이 법령을 어긴 사람을 처벌하는 형법의 성격을 지닌 데 반해 令은 행정적 명령이나 금지를 규정하는 행정법의 성격이 다분했다. 그러므로 양자는 표리 관계를 이루면서 체제를 지탱했다(仁井田陞, 「力の支配と權威主義の法の體系－律令格式」, 『中國法制史硏究－法と慣習, 法と道德』, 東京大學校出版會, 1964, 7~14쪽 ; 李成茂, 「『經國大典』의 編纂과 大明律」, 『朝鮮兩班社會硏究』, 一潮閣, 1995, 285~286쪽).

72) 『고려사』 권118, 열전, 조준.

개정을 통한 일률적 적용이 필요하며, 동시에 이것을 확실히 시행하는데 긴요했던 중앙과 지방의 모든 관사의 업무 처리에 따르는 절차 및 문서를 통하는 격식을 체계화시키되, 이들을 모두 성문화해서 반포할 것을 주장했다.[73] 즉, 형법을 개정하고, 그것을 관사에서 일률적으로 적용하는데 필요했던 각종 규정 및 절차, 서식 등을 새롭게 정리하자는 것이다.

그리고 마침내 전법사의 상소를 통해 새로운 형정체계 구축의 근간을 이루는 『대명률』의 채택을 주장했다. 그동안 『의형이람(議刑易覽)』 등의 원률(元律)을 수용해서 사용했으나 뜻이 통하지 않아 알기 어렵고 강습하는 자도 없으며 형을 담당했던 관리들의 부정과 공정치 못한 운용으로 인해 혼란이 일어나 폐해가 심각하므로 이 문제를 해결하고자 『대명률』을 도입하되, 우리의 율과 맞지 않는 것이 있으면 짐작하게 해서 다시 정하여 시행케 할 것을 주장했다.[74]

『대명률』의 채택이 명나라와의 외교관계를 의식했던 측면도 없지 않겠으나, 그보다 중국 역대의 형률을 집대성한, 당시로서는 가장 선진적인 최신의 율을 담았던 만큼 법조항의 흠결성이 두드러진 것이기 때문이었다고 생각된다.[75] 그리고 또 하나 주목해야 할 것은 당률(唐

73) 중외의 관사가 서로 접촉하는 절차와 문서를 상통하는 격식을 함께 산정하는 것이 일반 행정에 국한되는 것으로 이해할 수도 있다. 하지만 형서의 산정과 동시에 꾀하기를 주장했던 것은 그렇게 되어야만 새로운 체제가 수립되었을 때 비로소 구폐의 확실한 제거가 가능하다고 보았기 때문이다. 양자를 떼어 내어 별도로 마련한다면, 또 다른 대책을 양산하는 결과를 가져올 뿐으로 실행에 따른 파급 효과가 미미할 가능성이 높았다. 그 대신 결부시켜 추진하면, 강한 실천력을 지니게 됨으로써 과거의 폐단을 확실히 제거될 것으로 기대했다.

74) 『고려사』 권84, 형법지1, 직제, 우왕 14년 9월.

75) 趙志晩, 「朝鮮初期 ≪大明律≫의 受容過程에 관한 硏究」, 서울대 법학석사 학위논문, 13~15쪽.

律)과 달리 이호예병형공의 육분주의를 채택했다는 점이다.[76] 즉, 육전체제로의 개혁을 추진하면서, 그것을 운용하는데 필수적인 형률과 격식 등도 그에 맞게 정리해야 했다. 그렇지 않으면 오히려 혼선을 일으켜 신속히 반대세력을 제압하며 구폐를 제거하기가 어려울 것이었다.

개혁의 요체를 담았다고 생각되는 판부한 법제를 판에 새겨 시행하자는 것과 그 운용에 필수인 새로운 형률 및 관사의 업무 처리에 따르는 절차 및 격식들도 함께 정리하여 반포해야 한다는 것은 상호 긴밀히 연계되어 추진되어야 했다. 성격상 서로 분리시켜 별도로 할 수 있는 일이 아니었기 때문에 하나로 집약시키되 전체적인 통일성이 유지되도록 했다. 이것을 위해서는 기본적으로 육전의 구성이 불가피했을 것으로 추정된다.

드디어 급진파 사대부들의 지지를 받았던 이성계가 왕위에 오르면서 조선이 성립되었는데, 궁극적으로 개혁의 연장선상에서 이루어진 일이라 할 수 있다. 그리고 그것은 또 다른 형태의 총체적 결과물이라고 할 『경제육전』이라는 최초의 성문법전이 왕조 성립 직후에 편찬될 수 있었던 배경이 되기도 했다.[77]

특히 『경제육전』에는 위화도회군 이후부터 편찬 당시까지 공포된 조례가 수록됨으로써 그동안의 성과들이 모두 정리되었다. 그리고 이에 입각하여 통치되도록 함으로써 그 자체가 구체제와의 결별 및 새로운 정체의 수립을 알리는 상징이 되었다.

(윤훈표)

76) 李成茂, 앞의 글, 1995, 295쪽.
77) 林容漢, 「朝鮮初期 法典 편찬과 편찬원리」, 『韓國思想과 文化』 6, 1999 ; 尹薰杓, 「經濟六典의 編纂과 主導層의 變化」, 『東方學志』 121, 2003.

제 3 장

경제육전의 편찬과 그 의의

1. 조선경국전과 경제육전의 성격

1) 육전체제에 대한 문제의식

육전체제는 전근대 중국의 통치와 법전의 근간을 이루는 분류체계이다. 주지하듯이 육전이란 유교경전인 『주례』의 천, 지, 춘, 하, 추, 동의 여섯 개로 나눈 방식에서 유래된 것으로, 중국에서는 특히 제도 수립이나 개혁에서 이를 원리로 이용하는 경우가 많았다. 이로 인해 법체계의 기본형태로 육전체제는 자리잡게 되었다.

그리고 이 체제는 중국만이 아니라 조선왕조의 법전편찬에서 기본적 유형이 되었다. 그러나 육전체제의 성립과 전개는 단순히 중국법전의 형태를 수용했다는 것만으로 처리될 수 있는 문제가 아니다. 왜냐하면 육전체제의 성립은 14세기 이후 고려의 지식인들이 해왔던 국가운영체제의 개혁을 위한 고민의 산물이기 때문이다. 즉 지금까지 그들이 육전체제에 입각한 제도와 법개혁을 선택한 이유와 그 의미가 분명하게 규명되지 못했다.

이와 같은 육전체제의 성립과 전개는 우선 고려말기 이후 사대부들이 추구했던 개혁론 속에서 육전체제의 도입과 그 전개를 살펴 보아야 한다. 이는 그들의 문제의식을 검토하면서, 이들이 육전체제를 도입하는 과정을 추적하는 것이 된다.

원래 고려왕조 하에서는 통일되고 종합된 법전이 존재하지 않았다.

따라서 이들은 집권적 국가운영체제의 확립을 위한 새로운 법체계의 확립을 추구하여 갔다. 이러한 노력은 고려말기에 육전 방식의 『주관육익』 편찬이 이루어지지만, 결국 새로운 왕조가 성립된 이후에 구체적으로 정착된다. 『조선경국전』과 『경제육전』 등의 법전편찬이 그것이다. 이 책들은 모두 육전체제에 기초하여 편찬된 것들이다.

알려졌듯이 『조선경국전』은 1394년(태조 3)에 나온 정도전의 저술이며, 『경제육전』이 국가에서 편찬한 공식적인 최초의 법전이다. 따라서 양자는 일찍부터 학계의 주목을 받아왔다.[1] 이 책들이 이후 조선왕조를 뒷받침한 『경국대전』의 선행법전으로의 위상과 가치를 인정받았기 때문이다. 따라서 우리는 고려말기 이후 육전체제의 도입과 성립을 위한 노력이 어떻게 진행되는가를 살펴보아야 할 것이다.

그런데 여기에는 전제가 필요하다. 즉 중국의 육전체제 도입문제가 그것이다. 고려말기 사대부들이 모델로 삼았던 육전체제가 『주례』 자체를 그대로 도입하지는 않았기 때문이다. 『주례』의 육전체제 방식이 일종의 이념적 표상과 원리성을 갖는 것이라면, 고려말기 사대부들이 수용한 실제적인 육전체제의 모델은 다시 추구되어야 할 문제이다. 이에 주목되는 것이 동시기의 편찬된 중국법전들이다. 특히 육전체제와 관련해서 원나라에서 출간된 『경세대전』, 『원전장』 등이 우리의 주목을 끈다.[2]

사실 이러한 『경세대전』과 정도전의 『조선경국전』과의 관련에 대해서는 선행연구에서 주목된 바 있다.[3] 그러나 양자의 관련성이 육전

---

1) 『조선경국전』과 관련해서 淺見倫太郎, 『朝鮮法制史稿』, 巖松堂書店, 1922 ; 末松保和, 「朝鮮經國典再考」, 『和田博士還曆記念 東洋史論叢』, 1951 등이 초기 연구의 대표적인 것이다.

2) 『경세대전』과 육전체제와의 관련에 대해서는 김인호, 「高麗의 元律 受容과 高麗律의 變化」, 『한국사론』 33, 국사편찬위원회, 2002 참조.

3) 末松保和, 「朝鮮經國典再考」, 앞의 책. 여기서는 양자가 비슷한 항목을 취하

적 형태의 수용이나 영향 관계만으로 추구되어서는 곤란하다. 그보다는 고려말기 사대부들의 국가체제의 개혁과의 관련 속에서 검토되어야 할 것이다. 결국 개혁은 국가운영의 제도와 법의 정비란 형태로 귀결되며, 그것은 육전체제의 정립과 밀접하게 관련된다. 원나라 법전과 『조선경국전』의 관련성은 이런 시각에서 검토되어야 한다.

둘째, 조선왕조 건립 이후의 육전체제의 전개를 살펴보는 문제이다. 여기에는 『조선경국전』과 『경제육전』과의 관계에 대한 문제가 존재한다. 동일한 육전체계이면서도 양자는 다른 성격을 지닌 법전으로 인식되었다. 하나는 정도전 개인의 사찬서이며, 『경제육전』은 국가가 편찬했다는 점에서 성격적으로 대비된다. 그래서 정도전의 『조선경국전』은 법전이 아니라는 주장도 존재한다. 지금까지 양자의 관계에 대한 이해는 동일한 육전체제를 지녔다는 점만으로 지적되어 있을 뿐이다.[4] 따라서 이 문제는 육전체제의 전개라는 측면에서 다루어질 필요가 있다. 이상과 같은 육전체제의 해명은 조선왕조의 집권적 정치체제의 구체성을 파악하는 작업의 일환이 될 것이다.

2) 고려말 육전체제에 대한 인식과 정립

육전체제는 『주례』의 6개로 나뉘는 관직체계를 기반으로 한다. 주공이 저술했다는 이 책은, 진위 여부에 대한 시비가 있지만 관제의 연혁과 그 기초를 이해하는 데 중요한 저서로 인식되어 왔다. 그로 인해 『주례』는 관제 개혁의 이념적 모델로 여겨져 왔지만, 실제로 이 책의

고 있는 것으로 보아, 정도전의 『조선경국전』이 『경세대전』의 영향을 받고 있다고 보았다.

4) 許興植, 「金祉의 選粹集·周官六翼과 그 價値」, 『奎章閣』 4, 1981.

관제를 그대로 채용한 경우는 많지 않다. 또한 이 책은 관제만을 수록하고 있어, 형법 등과 같은 법률 분야에 관해서는 수록하고 있지 않다.[5] 즉 『주례』는 천지춘하추동의 육전으로 나누어 각각에 해당하는 관직에 대한 설명을 달았기 때문이다.[6] 이 책의 분류체계인 육전은 아마도 천지라는 땅과, 사계절을 통한 하늘의 변화를 하나로 묶어 인간의 정치질서에 대응시키려는 상징성을 지닌 것으로 생각된다. 이와 같은 상징성이 육전체제로서의 생명력을 지속시킨 요인 중에 하나가 되었을 것이다.[7] 이처럼 육전체제는 유교경전인 『주례』의 육전 분류방식에서 기원하며, 이후 제도와 정치개혁의 원리로 이용된다. 이 점은 중국왕조 만이 아닌 고려왕조 하에서도 마찬가지였다.

이미 『주례』는 고려전기부터 중요시한 경전이다. 예컨대 성종대에 이양(李陽)은 상소를 올렸는데, 『주례』에 의거해 왕후가 육궁의 사람들을 거느리고 곡식을 왕에게 바치는 의례를 행할 것을 건의했다.[8] 그리고 이 건의는 유교경전에 기초했다는 이유로 채택된다.

---

5) 이 점은 동양법의 특성과 관련되어 설명되어야 할 부분이며, 특히 제도와 법과의 관련성으로 인해 별도로 다루어져야 한다.

6) 육전은 天官 冢宰, 地官 司徒, 春官 宗伯, 夏官 司馬, 秋官 司冦, 冬官 考工記의 형식으로 육전을 담당한 책임자 아래에 관직이 나열되어 있다. 이 육전체계는 이후 治官, 敎官, 禮官, 政官, 刑官 등의 명칭으로 불리기도 하다가, 吏戶禮兵刑工으로 바뀌었음은 주지의 사실이다.

7) 이후 육전으로 된 법전은 李林甫 등이 편찬한 『당육전』을 대표적이라고 한다. 그러나 이 책의 목록은 육전으로 분류되었다기 보다는 각 관제를 나열하는 형태로 되어 있다. 즉 三師, 三公, 尙書都省, 尙書吏部 등과 같은 관직 하에 그 내용이 수록되어 있지만, 육전으로 나눠는 기준이 없다. 특히 法보다는 제도적 측면에만 비중이 두어져 있다. 따라서 『주례』는 이후 육전적 분류방식에 대한 제도와 법전의 전범으로 제시될 수 있었다. 이 점은 특히 『주례』가 중국 周의 제도, 즉 三代시대를 이상화하는 儒者들에게 중요한 경전으로 이용될 여지를 마련해 준다.

8) 『고려사』 권3, 세가3, 성종 7년 2월 임자.

나아가 선종 원년에는 과거 개편을 시행하면서, 『예기』·『의례』와 더불어 『주례』에 대한 시험규정을 마련하였다.[9] 이때의 결정사항에서는 삼례 즉 『예기』, 『주례』, 『의례』 등에 의한 선발이 앞 시대의 인재 선발 방식이라고 하고 있다는 점에서, 『주례』가 유교경전으로 일찍부터 중요시되어 왔음을 알 수 있다. 그렇지만 고려말기 이전까지 『주례』의 육전체제가 고려왕조의 제도개혁에 대한 모델로 이용되지는 않았다.

고려말기 사대부들은 정치와 관제 개혁의 원칙으로 육전체제에 주목하였다. 고려말기 육전체제에 대한 문제의식은 정총(鄭摠)이 지은 『조선경국전』 서문에서 잘 나타난다.

> 육전이 생긴 지 오래 되었다. 『주례』를 상고해 보니 첫째는 치전이니 나라를 다스리며 만민을 다스린다. 둘째는 교전이니 나라를 편안히 하고 관부를 가르치며 만민을 교훈한다. 셋째는 예전이니 나라를 평화롭게 하고 백관을 통합하여 만민을 화합한다. 넷째는 정전이니 나라를 평정하고 백관을 바르게 하고 만민을 고르게 한다. 다섯째는 형전이니, 나라의 책임을 묻고 백관을 형벌하며 만민을 규찰한다. 여섯째는 사전이니 나라를 부유하게 하고 백관을 부리며 만민을 기른다. 치(治)는 이(吏), 교(敎)은 호(戶), 정(政)은 병(兵), 사(事)는 공(工)인 것이다. 예로부터 그 후로 천하 국가의 치란과 홍망은 뚜렷하게 상고할 수 있다. 다스려 홍하게 된 것은 육전에 밝았기 때문이고, 어지럽고 망하게 된 것은 육전에 어두웠기 때문이다. 고려말기에는 정치 교화가 무너지고 기강이 퇴폐하여 이른바 육전이란 것은 이름만 있고 실속은 없었다. 뜻있는 인사들은 주먹을 불끈 쥐고 탄식한 지 이미 오래 되었다. 난세가 극도에 달하면 치세가 돌아오는 것은 필연적인 이치이다.[10]

---

9) 『고려사』 권73, 지27, 선거1 과목1, 선종 원년 11월.

10) 『三峰集』 권8, 朝鮮經國典 下, "六典之作尙矣 若稽周禮 一曰治典 以經邦

『조선경국전』은 조선왕조 건립 직후(태조 3년)에 나온 것이지만, 그 내용 속에는 고려말 당시의 육전체제에 대한 인식을 잘 반영하고 있다. 우선, 정총은 육전의 원류를 『주례』라고 보았다. 그의 인식은 몇 가지로 나뉘어 진다. 첫째는 『주례』에 나타난 각 육전의 분류와 역할이다. 그는 치전, 교전, 예전, 정전, 형전, 사전으로 나뉘는 육전의 분류와 각각의 역할에 대해 설명하였다. 위에 인용된 내용은 『주례』 천관 태재에 나온다.[11] 그리고 여기에서는 각기 방국, 관부, 만민이란 지표를 통해 그 역할의 차이를 설명하고 있다. 따라서 이것은 육전체제로 나뉘어지게 되는 원리인 셈이다. 자연히 그에 따른 관부의 배치는 물론이고, 각 관부의 역할과 그들이 담당한 법의 통할범위까지 나타나게 된다. 물론 그 범위가 정확하게 구분되지는 않을 것이다. 그러나 육전으로 나뉘는 범주와 목적이 제시될 수 있다.

둘째, 정총의 말은 국가운영에서 다스리고 어지럽게 되는 여부의 기준까지 미친다. 그는 육전을 밝히는 일이 통치의 핵심이라고 보았다. 즉 그의 인식은 역사적으로 육전체제의 장구성을 전제하고, 그것의 실행 여부가 가장 핵심적인 국가운영의 일이라는 점을 전제한다.

따라서 그는 고려말기에 육전체제가 유명무실하게 되었고, 그로 인해 이 시기를 난세라고 보았다. 이것은 고려왕조 때에도 통치의 근원은 육전체제에 두었음을 반증한다. 나아가 그의 인식은 고려의 정치기

國 以治官府 以紀萬民 二曰教典 以安邦國 以教官府 以擾萬民 三曰禮典 以和邦國 以統百官 以諧萬民 四曰政典 以平邦國 以正百官 以均萬民 五曰刑典 以詰邦國 以刑百官 以糾萬民 六曰事典 以富邦國 以任百官 以生萬民 治則吏也 教則戶也 政則兵也 事則工也 自古以來 天下國家之治亂興亡 昭然可考 其所以治且興者 以明夫六典也 其所以亂且亡者以昧於六典也 高麗氏之季 政教陵夷 紀綱頹敗 所謂六典者 名存實亡 有志之士扼腕歎息者久矣 亂極復治 理之必然”.

11) 『周禮通釋』上, 天官 大宰, 秀英出版, 1977, 48쪽.

구 등에 대한 기원을 『주례』 육전체제에 바탕했음도 보여준다.

그리고 이 생각은 이미 고려후기 유학자인 최해가 1354년(공민 3)에 지은 글에서도 나타난다.

> 본국은 자고로 중국을 높일 줄 알았다. 관서의 현판이 그러하여 중국을 많이 모방하였으니 의심하지 않았다. 지금 군부사라는 것이 실제 상서병부로, 주관 대사마의 직책이니 이것 역시 모방하여 둔 것이다.……옛날에 나라재상은 육조를 나누어 맡았는데, 태재는 동조를 주로 하고, 아상은 서조를 주로 하여 실로 무선(武選)을 맡았다.[12]

그는 원간섭기에 들어와 바뀐 군부사에 대한 명칭의 유래를 설명하면서, 그 기원을 중국 『주례』의 대사마에 두었다. 대사마는 『주례』 하관에 속한 관직으로 구법(九法)을 세워 왕을 보좌하고 나라를 평온하게 하는 직책이다.[13] 이 구법에는 군사와 관련된 일이 수록되어 있다.

나아가 최해는 재상들이 육조를 겸임해 맡은 점을 밝히면서 태재가 문반을, 아상이 무반 인사를 담당했다고 하였다. 태재는 앞서 보았듯이 『주례』의 천관에 소속된 관직이며, 육전(治典, 敎典, 禮典, 政典, 刑典, 事典)의 통괄자이다.[14] 이처럼 그는 고려 관부의 기원과 통치체제가 『주례』의 육전에 근거하고 있다고 인식하였다.

결국 『주례』와 육전체제에 대한 인식은 고려말기 사대부들에게도 계승되었고, 국가운영의 개혁이나 개선론의 한 지류를 이루게 된다.

---

12) 崔瀣, 『拙藁千百』 권1, 軍簿司重新廳事記, "本國越自古昔 知尊中國 然於官府署額 多倣中國而爲之 未嘗有嫌也 今夫軍簿司者 寔尚書兵部 而周官大司馬之職也 其亦倣而置焉……昔者國相分判六曹 而大宰主東曹 亞相主西曹 西曹實掌武選".

13) 『周禮通釋』 下, 夏官 大司馬, 秀英出版, 1979, 26쪽.

14) 『周禮通釋』 上, 天官 大宰, 秀英出版, 1977, 48쪽, "大宰之職 掌建邦之六典 以佐王治邦國".

먼저 온건개혁파 사대부인 이색은 김지가 지은 『주관육익』이란 책의 제목을 짓고 서문을 써주었다. 그는 여기서

> 삼대 시대에는 손익이 있어 아무리 법을 달리 했지만 그것은 그 시기일 뿐, 길에 있어서는 서로 같지 않은 것이 없었다. 주관·주례 직방의 글에서 이를 상고할 수가 있다. 진관이 오직 옛 것을 버리고 자기만을 높이니 여기에서 주나라 제도가 없어지고 말았다.……백사와 모든 부에 대하여 능히 그 관리를 두게 된 까닭을 탐지하여 힘써 행하자는 자는 적다. 김군 경숙은 그렇게 된 것을 깊이 탄식하여 육방으로 벼리를 삼고, 각각 그 일을 분류하여 조목을 만들어서 벼슬에 있는 자로 하여금 모두 그대로 지켜 나아가서, 마땅히 해야 할 일을 다하게 할 것을 생각했다.[15]

라고 하였다. 그는 유자답게 중국 삼대의 제도를 이상으로 하면서 특히 주나라 제도를 통해 이런 내용을 살펴볼 수 있다고 보았다. 따라서 그 모델이 되는 것은 『주례』의 육전체제이다. 이색은 『주관육익』이란 책 제목도 그런 취지에서 부여해 주었는데, 이 점은 그가 고려의 중앙정치제도 문제의 해결방향에 대한 시사를 준다. 즉 이색은 책의 저자인 김지가 제시한 육방, 즉 육전에 따른 제도개혁에 공감을 갖고 있으며, 그 방향은 육전체제를 재확립하는 것에 두었다. 이는 훗날 정치적으로 대립하는 정도전·조준 등의 급진개혁파 사대부들과 비슷한 문제의식이라고 할 수 있다.[16] 결국 고려말기 사대부들이 정치적으로 분

---

15) 李穡, 『牧隱文藁』 권9, 周官六翼序, "三代損益雖名異 軌時而已 道罔不同 周官 周禮職方之書 粲然可攷 秦官 惟古是去 惟已是尊 周制於是蕩然矣……至於百司庶府 能探設官之故 而力行者盖寡 金君敬叔深慨其然 以六房爲綱 各以其事 疏之爲目 俾居官者咸有所遵守 思盡其所當爲".

16) 『주관육익』의 저자인 김지는 급진개혁파 사대부인 조준과 동서 간이며, 후일 정도전 등과 함께 『대명률직해』의 편찬작업에 참여한다. 그의 『주관육익』은

립하기 이전까지 정치체제의 개혁에 관해 동질적 문제의식과 육전체체적인 해결방향을 지녔음을 보여준다.

그러나 육전체제에 대한 연구와 제도개혁을 실행하려 한 세력은 정도전・조준 계열의 급진개혁파 사대부들이었다. 특히 조준은 우왕 10년(1384)부터 위화도회군(1388)이 있을 때까지 두문불출하면서 경전과 역사책을 벗삼았다고 하는데,[17] 이 시기 동안 그는 이후에 있을 제도개혁의 원리와 방법에 관해 구상했던 것으로 보인다. 또한 그는 이성계 및 주변의 인물들과 교유했을 것으로 생각되며, 제도개혁의 기반으로 『주례』에 주목했다.[18] 이를 바탕으로 그는 위화도회군 직후에 대사헌에 임명되어 여러 제도의 개혁안을 제기하였다. 그는 개혁의 기준을 『주례』에 두었다.

> 『주례』 천관을 살펴보면 총재는 경 한 사람으로 임명되어 나라의 육전을 장악하고 왕을 도와 나라를 다스리며, 사도 이하는 각기 직책으로 소속된다. 그리고 육경에 속하는 관료가 360명이 있어 이는 360명의 속관이 육경에 통솔되고, 육경은 또한 총재에게 통솔된다. 관직의 증감과 명의의 연혁은 시대마다 같지 않으나, 대의는 이 육부에서 벗어나지 않는다.[19]

이와 같은 그의 개혁안은 조준 개인만의 의견은 아니었으며, 위화

조선왕조 개창 이후 제도개혁에서 중요한 기준으로 작용한다(김인호, 「김지의 『주관육익』 편찬과 그 성격」, 『역사와 현실』 40, 2001).

17) 『고려사』 권118, 열전31, 趙浚.

18) 김인호, 앞의 글, 2001, 143~144쪽.

19) 『고려사』 권118, 열전31, 趙浚, "謹按周禮天官 冢宰以卿一人 掌邦之六典 以佐王治邦國 其司徒以下 各以其職聽屬焉 而六卿之屬 又有三百六十 是則三百六十之屬統於六卿 而六卿又統於冢宰也 官職之增損名義之沿革 代有不同 大義不出乎六部也".

도회군 직후 권력을 장악한 사대부들의 검토결과였을 것이다. 그가 제기한 『주례』의 육전체제는 총재를 중심으로 한 육부에 바탕한 관료체제의 개혁모델이다. 이 육전체제는 고려전기의 상서 육부와는 다른 형태의 것이며, 고려후기 이래의 도평의사사 중심의 관료체제에 대한 새로운 개혁을 시도하려는 것이었다. 그것은 이전의 다양한 경로의 행정체계의 문제, 즉 각 기관이나 권세가들이 행사해왔던 행정 방식을 일원화 내지 집권화시키는 체제였다. 그 모델이 된 것이 『주례』의 육전체제이다.

그렇다면 고려말기 사대부들이 『주례』에 입각한 육전체제에 주목하고, 이를 바탕으로 한 관제개혁을 시도하려 했던 이유를 생각해 보아야 한다. 여기에는 여러 가지 역사적 요인이 뒤따를 수밖에 없다. 원래 육전체제에 입각한 관제개혁은 단순히 관료체제의 그것에만 그치지 않았다. 사실 육전체제의 특성은 관료나 정치체제의 육분화에 있는 것이 아니라, 그에 입각한 법제의 정비에 있었다. 요컨대 육전에 따른 관료체제에 입각해 법제를 정리한다는 것이다.

주지하듯이 고려왕조에서는 통일된 법전이 없었다. 그 이유는 각 행정 부서들이 독자적인 행정체계를 지니고 있었기 때문이다. 이들이 독자성을 지닌 것은 개인이나 행정관서에 분급된 수조권 분급체제에 그 원인이 있었다. 수조권 분급은 단지 수조지 분급에 그치는 것이 아닌 수조지 관리와 조세의 수취, 그리고 경작민에 대한 관리 운영권까지 부여되는 방식이었다.[20] 따라서 각 행정관서의 재정은 독립적으로 운영되었고, 수조지 운영 등을 위해 사람을 파견하였으므로, 행정체계도 개별분산적으로 이루어졌다. 그 결과 개별 관아에서는 개별적으로 축적된 관례 등에 입각해 행정처리나 법적인 문제에 대응했을 것이다.

20) 임용한, 『朝鮮前期 守令制와 地方統治』, 혜안, 2002, 20쪽.

따라서 통일된 법전이 존재할 필요성이 별로 없었다.

이러한 관례나 규정이 권세가들의 개인적 이해 관계로 인해 다른 기관과 충돌하는 경우가 있었다. 중앙권력은 이를 조정하는 역할을 해야 하지만, 고려후기 이래 국왕 이하 여러 권세가들이 공적 행정체계를 이용하여 사적 권력을 추구해 가는 상황 하에서는 오히려 이러한 문제가 커질 수밖에 없었다. 원간섭기에 국왕은 측근들을 양성하여 자신의 권력확충에 이용하려 했으며,[21] 권세가들은 자신의 농장 확대와 사적 인맥 확충을 위해 노력하였다. 그 결과 중앙집권층은 다원화되어 있던 행정체계 속에서 자신의 인맥을 부식하고, 이를 활용하려 하였다. 이 시기에 임시행정기구인 도감의 설치가 빈번해지고, 시한 없이 계속 유지된[22] 이유도 여기에서 찾아야 할 것이다. 고려말기로 갈수록 정치세력 간의 경쟁이 치열해지면서, 그에 따른 행정체계의 문란상은 더욱 커져갔다. 이에 대한 문제의식이 증대되자, 사대부들 내부에서는 앞서 보았던 것처럼 관제개혁을 해야 한다는 공감대가 확산되어 갔다.

관제개혁은 점차 국가가 개별분산적인 행정체계를 일원화하여 관리한다는 방향으로 진전되었다. 동시에 그에 걸맞는 법제의 정비가 이루어져야 했다. 조준 등에 의한 육전체제의 정비는 이러한 필요성에 의해 제기되었으며, 이와 같은 문제의식의 첫 결과는 김지의 『주관육익』이었다. 그리고 그 귀결은 조선 건국 이후에 나온 정도전의 『조선경국전』으로 집약된다. 이때 사대부들은 육전체제에 대해 관제개혁을 의도하면서 연구했겠지만, 그와 함께 법전으로서의 역할을 같이 부여해 갔다. 관제개혁의 원리로 채택한 육전체제는 단순히 제도나 정치체

---

21) 측근정치에 관해서는 李益柱, 「高麗・元關係의 構造와 高麗後期 政治體制」, 서울대 박사학위논문, 1996 참조.

22) 이정훈, 「高麗時代 都監의 구조와 기능」, 『韓國史의 構造와 展開』, 혜안, 2000, 253~254쪽.

제 개혁이란 차원만이 아닌 국가의 일원적인 법체계와 법전 형식으로 발전시켰다.

사대부들이 육전체제를 선택한 이유는 다른 요인도 있었다. 그 중 하나는 유교이념적인 것이다. 원간섭기에 수용된 주자학은 개혁지향적 관료들에게 그 이념으로 제공되었다. 성리학을 위시한 유교에서는 지향해야 할 이상적 사회가 중국 고대의 하, 은, 주 삼대의 그것임은 잘 알려져 있다. 그 중에서도 주나라의 봉건적인 정치체제는 유학자들에게 가장 이상화되어 왔으며, 이 점은 주자학에서 특히 강조되었다. 이 체제를 뒷받침하는 경전이 『주례』라고 믿어졌으며, 그래서 이 책은 제도개혁의 근거가 된다.

그런데 고려후기에 주자학을 수용한 사람들은 원나라를 통해 이를 받아들였다. 다시 말해서 원대 주자학이 지닌 북방과 남방 지역 간의 학풍의 차이를 차치하고, 이것이 고려에 수용되었다는 점이다.[23] 따라서 고려의 주자학 수용자들은 원나라 유학자들의 주자학적인 영향을 받았을 가능성이 높다. 이런 점을 고려해 본다면, 원나라의 대표적 유자였던 오징(吳澄)[24]의 『주례』에 대한 인식은 우리에게 시사하는 바

23) 원대 유학은 趙腹에 의한 주자학이 許衡으로 이어져 전개된 북방지역의 官學과 남방지역의 吳澄 등의 학파로 나뉘어진다. 전자는 실천적·윤리적인 居敬을 통한 修己를, 후자는 이론적 철학적 窮理의 측면이 강조되었다. 그 중에서 전자가 정치적 우위를 지녔으며, 이런 경향의 주자학이 고려에 많은 영향을 주었다고 한다(周采赫, 「元 萬卷堂 設置와 高麗 儒者」, 『손보기교수정념기념 한국사학논총』, 지식산업사, 1988). 반면에 고려에 파견된 유학제거사들이 吳澄 중심의 남방 학문의 영향을 받았으므로, 이런 성격의 주자학이 같이 전수되었을 가능성을 높이 평가하는 입장도 존재한다(張東翼, 『高麗後期 外交史研究』, 一潮閣, 1994, 100~101쪽). 그러나 중요한 것은 어떤 성향의 주자학이 수용되었는가보다는, 그것이 고려 사회에 어떻게 기능했는가에 달려 있다고 본다.

24) 吳澄(1249~1333)은 撫州 崇仁(오늘날의 江西) 출신으로 27세 이전에는 남송에서, 그 후에는 원대에 살았던 인물로, 북방의 許衡과 더불어 대표적 주자

가 크다. 그는 「삼례서록」에서,

> 『주례』 육편은……송나라의 장자와 정자는 매우 높이고 이를 믿었으며, 왕안석은 또한 『주례신의』를 지었다. 주자는, "이 경전은 주공이 지었는데, 단지 당대에 이를 행함이 다하지 못할까 두렵다. 오직 후세의 성인이 다시 (이를) 손익함이 가하다. 만약 함부로 배척하고 훼손하는 말을 함은 어리석고 무지한 사람일 뿐이다." 라고 하였다.[25)]

여기에는 『주례』에 대한 오징의 긍정적 인식이 집약되어 있으며, 주자의 경우까지 설명하고 있다. 주자는 『주례』의 위서 여부를 믿지 않고 주나라 주공의 저작이라고 보아, 이 경전을 높이 평가하였다는 것이다. 이처럼 오징은 『주례』에 대해 주자를 원용하면서 경전의 가치를 긍정하였다. 이런 그의 인식은 고려 유자들에게 직접 영향을 주었는지는 불확실하지만, 최소한 주자의 『주례』에 대한 긍정성이 영향을 미쳤을 수 있다. 그에 따라 『주례』에 쓰인 제도는 삼대 사회의 이상적인 규범으로 고려 유자들에게 추구될 수 있었다. 따라서 고려의 유자들은 『주례』에 대해 긍정적으로 인식하고 이를 받아들일 수 있을 것이다. 그리고 이 인식은 고려 사회 내부의 『주례』에 대한 이해와 결부되어 갔을 것이다. 그 결과 고려의 유자들은 제도개혁의 필요성에 따른 원리를 『주례』에서 찾을 수 있었다. 그것은 『주례』의 육전체제에 대한 이해를 바탕으로 현실의 관료체제 문제를 결합시켜 해결한다는

학자이다. 그는 주희의 계승자로 자신의 사명을 삼아 『五經纂言』을 완성하였는데, 특히 주자가 완성못한 三禮에 관해 정리했다는 자부심을 지니고 있었다(候外廬 외 지음 · 박완서 옮김, 『송명이학사』 2, 이론과실천, 1995, 435~440쪽). 바로 이 삼례 가운데 『주례』가 포함이 된다.

25) 『國朝文類』 권43, 三禮敍錄, "周官六篇……宋張子程子甚尊信之 王文公又爲新義 朱子謂此經周公所作 但當時行之恐未能盡 後聖雖復損益可也 至若肆爲排觝訾毁之言 則愚陋無知之人耳".

것이다.

셋째로 유의할 점은 육전체제가 지닌 법전적인 성격이다. 육전체제적인 최초의 법전은 『당육전』이라고 할 수가 없다. 그것은 『당육전』의 내용이 제도적 측면에 치중되어 있기 때문이다. 이에 법률이나 형법에 관련된 부분은 『당률소의』와 같은 법전으로 처리되었다.

오히려 제도와 법률 부분을 통합한 육전체제에 따른 법전은 원나라에 와서 편찬되기 시작한다.[26] 몽골은 원나라를 세운 이후에 제국을 운영하기 위해 점차 법전편찬에 관심을 갖게 된다. 그러나 육전체제적인 법전이 처음부터 나온 것은 아니었다. 최초에 편찬한 『지원신격』(1291년)부터 『대원통제』(1316년)까지는 주로 황제의 조칙 등의 판례를 기본으로 하는 법전이었다. 그런데 1321년 무렵에 나온 『대원성정국조전장(大元聖政國朝典章)』(통상 「원전장」으로 부름)은 이호예병형공의 육부와, 그 앞에 황제·성정·조강(朝綱)·대강(臺綱)편으로 구성되어 있다.[27] 이 책은 황제의 조칙 등으로 이루어진 판례를 각 부분별, 즉 황제 등과 관련된 부분과 육부체제로 정리하였다는 특징이 있다. 결국 이것은 완벽하지는 않지만 육전체제에 입각한 법전의 출현을 의미한다. 나아가 이 책으로 제도 및 법이 통합된 법전이 등장했음을 말해준다.

이와 같은 편찬방식은 원나라의 최대 법전인 『경세대전』으로 계승되었다. 현재 일부분 만이 남아 있는 이 책은, 제도와 법률 뿐만이 아닌 역사 등의 내용까지도 책 속에 포함되어 있어 주목된다. 즉 현존하는 『경세대전』에는 원과 고려와의 외교관계에 대한 역사적 사실로 수록되어 있기 때문이다.[28]

---

26) 김인호, 「高麗의 元律 受容과 高麗律의 變化」, 『한국사론』 33, 국사편찬위원회, 2002.

27) 『大元聖政國朝典章』 上, 文海出版社.

그에 따라 이제현과 같은 고려 유자들은『경세대전』에 대한 이해가 있었다. 그는『경세대전』가운데 고려와의 관계를 적은 역사적 사실이 잘못되었음을 비판하였다.[29] 이처럼『경세대전』은 이제현의「역옹패설」이 만들어진 1342년(충혜 복3) 경에는 고려 유자들에게 알려져 있었다. 이와 같은 원나라의 육전체제에 입각한 법전에 대한 이해는 고려말기 육전체제의 정립에 영향을 주었을 것이다. 다시 말해서 육전에 입각한 제도적 정리는 그것 만으로 그치는 것이 아닌, 법전편찬에 대한 방식에 까지 확대된다. 그리고 그 기준은『주례』와 원나라 법전에 따른 육전체제에 두게 될 것이다. 왜냐하면 이 시기에 국가체제의 정비에 따른 새로운 제도나 법 규정이 뒤섞이는 것을 방지할 법전편찬의 필요성이 존재했기 때문이다.[30]

그에 따라 우선적으로 편찬된 것은 법전 자체는 아니지만, 육전 방식에 따른 정리가 요구되었다. 그 결실이 김지가 지은『주관육익』이다. 이 책은『경세대전』과 같이 국가운영에 필요한 여러 분야의 정보

---

28)『경세대전』은 원래 본문과 목록을 합쳐 894권에 달하는 방대한 분량이지만, 대부분이 없어지고 일부분만이 현존한다. 그러나『경세대전』에 실린 항목은 그 서록을 통해 알 수 있다(『國朝文類』 권40, 雜著 經世大典序錄). 현존하는 부분은 驛站에 관련된 내용과 함께, 고려와의 관계사를 수록한 것 등이다. 전자는『宋元驛制紀事』로, 후자는『元高麗紀事』(廣文書局, 1973)로 간행되어 있다.

29)『益齋集』櫟翁稗說 前集.

30) 원간섭기에 고려법과 원 법전과의 충돌이 일어나고, 그런 가운데 집권체제의 정비는 이와 같은 법의 정리를 요구하게 된다. 이런 요구는 우왕 3년(1377)에는 원법전인『至正條格』을 獄事처결의 기준으로 삼게 하거나(『고려사』 권133, 열전46, 신우 13년 2월), 아니면 우왕 14년(1388) 정도전・조준 계열처럼『대명률』을 사용케 하는(『고려사』 권84, 지38, 형법1 직제, 신우 14년 9월) 방식으로 나타나게 된다. 그리고 최종적으로는 고려법과『대명률』,『지정조격』등을 모두 참작한 독자적인 신정률의 제정까지 이르게 된다(『고려사』 권117, 열전30, 鄭夢周).

를 정리한 형태일 것으로 추정된다. 그런데 『주관육익』은 제도 만이 아닌 각 지역의 역사나 예제까지 많은 분야를 육전체제로 정리하였는데, 내용 가운데 왕실 세계(世系) 부분을 따로 정리했을 가능성이 높다.[31] 왕실 세계와 같이 왕실관련 부분과 기타 육전체계에 입각한 이원적인 구성이 되었을 것이라는 점이다.

이와 관련해 『경세대전』을 보면 이 책 역시도 황제와 관련된 부분(帝號·帝訓·帝制·帝系 등)과 통치에 관련된 육전(治典·賦典·禮典·政典·憲典·工典)으로 구성되었다. 이와 같은 이원적 구성은 앞서 나온 『원전장』을 계승·발전시킨 것으로, 이 방식이 정도전의 『조선경국전』으로 계승되었다.[32] 이러한 방식은 이전의 『당육전』은 물론이고 육전체제의 원리를 담고 있는 『주례』와도 차이가 있는 것이다. 『당육전』이나 『주례』 모두가 황제나 국왕과 직접 관련된 부분, 예컨대 세계 등의 내용이 존재하지 않았다. 그에 대한 이유가 두 책 모두가 재상 중심의 정치체제를 지향했기 때문이라고만 보기에는 너무 단순하다.

그렇다면 두 법전은 왜 이원화된 방식으로 된 육전체제를 채택했을까? 이 질문에 직접 답을 주는 자료는 없다. 추정해 본다면 이는 정치체제와 관련된 사상적 이유에서 가능할 것으로 여겨진다. 우선 『경세대전』은 물론이고, 정도전의 『조선경국전』은 모두 주자학과 관련이 깊다. 그리고 양자의 정치체제는 군주를 정점으로 한 집권체제라는 점에서 동질적이다. 물론 이 집권체제가 전대와 어떻게 질적으로 다른가

31) 김인호, 앞의 글, 2001, 150쪽.

32) 末松保和, 「朝鮮經國典再考」, 『和田博士還曆記念 東洋史論叢』, 1951, 310쪽. 단 『조선경국전』은 국왕에 해당하는 부분으로 正寶位·國號·定國本·世系·敎書 등을 두어 『경세대전』의 황제 부분의 항목과 차이가 있다. 末松保和는 이러한 차이가 있는 이유를 각기 황제국과 제후국의 위상 때문이라고 보았다.

를 여기서 논할 여유는 없다.

당시 정치운영은 군주와 그를 보좌하는 신료들로 인해 이루어지는데, 가장 핵심적인 것은 군주와 재상과의 관계일 것이다. 『경세대전』과 『조선경국전』은 모두 총재를 두어 행정업무를 맡기는 구조를 선택하였다. 『경세대전』에서는,

> 『서경』에 말하길, "총재는 나라의 통치를 장악하고 천자는 재상을 택하며, 재상은 모든 업무를 맡으니, 이것이 통치의 근본이다. 그러므로 치전을 지으니, 그 목차에는 관제와 연혁이 있어 명위와 품질, 녹식의 차이를 볼 수 있고, 보리(補吏)와 입관(入官)의 법이 있어 사람 등용의 차례를 볼 수 있다. 신하의 일을 덧붙인 것은 (맞는) 관직에 거하고, (맞는) 업무를 행하게 하며, (맞는) 사람과 (맞는) 업적을 서술할 수 있는 것이다.[33]

라고 하였다. 이처럼 『경세대전』은 『주례』의 육전방식과 정신을 계승하고 있음을 표방하였다. 그에 대해 『조선경국전』에서는,

> 치전은 총재가 관장한다. 사도 이하가 모두 총재의 소속이니, 교전 이하 또한 총재의 직책인 것이다. 총재에 적임자를 얻으면 육전이 거행되고 모든 직책이 잘 이루어진다. 그러므로 군주의 직책은 한 사람의 재상을 논정하는데 있으니 바로 총재를 두고 한 말이다. 총재는 위로는 임금과 아비를 받들고 밑으로는 백관을 통솔하여 만민을 다스리니 그 직책이 큰 것이다.[34]

33) 『國朝文類』 권40, 雜著 經世大典序錄, 治典總敍, "書曰 冢宰掌邦治 天子擇宰相 宰相擇百執事 此爲治之本也 故作治典 其目則有官制沿革 以見其名位品秩祿食之差 有補吏入官之法 以見用人之序 附之以臣事者 則居其官行其事其人其蹟之可述者也".

34) 『三峰集』 권7, 朝鮮經國典 上, 治典摠序, "治典冢宰所掌也 司徒以下 皆冢

라고 언급하여 비슷하게 총재의 역할을 크게 상정하였다. 이와 같은 총재 중심체제는 역시 『주례』의 그것을 염두에 두고 설정한 것이다. 『경세대전』이나 『조선경국전』이 모두 육전체제를 바탕으로 하고 있으며, 그 근원을 『주례』에 두었던 것이다. 그리고 이것은 이상적인 정치체제인 주나라의 현인(賢人) 재상인 주공의 역할을 상정해서 설정했음은 말할 나위가 없다.

그런데 『주례』에서는 군주와의 관계에 대해 구체적으로 언급하지 않았다. 이 책에서 국왕은 총재를 세우고, 그가 관료의 우두머리가 되어 정무를 장악하고 국왕을 돕는다고만 하였다.[35] 위의 두 법전은 이 내용을 확대 해석하였는데, 특히 『조선경국전』의 그것은 총재의 역할을 보다 적극적으로 설정하였다. 그 결과 『조선경국전』이 지향하는 정치체제는 재상 중심의 그것이라고 인식되어 왔다.[36]

그럼에도 양자 모두가 군주와 관련된 서술 부분이 존재해야 할 이유는 무엇일까? 『주례』를 지향하면서, 재상 중심체제인 경우에는 오히려 『당육전』 등과 같이 육전만으로도 서술할 수 있기 때문이다. 일단 『조선경국전』에서는 정보위, 국호, 정국본, 세계, 교서 등을 통하여 군주와 국가의 이념성 및 계승관계 등에 대해 피력하였다.

군주와 관련해 정도전은 『조선경국전』의 시작에서 다음과 같이 술회하였다.

宰之屬 則教典以下亦冢宰之職也 冢宰得其人 六典擧 而百職修 故曰 人主之職在論一相 冢宰之謂也 上以承君父 下以統百官 治萬民 厥職大也".

35) 『周禮通釋』 天官 冢宰第一, 秀英出版, 24~26쪽, "惟王建國 辨方正位 體國經野 設官分職 以爲民極 乃立天官冢宰 使帥其屬而掌邦治 以佐王均邦國".

36) 통치체제상으로 군주는 실권이 없고 재상이 최고 권력자인 재상중심체제로 설명되었다(韓永愚, 『改正版 鄭道傳思想의 硏究』, 서울대출판부, 1987, 137~141쪽). 이후 대부분의 연구는 이 견해를 계승하고 있는 편이다.

『주역』에 "성인의 큰 보배는 자리이며, 천지의 큰 덕은 삶이니, 무엇으로 자리를 지킬 것인가? 바로 어짐이다." 하였다.……현능한 사람은 지혜를 바치고, 호걸들은 힘을 바치며, 백성들은 분주하여 각기 맡은 역할에 종사하되, 오직 군주의 명령에만 복종할 뿐이다. 그것은 자리를 얻었기 때문이니, 큰 보배가 아니고 무엇이겠는가?[37)]

그는 군주의 자리를 『주역』을 통해 설명하고, 어짐을 통해 통치하는 것이라고 보았다. 즉 그는 천지가 만물을 생육시키는 마음인 어짐을 통해 군주가 성인과 유사한 존재처럼 되길 희망했던 것이다. 그런데 이 군주의 자리는 최고인 인극(人極)이며, 관료와 민들은 각기의 위치에 따른 역할을 맡게 된다. 이것이 정도전이 생각하는 직분론의 원칙이며, 유자라면 대체로 이 논리에 동의할 것이다.

그런데 중요한 것은 이와 같은 직분의 서열과 순서가 존재한다는 점이다. 그리고 정도전은 이를 『주역』과 관련한 자리를 통해 설명하였다.[38)] 위에서처럼 그는 『주역』을 인용하여 군주의 자리가 큰 보배이므로, 지위가 가장 높은 것으로 보았고, 이를 천지인 자연운행이 이루어지는 것과 연결시켰다. 그의 논리는 주자학에서 자연과 인간사회 질서가 동일한 원리로 작용한다고 보는 사유에 바탕하고 있다.[39)] 그에 따

---

37) 『三峰集』 권7, 朝鮮經國典 上, 正寶位, "易曰 聖人之大寶曰位 天地之大德曰生 何以守位曰仁……賢能效其智 豪傑效其力 民庶奔走 各服其役 惟人君之命是從焉 以其得乎位也".

38) 『易經』에 대해서 송대 程頤는 군주와 재상 등의 위치에 관련된 해석서를 지었다. 이 책에서는 기존 易의 해석이 圖讖과 관련된 예언적 성격의 象數易이 아닌, 명분과 도덕성을 강조하는 義理易으로 전환이 이루어지고 있다. 그런데 程頤는 자신이 비판했던 王安石의 易 해석도 취합하였으며, 君臣질서를 易 해석 속에 드러나도록 하였다(土田健次郎, 「伊川易傳の思想」, 『宋代の社會と文化』, 汲古書院, 1983). 이는 자연과 사회질서의 통일적 해석을 시도한 셈이다. 그리고 이런 해석이 『조선경국전』의 『주역』 인용 등에 영향을 미쳤다고 본다.

라 이 질서를 지향하는 인간사회와 천지운행 등을 둘러싼 계층성이 원리상으로 중요하게 된다.

그런데 인간사회질서의 최상층에 놓인 것이 군주이며, 그 다음이 총재가 된다. 이들은 주자학적 사유에 대입시켜 본다면, 군주는 초월성, 총재는 그에 따른 실재성을 표상하는 인간사회의 최고의 존재로 여겨질 것이다. 원래 주자학의 사유는 리(理)로 대변되는 초월성과 기(氣)의 원리로 이루어지는 실재성의 결합으로 작용된다. 그에 따라 리(理)의 초월성이 원리상으로 기(氣)의 실재성보다 우위를 점하게 된다. 그것은 군주가 인간사회의 지상(至上)의 존재가 되며, 이를 뒷받침하는 실재적인 것이 총재(冢宰)로 표상화되는 것으로 연계된다.

다시 말해서 이 초월성을 대변하는 인간이 바로 성인이면서, 군주라는 의미이다. 그러나 성인은 현실 속에서 존재하기 어렵다. 유학에서 그 존재는 중국의 고대사회에서나 있었던 것이지만, 군주는 현실 속에서 존재하는 인간이기 때문이다. 즉 유학에서 군주의 표상은 인간사회의 초월적 위치이면서 동시에 현실사회에 실재한다는 모순성을 지닌다. 따라서 이러한 군주의 초월적 성격을 뒷받침하는 실재성이 있어야 한다. 이 실재성을 뒷받침할 존재가 총재이다. 즉 군주의 위상은 총재에 의해 뒷받침되도록 되어 있다.

그렇기 때문에 정도전은 총재의 역할 가운데 핵심적인 것으로 '격군(格君)' 즉 군주의 마음을 바로 잡아 성인에 가까워지도록 하는 일이라고 보았다.[40] 즉 총재는 군주보다 위치상으로 아래이지만 군주가

---

39) 이는 흔히 天人合一의 논리로 드러나게 된다. 마루야마는 이를 우주의 법칙(理法)과 인간도덕이 하나의 원리로 되어 있다고 보면서, 철학적으로 초월성과 내재성, 실체성과 원리성이 즉자적이며 무매개적으로 결합되었다는 점에서 주자학의 특징을 찾았다(마루야마 마사오 지음 · 김석근 옮김, 『日本政治思想史研究』, 통나무, 1995, 125~126쪽).

40) 정도전은 "총재가 인주의 아름다운 점은 순종하고 나쁜 점은 바로 잡으며,

성인으로의 초월성을 뒷받침하기 위한 역할을 부여 받았던 것이다. 즉 이 둘의 관계가 하나의 인체에서 머리와 팔다리로 연결되어 있다는 인식 역시 단순히 명령자와 수행자의 역할 이상의 것이 존재한다.

따라서 양자의 관계는 서열상으로 군주가 윗자리이지만 역할상에서 서로 보완적으로 설정되어야 한다. 동시에 총재는 실재성을 대변하므로, 인간사회의 통치에서 초월성을 대변하는 군주보다 실제적인 역할인 통치를 직접 담당해야 한다. 이처럼 정도전의 총재론은 논리상으로 주자학적 사유에 바탕하여 그 역할을 상정하고 있다.

그렇다면『조선경국전』등에 나타난 육전체제의 이중적인 구성방식이라는 설정에 대한 의문에 답을 해야 한다. 그것은 군주와 총재의 설정에서 보듯이, 군주란 존재의 초월성과 이념성에 대한 설정이 법전 내에 있어야 하기 때문이라고 본다. 특히 군주의 정통적 성격을 부여하기 위해서는 그들의 세계(世系)와 군주적 위치에 대한 설명이 필수적이다. 육전체제가 제도와 법을 여섯 부분으로 나눠어 설정하고 있는 한, 군주에 대한 위와 같은 설명이 들어갈 부분이 없다. 이것은 결국 육전체제에 입각한 집권적 관료체제의 정리라는 시대적 요청에 따라 이루어질 때, 생길 수 있는 고민이다.『조선경국전』은『경세대전』의 형식성을 수용한 고려말의『주관육익』을 계승하여 군주와 관련된 부분과 함께, 육전체제를 이용하여, 그에 분담되는 제도와 법을 정리하려 했다. 요컨대 이 책은 직제만이 아닌 그에 따른 원리와 실제 법을

옳은 일은 받들고 옳지 않은 것은 막아서 人主로 하여금 大中의 지경에 들게 해야 한다. 그러므로 相이라 하니, 즉 輔相한다는 뜻이다."라고 하였다(『三峰集』권7, 朝鮮經國典 上, 治典摠序). 즉 총재란 군주의 도덕성을 고양하여 가장 중립적 위치(大中)에 들도록 하는 것인데, 이는 군주의 위치를 철학적으로는 '人極' 즉 도덕성의 정점에 두기 위한 것이므로, 초월성을 부여하게 된다. 따라서 재상은 '자신을 바르게 하여 人君을 바르게' 이끌게 하는 역할을 맡게 되는 셈이다.

수록한 법전인 것이다. 그리고 육전에 입각한 법과 제도를 나누는 방식은 조선왕조의 최초 법전인 『경제육전』으로 이어지게 된다.

3) 조선경국전과 경제육전과의 관계

『조선경국전』이 현재 서문적인 형태로만 존재하는 이유는 무엇일까? 이 문제에 대한 해답 역시도 설명해 주는 자료가 없다. 단지 현재의 연구성과에서는 이 책이 국왕 앞에서 강의를 위한 초본 또는 법전의 이유서 내지 육전학의 제요(提要)로 만들었기 때문이라는 설명[41]과, 현재 남은 것이 『조선경국전』의 큰 서문, 작은 서문 만을 채록한 것이라는 입장[42]이 존재한다. 따라서 후자의 입장은 본문이 존재했을 것이라는 것과 함께 『조선경국전』의 법전적 성격을 강조하는 것이다.

그러나 필자는 『조선경국전』이 법전이라는 점에는 동의하지만, 본문이 있었을 것이라는 가정에는 생각이 다르다. 사실 이 점이 『조선경국전』이 서문적 형태로 남은 이유를 해명하는 한편, 『경제육전』과의 관계를 설명하는 요체가 된다.

『조선경국전』이 『경세대전』 등의 육전체제를 계승했음은 앞서 말한 바와 같다. 그런데 실제 편목은 비슷하면서도 차이가 많다. 즉 양자는 전리·군부·판도·전법·예의·전공 등의 육전 명칭과 함께, 각 전마다 총서가 들어있는 점은 동일하다. 그러나 세부 항목에서는 차이가 있다. 예컨대 이전에 해당하는 치전의 경우에는 『경세대전』의 항목이 삼공(三公), 각 행성(行省), 유학교관(儒學敎官), 투하(投下), 신사(臣事) 등의 항목이 더 많다. 아울러 『경세대전』에서는 독립된 항목

41) 淺見倫太郎, 앞의 글, 1922, 320쪽.
42) 末松保和, 앞의 글, 1951, 315쪽.

이 『조선경국전』에서는 통합되어 있는 것도 많다. 『경세대전』 예전의 구언(求言)과 진서(進書)가 『조선경국전』에서 한 항목이 되어 있는 것이 그런 경우이다. 특히 『경세대전』에서는 예전에 불교와 도교에 관한 규정이 있지만, 『조선경국전』은 이와 관련된 언급이 없다. 이러한 차이는 조선의 역사경험과 통치체제가 원나라의 그것과 같지 않다는 것에 있다.

그래서 실제 「경세대전서록」의 서술 내용과 『조선경국전』의 그것은 차이가 많다. 물론 내용상 유사한 것도 없지 않지만, 대부분의 것이 다르다. 그 중에서도 양자가 비슷한 예전 학교의 경우를 보면, 『경세대전』에서는

> 옛적에 국가를 다스리는 자는 상서와 학교를 만들어 백성을 가르쳐, 효제의 뜻을 밝히고 어짐과 의로움의 방식을 이끌었으니, 삼강과 오상의 길을 심어온 바이다. 그러므로 왕궁과 국도에서 거리에 이르기까지 학교가 없을 수 없다. 진과 한나라 이래 이를 따라 행하면 통치가 되고, 이를 어기어 폐하게 되면 그렇지 못하니, 본받음을 분명하게 하고 크게 증험함은 속일 수 없다.[43)]

라고 하였다. 이에 대해 정도전은 『조선경국전』에서

> 학교는 교화의 근본이다. 여기에서 인륜을 밝히고, 여기에서 인재를 양성한다. 삼대 이전에는 학교제도가 크게 갖추어졌었고, 진・한나라 이후로도 학교제도가 비록 순수하지는 못하였으나 학교를 중히 여기

43) 『國朝文類』 권41, 雜著 經世大典序錄, 禮典 學校, "古之有國家者 設庠序學校 以教其民 申孝弟之義 導仁義之方 所以扶植三綱五常之道也 故者王宮國都 至于閭巷 莫不有學 秦漢以降 率是而行之則治 違是而廢之則否 明效大驗 不可誣也".

지 않음이 없었으니, 일대의 정치 득실이 학교의 흥패에 좌우되었다.[44]

라고 하였다.

양자의 논리는 기본적으로 동일하다. 학교라는 것이 유교 윤리를 실현하기 위한 기능을 갖고 있기에, 이를 통치의 근본으로 중시하라는 논리이다. 그렇지만 이 뒤에 이어지는 내용은 양자가 사뭇 다르다. 『경세대전』에서는 원나라의 학교 설립 역사와 그 현황을 설명하고 있다. 즉 태종과 세조의 흥학 정책으로 인해 서원과 정사가 흥성하게 된 것 등의 사실을 기록했던 것이다.

반면에 『조선경국전』에서는 중앙의 성균관과 지방의 향학 등에 관해 서술하였다. 이처럼 양자는 서술형태, 즉 항목에 대한 원론과 그 목적, 현황의 서술이라는 점에서는 동일하지만, 실제 내용상의 차이는 적지 않았다. 그나마 이것은 비슷한 내용을 지닌 항목의 경우이고, 실제로 『조선경국전』은 『경세대전』과 같은 종류의 항목이라도 전혀 상관 없는 서술도 많다. 그런 점에서 『조선경국전』의 내용은 『경세대전』의 체제와 항목을 참조했지만, 전적으로 이것에 의탁하지 않았다고 할 수 있다.

그러나 『조선경국전』은 『경세대전』과 비슷한 형태의 법전을 지향하였음은 틀림 없다. 그러나 이 책은 각 전의 총서와 항목 이름, 내용까지만 존재하고 본문이 존재하지 않는다. 이 점은 분명히 『경세대전』과의 차이점이다. 그에 따라 본문이 없어졌다고 보기도 하지만, 그러나 본문은 『조선경국전』이 찬진된 태조 3년에도 원래 존재하지 않았

44) 『三峰集』 권13, 朝鮮經國典 禮典 學校, "學校敎化之本也 于以明人倫 于以成人才 三代以上 其法大備 秦漢以下 雖不能純然 莫不以學校爲重 而一時政治之得失 係於學校之興廢".

다고 본다.

『조선경국전』에 본문이 없었던 이유는 결론적으로 본다면 곧이어 편찬될 또다른 법전을 염두에 두었기 때문이다. 즉 『조선경국전』은 처음부터 오늘날 남아 있는 형태였을 가능성이 크다는 것이다.

이미 고려말기 이래 정도전·조준 계열의 급진개혁파 사대부들은 국가체제의 개편을 염두에 둔 개혁을 지향하여 왔다. 신왕조가 건립된 이후에 정도전 등은 개혁을 담을 법제의 마련에 노력하였다. 그 결과 태조가 즉위한 이후부터 여러 가지 법제가 새로이 제정되었다. 특히 태조가 즉위한 직후에 나온 즉위교서의 내용은 모두 법제화되었고, 이것은 『경제육전』으로 계승되었다. 그 대표적인 예를 들면 다음과 같다.

> 수령은 민과 가까운 직책이니 중시하지 않을 수 없다. 그것을 도평의사사와 대간·육조로 하여금 각기 아는 사람을 천거하게 하여, 공평하고 청렴하고 재간이 있는 사람을 얻어 이 임무를 맡겨서 만 30개월이 되어, 치적이 현저하게 나타난 사람은 발탁 등용시키고, 천거된 사람이 적임자가 아니면 천거한 사람[擧主]에게 죄가 미치게 할 것이다.[45]

이러한 태조의 즉위교서 작성자는 정도전이라고 명시되어 있다. 그런데 위 조항은 태조 6년에 처음 발간되는 『경제육전』에 수록되었다. 물론 양자는 글자까지 동일하지는 않지만 그 취지는 같다.

『경제육전』의 한 조문에 "수령은 백성과 가까운 직책으로 백성의

45) 『태조실록』 권1, 태조 원년 7월 정미, "守令近民之職 不可不重 其令都評議使司臺諫六曹 各擧所知 務得公廉材幹者 以任其任 滿三十箇月 政績殊著者擢用".

휴식과 슬픔에 관계되니, 선거가 정밀하지 않으면 안된다. 원컨대, 이제부터는 양부와 현관 6품에 이르기까지 각각 아는 사람을 천거하게 하되 일찍이 현질(顯秩)을 지낸 명망이 있는 사람과 안팎에 두루 벼슬하여 명성과 치적이 있는 사람으로 천거하게 하여 제수에 대비하며, 잘못된 사람을 천거하면 죄가 천거한 사람에 미친다"고 하였다.[46]

위에 나온『경제육전』조항은 태조 2년의 기사이므로 맨 처음에 나온『경제육전』원전에 실렸던 조항이다. 이는 수령 천거와 관련되어 고려말 이래 계속적으로 제기되어왔던 문제이다.[47]

태조 즉위교서와『경제육전』조항은 천거 주체가 차이가 있어 보이지만, 동질적으로는 같다. 다시 말해서 이는 정도전이 작성한 태조 즉위교서가『경제육전』에 반영되었다는 증거이다.

이 뿐만 아니라, 태조 즉위교서의 충신·효자·의부(義夫)·절부(節婦)에 대한 권장, 둔전, 전법 등이『경제육전』에 수록되거나 관계가 깊은 것들이었다. 충신 등의 권장은『경제육전』원전에서 효자순손(孝子順孫)의 포상으로 이어지며,[48] 전법은 고려말에 나온 과전법을,[49] 둔전은 국둔전에 관련된 법[50]을 의미한다. 이처럼 태조 즉위교서 내용은

46)『태종실록』권3, 태종 2년 6월 경신, "……經濟六典一款 守令近民之職 民之休戚係焉 選擧不可不精 願自今兩府以至顯官六品 各擧所知 以曾經顯秩有名望者 歷仕中外有聲績者 以備除授 所擧非人 罪及擧主".

47) 위 조항의 정치적 의미는 수령직을 재지사족의 등용문으로 활용하고, 그 수령직 수행과정을 통해 관리로서의 능력을 평가하는 한편, 이들을 京官으로 등용하는 체제를 마련한다는 것에 있었다(임용한,『朝鮮前期 守令制와 地方統治』, 혜안, 2002, 115쪽).

48)『세종실록』권94, 세종 23년 10월 을유 ;『경제육전집록』예전 장권, 183쪽.

49) 태조 즉위교서는 전법을 前朝의 것을 따른다고 했는데, 이는 과전법을 의미한다고 볼 수 있다. 그리고 科田에 대한 규정은『경제육전』으로 계승되었다(『경제육전집록』호전 과전, 93쪽).

50) 태조 즉위교서 둔전법의 핵심은 陰竹屯田만을 제외하고 모두 혁파하는 것에

『경제육전』에서 대부분 법제화되고 있음을 확인할 수 있다.

따라서 태조 즉위교서의 작성자인 정도전이 만든 『조선경국전』이 『경제육전』과 무관할 수 없었다. 특히 앞서 보았던 수령 천거에 관련된 내용은 태조 즉위교서와 『조선경국전』, 『경제육전』에서 중복되어 나타나고 있다. 태조 즉위교서와 『경제육전』의 수령 천거는 앞서 보았으므로, 이를 『조선경국전』에 실린 부분과 대조해 보면 다음과 같다.

> 감사는 풍기를 바로잡는 일을 맡고, 수령은 민을 가까이 하는 관리이니, 수령이 현명하나 않느냐에 민의 휴척(休戚)이 달려 있는 것이다. 감사가 출척(黜陟)의 법을 거행하니 수령들은 이로써 권징되는 것이요, 시종낭관(侍從郎官)을 교대로 수령에 임용하는 것은 수령 선택에 신중하기 위한 것이다.[51]

위 자료에서 수령의 위상과 역할에 대한 정의는 태조 즉위교서 및 『경제육전』과 같다. 아울러 감사에 의한 수령 출척법은 『경제육전』 원전에 수록된 것이다.[52] 즉 출척법은 즉위교서가 나온 다음 달인 태조 원년 8월에 정해진다. 그 내용은 수령의 임기가 30개월이며, 감사가 그 실정을 파악해 출척하는 한편, 한량관 가운데 재주와 덕의 겸비자를 추천해 임명하는 것을 골자로 하고 있다.[53]

있다. 『경제육전』에서는 국둔전의 법이 있다고만 되어 있는데(『경제육전집록』, 호전 둔전, 105쪽), 이 규정이 태조 즉위교서의 둔전 규정을 지칭하는 것으로 생각한다.

51) 『三峰集』 권7, 朝鮮經國典 治典 官制, "蓋監司風紀之任 而守令近民之官 守令有賢否之異 而民之休戚繫焉 監司擧黜陟之典 而守令爲之勸懲焉 以侍從郎官更迭爲之 所以重其選也".

52) 『경제육전집록』 이전 경관 수령, 48쪽.

53) 『태조실록』 권1, 태조 1년 8월 신해, "定守令殿最法 凡大小牧民 俱以三十箇月爲一考 考滿得代後 計所歷俸月 以憑類選陞除 其守令貪婪殘暴罷軟怠劣不稱職任者 從各道監司 檢擧其實 並行黜陟 仍於本道閑良官內 推選公勤

이 내용 중에서 감사의 출척법은 위의 『조선경국전』 자료와 일치하고 있다. 이처럼 『조선경국전』은 태조 연간에 내린 수교의 법제화를 수렴해, 그 핵심을 요약하고 있는 셈이다. 나아가 이 책(태조 3년 간행)은 태조 원년 수교가 『경제육전』(태조 6년 간행)에 수록되는 중간 결절점에 위치하게 된다. 따라서 우선 『조선경국전』이 사찬서이기에 법전이 될 수 없다는 논리는 성립할 수 없다. 위에서 보듯이 『조선경국전』은 태조가 내린 수교와 『경제육전』의 중간 시점에서 양자를 육전체제로 정리하여 연결시키고 있기 때문이다.

나아가 『조선경국전』의 내용이 그대로 『경제육전』에 수록되기도 했다.

> 전하는 즉위 초에 유사에게 거듭 밝히길, "경전에 밝고 행실을 닦으며 도덕을 겸비하여 사범이 될 만한 자, 식견이 시무에 능통하고 재주가 경제에 맞아 사공(事功)을 세울 만한 자, 문사에 익숙하고 필찰에 솜씨가 있어 문한을 담당할 만한 자, 율산(律算)에 정통하고 이치(吏治)에 달통하여 민에 임할 수 있는 자, 지모와 위략(韜略)이 깊어 용기가 삼군에 으뜸이어서 장수가 될 수 있는 자, 활쏘기와 말타기에 익숙하고 돌멩이 던지는 일에 솜씨가 있어 군무를 담당할 만한 자, 천문·지리·복서·의약 중에서 한 가지 재주를 가진 자들을 세밀히 찾아내서 조정에 보내라"고 하였다.[54]

廉幹才德兼備者 權行差攝 禮任行公 申報職名 以憑啓門除授 其賢能功績出衆者 在任不次擢用".

54) 『三峰集』 권7, 朝鮮經國典 上, 禮典 擧遺逸, "殿下卽位之初 申命有司曰 其有經明行修 道德兼備 可爲師範者 識通時務 才合經濟 可施事功者 習於文辭 工於筆札 可當文翰之任者 精於律筭 達於吏治 可當臨民之事者 謀深韜略 勇冠三軍 可爲將帥者 習於射御 工於捧石 可當軍務者 天文地理卜筮醫藥 或工一藝者 備細訪問 敦遣于朝 可見".

이 내용은 유교이념에 입각해 숨어 있는 인재를 천거하라는 것으로, 자료에서 보이듯이 태조 교서를 그대로 『조선경국전』에 전재해 놓았다. 이것은 그대로 『경제육전』 원전에 그대로 수록된다.[55] 즉 『경제육전』에 실려 있음을 보여주는 『태종실록』의 기록에는

> 의정부가 경제육전의 천거법을 청하여 아뢰었다. 삼가 경제육전의 한 조항을 살펴보니, "각 도의 원리에 밝고 행실을 닦으며……조정에 보내라."라고 하여 탁용에 대비하였으나, 근래 거행하지 않아 유일(遺逸)이 없지 않으니, 육전내의 조령에 의거하여 거행하고……[56]

라고 하였는데, 여기서 인용한 『경제육전』의 내용이 『조선경국전』과 동일하다. 이처럼 『조선경국전』의 일부는 『경제육전』으로 그대로 계승되는 경우가 확인된다. 이와 같이 『조선경국전』은 『경제육전』의 전 단계에 상정되어 단순히 '육전체제'라는 분류만이 아닌 실제 내용상으로 계승되기도 하였다.

이와 같은 계승관계와 관련성은 다음의 경우에서도 확인할 수 있다. 정도전의 『삼봉집』 부록에서는,

---

55) 『경제육전집록』 이전 천거, 71쪽. 위 조항은 『조선경국전』 예전 거유일에 수록되어 있지만, 이 책에서는 이전 천거로 분류하였다. 그 이유는 『태종실록』에 인용된 『경제육전』에서 위 내용을 '薦擧之法'라고 하였기 때문이다. 현재 『경제육전』이 원형대로 남아 있지 않는 상태에서 편의적인 분류이므로 절대적인 것은 아니다.

56) 『태종실록』 권16, 태종 8년 11월 경신, "議政府請申經濟六典薦擧之法 謹按經濟六典一款云 各道經明行修……敦遣于朝 以備擢用 近來不卽擧行 無不遺逸 依六典內條令擧行……". 아울러 예종 즉위년 10월 기유(『예종실록』 권1)에도 동일한 내용이 실려 있다. 『태종실록』의 기록이 『속집상절』이 나오기 이전 시기의 것이며, 동시에 예종대 기록에는 원육전이라고 되어 있다. 따라서 『태종실록』에 인용된 경제육전 기록은 태조대에 나온 『경제육전』 원전이 된다.

> 갑술년 6월 임금이 도승지 한상경에게 명령하여, 공이 지은 경국전을 가져다 보고 매우 칭찬하여 특별히 단자와 채견 각 3필과 말 1필·백금 50냥을 하사하였다. (살피길 하륜이 다시 자세히 만들고 이름을 경제육전이라 하였다.)[57]

이 부록의 내용은 정도전 사후에 문집이 간행되면서 이루어진 것이다. 여기서는 갑술년 즉 태조 3년에 정도전의 『조선경국전』의 찬진 사실을 전하고 있는데, 위 자료는 『태조실록』에 실린 것과 대체로 일치한다. 흥미로운 점은 위 사실 아래에 붙인 주석의 내용이다. 위 제시된 자료에서는 주석이 괄호 부분에 해당하는데, 그 내용은 하륜이 『조선경국전』을 자세히 만들고 『경제육전』이라고 이름 붙였다는 것이다.

그런데 이것은 실제 역사적 사실과 차이가 있다. 앞서 보았듯이 『경제육전』은 태조 6년에 간행된 『원육전』 이후, 태종 13년의 『속집상절』 등 모두 네 차례나 간행되었다. 위에서 말한 하륜 편찬의 『경제육전』은 그 가운데 태종 13년에 나온 『경제육전 속집상절』을 의미한다. 즉 이 책은 태조 6년 간행된 『경제육전』 원전에 뒤이어, 태종 7년부터 하륜을 책임자로 한 속육전수찬소에서 만든 것이다.[58] 위 자료에서 말한 『경제육전』이란 두 번째 출간된 『속집상절』을 지칭한다. 따라서 위 자료는 정확한 정보가 아닌 셈이다.

그러나 유의할 것은 위와 같은 혼동을 일으킬 정도로 『조선경국전』과 『경제육전』과의 관계가 밀접했다는 사실이다. 결국 위 자료처럼 『조선경국전』을 변개하여 『경제육전』이 되었다고 착각했음은 양자가 육전체제라는 점만이 아닌 항목이나 내용상의 강력한 계승성으로 이

---

57) 『三峰集』 권14, 附錄 事實, "甲戌六月 上命都承旨 韓尙敬 取進公所撰經國典 覽而嘉之 特賜段子彩絹各三匹 廐馬一匹 白金五十兩 按河崙更詳定 名以經濟六典".

58) 연세대학교 국학연구원 편, 「해제」, 『經濟六典輯錄』, 다은출판사, 1993, 5쪽.

해해야 할 것이다.

아울러 이 점은 『조선경국전』이 태조 3년에 찬진만 되었을 뿐이고 간행되지 않았던 의문에 대해 일정한 시사점을 던져준다. 그 시사점은 정도전의 『조선경국전』의 편찬 목적과 관련이 깊다. 우리는 정도전이 조선 건국 이후에 많은 정책을 입안하였던 정계의 주역임을 새삼 상기할 필요가 있다. 이러한 정책 입안은 혼자 만으로 이루어졌던 것이 아니다. 예컨대 『대명률』은 조선정부의 형률(刑律)로 채용되었는데,[59] 그 실행을 위해 『대명률직해』를 편찬하였다. 이와 관련해 정도전은 『조선경국전』에서

> 그 의형(議刑)이나 단옥(斷獄)으로써 정치를 보좌하는 것은 한결 같이 『대명률』에 의거하였다. 그러므로 신은 『대명률』의 총목을 참용하여 헌전의 여러 편을 지었고, 또 그 대략을 서술하여 후서를 짓는다.[60]

이에 따라 정도전은 『대명률직해』 편찬을 시도하면서, 『조선경국전』이 나온 다음 해(1395년 : 태조 4)에 이를 간행한다. 『대명률직해』는 『대명률』을 이두로 읽을 수 있게 만든 책이므로 서리나 일부 민들까지 독자층으로 상정하였다. 이때 이 작업에 참여한 인물은 조선의 행정과 제도를 기초한 조준을 책임자로 하여, 실무작업에 고사경과 김지가 들어갔다. 정도전은 공조전서 당성과 함께, 책의 초안에 대한 윤색에 참여하였다.[61]

이와 같은 작업은 위의 경우만 해당하는 것이 아니며, 정도전은 조

---

59) 이는 결국 『경국대전』 刑典 用律에 채용되어 조선왕조 형법의 기초가 된다.

60) 『三峰集』 권8, 朝鮮經國典 憲典 後序, "其議刑斷獄以輔其治者 一以大明律爲據 故臣用其總目 作憲典諸篇 又述其略 作後序云".

61) 『대명률직해』 발문. 이와 관련해서는 김인호, 「김지의 『주관육익』 편찬과 그 성격」, 『역사와 현실』 40, 2001, 141~142쪽.

준 등 주변 사대부들과의 협력 속에서 법과 제도를 입안하고 만들어 갔다. 이렇게 만들어진 법과 제도는 국왕의 수교를 통해 공식화하여 발표되었을 것으로 본다.[62]

이처럼 고려말 이후의 개혁법안과 태조대의 수교들이 법제화되었다면, 이를 재정리해야 할 필요가 생기게 되었다. 왜냐하면 수교가 시간이 지남에 따라 그 양이 쌓여갔을 것이며, 상호 모순되는 수교 내용이 상존했을 것이기 때문이다.

『조선경국전』은 이렇게 법제화되는 내용을 육전체제에 입각하여 정리하는 기준이 되었다. 그 기준이 육전체제였던 것은 조선정부의 행정체계가 그것에 기반하였기 때문이다. 이것은 말할 것도 없이 조준 등이 고려말 창왕이 즉위하면서 올린 육전체제에 기반하여 만들어진 것이다.[63] 이와 같이 육전체제의 성립과 전개는 개혁된 행정체계에 기반한 새로운 법제화의 정리와 깊은 관련을 지니고 있었다. 『경제육전』의 서문에는,

> 나라에 육전이 있는 것은 하늘의 사시가 있는 것과 사람의 오상이 있는 것과 같아서 능히 이것을 떠나서는 통치를 할 수 없다.……그런데 우리 동방은 전조 말엽에 와서 온갖 제도가 해이하여 전적에 남은 것을 다시 얻어 볼 수 없었다. 우리 태조 강헌대왕이 천명을 받고 제도를 일신하게 하니 그 큰 꾀와 원대한 도략이 멀리 천고에 뛰어났다.

---

62) 원래 조선시대 법이란 개념이 오늘날처럼 법전에 수록한 조문만을 지칭하는 것은 아니었다. 법제화 과정에서 우선시되는 형식적 요소는 왕의 재가이며, 이는 敎旨로 반포된다. 이 교지의 원안은 정부의 각급관서와 관료, 또는 재야의 散官 등에 이르기까지 광범위하였다(林容漢, 「朝鮮初期 法典 편찬과 편찬원리」, 『한국사상과 문화』 6, 1999, 133~141쪽). 그렇지만 조선의 태조대 각종 법안은 대개가 정도전·조준 계열에서 준비한 것들이 대부분일 것이다.

63) 『고려사절요』 권33, 신우 14년 8월 ; 『고려사』 권118, 열전31, 趙浚.

> 그 때에 선정 좌정승 조준 등이 법을 만든 지가 오래되어서 혹 없어질 것을 염려하여 국초 이후에 정령과 조격을 가려 뽑아서 같은 분류대로 나누어 편찬해서 책을 만들고 주나라 육관의 이름을 모방하여 성스러운 왕조의 일대 법을 만들었으니 대업을 창설하고 자손에게 물려준 아름다운 법이 실제로 여기에서 구비되었다.[64)]

이 내용은 육전이 통치의 기준이며 근간이 된다는 것, 그리고 고려조의 문란한 정치에 대한 개혁과 조선왕조 건립 이후에 만든 법을 정리하기 위해 육전체제에 입각해 법전을 만들었음을 밝히고 있다.

이때 분류의 기준이 되는 육전체계는 이미 『조선경국전』에서 제시된 바이다. 즉 『조선경국전』은 이 과정에서 『경제육전』의 전 단계이면서, 육전체제에 입각한 항목을 설정하는 한편, 항목에 대한 의미와 기준을 설명해 주는 책인 것이다. 그렇지만 이 책은 편찬 당시 발간되지 않았다. 그 이유는 처음부터 책의 간행을 목적으로 하지 않았던 것으로 본다. 말하자면 『조선경국전』은 이후에 발간될 『경제육전』을 염두에 두고 만들어졌다고 본다.[65)] 그것은 『경제육전』이 원나라의 법전 형

64) 『東文選』 권93, 序, 經濟六典元集詳節序, "國家有六典 猶天之有四時 人之有五常 不能離此以致治也……吾東方前之季 百度廢弛 無復典籍之存 我太祖康獻大王 應天受命 一新制度 宏模遠略 敻越千古 于時先正左政丞趙浚等 慮成憲久而或湮也 乃蒐摭國初以後政令條格 編類成書 倣成周六官之名 爲聖朝一代之法 創業貽謀之懿範 實具於此". 이 經濟六典元集詳節序는 태조 6년에 나온 『경제육전』의 서문을 의미하지만, 당시 판본의 것은 아니다. 이는 위 글에 실린 것처럼 宣德 丙午年 7월(1426, 세종 8)에 새 속전을 간행하면서 태조대 원전을 같이 발간하면서 실린 서문이다.

65) 『경제육전』의 편찬작업은 조선왕조 건국 직후부터 시작되었다. 그 편찬기구는 도평의사사 산하의 검상조례사이며, 책임자는 조준이다. 검상조례사는 각사의 수교를 등록하고 이전의 법령과의 중복을 검토하는 역할을 하였으며, 대상수교는 고려 우왕 14년, 즉 위화도회군 이후부터 태조 6년 12월까지 공포한 것이었다(연세대학교 국학연구원 편, 「해제」, 『經濟六典輯錄』, 다은출판사, 1993, 3쪽). 따라서 정도전이 이와 같은 법전편찬작업에 무관할 수 없

태를 바탕에 두고 작성되었을 것이기 때문이다.

원대 가장 말기에 편찬된 법전은 『경세대전』과 『대원성정국조전장』(통칭 원전장)이다. 두 법전은 조선의 수교와 같은 황제의 칙령 등을 모아 육전체제로 분류해 만든 책들이다. 그 중 『경세대전』은 치전·부전·예전·정전·헌전·공전으로 구성되어 항목명이 『조선경국전』과 비슷함을 앞서 살펴보았다. 또한 각 전에 항목명 아래에는 서문 형태가 들어가 있었다. 그리고 그 아래에 조칙이 항목명에 따라 정리되어 들어가는 모습을 취했을 것이다. 현재 이 본문은 없어졌지만, 그 실제 형태는 현존하는 『원전장』을 보면 분명해진다. 이 책에서는 『경세대전』과 달리 항목에 따른 서문은 없지만, 각 항목 아래에 해당하는 내용의 조칙을 연대순으로 배치하였다. 『경세대전』은 『원전장』과 같은 형태에 서문이 들어 있다는 점에서 차이가 날 뿐이며, 기본적인 구조는 같다고 할 수 있다. 예컨대, 『경세대전』 가운데 치전 관제라고 한다면, 그의 항목명 아래에 먼저 서문이 나오고, 그 아래에 다시 해당하는 각 황제들의 조칙이 차례로 배열되어 있는 형태라고 할 수 있다.

태조 6년에 발간된 『경제육전』의 모습은 위의 두 형태 중 하나였을 것인데, 아마도 『경세대전』적인 형태였을 가능성이 있다. 그 이유는 앞서 『조선경국전』의 내용이 『경제육전』으로 계승되었고, 일부 수록되었음이 확인했었던 것에 있다. 요컨대 『조선경국전』은 후일 편찬될 『경제육전』의 서문격에 해당하는 지침을 작성했던 책이다. 따라서 이 책은 처음부터 발간될 목적이 아닌 후일 『경제육전』의 분류체계에 대한 지침이 되어, 그 속에 흡수될 것을 염두에 두었을 가능성이 크다.

고려말기 이래 육전체제는 이와 같이 성립되었고, 『조선경국전』을

었으며, 『조선경국전』의 찬술 역시도 이와 같은 편찬작업의 일환이라고 볼 수 있다.

거쳐 조선왕조의 통치체계를 결정짓는 최초의 법전인 『경제육전』으로 전개되었다. 이 과정에서 『조선경국전』은 『경제육전』의 전 단계 법전이며, 이후에 성립될 수교집 체제인 『경제육전』의 지표적인 역할을 했던 것이다.

육전체제는 중국의 제도와 법 분류체계이지만, 고려말기 이후 제도개혁과 법전편찬의 원리로 이용되었다. 물론 고려왕조는 당나라의 제도에 따라 삼성육부를 기반으로 한 중앙정치체제를 구축했지만, 이것은 조준 등이 제기한 육전체제와 동질적인 것이 아니었다. 그러므로 이 체계는 고려말기 사대부들의 문제의식과 개혁의 추구 속에서 하나의 원리로 이용되었던 것이다.

육전체제는 원래 『주례』의 성립 이래 관료체제를 뒷받침하는 원리로 이용되었고, 『당육전』에서 처음 실제적으로 적용되었다. 그러나 『당육전』은 관료 직제의 규정에 중심을 두었으며, 실제로 육전에 따른 분류 방식으로 편찬되었다고 보기는 어렵다. 특히 이 책은 형법과 같은 법률을 포괄하지 못하고 있다는 점에서 이후에 등장할 법전의 육전체제라고 할 수는 없다. 나아가 송대 왕안석의 개혁 당시에 『주례』가 중시되긴 했지만, 육전체제에 따른 법전이 편찬되지는 않은 셈이다.

육전체제가 하나의 법전체계로 등장하게 되는 것은 원나라가 성립한 이후의 일이다. 원나라는 자신의 제국질서의 확립을 위해, 또 이전까지의 황제의 명령에 의한 조칙을 정리하여 법체계를 세우기 위해 육전체제를 도입하였다. 이 체제는 조칙의 정리체계로 주목되었으며, 그 바탕에는 원나라에서 활약했던 유자들의 역할이 있었다.

고려의 유자들은 일찍부터 『주례』를 중시하여 왔다. 이러한 전통 속에서 점차 이들은 고려의 정치기구의 연원을 『주례』 등에서 찾기 시작하였다. 나아가 고려말기 사대부들은 정치체제에 대한 개혁원리를 이 책에 두려고 했으며, 그 실제적인 형태는 육전체계를 통한 법과 제도의 개혁이란 형태로 나타나게 된다. 그에 따라 법전에 대한 육전체계는 원나라의 그것을 수용하였다. 이는 고려후기 이래 국가체제의 정비와 개혁이란 문제의식이 폭발한 결과였다. 이와 같은 문제의식과 해결방향은 사대부들의 정치적 입장과 무관하게 동질적이었으나, 그 중 급진개혁파 사대부들은 이를 법전 등으로 정리하고 체계화시켰다.

김지의 『주관육익』은 당시 사대부들의 공통된 문제의식을 바탕으로 육전체제의 법전적 성격을 지향한 책이었다. 그리고 이 체계는 조선의 성립 이후에 등장한 정도전의 『조선경국전』으로 계승된다. 육전체제는 이제 하나의 법전체계로서 자리를 잡게 되는 것이다. 이것은 단순히 관료나 정치체제의 육분화에 있는 것이 아닌, 육전에 따라 모든 법제를 정리한다는 점에서 그 특징이 있다. 요컨대 『당육전』과 같은 형태가 아닌 원나라에서 출간된 『경세대전』이나 『원전장』 등과 같은 법전 형태를 지향했던 것이다.

『조선경국전』은 비록 정도전의 사찬서이지만, 육전체제에 입각한 최초의 법전이라고 할 수 있다. 그가 제시한 총재체제는 권력의 이양이라는 측면보다는 오히려 주자학적 사유에 입각해 군주와 총재와의 상보적인 관계 설정에 따른 것이다.

또한 그의 책은 정보위와 같은 군주에 관련된 부분과 신료에 관련된 육전으로 나뉘어져 있어, 『경세대전』과 동일하게 이원적 형태로 이루어져 있다. 이는 『주례』의 육전체계와 다른 것이며, 중앙집권체제를 뒷받침하는 구성이라고 할 수 있다. 나아가 이 방식은 군주와 총재의 역할을 상보적으로 설정한 것과도 무관하지 않다. 결국 이러한 육전체제의 구성은 김지의 『주관육익』의 그것을 계승한 것이라고 생각한다.

한편 『조선경국전』은 『경세대전』의 체계를 수용하였지만, 실제 모든 항목이나 서문 내용까지 그대로 받아들이지는 않았다. 일부 항목이 같은 부분은 확인되지만, 『경국대전』의 서문 내용은 대부분 동일하지 않다.

그리고 이 책은 처음부터 서문의 형태이며, 본문은 존재하지 않았다고 본다. 그 이유는 정도전이 이후에 편찬될 『경제육전』을 염두에 두었을 것이기 때문이다. 특히 정도전은 태조 즉위교서 이래 많은 제도와 법을 제정하면서 이를 체계화하려고 노력했다. 그에 따라 태조 즉위교서의 일부 내용은 『조선경국전』은 물론이고, 『경제육전』에 수록되었음이 확인되었다. 이는 확인된 일부이지만, 그 전체가 법제화되었을 가능성을 시사하고 있는 것이다. 또한 우리는 그 밖의 교서에서도 동일한 형태를 확인할 수 있었다.

따라서 『조선경국전』은 태조의 즉위교서 등과 『경제육전』의 편찬 사이에 나온 중간 결절점이 되는 책이다. 그 결과 이 책은 조선시대부터 이미 『경제육전』과 혼동되기도 하였다. 결국 『조선경국전』은 처음부터 법전편찬을 위한 육전체제의 항목과 분류를 위해 만들어진 책이라고 할 수 있다. 이로 인해 이 책은 출간되지 않았으며, 이후에 편찬된 『경제육전』으로 일부 흡수되었다.

『경제육전』은 태조 6년에 편찬된 조선왕조 최초의 법전으로, 교서를 육전체제에 따라 정리한 책이다. 이 책의 형태는 『경세대전』의 그것과 비슷했을 것이다. 이는 육전 아래에 항목명, 서문, 항목내용이 들어가 있는 모습이다. 그에 따라 『조선경국전』은 『경제육전』을 정리하는 지침 역할을 했을 것으로 추정하였다.

이처럼 고려말기 이후에 육전체제의 전개는 최종적으로 수교집 체제인 『경제육전』으로 귀결되었으며, 이는 다시 『경국대전』이란 형태로 전개되는 과정을 밟게 된다.

(김인호)

2. 경제육전의 편찬과정과 판본별 특징

1) 경제육전 원전(元典)

(1) 편찬과정

조선 최초의 법전은 1394년(태조 3) 정도전이 편찬한 『조선경국전』이다. 그러나 이것은 편찬만 되었을 뿐 공간되지는 않았다. 정부에서 최초로 간행한 법전은 3년 후인 태조 6년 12월에 간행한 『경제육전』이었다.[1)]

> 도당에서 검상조례사에 명령하기를 무진년 이후의 것으로서 시행하기에 합당한 조례를 모아서 책으로 만들게 하고 이를 경제육전이라고 제목하였으며, 왕에게 건의하여 이를 중앙과 지방에 간행하게 하였다.[2)]

---

1) 『경제육전』의 편찬과정에 대해서는 다음의 논고가 참조된다.
花村美樹, 「經濟六典について」, 『法學論纂』 第1部 論集 第5冊, 1932 ; 윤국일, 『경국대전연구』, 사회과학연구원, 1986 ; 전봉덕, 『경제육전습유』, 아세아문화사, 1989 ; 연세대학교 국학연구원 편, 『經濟六典輯錄』, 다은, 1993 ; 전봉덕, 「한국고유법의 성질과 입법」, 『한국법제사연구』, 서울대출판부, 1968 ; 박병호, 「조선초기의 법원」, 『한국법제사고』, 법문사, 1974 ; 박병호, 「『경국대전』의 편찬과 계승」, 『한국사』 22, 국사편찬위원회, 1995.

2) 『태조실록』 권12, 태조 6년 12월 갑진, "都堂令檢詳條例司 冊寫戊辰以後合行條例 目曰 經濟六典 啓聞于上 刊行中外" ; 『태종실록』 권9, 태종 5년 6월

> 그때의 신하로 좌정승 조준 등이 편집하여 국초부터 정축년(태조 6)까지의 법령과 제도를 분류를 나누고 종류별로 모아 이름하기를 육전이라고 하고 널리 배포하여 강목을 들어 보였습니다.[3]

『경제육전』의 편찬을 담당했던 기구는 도평의사사 산하기관이었던 검상조례사였고, 편찬책임자는 좌정승이던 조준(趙浚)이었다. 이외에 다른 기록에 의하면 편찬에 참여한 사람으로 이직(李稷), 민제(閔霽) 등이 확인된다. 민제는 특별히 예전에 간여하였다는 기록이 있는 것으로 보아[4] 총 책임자는 조준이었고, 그 외에 사람들은 아마도 육전별로 나누어 편찬을 담당했던 것 같다.

그런데 조선 건국을 주도하고, 조준과 함께 개혁파 사류의 리더였던 정도전의 역할이 전혀 드러나지 않는다. 오히려 정도전은 『경제육전』 편찬 이전에 스스로 『조선경국전』을 편찬하여 이 두 법전과 두 사람의 대립과 차이에 주목하는 경우도 있었다.

하지만 이는 조선초기 법전편찬방식을 잘못 이해한 데서 오는 오류이다. 이 두 법전은 모두 기존의 수교를 찬집한 법전이었다. 두 사람은 같은 시기에 도평의사사에서 함께 활약하며 많은 법령을 제정했다. 또 『경제육전』에 들어간 수교의 상당수가 조준 상서와 정도전이 찬술했다는 태조 즉위교서에서 채택한 수교들이다. 또 두 법전에 동시에 들어간 수교도 확인된다. 그러므로 두 법전과 두 사람 간에 차이와 대립이 있었다고 해도, 두 법전 간에는 공통적인 요소가 더 많았고 여기에 먼저 주목해야 할 것이다.

조준이 편찬한 『경제육전』을 이후의 『경제육전』과 구분하기 위하

신묘, 조준의 졸기.

3) 『세종실록』 권42, 세종 10년 11월 정축, "時則有若臣左政丞趙浚等編集 自國初至丁丑年間(태조6년) 法令制度 分門類聚 名曰六典 布置施爲 綱擧目張".

4) 『국조인물고』 묘지명, 민제.

여 보통 '원전(元典)' 혹은 '원육전(元六典)'이라고 불렀다(이하 『원전』으로 약칭). 『원전』에서는 이두와 방언을 섞어 사용하여 『방언육전』, 『이두원육전』이라고 불렀다는 주장도 있는데,[5] 그것은 법전에 이두를 사용하느냐 않느냐는 논쟁 중에 잠깐 등장한 서술적 표현일 뿐이다.[6] 실록을 보면 이 용어를 법전의 명칭으로 사용한 경우는 찾을 수 없다.

『원전』이 간행, 반포된 것은 분명하다. 그러나 간행시기는 분명하지 않다. 전봉덕은 태조 6년에 간행되지 않고 정종 원년에 비로소 간행되었다고 보았다.[7] 그 근거로 제시한 것이 다음의 사료이다.

> 유지(宥旨)를 반포하였다……『경제육전』은 치국(治國)하는 요령을 갖추어 실었으니, 지금부터 중외에 반포하여 준수해 거행케 하고, 어기는 자는, 안에서는 헌사(憲司)가, 밖에서는 감사(監司)가 엄하게 고찰하여, 폐지하거나 해이하게 하지 말라.[8]

『경제육전』을 편찬 완료한 때가 태조 6년 12월이고 그 후 8개월 만인 태조 7년 8월에 이방원의 쿠데타로 태조가 하야하였다. 이런 사정을 고려하면 『원전』의 간행이 이때에야 비로소 행해졌을 가능성도 있다고 하겠다.

그러나 이 유지(宥旨)가 이때 비로소 『경제육전』을 간행하는 명령이 아니라 쿠데타로 인심이 동요하는 상황에서 기존의 체제와 법을 유지하겠다는 의지를 천명한 명령일 가능성도 높다. 실제로 왕자의 난으로 정도전과 정도전파의 핵심인물은 살해되지만 『원전』의 편찬에 간여했던 핵심 인물들인 조준, 이직(李稷) 등은 숙청을 면하고 정계에

---

5) 『경제육전』에 대한 거의 대부분의 글에서 이렇게 설명하고 있다.
6) 『세종실록』 권48, 세종 12년 4월 신사.
7) 전봉덕, 「경제육전해제」, 『경제육전습유』, 아세아문화사, 1989, 11쪽.
8) 『정종실록』 권2, 정종 원년 8월 을사.

서 활약하였다.

그러나 『원전』에서 추진하던 개혁안들은 수정되지 않을 수가 없는 상황이었다. 이 유지를 내린 지 2개월 만에 조례상정도감이 설치되어 『원전』의 개정작업이 시작되었다. 그렇다면 위의 유지를 내릴 때 쯤이면 이미 정부 내부에서는 법전 개정을 위한 논의나 검토가 되고 있었다고 보아야 한다.

이런 불안정한 상황에서 중외의 관리들이 『원전』의 법규에 대해 신뢰하지 않았을 가능성이 높다. 그러나 법전은 개정한다고 해도 상당한 시간이 필요하다. 따라서 위의 명령은 그동안에 관리들의 기강을 세우고 행정공백을 초래하지 않기 위하여 새 법전이 등장할 동안은 『원전』을 준수하고 따르라는 의미도 들어가 있다고 생각된다.

『원전』의 간행시기가 늦춰졌다고 해서 『원전』의 법규가 시행되지 않았던 것은 아니다. 앞서 지적한대로 『경제육전』은 새로운 법조문을 기안하여 편찬한 법전이 아니라 기존의 수교 중에서 선정하여 수록하는 수교집이므로 법안의 토대가 되는 교지들은 이미 반포되어 시행되고 있었기 때문이다.

(2) 내용 구성과 특징

『경제육전』은 이름에서 알 수 있듯이 '이전(吏典)·호전(戶典)·예전(禮典)·병전(兵典)·형전(刑典)·공전(工典)'의 육전으로 구분한 법전이었다.

국가의 모든 사무를 육전으로 나누어 하나의 법전으로 묶은 것은 정도전의 『조선경국전』이 최초였다. 『조선경국전』에서는 주(周)의 육관(六官)을 모방하여 6전으로 만들었다고 하였다.[9] 그러나 주의 육관

9) 정도전, 『삼봉집』 권3, 「撰進朝鮮經國典箋」.

을 모델로 한다거나 법전을 육전으로 편찬한다는 것은 정도전 개인의 발상은 아니었다. 조준도 주의 육관을 모범으로 하여 정부 조직을 육조로 구성할 것을 건의하였었다.[10)]

육전 분류 아래의 항목분류에 대해서는 이를 언급한 기록이 전혀 없어서 구조를 알 수 없다. 윤국일은 『원전』에는 항목명이 없이 단지 수교를 날짜순으로 배열하다가 세종 8년에 편찬한 『신속육전』에서부터 항목이 발생했다고 보고, "○○조(條)"라는 명칭이 항목명을 의미한다고 보았다.[11)] 윤국일의 견해와 육전의 항목에 대해서는 『신속육전』 편에서 살펴보기로 하고 여기서는 일단 육전 조문이 날짜순으로 편찬되었다는 주장에 대해서만 살펴보고자 한다. 윤국일이 이러한 주장을 한 근거는

① 『신속육전』의 서문에서 "무자년(태종 8년) 이후의 수교를 모아 연월을 불문하고 유별(類別)로 모아 속전에 합록했다."는 기록[12)]

② 『경제육전』에 수록했다가 『경국대전』 부록으로 집어넣었다고 하는 「노비결송정한」 15개조가 연대순으로 정리되어 있다는 사실이다.[13)]

①의 기록은 분명 『신속육전』 단계에서 항목별 분류가 처음 생겼다는 의미처럼 느껴진다. 그러나 그렇다면 왜 하필 태종 8년 이후의 수교만을 대상으로 했느냐는 의문이 발생한다. 태종 8년이란 기점이 태종 7년에 편찬한 『속집상절』의 편찬 이후에 반포한 수교를 대상으로 했다는 의미로 생각할 수 있다. 그러나 이렇게 하면 항목을 무시하고 날자순으로 편찬한 『원전』과 『속집상절』, 항목별로 편찬한 세종조의

10) 김인호, 「김지의 주관육익의 편찬과 그 성격」, 『역사와 현실』 40, 2001, 146~149쪽 참조.

11) 윤국일, 『경제육전연구』, 사회과학연구원, 1986, 15~16쪽.

12) 『세종실록』 권34, 세종 8년 12월 임술.

13) 위의 주와 같음.

『속전』이라는 3종의 법전이 발생하게 된다. 『원전』은 태조의 성헌으로 보존한다고 해도 이렇게까지 해서는 법전이 제 기능을 할 수가 없다. 그런데 세종 2년 예조에서 보고한 원속전 각년판지 중에는 태종 7년 이후의 수교인데도 속전(『속집상절』)에 속한 법조문으로 인용되는 수교가 있다. 이를 보면 태종 7년 이후에도 수교의 추록이 있었던 것이 분명하다. 후술하겠지만 『속집상절』은 인간 후에 개정작업을 명령받았으나 실제로 이 작업은 완성되지 못하였다. 그렇다면 태종 8년 이후에 추록한 수교들은 항목별로 정리되지 못하고 날짜순으로 추록되어 있었고, 『신속육전』을 편찬하면서 이 조문들도 정리했다는 의미일 수가 있다.

다음으로 ②의 15개 조문은 '노비결송정한'이라는 사실상 단독 항목으로 설정할 수도 있는 동일 주제의 조문들이다. 동일한 항목 내에서는 교지를 반포한 날짜순으로 배치하는 것이 편리하고도 당연한 일이기 때문에 이 조문들을 근거로 『원전』에서는 육전분류만 있고 항목분류는 없었다고 단정하기는 어렵다. 단지 노비결송정한 15개조는 동일 항목 내에서는 수교를 날짜순으로 배치했다는 증거로는 사용할 수 있겠다.

현재로서는 『원전』의 항목에 대해서는 더 이상의 추론이 불가능하다. 그러나 『원전』 조문으로 현재까지 확인되는 것만 190여 개조에 달하는 것을 볼 때(아래 <표 1> 참조), 이 많은 조문을 항목분류없이 날짜순으로 배열한다는 것은 상식적으로 납득하기 어렵다. 어떤 형태든지 육전 내부에 항목이 있었다고 보는 것이 타당할 것이다.

그리고 이 『경제육전』의 항목명은 『경국대전』과는 상당히 다르고 『경국대전』보다는 항목명도 적고 포괄적인 항목도 많았다고 보아야 한다. 왜냐하면 『경제육전』은 수교집이기 때문에 한 개의 조문에 법의 취지, 내용, 처벌규정 등 여러 가지 내용이 집약된다. 그러나 『경국대전』은 조문의 내용을 분해하여 서로 다른 전과 항목으로 분해하는 방식을 사용했다.[14] 그러니 두 법전의 항목의 포괄성이나 명칭은 상당히 달라질 수밖에 없었을 것이다.

지금까지 발견된 『경제육전』의 조문수는 약 589개조이다(<표 1> 참조).[15] 원전과 속전 구분이 불가능한 조문 87개조를 제외하고 원, 속전 분류가 가능한 502개조인데, 이중 『원전』으로 확인되는 조문이 190개조로 전체의 38%이다. 『경제육전』 4개의 판본 중에서 『원전』의 비율이 38%에 달한다는 것은 『경제육전』에서 『원전』이 차지하는 비중이 얼마나 높은가를 잘 보여준다.

<표 1> 『경제육전』의 판본별 조문수

구분	총기록수	조문수							
		계	원전	속집상절	신속육전	신찬	등록	속전구분곤란	원속분류곤란
이전	192	98	41	21	17	3	3	7	6
호전	156	88	34	9	7	1	6	16	15
예전	241	124	64	12	6	0	9	18	15
병전	142	98	20	11	11	2	11	25	18
형전	304	173	27	34	36	5	14	26	31
공전	10	8	4	1	0	0	0	1	2
계	1045	589	190	88	77	11	73	93	87

『원전』에 수록한 수교는 우왕 14년 즉 위화도회군으로 개혁파 사류

14) 『경제육전』 조문이 『경국대전』에서는 서로 다른 典과 항목으로 분속되는 사례는 이 책 259~263쪽.

15) 연세대학교 국학연구원 편, 『경제육전집록』, 다은출판사, 19쪽.
이 통계는 1993년에 작성한 것으로 이후로 여러 사료에서 몇 개의 조문을 추가로 발견하였고, 원전과 속전의 분류를 새로이 확인하는 등 통계의 내용을 수정한 부분도 있다. 따라서 전체의 수에는 약간의 변동이 있다. 그러나 그리 많은 수는 아니고, 아직 공식적인 연구로 보고한 사실도 없으므로 책에 기록된 통계를 그대로 사용하였다.

가 정권을 장악한 때부터 『경제육전』을 간행한 태조 6년 사이에 간행한 수교 중에서 선별하였다.[16)]

그런데 『원전』의 조문을 검토해 보면 위의 연도 규정이 철칙은 아니었다.

> 원속육전 안의 각년 판지 중에서……홍무 7년 사헌부에서 보고한 한 조문입니다. 대소인원과 연화승도(緣化僧徒)들이 각 관청에서 허가장(陳省)을 받아 사비로 공물을 선납하고 즉시 관서에서 증명문서를 받고 지방으로 내려가 공물값을 두 배로 징수하고, 소민을 침학합니다. 지금부터 일체 금지하고 단속하기를 바랍니다.[17)]

이 수교는 홍무 7년의 사헌부 상소를 따른 것이다. 홍무 7년은 공민왕 23년(1374)이다.[18)] 따라서 홍무 21년인 무진년 이전의 수교를 수록한 하나의 사례가 된다. 그럼에도 실록에서 무진년 이후 수교를 모았

---

16) 『태조실록』 권12, 태조 6년 12월 갑진.

17) 『세종실록』 권10, 세종 2년 11월 신미, "元續六典內 各年判旨……洪武七年司憲府狀申一款 大小人員及緣化僧徒等 受各官陳省 私備貢物先納 卽受其司文憑 下歸 倍受其價 侵虐小民 願自今一皆禁斷".

18) 이 기록에 대해 田川孝三은 『경제육전』이 무진년(1388년, 우왕 14, 홍무 21) 이후의 조례를 원칙으로 했기 때문에 본문에 나오는 홍무 7년은 永樂 7년의 오기일 가능성이 높다고 하고(田川孝三, 『李朝貢納制の硏究』, 1964, 346~347쪽), 다음의 기록이 위 수교의 원수교라고 제시했다.
『태종실록』 권17, 태종 9년 3월 임술, "司憲府上時務數條……今大小人員及棟樑僧徒等 受各道各官陳省 以其各司所納貢物 自費先納 受帖下歸 倍取其價 侵擾人民甚矣 願自今上項自備先納者 一皆禁斷 以除其弊".
이 기록은 위 수교의 조문과 대단히 유사하여 홍무 7년이 아닌 영락 7년의 기사일 가능성이 있다. 그러나 연도는 혹 오기가 있을 수 있으나 연호가 틀리기는 쉽지 않다고 생각된다. 또 공물문제는 이미 고려후기에 발생하고 있었고, 상소할 때 법조문을 인용하면서도 법조문이라는 근거를 명시하지 않고 상소의 일절처럼 제시하는 경우가 종종 있으므로 굳이 이 기록이 오기라고 단정할 근거는 되지 못한다고 생각된다.

다고 기록한 이유는 현재까지 무진년 이전 사료는 이것 단 하나만 발견될 정도로 극히 드물었기도 하고, 실록의 찬자가 이 시기동안 개혁을 주도한 정도전과 조준의 개혁입법이 『원전』 조문의 주류를 이루었다는 사실에 무게를 두었기 때문이라고 생각된다.

실제로 원전 조문을 검토해 보면 무진년 즉 위화도회군 직후부터 개혁파 사류가 제시했던 정책들이 대대적으로 수록되었다. 대표적인 사례로 조준의 상서, 태조 즉위교서를 비롯하여 즉위년에 올린 일련의 상소와 건의안들을 들 수 있다.

조준의 상서는 위화도회군 이후 국정 전반에 관한 개혁파 사류의 개혁안을 집대성한 것으로 창왕 즉위년, 공양왕 원년, 공양왕 3년 등 모두 3차례에 걸쳐 제시되었다.[19] 흔히 조준의 상서로 알려져 있지만, 이것은 조준 개인의 상소가 아니라 조준을 대표자로 하여 올린 상서였다. 즉 조준을 리더로 하는 개혁파 사류에 의해 집단적으로 논의되고, 검증된 개혁안이었고 보아야 한다. 이 상소들이 육전의 수록된 증거는 다음과 같다.

가-1) 공양왕 원년 12월 대사헌 조준 등이 상소하였다. 무릇 공사의 이자는 일본일리(이자가 원금을 넘지 못함)일 뿐입니다. 근년에 들어 돈놀이를 하는 무리들이 오직 이익만 보고 차입금의 이자가 원금의 10배가 되는 경우도 있어, 차용자들은 처를 저당잡히고 자식을 팔아도 도저히 상환할 수가 없는 지경입니다. 이미 국가에 금령이 있으니 지금 공판도감(供辦都監)도 쌀을 가지고 하는 이자가 끝이

19) 조준의 상서에 대해서는 한희숙, 「조준의 사회정책방안」, 『숙대사론』 13·14·15, 1989 ; 장득진, 「조준의 정치활동과 그 사상」, 『사학연구』 38, 한국사학회, 1984 ; 유창규, 「고려말 조준과 정도전의 개혁방안, 『국사관논총』 49, 국사편찬위원회, 1993.

없어 대여자로 하여금 집을 잃고 실업하게 하고 있으니 국가가 백성을 구휼하는 뜻이 아닙니다. 지금부터 일본일리제도를 준수하고 그 이상 이자를 취득하지 못하게 하옵소서. (恭讓王元年十二月 大司憲趙浚等上疏 凡公私滋息 一本一利耳 比來貨殖之徒 惟利是視 一本之利 或至于十倍 假貸之徒 鬻妻賣子 終不能償 故國家已有禁令 今供辦都監 寶米滋息無窮 至使貸者 喪家失業 非國家恤民之意也 願自今一本一利 毋得剩取)[20]

가-2) 지금 원전을 고찰하니 홍무 22년 12월 사헌부에서 받은 수교에 이르기를 무릇 공사 간에 이자는 일본일리이나 무식한 무리들이 오직 이익만을 보고 원금의 이자가 10배에 달하기도 합니다. 국가에 이미 금령이 있습니다. (今考元典 洪武二十二年十二月日 司憲府受判 凡公私殖貨 一本一利 無識之徒 唯利是規 一本之殖 或至十倍 國家已有禁令)[21]

나-1) 사대부가 소송을 맡은 관서와 전곡을 출납하는 관서에 사적으로 서찰을 보내 옳고 그른 것을 뒤집고, 관물을 몰래 훔쳐내니 그 폐해가 매우 심합니다. 이런 행위는 일체 금지시키고, 만약 위반하는 자가 있으면 부탁한 자와 들어준 자는 청렴하지 못한 죄목으로 논죄하소서. 각 관서에 있는 성중애마가 구하는 것과 외관이 증여하는 것도 일체 금지하고 만약 위반자가 있으면 역시 불렴(不廉)의 율로 처벌하소서. (士大夫於聽訟決事之官 出納錢穀之司 交通私書 顚倒是非 耗竊官物 其弊彌甚 願一切禁止 如有違者 其請與聽者 以不廉論 各司各成衆愛馬之求索 外官之贈遺 一切禁止 如有違者 亦以不廉論)[22]

나-2) 삼가 원육전의 한 구절을 살펴보니 사대부가 소송을 맡은 관서와 전곡을 출납하는 관서에 사적으로 서신을 보내 옳고 그른 것을

20) 『고려사』 권79, 식화2, 차대, 공양왕 1년 12월.
21) 『세종실록』 권44, 세종 11년 4월 무인.
22) 『고려사』 권118, 열전31, 조준.

> 뒤집고, 관물을 훔쳐내니 그 폐단이 적지 않습니다. 모두 통렬하게 금지하소서. 외관이 증여하는 것도 역시 모두 금지하고 법을 위반하여 주고받는 자는 모두 불렴으로 논죄하소서. (謹按元六典一款 士大夫於聽訟之官 出納錢穀之司 私通書狀 顚倒是非 耗竊官物 其弊不小 一皆痛禁 外官贈遺 亦皆痛禁 違法授受者 皆不廉論)[23]

가-1)은 조준 상서의 일절이고, 가-2)는 실록에서 원전 조문으로 인용하고 있는 구절이다. 좀 축약이 되어 있지만 가-1)과 가-2)를 비교해 보면 가-2)는 가-1)을 요약한 것임을 쉽게 알 수 있다. 홍무 22년 12월은 곧 공양왕 원년 12월로 날짜도 같다. 가-2)에 사헌부 수판으로 되어 있는 것은 당시 조준이 사헌부 대사헌이란 직책으로 이 상소를 올렸기 때문이다.

나-1)도 조준 상서의 일절이고, 나-2)도 원육전 조문으로 인용하는 기록의 하나이다. 역시 문장을 비교해 보면 서로 동일한 기록이다. 이외에 조준 상서의 내용이 육전 조문으로 발견되는 경우는 상당히 많다.

조준의 상서는 『고려사』와 『고려사절요』에 모두 상서로 기록되어 있어서 지금까지 대부분의 연구에서는 이것을 조준 등이 올린 건의안으로 취급했을 뿐 이 건의안들이 어떻게 처리되었는지는 알 수 없다는 입장을 견지해왔다. 그러나 『고려사』는 물론이고 『실록』에서도 상서로 표기된 기록들이 실제로는 수교로 내린 것이고, 나중에 육전에 수록된 경우가 많다. 왜 실록에 수교의 원문이나 법조문임을 밝히지 않고 그 원안이 된 상서안을 수록하는 방식이 관행처럼 되었는지는 확실히 알 수가 없다. 당시인들의 입장에서는 법전의 조문은 알려진 사실이므로 그 법의 원안자가 누구라는 사실을 기록하는 데에 더 관

23) 『세종실록』 권25, 세종 6년 7월 정해.

심을 기울였던 것이 아닌가 한다.[24)]

이런 사실을 고려하면 조준의 상서는 단순한 건의안으로 올린 것이 아니라 그들이 구상한 개혁법안이었던 것이 분명하다. 또 조준의 상서는 하나하나 독립된 조문이 아니라 전체 내용이 일관성 있게 연결되어 있어 부분 부분 떼어서 입법할 수 있는 성격의 법안도 아니다.

그러나 그렇다고 전문이 하나의 수정도 없이 『원전』에 수록되었다고 단언할 수는 없다. 실록에 있는 입법사례를 보면 입법을 위한 계문(啓聞)이나 상서가 올라왔을 경우 보통은 국왕과 의정부 대신의 검토를 거쳐 수교로 내려진다. 그런데 이렇게 수교로 내릴 경우에는 글의 도입부에 있는 서론적인 문구나 수사적인 표현까지도 정정하지 않고 그대로 수교로 내리곤 하였다. 그러나 그런 경우라도 국왕이나 대신들이 검토하는 과정에서 일부의 기록이 수정되는 경우가 있었다.

실록의 기록이 자세한 경우는 이런 내용도 기재해 두지만 모든 기록이 그렇게 자세하거나 엄밀하지 않다. 특히 『고려사』와 『고려사절요』의 경우 조준 상서에 대한 논의과정이나 검토과정이 전혀 기록되어 있지 않은데, 약간의 수정과 정정은 있었을 것이라고 생각된다.

또 이때가 아니라도 법안이란 계속 검토되기 마련이므로 개정안이 나올 수가 있다. 조준 상서에 거론된 내용이 태조 즉위교서에도 보이고, 배극렴·조준의 상소에도 중복된 내용이나 같은 주제가 반복되는 경우를 볼 수 있다. 이것은 법안에 대한 논란이 많고 수정안이 제시되

24) 실록에서 육전의 원안이 된 기록은 대개 상소문의 형태나 혹은 무슨 법을 정했다는 두 가지 형태로 기재되어 있다. 그러나 어느 경우도 이 법안이 나중에 육전에 수록되었다고 注記하는 경우는 단 한번도 없다. 단순히 상소문으로 기재했을 경우, 실록의 편찬자들이 그 법안을 좋아하지 않았거나 반대하여서 일부러 그런 식으로 기재한 것이 아닌가 하는 의심을 가져볼 수도 있으나 조문들을 검토해 본 결과 그런 흔적을 발견할 수는 없었다. 현재로서는 법안이나 상소로 기재되는 경우 특별한 기준이 있었던 것 같지는 않다.

었기 때문이라고 생각된다.

이러한 사정을 잘 보여주는 사례의 하나가 수령 천거 규정이다. 조준 상서에는 수령 천거자격자가 대성(臺省)과 육조이고[25] 태조 즉위 교서에서는 도당·대간·육조로 규정되어 있다.[26] 그러다가 『원전』에서는 조준 상서와 거의 동일한 문구를 사용하면서도 수령 천거자격자에 대한 부분만 양부(兩府)와 현관 6품 이상으로 바뀌어 있다.[27]

이런 부분이 얼마나 되었을지는 정확히 단정할 수 없지만, 없었다고는 할 수 없을 것이다. 그러므로 조준 상서와 태조 즉위교서는 거의 전문이 『원전』에 수록되었다고 보여지지만 수정된 부분이 없다고 할 수 없으므로 조심스러운 접근이 필요하다고 하겠다.

마지막으로 『원전』의 특성으로 지적할 수 있는 내용은 내용의 포괄성과 세부지침의 부족을 들 수 있다. 『원전』 조문 중에는 가끔 시행방법을 명확하게 제시하지 않고 뭉뚱그린 경우가 눈에 띈다.

> 경제이전에 유취자제(乳臭子弟)에게 관직을 제수하면 부모를 죄준다고 하였다.[28]

> 삼가 경제원전을 살펴보니 홍무 28년 예조수판에 식년과거는 반드

25) 『고려사』 권75, 선거3, 전주 선용수령, 창왕 즉위년 6월.

26) 『태조실록』 권1, 태조 원년 7월 정미, "守令近民之職 不可不重 其令都評議使司·臺諫·六曹 各擧所知 務得公廉材幹者 以任其任 滿三十箇月 政績殊著者 擢用 所擧非人 罪及擧主".

27) 『태종실록』 권3, 태종 2년 6월 경신, "經濟六典一款 守令近民之職 民之休戚係焉 選擧不可不精 願自今兩府以至顯官六品 各擧所知 以曾經顯秩有名望者 歷任中外有聲績者 以備除授 所擧非人 罪及擧主". 임용한, 『조선전기 수령제와 지방통치』, 혜안, 2002, 115쪽 참조.

28) 『태종실록』 권3, 태종 2년 2월 무오., "經濟吏典 有乳臭子弟拜職者 罪其父兄".

시 오경에 통한 자에게 부시를 허락한다고 하였습니다.[29]

첫 번째 조문은 어린 자녀에게 문음직 수여를 금지하는 조항이다. 그러나 단지 유취자제라고 했을 뿐 나이를 명시하지 않았다. 이런 문제 때문에 『속집상절』에서는 문음취재의 대상이 18세로 명시된다.[30] 두 번째 조문은 문과 응시자격 조항인데, 역시 "오경에 통했다"고만하여 평가기준이 명확하지 않다.

이런 현상이 발생한 이유는 무엇일까? 법전을 처음 편찬하다 보니 경험부족과 미숙함이 드러난 경우라고 볼 수도 있겠다. 그러나 『원전』은 법조문을 기안해서 만든 법전이 아니고 기존의 수교를 모은 수교집이다. 수교로 법을 반포하는 방식은 이미 고려 전 시기를 통해 운영해온 경험이 축적되어 있었다. 또 이런 조문이 별로 많지는 않다. 따라서 이런 경우는 법전편찬의 기술적 요인 때문이 아니라 제도의 시행여부를 둘러싼 상황적 요인 때문이었다고 생각된다. 음서의 나이제한이나 과거의 응시규정은 관료들의 이해관계가 직결된 첨예한 문제였다. 따라서 이런 세밀한 부분에 대해서는 아직 관료군의 합의를 도출하지 못했거나 결정하기가 쉽지 않았으므로 일단 포괄적으로 합의된 내용만을 법전에 수록했을 수 있다.

한편 『원전』 조문은 세부지침이나 단서조항이 충분하지 못한 경우가 있다.

경제육전에 기록되어 있기를 무릇 조정에서 사환하는 자는 부모의 분상을 제외하고는 출관을 허락하지 않음, 부득이한 경우라면 반드시

---

29) 『세종실록』 권69, 세종 17년 9월 을미, "謹按經濟元典 式年科擧 必須通五經者 乃許赴試".

30) 『태종실록』 권30, 태종 15년 8월 갑술.

사직한 후에 출행해야 한다. 이를 위한하는 자는 아프게 다스린다.[31)]

이 조문은 관리의 휴가 규정으로 부모의 상 이외에는 서울을 벗어나는 것을 허락하지 않는다는 것이다. 그러나 실제로 지방이나 고향을 방문해야 할 사례는 많은데, 예외를 전혀 인정치 않았다. 이처럼 강경한 규정은 새로운 법을 시행하고 과거의 폐단을 개혁하려는 의지의 표현이었다고 할 수 있다. 또 시행세칙이나 세부규정은 법을 처음 시행하면서 시행착오의 과정을 거쳐 만들어지는 것인데, 이때는 법을 처음 시행하는 단계이므로 국가체제의 방향과 법의 골격을 제시하는 데 치중하여 이런 규정이 부족했을 수 있다. 하지만 지나치게 현실을 무시한 법은 오히려 실행력을 저하시킨다는 것이 법리의 상식이다.

이처럼 포괄적이거나 모호한 규정이 있고, 현실을 충분히 반영하지 못하고 때로는 과도했던 법규를 포함하고 있는 것이 『원전』의 약점이었다. 그리고 이것이 정도전・조준파가 몰락한 후 새로운 법전을 편찬하는 명분이 되었다고 보여진다.

2) 경제육전 속집상절

(1) 편찬과정

조선 건국을 전후하여 국가체제의 개혁을 주도했던 정도전・조준파는『원전』을 편찬한 지 9개월 만에 실각하였다. 이후의 정국은 태종을 정점으로 하여 정도전・조준 보다는 보수적인 개혁을 주장하던 온건파와 고려의 구귀족의 연합세력이 정권을 장악하였다. 조선을 건국

31)『정종실록』 권2, 정종 1년 12월, "經濟六典所載 凡仕于朝者 除父母奔喪外 不許出關 其事有不獲已 必辭職而後乃行 違者痛治".

한 지 7년 밖에 되지 않은 시점이어서 이들은 새로운 제도의 마련과 정비도 지속해야 했고, 정도전·조준의 개혁안도 수정해야 했다. 그리하여 이들이 정권을 장악한 지 1년도 안된 정종 원년 10월에 조례상정도감(條例詳定都監)을 설치하고 새로운 법령의 제정작업을 시작했다.

> 사헌부에서 상소하였다.……엎드려 바라건대, 전하께서는 명하여 조례상정도감을 세우고 나누어 3방(房)을 만들어서, 일찍이 옛 제도를 섭렵하고 시무를 잘 아는 자를 가려서 배속시키되, 그 판사(判事)는 특별히 여러 공(公) 이하를 명하여 관령(管領)하게 하고, 수전(水戰)·육수(陸守)의 모든 인물을 차역(差役)하는 따위의 일을 1방에 붙이고, 요부(徭賦)·전폐(錢幣)의 모든 국가에 수용되는 것과 수륙(水陸)의 운수하는 따위의 일을 1방에 붙이고, 제도·금령과 같이 국가에 기강(紀綱)이 되는 것을 1방에 붙이고서, 전후에 헌의(獻議)한 사목(事目)을 유형별로 나누어 3방으로 하여금 모여 의논한 연후에 판사에게 진달하면, 판사가 그 가부를 참작하여 마땅한 것에 좇아 결정하고, 황원(荒遠)하여 미처 두루 알지 못하는 것이 있으면, 큰 것은 사람을 보내어 물어보고, 작은 것은 각도에 이첩하여 모두 보고하게 하여 참고하소서.[32]
>
> 조례상정도감(條例詳定都監)을 설치하고 나누어 3방(房)으로 하여, 정안공(靖安公 : 이방원)과 좌정승 조준, 우정승 김사형, 참찬문하부사(參贊門下府事) 이무(李茂)·이거이(李居易), 대사헌 전백영(全伯英), 중추원부사(中樞院副使) 유관(柳觀)으로 판사를 삼고, 우산기(右散騎) 윤사수(尹思修) 등 9인으로 속관(屬官)을 삼았다.[33]

32) 『정종실록』 권2, 정종 1년 10월 기유.
33) 『정종실록』 권2, 정종 1년 10월 계축.

조례상정도감에는 조준과 윤사수 등 『원전』의 개혁세력도 참여했지만, 정치적 배려에 불과했던 것 같다. 이는 태종 원년 9월을 전후해서 조례상정도감이 폐지되어 버린 데서도 짐작할 수 있다.

이때부터 법령의 편찬은 하륜이 주도하는 의정부나 의례상정소가 주도하게 된다.[34] 그리고 어느 정도 새로운 수교가 축적된 태종 7년에 하륜을 책임자로 하는 속육전수찬소가 설치되면서 새 법전의 편찬작업이 시작되어, 태종 12년 4월에 『경제육전원집상절』 3권과 『경제육전속집상절』 3권을 편찬하고,[35] 다음해 2월에 간행했다.[36]

(2) 내용과 특성

지금까지 발견된 『속집상절』의 조문은 88개조로 『원전』의 절반 수준이다. 이 법들은 자신들이 집권한 태조 7년 이후에 반포한 수교였다.[37] 이는 『원전』이 태조의 성헌이라는 이유로 폐기할 수 없다는 주장이 힘을 얻었기 때문이다. 따라서 이 조치가 조선시대를 일관한 성헌존중주의의 시원적 조치로 이해되고 있다. 이처럼 『원전』을 온존하고 별도의 법전을 편찬했다는 사실 때문에 『속집상절』은 『원전』의 법을 손대지 않고 『원전』 이후에 반포한 법만을 모았다고 이해하는 경향이 있지만 사실은 그렇지 않다. 태조 7년 이후에 반포한 수교 중에 『원전』의 법을 폐기 또는 개정하는 수교들이 다수 반포되었기 때문이다.

『원전』의 개정 작업은 『원전』의 이두문체를 순한문체로 개역하는

---

34) 임용한, 「조선초기 의례상정소의 운영과 기능」, 『실학사상연구』 24, 2002. 12, 85~92쪽.

35) 『태종실록』 권23, 태종 12년 4월 무진.

36) 『태종실록』 권25, 태종 13년 2월 기묘.

37) 『태종실록』 권23, 태종 12년 4월 무진.

과정에서도 발생했다.[38]

『경제육전』이 두 개가 되고 두 법전 사이에 서로 다른 조문이 존재하게 되자 법률운영에 혼란이 발생하는 것은 당연한 일이었다. 태종 15년에 『원전』과 『속집상절』에서 서로 차이가 나는 20개조의 처리 문제가 논의되었는데, 18개조는 『원전』을 따르고 2개조만 『속전』을 따르도록 되었으며, 아울러 이때 새로 고친 조문은 모두 삭제하고, 어쩔 수 없이 『원전』의 조문을 고쳐야 하는 것은 『원전』의 본문 아래 주로 단다는 방침을 정하였다.[39]

이 날의 결정은 『속전』에 대한 『원전』의 우위를 인정함으로써 성헌을 존중한다는 그간의 방침을 다시 한번 확인하는 한편,[40] 부득이 성헌을 수정해야 할 때도 성헌을 폐기하지 않고 그 밑에 각주로 단다는 조선의 독특한 법전편찬방식을 만들어 내었다(각주 수정방식). 이 방침은 이후 조선시대의 법전을 편찬하는 데에 있어서 부동의 방침이 되었다.[41]

그러나 이 기사에는 두 가지 함정이 있다. 첫째 『경제육전』의 조문을 검토하면 『속집상절』에는 이 20개조 이외에도 『원전』과 어긋나는

---

38) 윤훈표, 「경제육전의 편찬과 주도층의 변화」, 『동방학지』 121, 2003, 36~38쪽.

39) 『태종실록』 권30, 태종 15년 8월 정축, "凡條畫一從元六典 王旨續六典內元典條畫 更改未便 更令叅考 仍舊施行 其中不得已更改條畫 擬議啓聞 禮曹與諸曹 擬議謹錄 守令權差 守令赴任 吏典去官 船軍賞職 守令保擧 科田遞(遞)受期限 正三品衣帶 文科試取時坐次禮 文字相通 起復 刑決三復 奴婢相訟三條 次知囚禁 疑罪三度取招 宰相犯罪處決 大小使臣相會禮 在外受任者受官敎 已上十八條 從元典 田地隨損給損 錢一貫准布十匹 已上二條從續典何如 敎曰 元典更改續典所載並皆削除 其中不得已事 元六典各其條下 書其注脚". 또 『세종실록』 권42, 세종 10년 11월 정축 ; 權採, 「經濟六典元集詳節序」, 『東文選』 卷93.

40) 위의 주와 같음.

41) 전봉덕, 「해제」, 『경제육전습유』, 13쪽.

조문이 상당히 많다. 내용도 과거제, 학교제, 문음, 부세, 신분제와 같이 정치적, 사회적으로 파장이 큰 조문들이 상당수 개정되었다.[42] 이날 이 20개조만을 거론한 이유는 잘 알 수 없지만 이 20개조는 상대적으로 비중과 파장이 작은 조문들인 것은 분명하다. 어쩌면 비중이 떨어지는 조문이기에 이 20개조가 논의 선상에 오르고, 대부분 『원전』을 따르라는 결정이 내려진 것일 수도 있다.

그러나 세종 10년에 이직 등이 올린 「신속육전진잔(新續六典進箋)」에 의하면 『원전』을 준수하고 각주로 수정하라는 방침도 잘 시행되지 않았다.

> 태종공정대왕께서 예조에 명령하여 속육전 내에 원육전을 개정한 조항은 모두 삭제하고 부득이한 것은 원전의 본문 아래에 주로 달라고 하였습니다. 그러나 그대로 그쳤을 뿐 끝내 완성을 보지 못하여 서로 어긋나거나 중복되는 것이 많이 존재하게 되었습니다.[43]

결국 이 규정들은 태종 15년의 명령처럼 『원전』의 법으로 돌아가지 않고 『속집상절』의 개정방안이 『경국대전』까지 이어지게 된다.[44]

실제로 지금까지 발견된 『속집상절』의 조문을 검토해 보면 『속집상절』은 태조조 개혁의 미진한 부분을 보충해 나간다는 성격보다는 『원전』의 개혁방향을 수정하는 데에 중점이 두어진 조문이 대부분이다.

물론 『속집상절』이 전하지 않고 이처럼 논쟁적 성격의 법이 조정에

---

42) 임용한, 「경제육전속집상절의 간행과 그 의의」, 『조선시대사학보』 25, 2003, 19～25쪽 참조.

43) 『세종실록』 권42, 세종 10년 11월 정축, "太宗恭定大王 諭禮曹 續六典內 更改元典者 其悉削除 如不得而存之者 註於元典本條之下 第以因仍 不克成書 是以或相違戾 或頗重複".

44) 임용한, 위의 글.

서 거론되는 경우가 많아 이런 법들이 주로 실록 기록에 남았을 가능성이 높다. 하지만 이런 사정을 감안한다고 해도 『속집상절』의 가장 큰 특징은 『원전』의 개혁방안의 수정에 있다고 규정할 수 있다.[45)]

그렇다면 구체적으로 『원전』과 『속집상절』은 어떤 차이를 지니고 있을까? 육전체제의 법전은 국가 사회의 모든 정책을 포괄하고 있기 때문에 이 점에 대해서는 앞으로도 주제별로 다양한 연구와 검토가 필요하다. 그러나 현재까지 고찰한 결과로 보면 두 법전의 차이가 가장 두드러지는 부분은 집권관료층의 성격과 정치적 개방성이다. 관리의 임용과 등용, 신분제와 같은 부분에서 『원전』은 사대부층의 이상에 따라 정치운영의 폭을 넓히고 지방의 사류들을 적극 등용하고, 이들의 등용과 승진의 기회를 열어주려고 하는 반면, 『속집상절』의 규정들은 고려에서 조선사회로의 변화를 수용하면서도 공신, 집권층의 기득권을 좀 더 보호하고, 지방사류의 성장, 평민층의 신분상승을 제한하려는 의도를 드러낸다.[46)]

---

45) 임용한, 앞의 글, 27쪽.

46) 정치세력 및 관료제와 관련하여 두 법전의 이러한 차이에 대해서는 임용한, 「조선초기 한성부의 기능강화와 주민재편작업」, 『서울학연구』 3, 1994 ; 「여말선초의 학교제와 과거제」, 『한국사의 구조와 전개』(하현강교수정년기념논총), 2000 ; 『조선전기 수령제와 지방통치』, 혜안, 2002, 제2장 참조. 『원전』과 『속집상절』의 차이를 왕권과 신권의 대립이라는 기준으로 파악하려는 시도도 있다. 이것은 조선의 정치사를 왕권과 신권의 대립구조 속에서 이해해 온 오랜 전통의 소산이기도 하다. 그러나 왕권과 신권이란 개념이 애매하고 정치구조적으로 성격과 기준이 잘못된 구분법이다. 이 사실은 실증적으로도 증명할 수 있다. 조선초기에 정도전은 신권론의 대표자로, 태종은 왕권론의 대표자로 알려져 있다. 그러나 이 같은 분류를 적용한다면 『속집상절』이 『원전』에 기재한 명나라의 과거제를 거부하고, 송나라 과거제의 형태를 채용하며, 고려조의 문음제도로 회귀하는 정도는 아니지만, 문음의 특권을 오히려 확대하는 등 각종 등용제도와 관료인사제도에서 공신과 중앙 세가의 특권을 확충하고, 오히려 『원전』의 개방성과 지방사족의 등용장치와 승진로를 차단하고 있는 사실을 설명할 수가 없다. 이외에도 이 같은 경향을 보여주는 많

그런데 『속집상절』은 관료층의 폭넓은 지지를 획득하는 데 실패하였다. 『속집상절』을 편찬한 하륜에 대한 비판을 종합하면 보수파들은 하륜을 정도전에 비교할 정도로 『원전』의 개혁안을 계승한 부분을 싫어했다. 하지만 『속집상절』은 『원전』의 주요 개혁정책을 뒤집는 법안도 다수 포함하고 있는데, 아마도 『원전』의 지지자들에게 이러한 법안은 상당한 불만을 야기했을 것이다.

어떤 의미로 보면 하륜의 법전은 고려사회에서 조선사회로 전환하는 시기에 다양하게 쏟아지는 갈등을 조절하는 데 실패했다고도 볼 수 있다. 그것은 당시 태종이 『속집상절』의 편찬을 철저하게 하륜이 주도하게 했다는 사실에서도 짐작할 수 있다. 태종은 개혁파의 각 세력이 다양하게 참여하는 조례상정도감을 폐지하고, 하륜이 의례상정소와 속육전수찬소를 주재하게 하였다. 이것은 태종의 하륜에 대한 절대적 신임의 결과라고 볼 수도 있지만, 국초에 개혁방안을 두고 의견이 분분한 상태에서 추진력 있게 개혁을 추진하기 위한 방법이기도 했다.

하지만 하륜이라는 개인에게 의존한 개혁추진은 기대와는 달리 관료들의 반감을 초래하여 오히려 개혁법안의 생명력을 훼손시켰다. 결국 『속집상절』은 바로 개정을 명령받게 되었으나 태종의 생전에 이 개정 작업은 지지부진하다가 세종조의 과제로 넘어가게 되었다.

은 증거들이 있지만 여기서는 왕권론과 신권론이란 조선의 국가체제를 이해하는 데 유용한 기준이 아니라는 사실을 지적하는 선에서 마무리하고자 한다.

3) 신속육전과 신찬경제속육전

(1) 편찬과정

세종은 즉위하자마자 법전의 개정 작업에 착수하였다. 첫 작업은 『원전』과 『속집상절』의 조문에 대한 재검토였다. 세종 2년 11월 예조에서 올린 원전과 속전에 수록한 각년판지(各年判旨) 중에서 잘 시행되지 않는 조문에 대한 보고는 이 같은 검토작업의 결과였다.[47] 그러나 세종은 상왕인 태종이 살아 있는 동안은 법전편찬작업에 착수하지 못하다가, 세종 4년 태종이 사망하자 바로 육전수찬색(六典修撰色)을 설치하고 법전편찬에 참여하였다. 편찬책임자는 이직, 이원(李原), 맹사성, 허조 등이었다.

하륜이 독주한 『속집상절』의 단점을 인식해서 편찬자의 수를 늘리고, 예조로 이속된 검상조례사의 기능을 복구하는 등 편찬집단을 다원화하기 위해 노력하였다.[48] 그리하여 세종 8년 12월에 『정전(正典)』 6권과 『등록(謄錄)』 1권으로 구성된 새로운 속전이 탄생했다.

> 수찬색이 『속육전』과 『등록』을 편찬하여 바쳤다. 그 서문에 이르기를……"만일 일시적으로 행할 만하나 영구한 법전이 되지 못하는 것은 각각 따로 찬집해서 이름을 『원전등록』이라 했습니다. 그 어긋나고 중복된 것을 모두 삭제해서 수찬한 『속육전』 6권과 『속록』 1권을 삼가 선사(繕寫)해서 바치오니, 엎드려 바라옵건대 보시고 시행하시기 바랍니다" 하니, 예조에 내리도록 명하였다.[49]

---

47) 『세종실록』 권10, 세종 2년 11월 신미.

48) 이 책 4장 3절 참조.

49) 『세종실록』 권34, 세종 8년 12월 임술. 그런데 이 기록을 보면 서두에서는 『속육전』과 『등록』을 편찬했다고 하고 말미에서는 『속육전』 6권과 『속록』 1권이라고 하였다. 전체 문맥으로 보아도 그렇고 성종 이전에는 『속록』이라

이를 다른 속전과 구분하기 위하여 『신속육전』이라고 부른다.[50] 그리고 바로 『신속육전』과 『원전』은 800부, 『등록』은 100부가 인간되었다.[51]

세종 8년에 『신속육전』이 완성되었지만 아직도 이에 대한 이의가 그치지 않았다. 그리하여 곧 재편찬작업이 시작되었다. 세종 10년 11월에 이직 등이 다시 『속육전』 5권과 등록 1권을 올린다.[52] 하지만 이는 반포되지 않았다. 이 법전을 하연(河演)이 개수하여 세종 11년 3월에 인간까지 마쳤으나[53] 다시 반포가 중단되었다.

다음 해에 세종은 집현전에서 법전을 검토하게 하였으며, 경연에서도 육전을 논의하도록 했다. 이런 과정을 거쳐 세종 15년(1433) 정월에 황희에 의해 『정전』 6권과 『등록』 6권이 찬진되었다.[54] 이것이 경제육전의 최종판으로 『신찬경제속육전』이라고 부른다.

그러나 이것으로 법전편찬작업이 마무리 된 것은 아니었다. 『신찬경제속육전』의 편찬 이후에도 새로운 수교는 계속 발해졌다. 조선 건국 후 시행한 개혁과 제도에 대한 논란과 시행착오가 끊이지 않았기 때문이다. 그리하여 문종 때에 다시 수교를 추록하고 재정리하려는 시도가 있었다.[55] 그러나 문종의 치세가 짧고 단종 때의 정치적 격변으로 이 작업은 시행되지 못했다. 세조가 즉위한 후에 세조는 기존의 수교집 체제를 포기하고 새로운 체제의 법전편찬에 착수하게 되는데, 이것이 『경국대전』이다.

는 명칭은 등장하지 않으므로 『속록』은 『등록』의 오기임에 분명하다.

50) 『세종실록』 권34, 세종 8년 12월 갑술.

51) 『세종실록』 권34, 세종 8년 12월 임술.

52) 『세종실록』 권42, 세종 10년 11월 정축.

53) 『세종실록』 권43, 세종 11년 3월 갑자.

54) 『세종실록』 권59, 세종 15년 1월 무오.

55) 『문종실록』 권6, 문종 1년 2월 정해.

(2) 내용과 특성

『신속육전』에서 특기할 만한 변화는 법전편찬방식의 변화이다. 『신속육전』 서문에서는 몇 가지 편찬범례를 서술하여 놓았다. 그 내용은 다음과 같다.56)

① 『속전』에서 『원전』의 내용을 고친 것은 모두 삭제하고, 첨가하거나 수정한 내용은 『원전』과 『속전』의 조항 밑에 주로 달았다.
② 무자년(태종 8년) 이후의 수교를 모아 연월을 불문하고 유별(類別)로 모아 속전에 합록했다.
③ 수교 중에서 합칠 만한 것은 합치고, 그 아래 어느 해 어느 관청에서 받은 수교를 합쳤다고 주로 달았다.
④ 새로 설치한 관청은 설치연월일을 밝혀 놓았다.
⑤ 갑진년(1424년, 세종 6) 이후 다시 고친 조목들도 해당 조목 아래 주로 달았다.
⑥ 영구히 시행할 법은 법전에 수록하고, 일시적인 법은 별도로 『등록』을 편찬하여 이곳에 수록했다.

이 같은 편찬범례는 조선의 법전편찬사에서 매우 중요한 내용들이므로 상세하게 검토해 보고자 한다.

①은 태종 15년의 지침을 따른 것으로 태종 15년의 지침이 이때야 비로소 제대로 적용된 셈이다. 이것은 그만큼 『원전』과 『속집상절』의 차이를 해소한다는 것이 쉽지 않은 과제였음을 말해준다고 하겠다.

②는 앞 장에서 살펴본 대로 ①의 연속선상에 있는 과제였다. 그런데 앞 장에서 살펴본대로 윤국일은 이 기사에 의거해서 『신속육전』에서 비로소 항목분류가 생겼다고 보고 육전 조문을 인용하는 기사에

56) 『세종실록』 권34, 세종 8년 12월 임술.

가끔 등장하는 '○○조'라는 표현이 항목명을 의미한다고 보았다. 그런데 '○○조'라는 표현을 항목명으로 보기에는 석연치 않은 부분이 있다. 윤국일이 지적한 바와 같이 『경국대전』을 인용할 때 '대전 오복조'라든가, '대전 해유조'라고 하여 항목명을 '○○조'라고 부르는 경우가 많다. 하지만 육전 조문을 인용할 때 사용하는 '○○조'의 용례를 보면 '○○조'가 반드시 항목명에만 사용된 것은 아니다.

우선 똑같은 조문이 여러 명칭으로 불리는 경우가 있다.

문음에 관한 조항은 '각품자손승음조(各品子孫承蔭條)', '승음조(承蔭條)', '문음조(門蔭條)'라고 제각기 표현되고 있는데, '○○조'가 항목명이라면 이런 차이가 발생할 수 없다. 혹 『원전』과 『속집상절』, 『신속육전』에서 항목명이 달라졌다고 볼 수도 있으나 동일한 조문이 제각기 다른 명칭으로 불리는 경우도 있다.

> 속육전 문음조에 이르기를 "공신 및 2품관 이상의 아들, 손자, 사위, 동생, 조카는 경관 실직으로 3품, 외관 3품 이상 수령의 자손으로 일찍이 경연, 대간, 이조와 병조의 관원을 역임한 사람의 아들로 20세 이상이 된 자는 조부, 친부 당숙, 백숙, 형제가 대소관원의 천거를 받아 내외조부의 직명을 기록하여 이조에 보고하면 이조는 예문관으로 보내 1경을 시험하여 합격자는 패를 지급한뒤 다시 이조로 보고하여 공신 2품 이상의 아들 손자, 사위, 동생, 조카는 사온서 직장동정에 임명하고, 경외관 실행 3품관을 역임한 자의 자손으로 경연, 대간, 이조와 병조의 관원을 역임한 자의 아들은 사온서 부직장동정에 임명하고 재능에 따라 서용한다.[57]

---

57) 『성종실록』 권4, 성종 1년 3월 계미, "續六典 門蔭條 功臣及二品以上子孫壻弟姪 京官實行三品 外官三品守令子孫 曾經臺諫政曹者之子 年二十以上 令祖父親堂伯叔兄弟 大小官薦擧 並錄內外祖父職名 呈吏曹 移文藝文館 試一經 中格者給牌 還報吏曹 功臣二品以上子孫壻弟姪 差司醞直長同正 京外實行三品子孫 及曾經臺諫政曹者之子 差司醞副直長同正 隨才敍用".

이 조문은 속전에 수록한 문음 관련 조문인데, 위의 기록에서는 '속육전 문음조'로 인용되고 있다. 그런데 이 조문이 다른 기록에는 '각품자손승음조'라고 표현되고 있다.[58)]

또 이런 기록도 있다.

> 성균관의 거주하는 생도가 교도직을 제수받는 조(居館生徒 除授敎導條)와 교도취재법이 육전에 수록되어 있다.[59)]

이 기록에서 말한 "거관생도가 교도직을 제수받는 조"란 분명히 항목명이 아니라 조문의 일부분을 인용하는 표현이다. 이상의 기록으로 보면 '○○조'라는 표현은 고정된 의미가 없고, "무슨 조문"이라는 의미 정도로 사용하는 표현임을 알 수 있다. 다만 이렇게 '○○조'로 인용하는 표현 중에 실제 항목명을 지칭할 경우도 있을 수는 있겠다.

『신속육전』에서 가장 괄목할 만한 변화는 ③~⑤의 조치였다. 『경제육전』의 약점은 이 법전이 수교집 체제라는 사실이다. 수교란 법조문과 달라 같은 내용이 반복되어 내려지기도 하고, 일부만 수정되어 내려지기도 한다. 특히 기존 제도의 일부만 수정했을 때도 그 부분만 수정한다는 수교로 내리기보다는 수정된 내용을 포함한 내용 전체를 수교로 내리게 된다. 이럴 경우 전체 내용은 거의 같고 일부분만 다른 여러 개의 수교가 존재하게 된다.

그런데 태조~태종 연간을 거치면서 개혁론의 큰 틀을 둘러싼 논쟁은 종식되고, 국가체제도 지속적으로 정비되어 감에 따라 세종때부터는 형량을 수정한다거나 예외사항을 추가하는 등 일부를 수정하거나

---

58) 『중종실록』 권25, 중종 11년 5월 경자.

59) 『세종실록』 권61, 세종 15년 9월 경인, "居館生徒 除授敎導條 敎導取才之法 載在六典".

보완하는 작업도 많아졌다.

그런데 부분적인 수정안을 포함한 수교를 예전처럼 전부 그대로 수록한다면 중복되는 부분이 지나치게 많아질 것이다. 그래서 이때부터는 수교 중에서 하나로 합할 수 있는 것은 합하고 모년모사의 수교를 합쳤다고 각주로 표기하는 방식을 도입하였다. 관서가 신설되거나 명칭을 고치는 경우도 역시 별도로 수교 전문을 수록하기보다는 원 조문 밑에 주를 달아 표기함으로써 번거로움을 최소화하였다.

이처럼 여러 개의 수교를 합하여 정리하는 방식은 이전의 수교집 체제에서 수교에 수록한 내용을 분해하여 새로운 법조문으로 기안하고 내용별로 육전과 항목을 세밀하게 나누어 집어 넣는 『경국대전』의 편찬방식으로 넘어가는 과도기라는 점에서 주목된다.

⑥은 『정전』과 『등록』을 구분하는 새로운 방식에 대한 지침이다. 『정전』에는 항구적인 법을, 『등록』에는 일시의 법 또는 한때의 권도(權道)로 나온 영구성이 없는 법[60]을 수록하기 위해서였다. 이때부터 일시적으로 사용할 법(一時之法)은 『등록』에 수록한다는 편찬방식이 탄생했다. 이것도 조선시대를 관통하는 법전편찬 원리가 되었다.[61]

그렇다면 등록에 수록한다는 일시적인 법이란 무엇일까? 일시지법에 대해서는 상위법과 하위법의 개념으로 이해하는 경우도 있고,[62] 『정전』에 수록하기 전에 법을 시험하는 단계로 이해하는 경우도 있다.

그런데 실록에 등장하는 『등록』 조문을 검토해 보면 크게 두 종류의 조문이 『등록』에 수록되어 있다. 첫째는 법전 조문의 시행세칙이나

---

60) 『세종실록』 권42, 세종 10년 11월 정축, 「신속육전진전」.

61) 등록 또는 『속록』 류의 법전으로는 『대전속록』(성종 23년)과 『대전후속록』(중종 38년), 『수교집록』(숙종 24년), 『신보수교집록』(영조대) 등을 들 수 있다. 단 이들을 등록류의 법전으로 볼 수 없다는 의견도 있다(전봉덕, 「조선왕조법전 해제」, 『大典續錄・後續錄』, 아세아문화사, 1983, 21~23쪽).

62) 박병호, 『한국법제사고』, 법문사, 1974, 402쪽.

세세한 규정, 임시적인 조치로 보이는 규정들이다.[63] 확실히 이는 '일시의 법'이나 하위법의 개념에 적합한 규정이라고 하겠다. 법전편찬의 기술적 요인으로 보면 법조문과 시행세칙, 단서규정 등이 하나의 수교에 포함되어 있는 수교집 체제의 단점을 극복하려는 시도였다고도 평할 수 있겠다.

그러나 『등록』에는 이러한 규정 외에 『정전』에 수록하여도 부족함이 없는 조문들도 포함되었다. 대표적인 사례가 『속집상절』에도 수록되었던 공신전분급규정[64] 수륙재 규정 등이다. 또 천문(天文), 금루(禁漏), 풍수학(風水學)의 거관(去官) 규정,[65] 공장(工匠)과 좌가(坐賈)의 수세액,[66] 예전의 부경역관(赴京譯官)의 선발시험,[67] 연로한 생원의 서용 규정,[68] 병전의 춘추도시(春秋都試)[69] 등등의 규정은 내용이 조금 변경되기는 했지만 『경국대전』에도 수록된 규정들이다.[70]

이처럼 『정전』의 규정으로 손색이 없는 규정들이 『정전』이 아닌 『등록』에 수록된 이유는 이 규정의 시행을 두고 관료군의 의견이 일치되지 않았기 때문이다. 이처럼 논란이 심한 법들을 『등록』으로 편제함으로써 법의 시험기간을 가짐과 동시에 『경제육전』의 편찬을 빨리 완료하려고 했던 것이다.

---

63) 등록에 수록한 조문의 성격과 분석에 대해서는 임용한, 「『경제육전등록』의 편찬목적과 기능」, 『법사학연구』 27, 한국법사학회, 2003 참조.

64) 『성종실록』 권202, 성종 18년 4월 갑오, "於經濟六典續集詳節 功臣田 嫡室無子者 良妾子承重者 及嫡室女子 平均分給".

65) 이와 유사한 규정은 『경국대전』 이전, 경관직, 관상감조에 있다. 이하 『경국대전』에 있는 유사조항은 각주로 표기하였다.

66) 『경국대전』 권2, 호전 잡세.

67) 『경국대전』 권3, 예전 장권.

68) 『경국대전』 권1, 이전 取才, 연로 생원의 우대규정은 여러 번 변하여 『경국대전』에서는 40세 이상된 자만 외교관 시험에 응시할 수 있게 되었다.

69) 『경국대전』 권4, 병전 試取.

70) 임용한, 「『경제육전등록』의 편찬목적과 기능」, 183~184쪽.

『신속육전』과 『신찬경제속육전』의 내용적 특성은 『원전』이나 『속집상절』의 경우처럼 명료하지는 않다. 앞 장의 <표 1>에서 볼 수 있듯이 『신속육전』과 『신찬경제속육전』의 조문은 분류하기가 쉽지 않다. 또 『신속육전』의 편찬과정에서 몇 개의 교지를 합치는 작업방식이 등장한 데서도 알 수 있듯이 조문의 내용을 부분적으로 수정, 보완하는 작업의 비중이 높아졌던 데도 원인이 있는 듯하다. 한마디로 세종조의 법전편찬작업의 과제는 우선 『원전』과 『속집상절』 간에 서로 대립하는 개혁노선을 조정하는 것이었는데, 전반적인 내용으로 보면 『속집상절』의 방안을 따르는 경향을 보여준다. 다만 세부규정을 수정, 보완하고 제도 운영을 정교하게 함으로써 『속집상절』의 개혁안들이 지니는 약점을 보완하는 데에 주안점이 있었다.

세종조에 편찬한 『속전』에서 주목할 만한 발전을 보인 부분은 법의 작성과 운영원리에 대한 부분이다. 『신찬경제속육전』을 편찬 중이던 세종 13년에 아전과 노비에게 삼년상을 허용하는 문제가 조정에서 논란이 되었다. 효는 신분을 초월하여 만민에게 고르게 적용되는 윤리이며, 정부 역시 신분을 초월하여 효를 장려하고 포장할 의무가 있었다. 그러나 반대하는 사람들은 향리와 노비의 경우 삼년상이 피역의 구실이 되거나 사역인의 감소를 초래할 수 있다는 이유를 들었다. 이에 대해서 예조판서 신상은 아래와 같은 의견을 제시하였다.

예조판서 신상(申商)이 아뢰었다. "강원 감사 고약해(高若海)가 아전들에게도 삼년상을 행하게 하여 풍속을 후히 하자고 청했습니다. 어떤 이는 헌의(獻義)하기를, 만약 아전들에게 삼년상을 행하게 허용한다면 부릴 사람이 없을 것이니 여묘(廬墓)만을 들어 주고, 나머지는 구례(舊例)에 의하여 백일상을 행하도록 하는 것이 옳다고 하오나, 이 말은 대단히 옳지 못한 말입니다. 삼년상이란 귀천(貴賤)의 구별 없이 균일한 것입니다. (반대하는 사람들은) 부릴 사람이 없어진다고 하오나 대체로 보아 100명 중에 거상(居喪)을 하는 자는 10명을 넘지 않을 것이니 법을 세워 제도를 정하는 마당에 어찌 사소한 폐단을 생각하겠습니까? 『속육전』에도 역시 이르기를, '시위군사(侍衛軍士)는 (삼년상을) 자원하는 자가 있으면 들어 준다.' 하였으나, 이도 역시 너무 좁습니다. 원하옵건대, 공사의 천례(賤隷)까지도 모두 3년제를 제정하시어 효성을 다하도록 하옵소서. 설혹 저마다 다 행하지 못하더라도 법의 제정은 마땅히 이같이 해야 될 것입니다. 그 여묘의 제도에 있어서는 억지로 행하게 할 수 없을 것이니, 천한 사람들이 여묘를 살게 되면 처자의 부양을 돌볼 겨를이 없지 않을까 합니다."

임금이 말하기를 "경의 말이 옳다. 혹 아비가 살아 있어 다만 기년(期年)을 행하는 자도 있을 것이니, 거상하는 자가 어찌 일시에 생기겠는가. 비록 삼년상을 행하도록 허용하더라도 사역에는 지장이 없을 것이다. 하물며 지금 나라가 무사하여 군사들이 삼년상을 행한다 하더라도 시위가 허소(虛疎)한 지경에 이르지는 않을 것이다. 대신이 혹 말하기를, '만약 아전들까지도 삼년상을 행하게 하였다가, 아전들이 몇 명밖에 안되는 고을에 일시에 친상을 당한다면 누구를 부리겠다는 말씀입니까.' 하는데, 나는 역시 그 말이 옳다고 생각한다(이 부분은 오기로 세종은 신상의 의견에 동조한다고 얘기했던 것이다). 분묘에 여막을 짓고 살려는 자가 있다면 삼년상을 들어주는 것이 옳으며, 개중에 속으로는 별로 효심도 없으면서 사역을 기피하려고 억지로 하는 자가 있더라도 또한 무방하니, 다시 이를 논의하여 계달하라." 하였다.[71]

71) 『세종실록』 권51, 세종 13년 3월 병자, "禮曹判書申商啓曰 江原道監司高若海啓 人吏亦許行三年喪 以厚風俗 臣以爲或有議者云 若許人吏行三年喪 則無任使之人 只可聽廬墓者 餘依舊例行百日喪 此言甚不可也 三年之喪 無貴賤一也 雖曰無任使者 凡百人之內 居喪者 率不過十人 立法定制 豈宜計其小弊 續六典亦云 侍衛軍士 有自願者聽 此亦狹矣 願至公私賤隷 竝定

신상은 향리, 군인, 노비의 삼년상을 허용하되 강제하지는 말자고 한다. 허용을 해도 강제규정이 아닌 이상, 처자를 부양해야 하기 때문에 보통 사람은 삼년상을 치를 경제력이 없어 삼년상을 하는 사람은 많지 않고, 사역이나 시위에 큰 지장이 발생하지도 않는다. 이런 사정을 안다면 굳이 법에 차별적인 조항을 둘 필요는 없는 것이다. 그래서 신상은 "설혹 저마다 다 행하지 못하더라도 법의 제정은 마땅히 이같이 해야 될 것입니다"라고 주장했던 것이다.

법리상으로 신상의 의견은 두 가지 주요한 원칙을 내포하고 있다고 생각된다. 첫째 법이 유가의 원칙과 어긋나서는 안된다는 것이다. 삼년상을 반대하는 사람들도 효와 삼년상의 보편성을 부정하는 것은 아니었을 것이다. 오직 현실론을 내세워 반대했던 것인데, 이렇게 하면 예와 법이 모순되는 결과를 초래한다.

두 번째로는 법이 지나치게 차별적이어서는 안된다는 원리이다. 현실적으로 빈한한 노비가 삼년상을 행하기가 쉽지 않는 것처럼 차별은 이미 현실과 관행 속에 내재해 있는 것인데, 법조문으로 차별을 명문화한다면 오히려 반발과 폐단을 초래할 수 있다. 그러므로 작은 폐단을 감수하더라도 법은 보편적이고 포용력 있는 원칙을 제시해야 한다는 것이다.

두 번째 원칙의 경우는 일종의 귀납적 추정으로서 이와 같은 법철학이 정리된 이론으로 남아 있지는 않다. 그러나 이전의 법전 조문과 세종조의 『속전』 조문을 비교해 보면 비슷한 사례를 또 찾아볼 수 있

爲三年之制 以盡孝誠 雖或不得盡行 其立法當如是也 若廬墓之制 不可强使行之 賤人廬墓 則妻子之養 或不暇顧 上曰 卿言是也 或因父在 只行期年者 居喪豈皆在一時乎 雖許行三年之喪 可任使令矣 況今國家無事 軍士雖行三年之喪 侍衛不至虧疎矣 大臣或云 若令人吏亦喪三年 則數吏之邑 儻一時遭喪 則誰與任使 予亦以爲然 有廬墳者 則聽行三年爲可 其中雖內無孝心 而欲避差役 勉强行之 亦可矣 更議以聞".

다.

다) 이조에서 계문하였다. "2품 이상의 자손과 사위를 나이와 재간을 자세히 써서 본조에 바치면, 성명을 등록하고 그 나이의 장성하고 어린 것을 상고하여 문무관직 중 적합한 곳에 따라 계문하여 서용하는 이외에 2품 이상의 칭신 단자(稱臣單子)는 일체 금하고, 3품 이상과 일찍이 대간·정조(政曹)의 관직을 역임한 사람의 자제는 한결같이 『속전』에 실린 것에 의하여 나이 18세 이상이고 재간이 있는 자는 대소 관원으로 하여금 천거하게 하되, 내외조부(內外祖父)의 직명(職名)을 아울러 기록하여 본조에 바치면, 본조에서 서(書)·산(算)·율(律)로써 그 능하고 능하지 못한 것을 시험하여 바야흐로 서용하도록 허락하여 청탁의 문을 막으소서. 서·산·율을 모두 통한 자는 1등으로 하고, 두 가지 재주를 통한 자는 2등으로 하고, 다만 한 가지 재주만 통(通)한 자는 3등으로 하되, 또한 서용하도록 허락하소서."[72]

라) 속육전 문음조에 공신 및 2품 이상의 아들, 손자, 사위, 동생, 조카, 경관으로 실직으로 행3품과 외관으로 3품 수령의 아들과 손자, 대간과 정조의 관직을 역임한 사람의 아들은 나이가 20세 이상이 되면 조부, 친당숙 백숙 형제인 대소관원에게 천거하게 하고, 내외조부의 직명을 기록하여 이조에 보고하면 이조에서 예문관에 서류를 보내 1경을 시험하여 합격자에게 패를 지급하고, 이조에 다시 보내면 공신 및 2품 이상의 아들, 손자, 사위, 동생, 조카는 사온직장동

72) 『태종실록』 권32, 태종 16년 7월 정유, "吏曹啓 二品以上子孫及壻 詳書年甲才幹呈本曹 謄錄姓名 考其年之壯弱 隨其文武所宜 啓聞敍用外 二品以上稱臣單子一禁 三品以上及曾經臺諫政曹子弟 一依續典所載 年十八歲以上有才幹者 令大小官薦擧 并錄內外祖父職名 呈本曹 以書算律 試其能否 方許敍用 以杜請謁之門 俱通書算律者爲一等 通二藝者爲二等 只通一藝者爲三等 亦許敍用".

정에 임명하고, 경외관으로 실행 3품자손과 대간, 정조를 역임한 자의 아들은 사온부직장동정에 임명하고, 재능에 따라 서용한다고 하였다.[73]

다)는『육전』조문은 아니지만『속집상절』의 재검토가 이루어지던 태종 16년 경에『속집상절』문음법의 개정안을 올린 것이다. 라)는 본문에는 "속육전"이라고만 표기되어 있지만, 내용으로 미루어 보건대, 세종 15년에 편찬한『신찬경제속육전』조문일 가능성이 높아 보인다.[74]

다)의 내용을 보면 문음대상을 공신과 2품 이상관의 자서제질과 3품관의 자제로 이분하고, 양자의 심사 방식과 대우에 대해 확고하게 차별적으로 정리해 놓았다. 즉 공신 및 2품 이상관의 자서제질은 천거와 문음취재를 거칠 필요도 없이 일괄로 명부를 비치했다가 수시로 등용하여 사용하고, 3품관의 자제는 천거를 받고, 서, 산, 율을 시험하여 해당 분야의 기술관으로 등용한다는 것이다.

하지만 이 법안은 세종조의『속육전』에는 수록되지 못하고, 라)의 조문으로 대체되었다. 라)는 다)의 이분법을 수용했지만 천거와 문음취재를 동등하게 부여하고, 각각에게 사온서직장동정과 사온서부직장동정이라는 동정직을 수여하게 했다. 누가 보아도 명확한 차별법이던 다)와 비교하면 라)는 차별이라고 할 수 없을 정도로 평등한 내용으로 전환되었다.

---

73)『성종실록』권4, 성종 1년 3월 계미, "續六典 門蔭條 功臣及二品以上子孫壻弟姪 京官實行三品 外官三品守令子孫 曾經臺諫政曹者之子 年二十以上 令祖父親堂伯叔兄弟 大小官薦擧 並錄內外祖父職名 呈吏曹 移文藝文館 試一經 中格者給牌 還報吏曹 功臣二品以上子孫壻弟姪 差司醞直長同正 京外實行三品子孫 及曾經臺諫政曹者之子 差司醞副直長同正 隨才敍用".

74)『경제육전집록』, 24쪽.

그러나 그렇다고 해서 라)가 실제적인 평등을 달성한 것은 아니다. 문음대상에게 동정직을 수여하는 것은 일차적인 대우이며, 조선시대의 동정직은 완전한 명예직이었기 때문에 등용과는 무관한 대우였다. 실제 관리임용은 그 다음 단계로 다시 한번 임용을 받아야 했는데, 여기에 대해서는 "재능에 따라 등용한다"고만 명시하였다. 이 조문 역시 표면적으로는 평등한 등용을 약속하는 것 같지만, 실제로는 그렇지 않았다. 당시는 이미 문음자제의 증가와 관직부족으로 문음자제를 성중관이나 녹사로 파견하는 제도가 시행되고 있었다. 다)도 그러한 경향을 법제로 정리한 것에 불과했던 것이다.

따라서 현실적으로 보면 공신과 대신층에 비해 정치적 입지가 낮은 3품관의 자제는 인사에서 불이익을 당한 가능성이 높았다. 라)가 실제적인 평등성을 달성하려면 당시의 상황에서는 3품관이 자제의 등용에 대한 현실적 보장을 명문화하여야 했다. 그러나 라)는 그런 규정을 전혀 언급하지 않았다. 결과적으로 다)가 차별적인 규정 같아도 기술관의 입속은 보장하는 반면, 라)는 동정직만을 던져줄 뿐, 3품관 자제의 등용에 대한 최소한의 강제력도 없기 때문에 현실적으로는 더 큰 불이익을 받을 수도 있는 조문이 되었다. 그러나 그것은 운영의 문제이고 운영자의 책임이었다. 이러한 현실적 상황을 배제하고, 법조문의 형태만으로 비교하면 라)는 분명 다)에 비해서는 세련되고, 공정한 외모를 갖추고 있었다.

『경제육전』의 완본이 전하지 않는 상황이라 이런 사례가 얼마나 되는지는 알 수 없다. 그러나 현존하는 조문을 대상으로 할 때는 이러한 변화가 『원전』과 『속집상절』 조문 간에는 발견되지 않고 오직 세종조의 『속육전』에서만 발견되는 것도 사실이다. 또 위에서 살펴본 세종 13년의 삼년상 허용논의를 보아도 그 무렵에 이러한 논의가 비로소 진행되고 있는 것을 확인할 수 있다. 이러한 증거로 미루어 보면 법조문으로서 차별적 대우를 규정하는 방식을 지양하고, 보다 보편적이고 합리적이며 공정한 모습을 갖추어야 한다는 태도는 세종조에 출현한 것이 분명하다고 생각된다. 그리고 이것은 『경제육전』의 편찬이 이루어낸 주목할 만한 성과였다.

(임용한)

3. 경제육전의 편찬 주도세력

1) 경제육전의 편찬과 조선 건국 주도세력

왕조 성립 직후 개국공신 출신들이 정국을 주도하였다.[1] 개국일등 공신인 정도전은 태조 즉위교서에서 "국호는 그전대로 고려(高麗)라 하고, 의장(儀章)과 법제(法制)는 한결같이 전조(前朝)의 고사(故事)에 의거하게 하며, 이에 건국의 초창기를 당하여 마땅히 관대한 은혜를 베풀어야 될 것이니, 무릇 백성들을 편히 하는 일을 조목별로 뒤에 열거한다"[2]고 했다. 이는 지금 당장 통치체제의 골격을 완전히 바꿀 수 없으므로 잠정적으로 기존의 것을 그대로 답습하되 다만 시급을 요하는 것에 한정해서 고쳐 나갈 것임을 천명한 것이다. 그렇다고 고려의 구제를 이어가겠다는 것은 절대로 아니며, 자신들이 중심이 되어 지금까지 추진해왔던 개혁작업의 성과들을 계승할 것임을 밝혔다.[3]

하지만 언제까지 이런 임시적이며 잠정적 조처로 운영할 수는 없었으므로 국호를 조선(朝鮮)으로 개정하는 것과 더불어 이전부터 추진했던 체제개혁을 계속하며,[4] 그 결과물로서의 법전간행을 서둘렀다.

---

1) 韓永愚, 『朝鮮前期社會經濟硏究』, 乙酉文化社, 1983, 50~51쪽.
2) 『태조실록』 권1, 태조 1년 7월 정미.
3) 金成俊, 『韓國中世政治法制史硏究』, 一潮閣, 1985, 370쪽.
4) 고려에서 조선으로 왕조가 교체되었으나 여전히 미진한 부분이 적지 않게 남아 있다고 여겼기 때문에 이를 해소하고자 정도전을 주축으로 하여 계속

이를 통해 새 왕조의 기틀을 확고히 다지려 했다. 개국일등공신 정총은 『조선경국전』의 발문에서 다음과 같이 언급하였다.

> 예로부터 천하 국가의 치란과 흥망은 뚜렷하게 상고할 수 있습니다. 치흥(治興)하게 된 것은 육전에 밝았기 때문이고, 난망(亂亡)하게 된 것은 육전에 어두웠기 때문입니다. 고려말기에는 정치 교화가 무너지고 기강이 퇴폐하여 이른바 육전이란 것은 이름만 있고 실속은 없었습니다. 뜻있는 인사들은 주먹을 불끈 쥐고 탄식한 지 이미 오래 되었습니다. 난세가 극도에 달하면 치세가 돌아오는 것은 필연적인 이치입니다.[5)]

위에서 정총은 고려말기 통치질서의 혼란이 육전의 '명존실망(名存實亡)'에서 기인하는 것이라 했다. 그렇기 때문에 폐단의 제거를 위해 육전의 실질을 회복하는 것이 긴요하다는 것이다. 이를 통해 왕조성립 이전부터 개혁의 주안점을 육전체제의 확립에 두었음을 알 수 있다.

> 우리 전하는 천리와 인심에 순응하여 잔학함을 제거하고 구폐를 혁파해서 교화를 일신하였습니다. 때에 맞추어 실적을 심사하여 우매한 사람을 내쫓고 현명한 사람은 승진시키니, 치전(治典)이 밝아졌습니다. 요역을 가벼이 하고 부세를 헐하게 하여 생민을 휴양시키니, 교전(敎典)이 밝아졌습니다. 거복(車服)에 법도를 두게 되고 상하에 구별을 두게 되었으니, 예전(禮典)이 밝아졌다고 하겠습니다. 융병(戎兵)을 능히 힐문하여 적에게 모욕을 당하지 않게 하였으니, 정전(政典)이 밝아졌다고 하겠습니다. 옥사를 다스림이 실정을 얻어서 백성들에게 억울한 일이 없어졌으니 형전(刑典)이 밝아지지 않았다고 할 수 없습니다.

적으로 작업을 추진하였다(韓永愚, 앞의 책, 50~52쪽).

5) 『三峰集』 卷8, 朝鮮經國典 下, 跋文(『韓國文集叢刊』 5, 444쪽).

> 백공(百工)을 다스려서 여러 공적이 빛나게 되었으니 사전(事典)이 밝아지지 않았다고 할 수 없습니다. 그래서 판삼사사 봉화백 신 정도전은 한 책을 지어서 이름을 경국전(經國典)이라 하여 바치자, 전하는 마음에 기뻐하여 이를 유사에게 맡기어 금궤에 간직해 두게 하였으며, 신 (정)총에게 명하여 그 책의 끝에 서문을 쓰게 하였습니다.[6)]

라고 하였다. 위에서 전하, 즉 태조가 구폐를 혁파하고 체제의 면모를 일신하기 위해 육전에 입각한 개혁을 추진했다고 하였다. 그리고 정도전에게 명하여 그 성과를 『조선경국전』으로 담아 간행토록 했음도 지적하였다.

하지만 『조선경국전』이 간행되었던 시점은 왕조 개창 이후 얼마 지나지 않은 1394년(태조 3) 5월이었다.[7)] 따라서 정총의 주장을 그대로 받아들일 경우, 조선이 성립되고 3년이 지나지 않은 시점에 육전에 입각한 개혁이 성공적으로 이루어졌기 때문에 『조선경국전』이 간행될 수 있던 것으로 보아야 한다. 하지만 이것은 의문이다. 일례로 정도전이 주도했던 군제 개편안은 1394년 2월에 제시되었다.[8)] 그리고 같은 해 4월에 태조는 예문관・성균관・교서감에 명하여 역대 경사에 기재된 부국강병의 방법과 임적응변의 계책을 상고하여 보고케 하였다.[9)] 다시 같은 달 예조에서 상장군(上將軍)에서 위정(尉正)에 이르기까지 상접하는 예도(禮度)를 상정했던 것을 그대로 따르게 했다.[10)]

이렇게 볼 때 『조선경국전』이 편찬될 무렵에는 정전에 해당하는 군제에 대한 개편작업은 한참 진행 중이었다. 그러므로 최소한 『조선경

---

6) 위와 같음.
7) 『태조실록』 권5, 태조 3년 5월 병인.
8) 『태조실록』 권5, 태조 3년 2월 기해.
9) 『태조실록』 권5, 태조 3년 4월 무자.
10) 『태조실록』 권5, 태조 3년 4월 신묘.

국전』의 정전에는 그에 해당하는 개혁작업을 마무리짓고 그 결과물을 담았다고 보기 어렵다. 다만 지금까지 이룩되었던 것들을 정리하면서 앞으로 나가야 할 방향을 제시했던 것으로 보아야 한다. 아마 정전 이외의 분야도 상황은 비슷했을 것이다.

그러나 『조선경국전』의 간행을 통해 주목해야 할 점은 정도전, 정총[11] 등과 같은 개국공신들 가운데 개혁을 추구했던 인물들이 육전에 입각한 체제개혁이야말로 구폐를 제거하고 새로운 통치체제의 토대를 확고히 하는 길로 인식했으며, 또한 그 성과들이 가시화되는 시점에 집약물인 법전을 간행하고자 했다는 것이다.[12]

한편 육전체제의 확립과 관련하여 효율적 운영을 위해 형률을 통일시킬 필요가 있었다. 마침내 1395년에 『대명률』을 이두로 풀이한 『대명률직해』를 간행했는데, 이는 조준의 지시로 고사경(高士褧)과 김지(金祗)가 이두로 번역한 것을 정도전과 당성(唐誠)이 윤색하였다.[13] 『대명률직해』의 간행 및 그 보급에 의거한 형률의 통일은 그것을 적용시킬 체제가 동시에 정비되고 있으며,[14] 마침내 전체가 집약된 법전

---

11) 정총은 정도전 등과 특별한 인연은 없으나, 개국에 능동적으로 참여했으며 공신 중에서도 학덕을 겸비한 정예 유신 중의 한 사람이었다(韓永愚, 앞의 책, 138쪽).

12) 金成俊은 현존하는 『조선경국전』이 末松保和의 주장처럼 序錄이 아니라 완본이며, 정도전이 의도한 바는 조선초기 법전의 대강, 즉 총론을 제시하고 구체적인 법안은 『경제육전』에서 실현하였다고 보는 것이 타당하다고 주장했다(金成俊, 앞의 책, 373~374쪽). 이는 『조선경국전』의 성격 및 『경제육전』과의 관계를 새롭게 논구한 것으로 주목된다. 한편 여기서 좀더 나아가 『조선경국전』은 『경제육전』의 전 단계 법전이며, 이후에 성립된 수교집 체제인 『경제육전』의 지표적 역할을 했다고 보는 견해도 있다(김인호, 「여말선초 육전체제의 성립과 전개」, 『東方學志』 118, 延世大學校 國學硏究院, 2002).

13) 李成茂, 「『經國大典』의 編纂과 『大明律』」, 『朝鮮兩班社會硏究』, 일조각, 1995, 299쪽.

의 편찬이 이루어지고 있거나 곧 임박했음을 의미하는 것이다.

이런 성과들에 힘입어 1397년(태조 6) 최초의 성문법전인 『경제육전』이 간행될 수 있었다.

> 도당에서 검상조례사로 하여금 무진년 이후의 합당히 행할 조례를 책으로 쓰게 하여 제목을 경제육전이라 해서 임금께 아뢰고 중외에 천행하였다.[15]

무진년은 위화도회군이 일어난 해(1388)이므로, 이성계파가 정권을 장악한 이후 지금까지 10년간 공포된 조례 중에서 법전에 수록할 것을 선정하여 육전으로 나누어 편찬했다.[16] 한편 실록 기사에서는 확인되지 않으나, 후대의 기록과 그때의 정황으로 미루어 보아 정도전도 편찬에 적극 참여했을 가능성이 높다는 견해가 제시되었다.[17] 조준과 더불어 정국을 주도했던 사정을 감안하면, 그 가능성은 충분하다. 이렇게 본다면, 대개 고려말부터 시작하여 조선왕조에 들어와 계속해서 추진된 일련의 개혁방안들이 법제화되어 수록되었을 것이다.[18]

하지만 조준·정도전 등과는 성격이 다른 인사가 『경제육전』의 편

---

14) 이 문제에 관해 여기서 상세히 다룰 여유는 없는데, 李成茂, 「『經國大典』의 編纂과 『大明律』」, 앞의 책, 1995 ; 趙志晩, 「朝鮮初期 ≪大明律≫의 受容過程에 관한 硏究」, 서울대학교 법학석사학위논문, 1998 ; 조지만, 「朝鮮初期 ≪大明律≫의 受容過程」, 『법사학연구』 20, 한국법사학회, 1999 등의 연구가 참조된다.

15) 『태조실록』 권12, 태조 6년 12월 갑진.

16) 연세대학교 국학연구원편, 『經濟六典輯錄』, 다은출판사, 1993, 3~4쪽.

17) 金成俊, 앞의 책, 372~374쪽. 실제로 『조선경국전』의 내용 가운데 『경제육전』에 그대로 수록되어 있는 것이 발견되기도 한다(김인호, 앞의 글, 26~29쪽).

18) 林容漢, 「朝鮮初期 法典 편찬과 편찬원리」, 『韓國思想과 文化』 6, 韓國思想文化學會, 1999, 128~129쪽.

찬에 적극 참여했던 것으로 확인된다. 그가 곧 민제(閔霽)였다. 그의 묘지명에 따르면,

> 우리나라 태조가 사전(私田)을 혁파할 때에 과전제도를 관장하였고, 개국이 되자 경제육전을 수찬하였으니 무릇 국가 대소 예도를 모두 상정하였으며, 신구도읍에 문묘의 제도를 영건(營建)하는 일을 공이 모두 감독하였다.[19]

고 하였다. 위 내용으로 보아 『경제육전』 그 중에서도 예전의 편찬을 주도했음을 알 수 있다. 혹시 태종 때에 편찬된 『속육전』에 간여했던 것이 아닐까 할 수도 있겠으나, 『속육전』의 편찬사업이 1407년(태종 7) 시작되어 1412년에 일단락되었는데,[20] 민제는 1408년 9월 사망하였다.[21] 그러므로 태조 때의 『경제육전』임이 확실하다.

민제는 충선왕 때 이미 왕실과 혼인할 수 있는 재상지종(宰相之宗)에 들었던 세족가문 출신이었다.[22] 동생 민개(閔開)[23]는 조선이 개국하던 날 신료들이 국새를 받들고 태조의 집으로 갈 때 홀로 기뻐하지 않고 머리를 숙이지 않았다가 남은에게 발각되어 죽을 뻔했는데 태종의 구원으로 목숨을 건졌다.[24] 더구나 민제는 태종의 국구였으며,[25] 그의 아들 무구(無咎)와 무질(無疾)은 정도전 등의 제거 및 태종의 집

---

19) 卞季良, 『春亭集』 卷12, 「有明朝鮮國純忠同德輔祚贊化功臣大匡輔國崇祿大夫驪興府院君修文殿大提學謚文度閔公墓誌銘幷序」/ 『李朝名賢集』 2, 153쪽, "當我太祖革私田之時 掌科田之制 及開國 修撰經濟六典 凡國家大小禮度 皆所詳定 新舊都營文廟之制 公皆監之".

20) 연세대학교 국학연구원편, 『經濟六典輯錄』, 다은출판사, 1993, 5쪽.

21) 『태종실록』 권16, 태종 8년 9월 경신.

22) 金成俊, 앞의 책, 225쪽.

23) 閔抃의 삼형제가 곧 霽, 亮, 開였다(『고려사』 권108, 열전, 閔宗儒).

24) 『태조실록』 권1, 태조 1년 7월 병신.

25) 『태종실록』 권16, 태종 8년 9월 경신.

권에 공을 세워 정사삼등공신, 좌명일등공신에 책봉되었다.[26] 따라서 그의 가문은 여러 모로 정도전·조준 등과 정치적으로 대립되는 입장에 있었다.

그런데 민제가 정치적으로 그렇게 가까운 사이가 아니었던 조준·정도전 등과 함께 『경제육전』의 편찬에 깊숙이 간여한 까닭은 무엇일까? 우선 법전의 편찬이 국가적인 과업이었으므로 가능한 한 모든 인적 자원을 동원하였던 까닭에 민제도 자연히 참여할 수밖에 없었을 것이다. 그러나 그러한 수동적인 이유에서 참가했다기보다는, 고래의 관습·관례를 타파하고 유교식 예제의 도입을 절실히 추구했던 민제의 신념이 『경제육전』의 편찬에 적극 참여하도록 만들었다고 볼 것이다.

> (민)제는 젊어서부터 예를 잘 안다고 알려졌으며 추부(樞府)에 올라서도 늘 예조를 겸하였으며 이단과 음사를 미워하여, 화공으로 하여금 복예(僕隷)가 막대기를 가지고 개를 시켜 중과 무당을 쫓는 그림을 벽에 그려 놓고 보았다.[27]

이것으로 민제가 새로운 예제의 도입과 함께 이단이라 하여 불교와 무속을 철저하게 배격하는 일에 관심이 깊음을 알 수 있다. 그런데 중과 무당을 쫓는 그림과 함께 『태종실록』에 기록된 그의 졸기에 따르면, 약으로 사람과 동물을 구제하는 형상도 함께 그려놓고 보았다고 한다.[28] 이는 단지 이단을 혐오하는 것에 그치지 않고 새로운 문물의 도입 및 그에 수반된 조치를 베풀어 민생을 안정시키는 일에도 관심

---

26) 鄭杜熙, 『朝鮮初期 政治支配勢力硏究』, 일조각, 1983, 31, 41쪽.
27) 『고려사』 권108, 열전, 閔宗儒 附閔霽.
28) 『태종실록』 권16, 태종 8년 9월 경신.

이 컸음을 보여준다.

예제 개혁을 주도했던 민제는 고래의 왕실 중심 관습, 불사를 중시했던 공양왕과 정면으로 충돌하였다.

> 어느 날 왕이 경연에 나가서 (민)제에게 이르기를, "듣건대, 예조에서 복색을 정하고 불사를 생략한다고 하니 그러한가"라고 하였다. 민제가 답하기를, "복색은 외국 물건을 금지하려는 것이며 불사는 봄가을의 장경 이외에는 마땅히 모두 혁파해야 합니다"라고 하였다. 왕이 "외국의 물건을 귀하게 여기지 않는 것은 실로 좋은 법이니, 나 또한 면포 옷을 입을 것이나, 불사라면 곧 선왕이 행한 일인데 내가 어찌 감히 마음대로 폐지할 수 있겠느냐?"라고 하였다. 다시 개성윤(開城尹)으로 임명되었다가 한양윤(漢陽尹)으로 나갔다.[29]

위 사료는 1391년 8월에 벌어진 상황으로서,[30] 민제가 중심이 되어 추진했던 예제 개혁을 저지코자 했던 공양왕의 의도를 잘 보여주고 있다.

복색은 외국 물건의 금지와 관계가 있다고 하므로 아마 원(元)의 간섭을 받은 뒤에 정해졌던 것을 다시 바꾸려는 의도가 아닌가 하고 추정되며, 아울러 사치 풍조의 배격과도 연관이 있기 때문에 공양왕으로서는 양해할 수 있었으나 불사는 왕실의 정체성과 관련된 문제로 도저히 용납할 수 없었다.

특히 불사에 대한 공격은, 당시 정도전 등의 척불상소와 연관되어 고려왕실을 부정하는 문제와 직결되었다.[31] 민제는 이성계 일파와 인

---

29) 『고려사』 권108, 열전, 閔宗儒 附閔霽.

30) 위 내용이 『고려사절요』 권35, 공양왕 3년 8월조에도 똑같이 나오기 때문에 경연에 참석한 국왕은 공양왕이었다.

31) 都賢喆, 『高麗末 士大夫의 政治思想硏究』, 일조각, 1999, 156~173쪽.

척관계를 맺고 있었을 뿐만 아니라, 예제 개편에 관해서는 급진개혁파와 입장을 같이 하였다. 반면에 급진적인 개혁 시도를 용납할 수 없었던 공양왕은 이를 저지하려고 노력하였다. 결국 1391년 9월 이성계가 사직서를 올리고 정도전이 평양부윤으로 밀려나는 것[32]과 때를 같이 하여 민제도 개성윤, 한양윤으로 나가게 되었던 것으로 보인다.

그 뒤 정몽주 등이 제거되고 정도전이 중앙 정계로 복귀하면서 민제도 다시 중용되었을 것이다. 특히 조선왕조에 들어와 예문춘추관 대학사 등을 거쳐 정당문학으로 승진하였으며 예를 잘 안다고 알려져 국가의 전례(典禮)를 모두 상정(詳定)하게 되었다.[33] 이런 이유 등으로 해서 『경제육전』 가운데 예전의 편찬을 주도하게 되었다고 생각된다.

그렇지만 『경제육전』의 편찬진용 내부에서는 처음부터 상당한 입장 및 견해 차이가 존재하였다. 조준과 정도전의 경우 이미 고려말의 개혁안 자체부터 미묘한 차이가 발견된다는 연구가 있으나,[34] 결정적인 것은 요동정벌을 둘러싼 논쟁에서 드러난다.[35] 민제의 경우는 더 말할 나위도 없었을 것이다. 이렇게 서로 합치될 수 있는 부문도 있고 도저히 그럴 수 없는 것도 존재하는 상태에서 『경제육전』이 편찬되었다. 바로 그런 점들이 『경제육전』의 내용에 여러 가지 문제점을 낳게 했을 것이다.

『경제육전』은 고려말부터 시작하여 조선왕조에 들어와서 간행할

32) 『고려사』 권46, 세가, 공양왕 3년 9월 정유.

33) 『태종실록』 권16, 태종 8년 9월 경신.

34) 柳昌圭, 「高麗末 趙浚과 鄭道傳의 改革 방안」, 『國史館論叢』 46, 國史編纂委員會, 1993.

35) 조준은 정도전·남은과 同功一體여서, 처음에는 털끝 만한 간격도 없었다고 했다. 하지만 정도전이 남은과 결탁하여 요동을 칠 것을 도모하였는데, 자신이 태조에게 요동정벌을 중지시킬 것을 청했던 까닭에 마침내 그 기도가 좌절되었다고 했다. 이로 인해 두 사람과 자신 사이에 틈이 생겨, 형세가 서로 용납하지 못하게 되었다고 주장하였다(『정종실록』 권2, 정종 1년 8월).

당시에 이르기까지 추진된 체제개혁의 성과를 집약시켰던 것이며, 간행 자체가 곧 상징이 되기도 했다. 하지만 깊숙이 관여했던 인물들의 상호 이질적인 입장 및 견해들로 인해 문제가 발생할 수밖에 없었다. 즉, 자신들이 개혁을 주도하였던 분야에서는 철저하게 구체제 및 구습을 타파하려는 일련의 성과들을 조문화시킴으로써, 그런 대로 일관성을 유지했을 것이다. 그러나 횡적으로 다른 이들의 추진했던 작업과 연결시켜 전체적인 통일성을 이루고자 할 때 상당히 복잡한 사태가 일어났을 가능성이 높았다.36)

즉, 체제개혁적 내용을 담고 있는 수교들을 모아 법전을 편찬함으로써 외면적으로 법조문이 장황하고 각 조문간의 일관성 유지가 어렵다는 문제점이 노출되었을 뿐만 아니라, 보다 근본적으로는 다양한 견해와 이념을 가진 인사들이 편찬에 참여함으로써 일관된 논리에 의해 전체적인 통일성이 담보되는 법전 간행은 힘들었을 것이다. 결과적으로 처음부터 끝까지 개혁의 성과들이 용해되어 하나의 일관된 체제를 갖추어야 했음에도 불구하고, 편찬을 주도했던 인물들의 서로 다른 목표와 지향점들로 인해 『경제육전』은 완벽한 내부적 통일성이 확립되었다고 보기 어렵다. 『속육전』의 개찬작업이 태종대에 들어와 속개될 수밖에 없었던 요인은 이미 그 내부에 잉태되어 있었다.

2) 정국 주도세력의 변동과 속육전 간행

『경제육전』이 편찬되고 얼마 지나지 않아 왕자의 난이 발발하였다.

36) 편찬과정을 보여주는 사료가 부족해서 명확한 것은 아니지만, 일단 각전의 작업을 마치고 난 뒤 전체적으로 일관된 체제를 갖추기 위한 논의가 필요했을 것이다. 그러나 당시 상황이 주체 간의 협의가 원만히 이루어져 체제적인 통일성을 갖추기 어려웠으며, 시간적으로도 충분치 않았을 것으로 생각된다.

그 결과 정도전을 비롯한 일부 개국공신들이 제거되었는데, 이는 정국 주도세력의 교체를 의미했다. 그 대신 태종이 권력을 장악하게 됨에 따라 새로운 주도세력으로 등장한 집단이 소위 정사공신 계열이다.[37] 이들도 구체제의 모순을 불식시키기 위해 개혁이 필요하며, 그 성과물을 집약시킨 법전의 편찬이 요청된다고 보았던 점은 공통이다. 하지만 목적과 목표, 그리고 방향에 있어 입장을 달리했다. 그렇기 때문에 정도전 등이 주도했던 정책들을 대폭 수정해야 하며, 그것이 법전의 편찬에도 반영되어야 한다고 생각하였다.

하지만 정사공신 계열들은 일단 『경제육전』에 의거해서 통치한다는 사실을 널리 천명하였다. 이는 정종의 즉위교서를 통해 공포되었다.

> 육전은 다스리는 도구이니, 마땅히 육조로 하여금 명관(命官)의 뜻을 강구하게 하여, 각기 그 직책을 다해 감히 혹시라도 태만함이 없게 할 것이다.[38]

통치의 핵심인 육조체계의 실질적 내용을 규정하고 있는 육전, 즉 『경제육전』이 통치의 도구라는 의미이다. 따라서 관리들에게 통치의 내용을 규정한 『경제육전』의 본의를 숙고하도록 하였다. 나아가 『경제육전』은 실제 정사에도 사용되었다. 업무 처리에 실수가 많다며 사헌부에서 『경제육전』에 의거 형조의 관원들을 탄핵하여 파직시킨 사건이 발생하였다.[39] 이어서 『경제육전』을 중외에 반포하여 준수케 하고, 어기는 자는 중앙은 헌사가, 외방은 감사가 엄하게 고찰하여, 폐하

37) 鄭杜熙, 앞의 책, 1983, 30～40쪽.
38) 『태조실록』 권15, 정종 즉위년 9월 정해.
39) 『태조실록』 권15, 정종 즉위년 12월 신미.

거나 해이해지지 않도록 하라는 유지를 내렸다.[40] 이 기사로 말미암아 『경제육전』을 이때 비로소 간행하여 반포한 것으로 보는 견해도 있으나,[41] 그보다 중앙만이 아닌 외방에 이르기까지 『경제육전』을 널리 보급시켜 이에 의거해서 통치하는 체제를 구축하고자 했던 것으로 이해할 수도 있다. 이는 이미 사헌부가 『경제육전』에 의거하여 형조 관원들을 탄핵했던 적이 있다는 사실로 미루어 짐작할 수 있다.

그렇다면 정도전을 제거했던 정사공신 계열이 처음부터 『경제육전』의 시행을 강조한 이유는 무엇일까?[42] 이 시기는 조선 건국 후 10년도 채 안된 때였다. 왕조의 통치체제가 아직까지 안정되고 있지 못한 시점에서 최우선 과제는 통치체제의 근간이 되는 법질서의 확립이라고 여겼다. 따라서 우선적으로 『경제육전』의 시행을 강조할 수밖에 없었다. 설사 그들의 입장이나 지향과 일치하지 않은 부분이 있더라도 그것의 개편은 차후의 과제였다.

하지만 『경제육전』에 의거, 정사를 시행하자 여러 문제들이 나타나기 시작했다. 먼저 『경제육전』 자체에서 기인했던 바, 편찬을 주도했던 인물들의 서로 다른 목표와 지향점들로 인해 온전한 내부적 통일이 확립되지 못한 데서 오는 혼선이 일부 존재하였다. 다음으로 정도전 등의 입장이 대폭 반영된 『경제육전』의 일부 조문들과 새로 정국을 주도한 세력의 정책 방침이 상당히 어긋날 수밖에 없었던 것도 혼란을 일으키는 요인이 되었다. 그렇기 때문에 수정 작업이 필요하였다.[43]

---

40) 『정종실록』 권2, 정종 1년 8월.

41) 田鳳德, 앞의 책, xi쪽.

42) 한편 정도전과 달리 조준과 민제는 지위를 유지했으므로 혹시 이들에 의해 『경제육전』의 시행이 강조되었을 가능성도 있다. 정계에서 자신들의 입지 조건을 강화하기 위한 목적으로 『경제육전』의 활용을 촉구하도록 나섰다고 보는 것이다.

1399년(정종 1) 사헌부에서는 다음과 같이 상소하였다.

> 지난해 겨울에 백료(百僚)가 건의한 바 백성을 편안케 하는 조목과 언관이 올린 소장은 모두 시병(時病)에 적절하여 전하의 약석(藥石)입니다. 지금 또 백료로 하여금 숨기지 말고 다 말하게 하시니, 엎드려 바라건대 전하께서는 명하여 조례상정도감을 세우고 3방을 나누어서, 일찍이 고제를 섭렵하고 시무를 잘 아는 자를 가려 배속시키되, 그 판사는 특별히 제공(諸公) 이하를 명하여 영솔케 하고, 수전(水戰)·육수(陸守)의 무릇 인물을 차역하는 일을 1방에 붙이고, 요부(徭賦)·전폐(錢幣)의 무릇 국가에 소용되는 것과 수륙의 전운하는 일을 1방에 붙이고, 제도·금령의 무릇 국가에 기강이 되는 것을 1방에 붙이고서, 전후에 건의한 바를 유대로 나누어 곧 3방으로 하여금 모여 의논한 연후에 판사에게 진달하면, 판사가 그 가부를 참작하여 마땅한 것에 좇아 결정하고, 황원(荒遠)하여 미처 두루 알지 못하는 것이 있으면, 큰 것은 사람을 보내어 물어보고, 작은 것은 각도에 이첩하여 모두 정문으로 보고하게 하여 참고해서, 금세에 마땅하면서 고제에 어그러지지 않고, 백성에게 이로우면서 또한 관에도 편리한 것을 취하여, 위로 천총(天聰)에 계달하여 재가를 받아 문적으로 만들고, 분부(分府)의 각 장관(掌官)이 신으로 지키고, 행하기를 법식과 같이 하면, 누가 성화(聖化) 가운데서 길러지지 않겠습니까?[44]

위에서 조례상정도감이라는 별도의 기구를 설립하여 지난 해 겨울, 즉 정종이 즉위한 뒤부터 지금에 이르기까지 관리들의 건의사항들 중

---

43) 이에 반해 『경제육전』이 법전으로서 시행되기는 했으나 방언과 이두가 섞였고 『대명률』처럼 법전으로서의 체재를 갖추지 못할 뿐만 아니라 그 중에 누락되거나 새로 공포된 법령이 있었기 때문에 개수에 착수하게 되었다는 견해도 있다(朴秉濠, 「朝鮮初期의 法源」, 『韓國法制史攷』, 法文社, 1974, 399쪽).

44) 『정종실록』 권2, 정종 1년 10월.

시행해 볼 만한 것을 유대로 간추려 문적으로 만들 것을 제시했음을 알 수 있다. 마침내 이 건의를 받아들여 설치한 조례상정도감은 설립 목적으로 보아 임시적인 법전 개수관청임이 분명하므로,[45] 건의안에 나타난 조직편제와 업무내용을 검토하면 새로운 정권이 법전의 개수를 장차 어떤 방향으로 추진하고자 했는지를 파악할 수 있을 것이다.

첫째, 조례상정도감이라는 기구의 성격에 관한 문제이다. 이는 『경제육전』의 편찬을 주관했던 검상조례사를 연상시킨다. 무진년 이후의 합당히 행할 조례를 모아 만든 것이 『경제육전』이므로,[46] 편찬에서 맡게 될 역할로 본다면 양자의 기능이 유사했을 것으로 추정된다.[47] 『경제육전』 편찬방식을 상당 부분 원용해서 새 조례집을 간행하고자 하는 의도로 도감의 설립이 구상되었음을 짐작케 한다.

둘째, 조례상정도감에 구성될 3방에 관한 문제다. 우선 '수전・육수의 무릇 인물을 차역하는 일'이란 곧 군사와 국방에 관한 것이다. 이는 군대 운용을 뜻하는 것으로 왕자의 난으로 정권을 장악한 세력으로서는 군권의 장악이 시급했으므로, 최우선적으로 추진해야 했다. 더불어 정도전 등이 주축이 되어 확립했던 군제를 다시 개정하는 일도 필요했다. 그대로 두면 군대 장악이 힘들게 되어 정권의 연장도 어려울 수 있기 때문이다.[48] 따라서 '수전・육수의 무릇 인물을 차역'하는 일을 맡은 1방을 별도로 만들어 긴급하게 조치해야 했다.

---

45) 朴秉濠, 앞의 글, 1974, 399쪽.

46) 『태조실록』 권12, 태조 6년 12월 갑진.

47) 이에 반해 성격이 다르다는 견해가 제시되었다. 즉, 『경제육전』의 편찬을 주관했던 검상조례사는 상설기구였는데, 조례상정도감은 법전편찬 임무를 맡기기 위해 별도의 임시기구로 설립되었다는 것이다(林容漢, 「『經濟六典』의 편찬기구」, 『朝鮮時代史學報』 23, 朝鮮時代史學會, 2002). 따라서 기능면에 차이가 있다고 볼 수도 있겠다. 하지만 양 기구의 성격상 법전편찬이라는 중대 사업에서 맡은 역할과 기능은 유사했을 것으로 짐작된다.

48) 이에 관해서는 尹薰杓, 『麗末鮮初 軍制改革硏究』, 혜안, 2000을 참조할 것.

다음으로 '요부 · 전폐의 무릇 국가에 소용되는 것과 수륙의 전운하는 일'이란 조세 · 재정 및 교통 · 운수에 관한 분야이다. 이는 민생과 국가 경제에 직결되어 있는 것으로, 새로 탄생한 정권으로서는 빠르게 조처해야 할 분야였다. 획기적으로 민생을 안정시키며 나라를 부강케 하는 방도를 제시해서 실천에 옮길 때 비로소 널리 지지를 받을 수 있으며, 정권도 안정시킬 수 있었다. 그렇기 때문에 따로 1방을 만들어 적극적인 대책을 강구해야 했다.

이어 '제도 · 금령의 무릇 국가에 기강이 되는 것'이란 정치제도와 형률에 관한 것이다. 앞의 두 가지에 비해 그 시급성은 덜하지만 장기적으로 체제를 원활하게 유지하고 사회 불안을 제거하기 위해서는 반드시 필요했다. 이에 따로 1방을 세워 대처하고자 했다.

이렇게 볼 때 '수전 · 육수의 무릇 인물을 차역하는 일'을 맡은 방은 육전 중에서 병전을 담당하며, '요부 · 전폐의 무릇 국가에 소용되는 것과 수륙의 전운하는 일'은 호전, '제도 · 금령의 무릇 국가에 기강이 되는 것'은 이전과 형전에 해당한다. 따라서 육전 가운데 가장 시급한 병전을 위시해서 호전, 이전, 형전 순으로 보완 내지 수정작업을 추진하고자 했다. 나머지 예전과 공전도 중요하나, 그것은 시간을 두고 개정해도 큰 무리가 없다고 여겨 우선 4전을 개정하는 일에 전력을 다하고자 조례상정도감에 3방을 구성했던 것이다.

셋째, 지난 해 겨울부터라는 시점이 문제이다. 이는 곧 정종이 즉위한 이후에 건의되거나 새로 만든 조례를 모아 편찬하자는 것이다.

넷째, 조례상정도감의 판사 이하의 조직에 관한 문제이다. 실제로 임명된 사람들을 보면, 정안공(뒤의 태종)과 조준 · 김사형 · 이무 · 이거이 · 전백영 · 류관 등이 판사로, 윤사수 등 9명은 속관이었다.[49] 그

49) 『정종실록』 권2, 정종 1년 10월.

런데 위 사헌부의 상소 내용으로 보아 판사들이 결정권을 가지고, 속관에는 실무자급이 배치되었던 것으로 보인다. 그런데 판사 중에 이거이까지는 모두 1차 왕자의 난이 끝난 뒤 책봉된 정사일등공신이었다.[50] 새로 정권을 장악한 사람들이 중심이 되어 조례집을 만들려고 했다. 다만 주목되는 것은 『경제육전』 편찬을 주도했던 조준과 그와 정치적 행로를 같이한 김사형,[51] 그리고 조준의 천거로 관직에 임명된 윤사수[52] 등이 보이고 있다는 점이다. 따라서 외면상으로는 『경제육전』을 보완하는 형식으로 조례집이 간행되는 것처럼 보인다.

그러나 조례상정도감의 작업은 성과 없이 끝나고 말았다. 이에 대해 정종이 2년밖에 재위하지 못했기 때문이라고 보는 견해도 있으나,[53] 그보다는 새로운 정국 주도세력이 추진했던 체제개편 작업들이 계속되고 있기 때문에 법전의 개찬이 사실상 어려웠던 당시 정치적 상황에서 기인된 바가 크다. 대표적으로 1400년 4월의 사병혁파 이후 본격적으로 추진되었던 군제개혁이라든지, 과전법의 사전 경기 원칙을 철폐시키는 하삼도 이급 논의가 1403년(태종 3) 6월부터 시작되었다든지, 도평의사사를 의정부로 개편하면서 시작했던 관제개혁이 육조직계제의 실시 등으로 이어지는 것 등을 들 수 있다. 다시 말해 중요한 개편작업이 아직까지 제대로 추진되지 않았거나 방금 시작되는 상황에서 법전을 먼저 간행할 수는 없었다. 개혁법령이 축적되고 체제개편 작업이 어느 정도 정리된 다음에 법전으로 정리할 수 있을 것이다. 조례상정도감 설립 시기는 아직까지 그럴 만한 상황이 되지 못했다.

---

50) 鄭杜熙, 앞의 책, 1983, 31쪽.

51) 朴晉勳, 「高麗末 改革派士大夫의 奴婢辨正策」, 『學林』 19, 延世大學校 史學硏究會, 1998, 43쪽.

52) 『정종실록』 권3, 정종 2년 2월.

53) 朴秉濠, 앞의 글, 1974, 399쪽.

한편 2차 왕자의 난 및 그 직후에 단행되었던 사병혁파와 관련하여 벌어진 판사들 사이의 반목과 갈등도 크게 작용하였다. 먼저 2차 왕자의 난이 끝난 직후 조준이 재상으로서 나라가 어려운 데도 정국의 움직임만 관망한다며 탄핵당했고, 이런 사실을 사전에 누설시켰다는 이유로 윤사수는 파직되었다.[54] 뿐만 아니라 사병혁파에 반발해서 거느리던 패기를 삼군부에 바치지 않아 죄를 얻은 이거이 일가가 당시 판의흥삼군부사였던 이무와의 갈등 끝에[55] 그를 죽이려 한다는 풍문이 나돌기도 했다.[56] 그리고 이거이를 부추긴 인물이 조준이라고 해서 수감시킨 사건이 일어났는데, 이때 민제는 비밀리에 순군만호 윤저에게 조준 등이 자신과 하륜을 해치려 한다며 끝까지 추궁할 것을 청하기도 했다.[57]

이렇듯 조례상정도감이 설립되고 얼마 지나지 않아 발생한 돌발 사태로 인한 정국의 변화와 정책 추진을 놓고 벌어진 대립 등으로 해서 판사들간의 불화가 극에 달하면서 조례집을 간행하는 작업은 더 이상 추진되기 어려웠다. 아마 그 와중에 조례상정도감의 기능이 정지되면서 자연히 소멸되지 않았을까 한다.[58]

법전의 편찬이 다시 논의되기 시작했던 것은 태종이 즉위한 뒤였다. 그 출발점은 1404년(태종 4)에 윤목 등이 올린 다음의 진언이었다.

> 한성부윤 윤목(尹穆)·전계림부윤 한리(韓理)·호조전서 윤사수 등이 진언한 것 가운데에, "예로부터 나라를 차지한 이는 가볍게 조종의

54) 『정종실록』 권3, 정종 2년 2월.
55) 『태종실록』 권1, 태종 1년 3월 정해.
56) 『정종실록』 권4, 정종 2년 5월.
57) 『정종실록』 권4, 정종 2년 4월.
58) 조례상정도감의 새로운 법제 상정과 법전편찬 업무는 태종이 즉위 뒤에 의례상정소로 계승되었다고 한다(임용한, 앞의 글, 2002, 90쪽).

법을 변경하지 못하였으니, 그 창업한 인군이 환을 염려한 것이 깊었던 까닭으로 그러한 법을 세운 것입니다. 가만히 생각건대, 우리 태상왕은 고금의 시의를 참작하여 경제육전을 힘써 이룩하였는데, 그 법을 세우고 기강을 확립한 것이 상세하고 또 구비했다고 이를 만하겠습니다. 근년이래 사람들의 이견을 가지고 여러 번 그 제도를 변경하니, 중외의 인민이 조치할 바를 알지 못합니다. 원컨대, 이제부터 한결같이 육전의 제도를 준수하여 만세토록 지킬 도구로 삼도록 하시고, 전하가 즉위한 이후의 조령과 판지 가운데 육전에 기재되지 못한 것이지만, 가히 만세의 법이 될 만한 것은 골라 뽑아서 책을 만들어 속육전으로 간판(刊板)하여 시행하도록 하소서.'[59]라고 했다.

위 진언을 통해 윤목 등이 태종이 즉위한 이후 새로 제정된 조령과 판지를 모아 정리하여 『속육전』을 간행할 것을 건의했음을 알 수 있다. 건의자 중의 한 사람이 조례상정도감의 속관에 임명되었던 윤사수였다는 점 등으로 미루어 보아 그때 완수하지 못했던 간행 사업을 재개하려는 의도도 있었다고 생각된다.

하지만 위 건의안에는 좀 더 심각한 내용이 포함되어 있다. 즉, 『경제육전』이 존재함에도 불구하고 근래 사람들이 이견을 가지고 여러 번 제도를 변경하니, 중외의 인민이 조치할 바를 알지 못해 문제를 일으키고 있다며 먼저 『경제육전』의 제도를 철저히 준수할 것을 건의했다는 점이다.[60] 여기서 근래 사람들이 이견을 가지고 여러 번 제도를 변경했다는 것은 무엇을 의미할까? 아마도 이는 태종이 즉위한 뒤에 추진된 일련의 제도개편을 가리키는 것으로 짐작된다. 세제 시절부터

59) 『태종실록』 권8, 태종 4년 9월 정사.

60) 윤목 등은 상소를 통해 가능한 원전을 보존, 즉 원전의 조문을 일부 삭제하거나 자의적으로 수정하지 못하게 하려고 했다고 한다. 아마도 원전의 개혁정책을 유지하려는 숨은 목적이 있었기 때문이 아닌가 한다(林容漢, 앞의 글, 1999, 147쪽).

태종은 사병혁파에 따른 군제 및 관제를 필두로 대대적인 개편작업을 시도하였는데, 즉위한 뒤에도 계속했다.[61]

당시 체제 갱정을 주도했던 인물은 하륜이었다. 그는 태종과 긴밀한 관계를 맺고 태조대 정도전 등이 주축이 되어 마련했던 일련의 제도나 규정들의 개편을 추진하였다. 때문에 자연히 『경제육전』의 제도들이 자주 변경될 수밖에 없었다. 이에 대해 여러 계열의 인사들로부터 비판을 받았는데, 가장 심각했던 것은 『경제육전』의 편찬에 주도적으로 간여했던 사람들이었다.

우선 태종의 집권을 위해 협력했던 민제조차 자주 시법(時法)을 변경하는 것을 비난하면서 하륜이 또 다른 정도전으로 낙인찍혀 환난을 당할 것이라고 극언하였다.[62] 이미 정종 때 소경전의 다소로서 부역의 수를 정하는 법을 하륜이 제안하자, 민제는 그 법을 제정할 경우 번거롭고 민심 이반을 가져온다며 강력하게 반대하였다.[63] 태종 때 제도 개편을 주도하였던 하륜과 『경제육전』의 편찬에 간여하였던 민제는 당시 통치체제 갱정, 사회제도 개편에 대해 처음부터 의견 차이를 보였다. 조준도 하륜의 『경제육전』 체제의 일방적인 개편에 대해 상당한 불만을 품었던 것으로 보인다. 그런 사실들은 위 건의안의 제안자들 면면에서 확인된다.

제안자 중의 하나인 윤목은 태종의 즉위를 도운 공으로 좌명사등공신에 책봉되었는데,[64] 민무질의 가까운 인척으로[65] 좌명일등공신이었던 이무의 생질로서[66] 함께 민무구 사건에 연루되어 처형되었다.[67] 한

61) 韓永愚, 앞의 책, 59~60쪽.
62) 『태종실록』 권3, 태종 2년 1월 경자.
63) 임용한, 『朝鮮前期 守令制와 地方統治』, 혜안, 2002, 312~313쪽.
64) 鄭杜熙, 앞의 책, 1983, 42쪽.
65) 『태조실록』 권14, 태조 7년 8월 기사.
66) 『태종실록』 권1, 태종 1년 4월 갑자.

편 한리는 민제의 동종(同宗)으로 알려져 있다.[68] 그러므로 민제 일가와 가까운 인물들로 평가된다. 그리고 앞서 언급했듯이 윤사수는 조준의 천거로 관직에 올랐던 사람이었다. 그러므로 계통적으로 『경제육전』의 편찬을 주도했던 조준이나 민제에 연결된 사람들이었다. 두 계열은 서로 일치되지 않는 점도 있으나 그렇다고 『경제육전』의 제도들이 일방적으로 바뀌는 것을 그대로 좌시할 수는 없었다.

물론 그들도 『경제육전』의 모든 내용을 그대로 시행할 수 없으며 수정이 불가피한 것으로 여겼다. 하지만 하륜처럼 일방적으로 개정하는 것에는 찬성할 수 없었다. 그것은 그들이 구상했던 통치체제에 대한 부정이었으며, 또한 자신들의 업적을 훼손하고 나아가 입지를 약화시키려는 처사로 여겼다. 그러므로 태조 때의 『경제육전』은 그대로 둔 채 뒤에 제정된 조령과 판지 가운데 없는 것을 선별해서 『속육전』으로 간행하자고 했다. 이는 하륜 등에 의해 일방적으로 『경제육전』이 개정되는 것을 제어하려는 의도였다.

하지만 『속육전』의 편찬작업은 바로 시작되지 않았다. 아마도 태종이 하륜을 계속 신임하며 그가 주동해서 추진했던 체제의 갱정작업을 후원했기 때문이 아닌가 한다. 진행 중인 작업을 중단하고 지금까지의 성과를 모아 『속육전』을 간행한다는 것은 곤란하다고 여겼을 것이다. 이로 말미암아 간행작업을 서둘러 추진할 필요성을 느끼지 못했을 것이다.

또한 『원전』의 편찬을 주도했던 계열들의 불화와 갈등도 크게 작용했던 것으로 생각된다. 그 중에서도 조준과 민제 계열간의 대립이 문제였다.[69] 양 계열이 서로 협력했다면 『경제육전』의 제도들이 변경되

67) 『태종실록』 권19, 태종 10년 1월 정유.
68) 『태종실록』 권10, 태종 5년 8월 임오.
69) 세종은 국초에 조준・이숙번・하륜・민제 등이 붕당을 만들어 서로 보복하

는 것을 어느 정도 저지할 수도 있었을 것이지만 계속된 반목과 충돌로 인해 그럴 가능성은 희박했다.

『속육전』의 편찬작업을 시작하게 만들었던 계기는 하륜의 법 제정 작업에 대한 직접적이고 강력한 비판이 제기되면서였다.

> 간원의 소에, "가만히 보건대, 좌정승 하륜은 지식이 고금을 통달하고 재주는 변통하는 데에 합당하여, 제작하는 일에 있어서 여유가 있으나, 매양 법령을 만들어서 백성에게 반포하면, 백성들이 많이 불편하게 여기어 비방하고, 그 원망을 임금께 돌리니, 작은 사고가 아닙니다.……"고 하였다.[70)]

사간원은 백성들이 불편하게 여기고 있음에도 하륜이 법을 일방적으로 제정하는 것을 비판하며, 그로 인해 발생한 비방이 임금에게도 미칠 수 있음을 강조하였다. 사간원의 주장을 통해 하륜이 주도하는 법 제정이 사실상 태종의 강력한 지원 아래 이루어지고 있으며, 그로 말미암아 여론이 악화되는 사정을 알 수 있다. 이어서 신법의 제정을 즉시 중단할 것을 요구하였다.

마침내 신법의 제정을 둘러싼 여론의 급격한 악화를 의식하지 않을 수 없게 된 의정부가 앞으로 신중하게 대처하여 함부로 세우는 것을 중지하도록 건의하였다.[71)] 이 건의를 받아들이는 형식으로 태종은

였다고 했다(『세종실록』 권100, 세종 25년 6월 을사). 실제로 조준의 졸기에 의하면, 민제의 아들인 민무구 형제가 좋은 벼슬자리를 여러 차례 청했으나 거절하자 이에 앙심을 품고 가만히 대간에게 사주하여 流言을 가지고 논박케 함으로 인해 옥에 감금당했는데 태종의 비호로 풀려났다고 한다(『태종실록』 권9, 태종 5년 6월 신묘). 이런 이야기들을 서로 연결시켜 보면, 조준과 민제 사이의 갈등이 심각했으며, 태종은 이런 상황을 최대한 이용하여 자신의 위상을 강화시켜 나갔던 것으로 생각할 수 있다.

70) 『태종실록』 권13, 태종 7년 6월 계미.

1407년(태종 7)에 속육전수찬소를 설치하고 하륜에게 그 일을 관령(管領)케 함으로써,[72] 『속육전』의 편찬을 정식으로 선포하였다. 신법 제정을 둘러싸고 많은 비난을 받았던 하륜이 속육전수찬소의 책임자로 임명되었던 것은, 그동안 주도적 역할을 수행했다는 현실적 고려 외에 다른 의도도 포함되어 있었다. 즉, 태종 계열이 추진해왔던 통치체제 개편작업의 결과물로서 『속육전』이 간행되어야 한다는 점이었다.[73]

또한 악화된 여론을 의식해서 무리하게 신법을 제정하기보다는 『속육전』 편찬과정에서 이전의 잘못을 바로잡는다는 명분을 내세워 실질적으로 새로운 규정을 내놓는 쪽으로의 전략 변경도 포함되었다. 이렇게 하면 표면상 신법을 제정하는 것처럼 보이지 않지만, 구시대의 잔재 청산을 명분으로 대폭적인 개정작업을 실행함으로써 실질적 효과를 거둘 수 있다.

『속육전』 편찬은 좀처럼 완료되지 못하다가 1412년 4월에 일단 마무리되고,[74] 1413년 중외에 반포되었다.[75] 1407년에 시작된 편찬작업이 이렇게 더디게 진행되었던 이유는 물론 그 방대함과 함께 엄밀성을 추구하는 일이었기 때문이라고 할 수 있겠으나, 그보다 태조대의 『경제육전』 체제에 대한 수정을 통해 실질적으로 신법을 제정하는 것과 같은 효과를 거두기 위한 의도에서 비롯되었다고 생각된다. 그 점에 관해 『속육전』의 편찬이 마무리되는 시점인 1412년 4월의 다음 기사의 분석을 통해 고찰해 보기로 한다.

『경제육전』의 『원집상절(元集詳節)』 3권과 『속집상절(續集詳節)』 3

---

71) 위와 같음.
72) 『태종실록』 권13, 태종 7년 8월 기해.
73) 林容漢, 앞의 글, 2002, 28쪽.
74) 『태종실록』 권23, 태종 12년 4월 무진.
75) 『태종실록』 권24, 태종 13년 2월 기묘.

> 권을 경정하였다. 처음에 영의정부사 하륜·성산군 이직 등이 육전의 원집상절·속집상절을 증손고증(增損考證)하여 바치니, 임금이 좌우에게 묻기를, "이 법전이 과연 시행하여 폐단이 없을 만한가?" 하였다. 병조판서 황희가 답하기를, "신이 지신사로 있을 때에 이미 일찍이 참고하였고, 뒤에 참지(參知)로 있을 때에 다시 상고하였었는데, 그 조례가 조금 번다하여 받들어 시행하기에 어려운 것이 있을까 합니다" 하니, 명하기를, "원전·속전을 마땅히 다시 참고하여 착오를 없앤 뒤에 바치도록 하라." 이때에 이르러 하륜이 상언하여, "삼가 육전의 원집 및 속집을 가지고 참고 교정하여 중복된 것은 없애고, 번다하고 쌍스러운 것은 바꾸고, 사리에 상량 의논할 것이 있으면 왕지를 받들어 경정하여 원집·속집을 수찬하여 바칩니다. 엎드려 바라건대, 예람하고 유사로 하여금 인출하여 반행하도록 허락하소서." 그대로 따랐다.[76]

위에서 첫째, 하륜과 이직 등은 『속집상절』만 편찬했던 것이 아니라 태조대의 『경제육전』, 즉 『원전』에 대한 수정 작업도 병행했음을 알 수 있다.[77] 원전 조문을 완전히 바꾼 것은 아니고, 방언 따위를 한문으로 고치면서 쓸데없는 말을 빼 버리는 정도였다고 한다.[78] 그렇지만 분명히 손을 대었으며, 이것이 『원집상절』이었다.

둘째, 『속집상절』의 수록 범위는 『경제육전』이 간행된 다음 해인 무인년(1398)부터 정해년(1407), 즉 속육전수찬소가 설치되기 이전까지 나왔던 조획 등이었다.[79] 따라서 『속집상절』은 원칙적으로 『경제육전』이 간행된 뒤 새로 제정된 조획들을 수록했다. 하지만 거기서 그친 것은 아니었다. 『속집상절』 안에는 『원전』의 조획들을 고친 것들도 많았다.[80] 하륜 등이 『원집상절』에 대해 문장의 형태라든가 표현만을 손

76) 『태종실록』 권23, 태종 12년 4월 무진.
77) 연세대학교 국학연구원편, 앞의 책, 5쪽.
78) 『세종실록』 권34, 세종 8년 12월 임술.
79) 『세종실록』 권34, 세종 8년 12월 임술.

질했다고 주장하지만, 『속집상절』을 편찬하면서 『원집상절』의 조획들을 상당 부분 수정하여 수록하였다. 그렇게 하여 표면상으로 신법을 제정하지 않은 것처럼 보이면서, 그에 버금가는 효과를 거두었다.

셋째, 『속집상절』을 편찬할 당시부터 벌써 그에 대한 수정작업이 개시되었다는 점이다. 이는 처음 『경제육전』을 편찬할 때와 상황이 달랐다. 애초부터 황희를 필두로 하륜 등이 주도하는 법전편찬을 견제하는 세력이 존재했다.[81] 위에서 황희는 조례가 번다하여 그대로 시행하기에 곤란하다는 주장을 펼쳤는데, 전체가 문제인지, 아니면 일부의 조획에 국한되는지가 애매하다.

황희도 하륜만큼 태종의 적극적인 후원으로 출세한 터라 체제의 기본 골격에 대해 비판적인 것은 아니었다.[82] 그렇지만 운영상 혼란이 예상되는 부분을 미진하게 처리해서는 안 된다고 보았다. 일례로 구제에 좌우정승이 판이병조사를 겸하여 인사행정을 장악하였는데, 이에 대해 황희는 재상들의 의견만 따르게 되면 붕당의 폐단이 발생한다고 주장하였다.[83] 재상들이 아무런 견제도 받지 않고 인사권을 천단하면 결국 자신과 가까운 사람들만 선택할 것이므로 자연히 당파가 조성되

---

80) 『태종실록』 권30, 태종 15년 8월 정축 ; 『세종실록』 권34, 세종 8년 12월 임술.

81) 태종은 공신집단이 왕권을 위협할 수 있는 정치세력으로 성장하는 것을 원하지 않았으므로 그들을 견제, 억압, 제거하는 방향으로 나갔다(崔承熙, 「太宗朝의 王權과 國政運營體制」, 『朝鮮初期 政治史硏究』, 知識産業社, 2002, 73쪽). 그렇다면 황희 같은 인물이 적격이었을 것이다. 비록 좌명공신인 朴錫命의 천거를 받기는 했지만 그 자신은 공신 출신이 아니며 문벌가문의 후예도 아니어서 조정에 특별한 후원세력이 존재하지도 않았고 오직 국왕의 비호로 성장할 수 있었기 때문이다(鄭杜熙, 「黃喜」, 『朝鮮時代 人物의 再評價』, 일조각, 1997).

82) 태종과 황희의 관계에 대해서는 鄭杜熙, 위의 글, 1997, 4~10쪽에 상세히 정리되어 있다.

83) 『태종실록』 권15, 태종 8년 2월 계미.

며 장차 이것이 조정에 큰 분란을 일으킬 것으로 보았다. 실제로 오랫동안 재상직에 있었던 하륜 등이 붕당을 만들었다는 혐의를 받기도 했다.[84] 따라서 황희의 입장에서는, 예를 들어 인사 행정에 관한 공정한 절차와 장치가 마련되어야 했는데, 아마도 그런 부분이 미흡하다고 여겼던 모양이다. 이에 새로 개찬된 『경제육전』에 대해 비판하는 의견을 개진했던 것도 그런 사유에서 나왔던 것 같다. 체제 문제라기 보다 여러 조문 가운데 부족한 부분이 적지 않음을 지적했다고 생각된다.

결국 황희 등의 비판에 직면하자 하륜 등은 교정작업을 재개하며 『경제육전』의 간행을 서둘렀다. 하지만 그 기본 체제만큼은 유지하였다. 마침내 『원집상절』, 『속집상절』은 하륜 등의 구상에 의해 편찬되었다.

한편 하륜과 함께 주관했던 이직은 개국공신으로 태조의 강비 소생 경순공주의 남편인 이제의 종형제로서 1차 왕자의 난 때는 남은의 진영에 가담했다가 태종의 비호로 목숨을 유지했다.[85] 하지만 성주 이씨 출신으로 이인임이 숙부였으며, 아버지인 이인민(李仁敏)은 윤이·이초 사건에 연루되어 이색 등과 함께 하옥되었다.[86] 따라서 정도전·남은 등과 아주 긴밀한 관계를 맺었다고 보기 힘든 면도 있다.[87] 한편 하륜은 그의 사촌 매부이기도 했으며,[88] 태종이 이인민의 문생이었던

84) 『세종실록』 권100, 세종 25년 6월 을사.

85) 『태조실록』 권14, 태조 7년 8월 기사.

86) 高惠玲, 「李仁任政權에 대한 一考察」, 『歷史學報』 91, 歷史學會, 1981, 6~8쪽.

87) 이직은 개혁 이념이 투철한 인물은 아니고, 이성계와의 인연으로 이성계파에 가담했다고 한다(韓永愚, 앞의 책, 129쪽).

88) 하륜은 지공거였던 李仁復의 주선으로 그의 아우인 仁美의 딸과 혼인하였다(文炯萬, 「河崙의 勢力基盤과 그 家系」, 『民族史의 展開와 그 文化』 上, 창작과 비평사, 1990, 469쪽). 한편 이인복은 이직의 백부이기도 했다(高惠玲, 앞의 글, 6~7쪽).

관계로 각별히 여겼다.[89] 그런 인연으로 좌명공신에도 책봉되었으며, 마침내 여러 관직을 거쳐 영의정까지 되었다.[90] 그러므로 이직은 하륜과 함께 별 마찰 없이 『원집상절』의 수정과 『속집상절』의 편찬작업을 주관할 수 있었다.

1413년 2월에 새로 편찬한 법전이 반포되었다.[91] 하지만 그 시행에 대해 많은 관료들이 소극적인 태도를 취했다. 반면에 하륜은 적극적으로 대처하였다. 본인 스스로 『경제육전』에 기재된 것과 의정부에서 왕지를 받아 의논하여 수교하고서 행이한 사목을, 중외의 유사에서 혹은 편견으로, 혹은 사의로 인해 많이 봉행하지 않아 원망함에 이르니, 앞으로 송자들로 하여금 진고하도록 허락하여 엄격히 과죄할 것을 건의하였다.[92]

관료들이 『경제육전』을 제대로 봉행하지 않았던 것이 간행된 지 얼마 안돼 낯설며 잘 모르기 때문만은 아니었을 것이다.[93] 거기에는 하륜 등이 일방적으로 추진해서 구축해놓은 체제에 대한 반발도 포함되어 있었다. 심지어 뒤에 세종의 국구가 된 심온도 의정부가 백관을 거느리고 서무를 총괄하면서 비법을 많이 행하고 있으니 혁파하고 육조로 하여금 그 직사에 이바지할 것을 건의했는데, 그 배경에는 하륜이 독단적으로 처리하는 바를 미워했기 때문이라고 했다.[94]

---

89) 『태종실록』 권22, 태종 11년 12월 갑인. 그리고 이직의 딸이 태종의 귀인이었고, 태종의 처남 민무휼이 사위였다(高惠玲, 앞의 글, 7~8쪽). 또한 손자인 李正寧은 태종의 부마였다(『단종실록』 권3, 단종 3년 5월 을묘).

90) 『세종실록』 권53, 세종 13년 8월 기해.

91) 『태종실록』 권24, 태종 13년 2월 기묘.

92) 『태종실록』 권26, 태종 13년 7월 임오.

93) 이에 반해 관리들의 편견이나 사의에 기인된 때문이고 창업 초의 입법이라 조급한 제정, 임기응변적인 법령이거나 혹은 새로운 법령에 익숙하지 못하였기 때문이었다고 보는 견해도 있다(朴秉濠, 앞의 글, 1974, 400쪽).

94) 『태종실록』 권26, 태종 13년 12월 신유.

여론이 악화되자 태종은 『대명률』과 우리의 『육전』에 합치되지 않는 점이 많은데, 이럴 경우 태조의 『원전』과 『속집상절』을 시행하는 것이 어떨까라며 자신의 뜻을 피력했다.[95] 그리고 『속집상절』을 전면 수정하도록 지시했다.

> 명하기를, "무릇 조획은 한결같이 원육전을 따르고, 왕지(王旨)·속육전 안에 원전의 조획을 고친 것이 미편하면 다시 참고하여 예전대로 시행하고, 그 중 부득이하게 조획을 고친 것은 의논하여 계문하라" 하니, 예조에서 제조와 더불어 논의하여 삼가 기록하기를, "수령권차(守令權差)·수령부임……이상 18조는 원전을 따르고, 전지수손급손(田地隨損給損)·전일관준포십필(錢一貫准布十匹)의 이상 2조는 속전을 따르는 것이 어떠하겠습니까?"하니, 하교하기를, "원전을 고쳐서 속전에 실은 것을 모두 삭제하고, 그 중에 부득이한 일은 원육전 각 조목 아래에 그 각주를 써라"고 하였다.[96]

마침내 태종은 『속집상절』을 『원전』에 의거해서 전면적으로 수정하도록 명했다. 그에 따라 『원집상절』과 『속집상절』로 분리되어 있었던 것을 하나로 묶되 『원전』의 조문을 본위로 해서 고쳐서 『속전』에 실은 것을 모두 삭제하며 부득이하게 그 내용을 수정해야 하는 것은 아래에 각주로 표기하도록 했다.

이렇게 『원전』을 본위로 하는 수정 방침이 조종성헌존중주의에서 나왔다고 하나,[97] 더불어 『속집상절』의 편찬을 주도했던 하륜 등과 다른 관료들의 갈등도 작용했던 것으로 보인다. 하륜 등이 구축하고자 했던 체제의 성격에 대해서는 좀더 세밀한 검토가 필요하나,[98] 아마도

---

95) 『태종실록』 권26, 태종 13년 12월 정사.
96) 『태종실록』 권30, 태종 15년 8월 정축.
97) 朴秉濠, 앞의 글, 1974, 400쪽.

국왕을 정점으로 해서 중외의 기구 및 관원들이 마치 피라미드 형태로 계서화된 체제가 아니었나 싶다.[99] 만약 『속집상절』이 그대로 시행되어 하륜 등의 구상이 구체화될 경우 특별한 지위에 오르지 못한 관료들은 중요 정사에서 소외될 가능성이 높았다. 정도전 등이 추구했던 소위 재상을 정점으로 하는 관료지배체제하에서는 나름대로 위상을 펼칠 수 있는 공간이 있었지만, 피라미드 형태로 계서화된 체제가 들어서면 그 여지는 축소될 전망이다.

따라서 위 사료 내용처럼 예조에서 20개 조문을 대상으로 제조와 논의한 결과, 그 중 18개는 『원전』을 따르고, 2개만 『속전』대로 하자는 결론에 이르게 되었던 것은 그만큼 『원전』에 비해 『속전』 조문들에 대한 불만이 높았음을 의미한다. 결국 태종조차 양보할 수밖에 없는 상황이라 『원전』의 조문을 본위로 해서 『속전』을 전면 수정하도록 명을 내렸다.

그러나 태종은 하륜 등이 주도해서 만든 방안을 완전히 버릴 수 없었다. 그것이 자신의 입장을 최대한 반영했다고 여겼기 때문이었다.[100] 실제로 『원전』을 본위로 하는 『속전』의 수정작업은 제대로 추

---

98) 지금까지의 하륜의 정치사상에 관한 연구성과로는 다음의 것들이 주로 참조된다. 鄭在勳, 「朝鮮王朝 建國過程에서의 舊勢力」, 『考古歷史學志』 2, 1986 ; 文炯萬, 「河崙의 勢力基盤과 그 家系」, 『民族史의 展開와 그 文化』 上, 창작과 비평사, 1990 ; 李晶淑, 「浩亭 河崙의 生涯에 관한 一考察」, 『부산여대사학』 6·7, 1989 ; 柳柱姬, 「河崙의 生涯와 政治活動」, 『史學硏究』 55·56, 1998 ; 김윤주, 「태종대 하륜의 정치활동」, 서울시립대 석사학위논문, 1999.

99) 태조대 개혁파 관리들이 목표로 삼았던 관료체제는 국왕과 재상을 정점으로 하여 일원적으로 그리고 등차적으로 계층화되고, 기능별로 분권화된 피라미드형의 체제를 의미한다고 한다(韓永愚, 앞의 책, 51쪽). 한편 태종의 후원 아래 하륜 등은 이와 대조되는 체제를 구상했던 것이 아닐까 한다.

100) 『속육전』의 개정작업을 명한 뒤 한참 시간이 경과하고, 또 그에 대한 비난이 계속되는 중에도 태종은 하륜이 나라를 자기 집같이 걱정하여 건의할 계책

진되지 못했다.

> 태종공정대왕께서 예조에 유시하여 이르기를, "속육전 안에 원전을 고친 부분은 모두 삭제하고, 만일 부득이하여 그대로 둘 것은 원전 본조 아래 주로 써라" 하였습니다마는, 그대로 그쳤을 뿐 능히 그 성문을 보지는 못했습니다. 이러므로 혹은 서로 위려(違戾)하게 되고, 혹은 자못 중복되기도 하여, 사서들은 동이(同異)를 분별하지 못했고, 관리들은 봉행하는 데 현란을 일으켰습니다.[101)]

위 인용문을 통해 알 수 있듯이 태종의 명령대로 『속육전』의 수정 작업이 이루어지지 않았다. 그 까닭은 무엇일까? 태종의 법전편찬에 관한 무관심에서 비롯되었는가? 여러 가지를 거론할 수 있겠으나, 아마도 『속육전』의 조문을 대폭 개정해서 체계를 무너뜨리는 일에는 관심이 적었던 탓이 아닐까 한다. 혼란이 있더라도 어떻게 해서든지 『속육전』을 그대로 유지했다가 여건이 좋아지기를 기다렸다가 시행하려는 의도가 있었던 것으로 생각된다.

지금까지 검토했던 것처럼 『원육전』과 『속육전』은 방향을 달리해서 편찬된 것이어서 양자를 동시에 시행한다는 것은 여러 면에서 곤란했다. 그렇다고 적당히 조절해서 절충할 수 있었던 것도 아니었다. 어느 하나를 선택해야 하지만 당시 정국 상황에서 결론을 내리기 힘들었다. 그렇기 때문에 법전의 시행을 놓고 혼선이 일어날 수밖에 없었다. 이것이 차후 『경제육전』의 개찬작업을 재개시키는 중요한 요인으로 작용했다. 마침내 세종대에 재개되었는데, 주관자들의 변모가 바

이 있으면 문득 진언했는데, 지금 국가가 편안한 것도 하륜의 유지한 힘이 아닌가라고 발언한 것에서 느낄 수 있다(『태종실록』 권31, 태종 16년 5월 병진).

101) 『세종실록』 권42, 세종 10년 11월 정축.

꿈으로 인해 지금까지의 법전편찬사업과는 성격을 조금 달리해서 전개되었다.

3) 신속육전 개찬작업의 전개와 주관자(主管者)

세종은 태종 사후 본격적으로 국정운영을 주도하였다. 특히 체제정비의 재개에 적극적으로 간여하며, 이것을 법전의 개찬사업과 연계시키려 했다. 통치의 기저가 되는 법제의 운영이 흔들려서는 어떤 부문도 원활히 움직일 수 없다고 보았기 때문이다. 실제로 태종대 시작했던 『경제육전』의 수정은 결실을 맺지 못했다. 그로 인해 법전의 시행을 놓고 혼란이 계속되었다.[102] 거기다가 계속해서 수교가 나오고 있으므로 상황은 갈수록 악화되었다. 어떻게 해서든지 정리해야 했다.

혼란이 계속되어 관리들이 법전의 조문들을 봉행하지 않는 일까지 발생하자, 예조에서는 그 가운데 심각한 30여 조목을 골라 명백히 거행하도록 강조하며 이를 어긴 자는 논죄하도록 건의하였다.[103] 이 역시 미봉책에 지나지 않았고, 또한 이미 정리 필요성이 제기되었던 만큼 사태 해결의 근본 대책으로 『경제육전』의 개찬사업을 재개하는 방안이 강구되었다.

『경제육전』의 개찬은 태종이 사망한 뒤인 1422년(세종 4) 8월부터 시작되었다. 이때 육전수찬색을 설치하고, 이직 · 이원(李原)을 도제조로, 맹사성(孟思誠) · 허조(許稠)를 제조로 삼았다.[104] 이직은 하륜과 더불어 『속집상절』의 편찬에 깊숙이 간여했으며, 이원과 태종대 좌명

102) 『세종실록』 권7, 세종 2년 윤1월 무술.
103) 『세종실록』 권10, 세종 2년 11월 신미.
104) 『세종실록』 권17, 세종 4년 8월 을미.

공신에 함께 책봉되기도 했다.[105] 처음에는 태종대 『속집상절』을 간행하던 방식을 원용해서 추진했으나, 시간이 흐를수록 조금씩 성격이 바뀌기 시작했다.

> 육전수찬색에 전지하기를, "지금 육전을 수찬할 때 각년의 수교 내에 삭제된 것, 고친 것, 증보된 것을 전마다 별도로 계문하여 시행하라"고 했다.[106]

전지처럼 매 전마다 각년의 수교 가운데 삭제된 것・고친 것・증보된 것을 별도로 계문해서 시행한다면 사실상 육전수찬색의 도제조 및 제조의 역할이 그만큼 축소될 수밖에 없었다.[107] 일일이 임금에게 보고해서 처리해야 하기 때문에 자기 뜻대로 할 수 있는 것은 줄어들 수밖에 없다.

세종대 법전편찬의 특징은 전대에 비해 국왕의 비중이 커진 점에 있었다.

> 법을 세움이 정밀하였고, 관리들이 법을 받들기를 더욱 삼갔다. 임금이 육적(六籍)을 깊이 연구하고 서사(書史)를 널리 보아 생각이 극히 깊고 장대하였다. 관직을 오래 맡긴다는 한 가지 일로 여러 사람의 의논이 소란하고, 가뭄이 또 심했건만 굳게 견지하고서 바꾸지 않았으므로 마침내 성과가 있었다.[108]

---

105) 鄭杜熙, 앞의 책, 1983, 42쪽.

106) 『세종실록』 권21, 세종 5년 7월 신묘.

107) 이렇게까지 했던 것은 본 사업에 대한 세종의 관심이 매우 컸기 때문이라고 한다(연세대학교 국학연구원편, 앞의 책, 8쪽).

108) 『세종실록』 권28, 세종 7년 6월 정묘.

위 기사로 법을 만들고 준수하는 것에 대해 세종의 관심이 컸음을 알 수 있다.[109] 또한 그는 새로 법을 제정하거나 정비해서 당대의 폐단을 제거하는 일에 열성적이었다.[110] 개인적인 취향 탓도 있었겠지만 그가 통치하던 시대의 요구이기도 하였다.[111]

세종은 법전편찬에 깊은 관심을 보이며 손수 관계하였다. 1422년부터 시작되었던 개찬사업은 1426년 2월에 이직・황희・허조 등이 수찬한 『신속육전』을 올리면서 일단락 되었는데,[112] 세종은 스스로 이를

---

109) 세종대 법제 정비 등과 관련해서 그 전반을 살필 수 있는 성과로는 박병호, 『세종시대의 법률』, 세종대왕기념사업회, 1986 ; 심희기・정긍식, 「세종시대의 법과 가족제도」, 『세종문화사대계 3-정치・경제・군사・외교・역사-』, 세종대왕기념사업회, 2001 등이 대표적이다.

110) 이에 대해 다음의 황희 졸기를 주목할 필요가 있다. 세종이 중년 이후에 새로운 제도를 많이 제정했는데, 대체를 보존하기에 힘쓰고 번거롭게 변경하는 것을 좋아하지 않았던 황희가 홀로 반박하는 의논을 올려 비록 전부는 아니었지만, 중지시킨 바가 많았다고 했다(『문종실록』 권12, 문종 2년 2월 임신). 세종이 적극 추진했던 새로운 법과 제도의 도입에 대해 황희가 건의하여 일부만 중지시켰다는 것은 그 정도가 얼마나 대단했는지를 짐작케 한다.

111) 세종의 법전에 대한 관심은 후계자였던 문종과 달랐다. 경연에서 『원육전』・『속육전』을 진강하여서 조종의 전장을 읽어보도록 권유하는 경연관에 대해 문종은 『육전』은 이미 읽어보았으나 경전이 아니니, 경연에서 반드시 진강할 것이 없다고 답하였다(『문종실록』 권4, 문종 즉위년 11월 신유). 반면에 경전이 아닌 병서를 진강하고 싶어했다. 병서는 문장의 뜻을 알기 어려운 것이 많아 만약 경연에서 강론한다면 거의 찾아 연구해서 해석할 수 있을 것이기 때문이라고 했다(『문종실록』 권4, 문종 즉위년 11월 계해). 개인적 취향을 떠나 시대적 요청의 차이를 읽을 수 있는 사례로 여겨진다.

112) 1422년에 육전수찬색이 설치되어 『경제육전』의 개찬작업을 시작했을 때에는 이직・이원이 도제조, 맹사성・허조가 제조였는데, 중간에 이원・맹사성 대신 황희가 참여하였다. 그렇게 된 사유는 정확히 밝혀져 있지 않다. 다만 황희가 하륜 등이 『속육전』을 편찬할 당시 비판적인 입장에서 검토했던 적이 있었다(林容漢, 앞의 글, 2002, 34쪽 註 71). 따라서 과거의 경험을 되살린다는 의미에서 갓나온 『속육전』을 세밀하게 검토하는 일에 참여시켰을 가능성도 있다.

열람할 것임을 천명하였다.[113] 그대로 반포하거나 다른 관료들에게 검토를 지시했던 것이 아니라 자신이 직접 보겠다고 했다. 따라서 이때 수찬된 『신속육전』은 곧바로 반행되지 못했다. 직접 검토하며 여러 보완사항을 지시했던 것으로 생각된다. 이는 동년 11월 수찬색에서 정묘년(고려 우왕 13)에 고친 의관제도를 예조로 하여금 『고려사기(高麗史記)』와 중외 문서를 상고하여 『원전』 속의 전조 판지(前朝判旨)에 추록하도록 했던 것에 의해 확인된다.[114]

수정을 거쳐 수찬된 지 10개월만에 수찬색에 의해 『속육전』 6권과 『등록』 1권으로 간행되었다.[115] 기존 연구에서 지적했듯이 이 『신속육전』은 전대의 『육전』과 비교해 볼 때 체제상에 커다란 변화가 일어났는데, 특히 태종대 시작되었으나 완료되지 못한 『원전』과 『속집상절』 간에 어긋나는 조문의 처리라든가 1408년 이후 반포된 수교들을 연월을 불문하고 유별로 모아 『속전』에 합록시키는 것, 일시적인 법들은 『등록』을 별도로 편찬해서 싣고 중복된 것은 삭제하는 등의 조치를 들 수 있다.[116]

하지만 아직도 잘못된 부분이 적지 않다는 지적을 받았다. 이에 대해 임금은 출납하는 사이에 간혹 상실(詳悉)하지 못한 것이 있어 착오를 일으킨 때문이라고 응수하고, 정초(鄭招)와 김효정(金孝貞) 등에게 명하여 개수토록 하였다.[117] 그 결과 1428년 11월에 상정소 도제조 이직 등이 『육전』 5권과 『등록』 1권을 편찬하여 올렸다.[118] 1426년 12월

113) 『세종실록』 권31, 세종 8년 2월 임신.
114) 『세종실록』 권34, 세종 8년 11월 기유.
115) 『세종실록』 권34, 세종 8년 12월 임술.
116) 朴秉濠, 앞의 글, 1974, 401~402쪽 ; 연세대학교 국학연구원 편, 앞의 책, 7~8쪽.
117) 『세종실록』 권40, 세종 10년 윤4월 임오.
118) 『세종실록』 권42, 세종 10년 11월 정축.

의 것과 비교하면 책임자는 대개 같으나, 수찬색에서 상정소로 기구가 바뀌고, 『육전』이 6권에서 5권으로 축소되었음을 알 수 있다. 그 밖의 사항은 큰 변동이 없었던 것으로 보인다. 그럼에도 세종은 미진하다고 여겨 하연(河演) 등에게 개찬을 명했고,[119] 얼마 뒤 인쇄하여 반사하였다.[120] 하연 등의 개찬작업은 규모가 그리 크지 않았던 것 같다.

> 상참을 받고, 경연에 나아가서 비로소 육전을 강론하였다.[121]

위의 일처럼 경연에서 『육전』을 강론했던 것은 지금까지의 법전편찬에 전례가 없던 일이었다. 이때 법전의 강론을 통해 개찬작업에서 생겼던 오류를 시정하고자 했는데, 그 과정에 집현전 학사까지 동원했다.[122] 그리고 이를 통해 『육전』의 착오를 발견한 세종은 재차 수정하여 간행할 것을 지시하였다.[123] 이렇게 집요하게 『육전』의 개찬에 관심을 갖고 수정을 지시한 까닭은 무엇일까?

먼저 『신속육전』의 편찬과 더불어 세종이 기존의 『원육전』에 대해서도 수정을 지시했던 사실이 주목된다.

> 임금이 또 말하기를, "지금 하륜이 지은 원육전을 보니, 속된 말을 한문으로 고쳐 간혹 막혀서 이해하기 어려운 곳이 있는데, 조준이 편찬한 『방언육전』은 사람들이 다 알기 쉬우므로 쓴다고 해도 무망하지 않을까?" 하니, (황)희가 답하기를, "방언육전을 쓰는 것도 가합니다." 하고, 총제 하연은 아뢰기를, "지금 속육전을 이미 한문으로 편찬했으

---

119) 『세종실록』 권42, 세종 10년 11월 정축.
120) 『세종실록』 권43, 세종 11년 3월 갑자.
121) 『세종실록』 권47, 세종 12년 3월 정묘.
122) 『세종실록』 권54, 세종 13년 10월 기미.
123) 『세종실록』 권56, 세종 14년 6월 신축.

> 므로 원육전도 한문으로 써야 마땅할 것이니 방언을 쓸 수 없습니다. 그리고 막혀서 이해하기 어려운 곳은 마땅히 개정하면 됩니다." 하니, 임금이 말하기를, "원육전과 속육전이 각각 다르니, 비록 방언으로 된 것과 한문으로 된 것을 함께 쓴다고 해도 무엇이 해롭겠느냐." 하였다.[124]

위 인용문에서 보는 것처럼 무엇 때문에 세종은 하연 등의 반대를 무릅쓰고, 더구나 법조문의 일관된 표현 체제를 훼손시키면서까지 방언으로 된 『원육전』으로 되돌아가고자 했을까?[125] 그리고 이에 대해 황희가 찬성한 까닭은 무엇일까? 문제는 하륜에 대한 비판과 밀접히 연관되어 있었다. 그것은 일찍부터 세종에 가까운 인사들에 의해 시도되었다. 그 중에 심온과 황희 등이 대표적이었다.[126] 세종도 직접 하륜을 거론하면서 자기의 욕심만 도모하던 인물이라고 평했다.[127] 유독 하륜만 거론했던 것은 아니지만 여러 차례 꾸준히 제기하였다.[128]

마침내 상정소의 건의를 받아들여 하륜의 『상정원육전(詳定元六典)』은 거두어 쓰지 못하게 하고 태조대 편찬되었던 이두로 된 『원육

124) 『세종실록』 권48, 세종 12년 4월 신사.

125) 『방언육전』을 시행하더라도 그것과 『상정육전』의 내용이 현저한 차이가 없으므로 실제상 큰 불편은 없었을 것이라는 견해도 있다(朴秉濠, 앞의 글, 1974, 403쪽). 하지만 차이가 없는데도 불구하고 세종이 굳이 『방언육전』으로 되돌아가기를 고집했던 이유가 궁금하다.

126) 하륜은 심온과 황희는 간악한 소인이니, 정부·육조, 특히 전선을 맡는 직책에 두어서는 안 된다는 주장을 펼치기도 했다(『태종실록』 권31, 태종 16년 6월 임오). 이들이 자신의 입장에 대해 비판적이었던 것에서 비롯되었다(『태종실록』 권23, 태종 12년 4월 무진 ; 『세종실록』 권16, 세종 4년 5월 을축 ; 『세종실록』 권53, 세종 13년 9월 기사).

127) 『세종실록』 권53, 세종 13년 9월 기사.

128) 『세종실록』 권83, 세종 20년 12월 정사 ; 『세종실록』 권100, 세종 25년 6월 을사 ; 『세종실록』 권124, 세종 31년 6월 을축.

전』을 인쇄하여 중외에 반행토록 하였다.[129] 이는 결과적으로 하륜 등의 『원전』 수정 작업을 부정하는 조처였다. 『원전』이 비록 조준 등의 손에 의해 이루어졌다고 하더라도, 근본적으로 태조의 업적이며 치세의 상징물이었다. 그것을 하륜 등이 아무리 왕명을 내세웠다고 해도 함부로 개정했다는 것은 태조의 위업을 훼손시키는 일로 평가되었다. 따라서 원상복구가 필요했다.

원래의 『원전』은 조선의 성립을 주도했던 인물들이 만든 것이며, 고려말부터 추진되었던 체제개혁의 성과물들이 집약된 것이다. 그러므로 조선이 고려를 대신하지 않으면 안되었던 체제적인 정당성과 명분성을 상징적으로 보여주는 것이기도 하다. 따라서 그것을 훼손한다는 것은 조선체제 성립의 정당성과 명분을 스스로 깎아내는 행위로 간주되므로 원상복구가 필요했던 것이다.

한편 원상복구된 『원전』은 동시에 후대에 어떤 법적 개혁조치를 단행하고자 할 때, 조선 건국을 주도했던 태조의 이념을 계승하여 오늘날의 실정에 맞게 되살리고자 함이라는 주장의 근거가 될 수도 있다. 즉, 태조 치세에 전개된 통치체제의 개편작업이 『원전』에 집약되어 있었다. 따라서 이에 간직된 건국의 이상을 지금 시점에서 다시 실현키 위함이라는 논리가 도출될 수 있다. 그러므로 세종으로서는 원상복구된 『원전』으로부터 시작하여 태종대 『속집상절』 편찬작업을 거쳐 자신의 치세에 이르기까지 이룩된 모든 체제개혁을 종합 정리하고자 했다. 이로 말미암아 법전의 개찬사업과 동시에 『원전』의 원상복구가 중요할 수밖에 없었다.

끝으로 황희 등이 『방언육전』을 쓰는 것을 찬성한 까닭은 조준을 두둔하고 하륜을 배척하기 위함은 아니었을 것이다. 황희는 하륜과 마

129) 『세종실록』 권52, 세종 13년 5월 병자.

찬가지로 태종의 적극적인 후원으로 출세했다.[130] 그러므로 태종의 입장을 최대한 반영했다고 여겨지는 하륜 등의 방안을 무시하려는 것은 아니고 다만 그 운영상의 여러 문제점들이 수정 보완작업을 거쳐 해소되기를 바랬을 것으로 생각된다. 예를 들면, 재상의 역할에 있어 하륜처럼 지식과 재주가 뛰어나다고 해서 백성들을 불편하게 할 정도로 법령을 마구 만들거나,[131] 관인들을 모아 붕당을 조성한다면[132] 아마도 그로 인한 폐해가 걷잡을 수 없이 커질지도 몰랐다. 반면에 황희는 그의 졸기에 의하면, 일을 의논할 적에는 정대하여 대체 보존에 힘쓰고 번거롭게 변경하는 것을 좋아하지 않았다고 한다.[133] 하륜과 여러 면에서 대조적인 풍모를 지녔다고 볼 수 있다.

하륜과 황희, 두 사람의 차이를 개인적인 성향에서 기인하는 것으로 치부할 수도 있겠으나, 더욱 중요한 것은 재상의 역할 및 기능에 나타난 두 가지 유형으로 이해해 볼 수 있다는 점이다. 그러므로 세종은 하륜 등을 비판하면서 황희와 같은 유형의 재상이야말로 유용하며 필요한 존재임을 천명하였다.[134]

그러나 바람직한 재상의 유형을 개인적 소양이나 자질에서만 찾았던 것은 아니었다. 이는 현실적이지도 않고 바람직하지도 않았다. 그보다 제도화되고 법제화된 재상론이 중요했다. 이에 그 이념형을 정도전 등의 구상을 담았던 『방언육전』에서 찾고자 했을 것이다. 그렇다고 해서 『방언육전』의 체제를 그대로 재현하는 것은 아니었다. 기본적으로 태종대의 체제로 운영하되, 그에 적합한 재상론을 하륜의 유형이 아닌 『방언육전』의 그것을 통해 새롭게 강구하고자 했던 것이 아닐

130) 鄭杜熙, 앞의 책, 1997, 4~10쪽.
131) 『태종실록』 권13, 태종 7년 6월 계미.
132) 『세종실록』 권100, 세종 25년 6월 을사.
133) 『문종실록』 권12, 문종 2년 2월 임신.
134) 鄭杜熙, 앞의 책, 1997, 4~10쪽.

까?

그러므로 세종과 황희 등은 『방언육전』을 온전하게 되살리는 것이 중요했고 또한 필요했다. 단지 과거의 유산이 아닌 오늘날의 과제를 해결하는 실질적인 근거와 토대를 제공해 주기 때문이다. 하지만 『방언육전』에는 태종에 의해 제거된 정도전 등의 구상이 포함되어 있기 때문에 명분상 그대로 쓸 수는 없었다. 이에 일단 조종성헌존중주의라는 것을 명분으로 내걸면서 그에 입각해서 최대한으로 활용하고자 했다.

이렇듯 조선초기 법전편찬 과정에서 나타나는 조종성헌존중주의는 세종을 필두로 한 주관자들의 유교적 법률관에서 비롯되었다고 볼 수도 있으나,[135] 다른 한편으로 『방언육전』으로 해서 조선을 건국시킨 체제개혁의 성과가 곧 조종성헌으로 자리잡았기에 그것을 명분으로 삼고, 실질적 근거로 해서 개편작업을 추진하는 것이 진정한 존중이라고 주창했을 것이다.[136]

『원육전』의 원상 복구와 더불어 상정소 도제조 황희 등에 의해 새로 개정되어 편찬된 『신찬경제속육전』이 1433년(세종 15)에 간행되었다. 이때 하륜과 이직이 중심이 되어 편찬했던 『신속육전』 및 이 두 책에 수록되지 않은 '영갑조건(令甲條件)' 등을 대상으로 상세히 검토한 다음 일일이 왕의 재가를 받아 『정전』 6권, 그리고 일시로 운영하려는 법을 골라 별도로 『등록』 6권을 만들었다.[137]

『정전』 6권과 『등록』 6권으로 편찬된 것은 1426년 이직 등에 의해

---

135) 박병호, 앞의 책, 1986, 26~29쪽.

136) 『방언육전』에 포함된 불순한 요소들, 예를 들어 정도전 등이 주창해서 제정되었던 법과 제도들을 현실적으로 활용하고자 했을 때 과연 어떤 방식으로 처리하는 것이 무리를 빚지 않을까라는 문제 의식에서 기인되었다고 할 것이다.

137) 『세종실록』 권59, 세종 15년 1월 무오.

『속육전』 6권과 『등록』 1권으로 간행되었던 체제를 그대로 따른 결과이다.[138] 따라서 체제면에서 크게 달라진 것이 없어 보이나 『등록』이 1권에서 6권으로 늘어났다는 점은 큰 변화이다. 이로 인해 법전의 전체적 규모가 확대되었다.

결과적으로 세종 등은 자신들이 구상해서 실현시키고자 했던 통치체제를 법전의 개찬작업을 통해 정비・정리하는 한편, 이를 새로이 간행되었던 『경제육전』에 집약시키려 했다. 우선 조종성헌의 존중을 내걸며 조준 등이 만든 것을 원형 그대로의 복원하는 작업을 시도했다. 다음으로 『원전』을 본위로 『속육전』을 개찬하라는 태종의 유훈을 받들었다. 이로써 태조대의 『원전』과 태종대의 『속집상절』을 망라하여 정리하되, 양쪽을 절충하고 조화하는 방향에서 자기의 구상이 구체화되도록 했다. 그 위에서 자신의 주도로 제정된 새로운 영갑조건을 대폭 보강해서 법전의 규모를 크게 확대시키되, 일단 '경구지법(經久之法)'과 '일시소용 비경구지법(一時所用 非經久之法)'으로 구분하여 정전과 등록에 별도로 등재시키는 식으로 법전편찬 체계의 유연성을 크게 증폭시킴으로써 안팎의 비판적인 시선에서 벗어나 보려고 했다.

그리고 새로 간행한 『신찬경제속육전』을 조속히 보급하여 널리 시행되도록 했다. 이때 임금과 신하 모두 법을 제대로 알고 행동하도록 만들어야 한다는 점을 강조하였다.[139] 특히 사람들이 법을 몰라 죄에 빠지는 것을 경계하되 그렇게 만든 요인이 관료의 나태함일 수도 있다는 점을 은연중에 경고하면서 국왕도 열심히 검토할 것임을 천명하였다. 실제로 세종은 경연에서 『신찬경제속육전』을 강하면서 마땅치 않은 것이 있으면 명하여 다시 논의케 하였다.[140]

---

138) 『세종실록』 권34, 세종 8년 12월 임술.
139) 『세종실록』 권59, 세종 15년 3월 무오.
140) 『세종실록』 권60, 세종 15년 6월 임인.

이렇게 계속 수정 작업을 펼쳐 자체의 완성도를 높이는 한편 외방으로 보내 그에 의거하여 통치되도록 했다. 1438년에 함경도 북부를 개척하면서 설치했던 부거현(富居縣)[141]에 조복(朝服) 및 『농잠서』, 『삼강행실』 등과 더불어 『육전』, 『율문』을 보냈다.[142] 『육전』을 보낸 것은 앞으로 이에 의거하여 행정을 수행토록 하라는 상징적 의미를 띠고 있다. 그만큼 『육전』의 보급 및 그에 의거한 정치의 시행을 강조하였다.

꾸준한 보완 작업에도 불구하고 『경제속육전』에도 여러 가지 문제점들이 나타나기 시작했다. 그렇게 될 수밖에 없는 근본적 요인은 기존 연구에서 지적했듯이 『경제육전』 편찬방식에서 기인했다. 즉, 『원전』을 고정시켜 놓고 이후의 수교가 누적된 뒤 전후의 모순, 또는 결함 등이 발견될 때마다 『속전』 또는 『등록』으로 증보토록 하는 편찬 방법을 유지하는 한 혼란이 따르기 마련이며, 성헌으로서의 한정성도 기할 수 없었다.[143]

그런데 『신찬경제속육전』이 간행된 뒤 체제개편과 관련, 새로운 법들을 제정하는 데 중요한 역할을 담당했던 것은 바로 세종이었다. 『경제속육전』의 산파역이면서 동시에 문제를 일으킨 요인을 스스로 제공하였다. 일부 인사들은 『원육전』·『속육전』과 『등록』이 갖추어져 있음에도 관리들이 다투어 신법을 세우는 까닭에 봉행하다가 법을 범하는 무리도 나오는 실정이므로 지금부터 『속육전』·『등록』 이외의 신법을 세우지 못하게 하자고 했다.[144]

그러나 신법을 관리들만 만들었던 것은 아니며 앞서 주도했던 것은

---

141) 『세종실록』 권80, 세종 20년 3월 병신.
142) 『세종실록』 권84, 세종 21년 3월 정사.
143) 朴秉濠, 앞의 글, 1974, 408쪽.
144) 『세종실록』 권112, 세종 28년 4월 정묘.

세종이었다. 즉위한 이래 입법한 것이 많은데, 밝지 못한 소치로 종말에 후폐(後弊)가 있을 것을 살피지 못했다면서, 전폐·호패·수차·아악 같은 유들을 매거(枚擧)하기도 어렵다고 술회하였다.[145] 다방면에 새로운 법을 만들고, 그 과정에서 몇 차례 시행 착오를 겪었음을 토로하였다. 당시 세종이 구상했던 체제가 다양한 입법과정을 거치면서 수정되거나, 또는 중단되어 다른 방식으로 전개되기도 하면서 정비·정리되고 있는 중이었다. 그 대표적인 것 중의 하나가 곧 법전의 편찬사업이었기에 여타 부문과 함께 불가피하게 변동될 수밖에 없었다.

『신찬경제속육전』의 간행에도 불구하고 『육전』의 개찬사업이 일단락되지 못했던 것은 근본적으로 편찬방식의 문제에서 기인된 바이나, 또 하나의 중요한 요인은 통치체제 정비작업과 긴밀히 연계되면서, 동시에 그 일환으로 추진되었기 때문이었다. 다시 말해 조선초기 법전의 편찬이 체제정비작업의 성과물들을 집약시키는 일이면서 그 자체가 다시 한 부문을 이루면서 추진되었기 때문에 통치체제의 성격이 분명해져야만 『경제육전』의 개찬사업도 매듭지을 수 있었다. 따라서 전자가 확고하지 못한 이상 후자 역시 바뀔 수밖에 없었다. 이것이 육전 편찬 및 개찬 사업이 지녔던 시대적 특징이 아닌가 한다.

(윤훈표)

145) 『세종실록』 권112, 세종 28년 6월 갑인.

4. 법조문의 성립과 법전편찬 원리

1) 법안의 발의와 수교화

조선시대에 법이란 개념은 오늘날처럼 법전에 수록한 조문을 지칭하는 것이 아니었다. 법이 되는 과정에서 우선되는 형식적 요소는 왕의 명령이었다. 모든 법은 왕의 재가를 받아 교지(教旨)로 반포됨으로써 법으로 존재하게 된다. 교지 중에서 각 관청에 하달한 교지를 관청의 입장에서 수교(受敎)라고 불렀다.[1]

즉 법의 근원은 왕의 재가, 왕명이었고, 교지로 반포됨으로써 그것이 법으로 존재하게 되었다. 교지의 성격이 다양하므로 그 중에는 법전에 수록하는 것도 있고, 그렇지 않은 것도 있었지만, 조선시대에는 법전에 수록하지 않은 교지도 법이라고 불렀다.

> (왕이) 영의정 황희 등을 불러 의논하여 말하였다. "속전(續典)에서 빠트린 30여 조 중에는 행할 만한 것들도 없지 않다. 그러나 나라의 법전을 이미 만들었으니 추록해 넣을 수도 없다. 이를 어떻게 처리하면 좋겠는가? 내가 생각하기로는 속전을 편찬한 뒤에도 역시 수교하여 법을 세우는 경우가 있을 것이므로 위에서 말한 빠진 조문들을 지금 수교하는 것으로 날짜를 고쳐 써서 거행하는 것이 어떠하겠는가?"

1) 박병호, 『한국법제사고』, 법문사, 1974, 406쪽.

> 모두가 말하기를 "가히 행할만한 조건은 원안을 고찰하게 해서 거행하도록 명을 내리소서" 하니 이에 따랐다.[2] (밑줄은 필자)

이 기사에서 보는 것처럼 오늘날 법의 제정 즉 국회의 의결에 해당하는 절차가 조선시대에는 왕의 재가였다. 그리고 이렇게 왕의 재가를 얻어 교서로 반포하면 그 규정은 법전의 수록여부와 관계없이 법으로 존재하고 구속력을 지니는 것이었다.

이러한 사실은 조선시대 법체제를 연구하는 데 두 가지 난제를 던져준다. 하나는 그렇다면 모든 수교가 법으로서 동등한 권위를 지니느냐는 것이며,[3] 또 하나는 수교 자체가 법으로서의 성립여부를 확정한다면 조선시대의 법전은 법전에 수록되지 않는 법을 용납하지 않는 오늘날의 성문법 제도 아래서의 법전과는 다른 의미를 지닌다는 것을 의미한다. 그렇다면 조선시대에 법전의 기능과 용도는 무엇이며, 법전에 수록한 법의 위상은 어떻게 설정해야 하는 것일까?

그러나 이 문제는 다음 장에서 살펴보기로 하고 일단 이 장에서는 왕의 재가를 받은 법은 교지, 수교라는 형식을 통해 반포되고 존재하였다는 사실을 지적하고, 입법과정 즉 수교를 만드는 과정에 대해서

---

2) 『세종실록』 권67, 세종 17년 1월 갑오, "召領議政黃喜等議曰 續典脫漏三十餘條 其間不無可行者 然邦典已成 不可追錄 何以區處 余則以爲選集續典後 亦有受敎立法事 上項脫漏條件 以今受敎年月改書 擧行何如 僉曰 可行條件 令考元案 申命擧行 從之".

3) 실제로 이 문제는 조선시대 내내 위정자들을 괴롭힌 중요한 문제였다. 조선시대에는 嘉禮, 포상, 功臣錄勳, 赦免, 賜與 등에도 다 교지를 사용했기 때문이다(최승희, 『한국고문서연구』, 정문연, 1981, 46~47쪽). 이 중에는 누가 보아도 법과는 무관한 교지도 있었지만, 경우에 따라서 성격을 판정하기가 모호한 경우도 있었다. 따라서 이런 교지들을 어떻게 대우하며, 수교, 법의 자격과 범위를 어디까지로 할 것이냐는 문제가 조선시대 내내 문제가 되었다.

먼저 살펴보고자 한다.

조선초기에 모든 문서와 명령은 일단 도평의사사(의정부)를 거쳐 국왕에게 상신하여 재가를 받도록 하였다. 이 같은 방식은 의정부서사제와 육조직계제의 시행에 따라 변동이 있기는 하지만 최종적으로 『경국대전』 예전 의첩(依牒)조에는 다음과 같이 규정되었다.

> 새 법을 만들거나 옛 법을 고칠 때 및 상중에 있는 관리를 기복(起復)할 때 의정부가 의의(擬議)하여 왕에게 아뢰고 본조(예조)가 사헌부와 사간원의 서경(署經)을 참작하여 의첩을 낸다.[4]

이 조문 대로라면 모든 법안은 일단 의정부의 심의를 거친 후 왕의 재가를 받아 반포된다. 다만 이때 의정부의 '의의권(擬議權)'이 왕과 관서간의 행정의 중간단계로 의정부에서 새 법안을 심의하고 최종 기안까지 작성한다는 뜻인지, 행정절차 상으로 심의하여 동의하거나 반려하는 기능만을 말한 것인지는 분명하지 않다.

조선시대에 의정부의 권한과 행정업무는 사실은 매우 모호하다. 왕은 국가의 중대사만이 아니라 입법, 인사, 행정, 재판 과정에서 재상들과 의논하는 것은 거의 관례적이었고, 국왕이 준수해야 하는 덕목이었지만, 의정부에서 구체적으로 어떤 업무에 어떻게 간여한다거나 각각의 행정절차와 방식이 어떻게 되느냐는 법전에 구체적으로 명기되어 있지 않았다. 『경국대전』을 보아도 의정부의 역할은 "백관을 총섭하고 서정을 고르게 하며 음양을 다스린다……"는 식으로 매우 추상적으로 기록되어 있다.[5] 사실 이러한 표현, 특히 음양을 다스린다는 구절은 『서경』 주관의 구절을 원용한 것이다. 역사적으로는 중국 한(漢)

---

4) 『경국대전』 禮典 依牒.

5) 『경국대전』 吏典 京官職 正一品衙門 議政府.

나라 승상제도의 현실을 반영한 것인데, 한대의 승상부는 내조(內朝)에 실권을 빼앗기고 유명무실한 관서로 전락해 있었다.[6)]

물론 그렇다고 조선시대 의정부의 실상을 한대의 승상부에 비견할 수는 없다. 사실 이 규정은 재상권의 강화를 추구했다고 알려져 있는 고려말의 개혁파 사류의 상소와 정도전, 조준 집권기에 편찬한 『경제육전』 원전(元典)에서도 등장한다.[7)]

그러므로 이 표현은 이미 단지 오랜 역사적 연원을 지닌 관용적 표현으로서 재상권의 약화나 의정부를 허구화하려는 의도라고 단정할 수는 없다. 의정부의 역할은 실제 활동상황을 통해서 파악해야 하는데, 조선전기의 의정부와 재상들의 역할을 보면 이들의 권력이 형식적이거나 구속력이 없었던 것은 아니다. 대개의 경우 국왕은 국정 전반과 인사문제에 대해 늘 재상들과 의논을 하고 동의를 구했다. 단순히 국정자문의 기능을 넘어서 입법과정에서도 재상들은 현실적으로 강한 결정권과 영향력을 행사했다. 이것은 세종조에 재상급의 인사들이 의례상정소 제조로 활동하면서 입법과정에 직접적으로 개입했던 사실로도 확인할 수 있다.[8)]

그러나 그렇다고 해도 행정적으로 의정부가 각급 관서에서 올라오는 초안을 일률적으로 검토하고 수정하여 기안을 작성하여 왕에게 보고하는 중간역할을 한 것은 아니었다. 조선전기를 통해 의정부의 기능은 의정부서사제(議政府署事制)와 원상제(院相制)의 실시, 그 외 정치적 상황에 따라 상당히 달라지기는 한다. 그러나 실록을 통해 실제 운영상황을 보면 어떤 경우이든 모든 법안이 일단 의정부로 상정되고

---

6) 니시지마 사다오 저, 최덕경, 임대희 역, 『중국의 역사(진한사)』, 혜안, 2004, 277 및 333쪽 참조.

7) 연세대학교 국학연구원 편, 『경제육전집록』, 다은출판사, 1993, 37쪽.

8) 이 책 4장 3절 참조.

의정부의 심의를 거쳐 왕에게 전달되는 행정체제로 고정되어 있지는 않았다.[9] 단 세종 때에는 의정부서사제가 가장 활발하게 시행되었던 때로서 실록을 검토해 보면 의정부서사제의 시행 시기에는 법제를 논의할 때 의정부의 의의를 거치도록 하는 사례가 자주 발견되기는 한다. 그러나 『경제육전』 편찬기에는 그것이 법제화된 제도는 아니었다. 의정부 사사제는 『경제육전』의 최종본인 『신찬경제속육전』이 편찬된 지 3년 후인 세종 18년부터 시행되기 때문이다.

따라서 『경국대전』 의첩조의 조문만으로는 의정부의 구체적인 역할은 물론 입법의 절차나 기안과정, 법률 초안의 작성 및 발의과정, 법안의 발의권 등을 파악하기가 곤란하다.

그러므로 입법구조와 과정은 실록에 나타나는 개별 입법 사례를 통해 고찰하는 방법이 가장 정확하다. 그러한 사례의 하나로 세종 5년에 있었던 문무관원에 대한 휴가법 제정과정을 살펴보겠다.

가-1) 예조에 전지(傳旨)하기를 종사하고 있는 문무관원의 귀근(歸覲), 배소(拜掃)하는 법을 상정하여 보고하라고 하였다.[10]

가-2) 예조에서 보고하였다. "문무관으로 여러 해 동안 종사한 자로 친부모가 외방에 거주하는 자는 3년에 1번 귀근하는 것을 허락하고, 부모가 이미 사망한 자는 5년에 1번 소분(掃墳)을 허락합니다. 그 휴가를 주는 법은 문관은 이조가 주관하고, 무관은 병조가 주관하여 거리의 원근에 따라 휴가일수를 한정하여 계문한 뒤 휴가를 주고, 이미 산관에 속해 있던 자는 관직에 제수한 후로 계산해서 연

9) 태종 4년 10월에 새로 법을 세울 때는 반드시 의정부에 보고 후 의의하여 수판하자는 기록이 있다(『태종실록』 권8, 태종 4년 10월 병술). 이것은 정도전과 조준도 추진했던 정책이었지만 제대로 시행되지 않았다.

10) 『세종실록』 권20, 세종 5년 4월 무인, "傳旨于禮曹 從士文武官 歸覲拜掃之法 詳定以聞".

수가 미치지 않은 자는 급가를 허락하지 않게 하소서"[11]

나-1) 삼가 속이전을 안찰하오니 문무관으로 부모가 재외에 거주하는 자는 3년에 1번 귀근하고, 이미 사망한 자는 5년에 1번 소분한다고 하였습니다.[12]

나-2) 삼가 속이전 귀근조를 안찰하오니 문무관으로 다년간 종사한 자로 친부모가 재외에 있는 자는 3년에 1번 귀근을 허락한다고 하였습니다.[13]

기록 가-1)은 세종 5년 4월에 세종이 예조에 문무관의 휴가법을 제정하라고 명령을 내렸다는 기록이다. 즉 법안의 발의가 국왕에 의해 내려진 경우이다. 이때 이런 명령을 내린 배경은 잘 알 수 없는데, 이보다 4개월 전인 1월에 세종이 조신으로 병든 어버이를 보기 위하여 사직한 사람에게 노정에 따라 일수를 정하여 휴가를 주라는 명령을 내렸던 기사가 있는 것으로 보아[14] 이 당시에 휴가제도를 정비하는데 관심을 기울이고 있었던 것 같다.

명령을 받은 예조는 다음 달인 6월에 급가법을 기안하여 세종에게 보고하였다. 그것이 사료 가-2)이다. 그런데 20년이 지난 세종 24년과 단종 2년에 속전 이전 조문으로 인용되고 있는 나-1)과 나-2)를 보면 가-2)의 문장이 부분적으로 그대로 인용되고 있음을 볼 수 있다. 이것

---

11) 『세종실록』 권20, 세종 5년 5월 임진, "禮曹啓 文武官多年從仕者 親父母在外方者 許三年一歸覲 父母已沒者 五年一掃墳 其給暇之法 文官則 吏曹主之 武官則 兵曹主之 以程途遠近 限日數 啓聞給暇 其已曾屬散 除官後 年數不及限者 不許給暇".

12) 『세종실록』 권95, 세종 24년 1월 계유, "謹按續吏典 云文武官 父母在外者 三年一歸覲 已沒者 五年一掃墳".

13) 『단종실록』 권11, 단종 2년 6월 무술, "謹按續吏典 歸覲條 文武官多年從仕 親父母在外者 許令三年一次歸覲".

14) 『세종실록』 권19, 세종 5년 1월 임인.

은 가-2)의 기록 즉 세종 5년 6월에 예조에서 기안하여 올린 급가법이 그대로 속전에 수록되었다는 것을 의미한다. 서로 간에 문장이 조금씩 다른 것은 법전에 수록할 때 조문을 새로 정리했기 때문이 아니라 실록에 기록하거나 혹은 당시의 상소 등에서 법조문을 인용할 때 원문을 축약하거나 중간을 생략하는 경우가 종종 있었기 때문이다.[15]

그런데 『경제육전』의 조문은 이전에 교지로 내려진 수교 중에서 선별하여 수록하는 것이 원칙이었으므로 예조의 계문이었던 가-2)가 육전에 수록되었다는 것은 가-2)가 별도의 문안작성 과정을 거치지 않고 그대로 수교가 되었다는 것을 의미한다. 단지 교지로 내릴 경우에는 원문 앞에 연호와 날짜, 수교처(대개는 상서나 계문을 올린 기관이 그대로 수교처가 되었다)를 추가했다.[16]

그러므로 위의 급가법 규정의 입법화 과정을 정리하면 왕의 명령(가-1) → 예조의 계문(기안 및 발의)(가-2) → 왕의 재가·(수교) → 속이전 수록(나-1·2)이란 절차를 밟았음을 보여주며, 예조의 계문이란 것이 단지 그 사안에 대한 허락을 받는 다시 말하면 교서를 작성하기 이전에 교서의 내용에 대한 허락을 받는 절차만이 아니라 교서의 초안을 잡아 올리는 과정도 포함한 것으로 왕의 결재가 나면 그 문구가 그대로 교서로 반포되었다는 사실을 알려준다. 이 사실은 계문을 받아 교지로 내릴 때 특별히 문구를 새로 작성하거나 법을 기안하는 별도의 기관이나 정형화된 절차가 없었음을 말해준다.

위의 급가법 사례는 왕의 명령을 받아 예조가 입안하는 경우였다. 그러나 법안이 기안되고, 발의되는 과정이 이런 경우만 있는 것은 아니라 실제로는 매우 다양하고 거의 제한이 없었다. 아래의 사례들은 『경제육전』 조문의 원안이 되었던 수교들 중에서 몇 개를 선별한 것

---

15) 『경제육전집록』, 145쪽.
16) 『경제육전집록』, 23쪽 참조.

이다. 단 이 수교들이 『경제육전』에 수록되었다는 사실은 이미 논증한 연구가 있고, 여기서 일일이 논증하려면 상당히 길어지므로 간략하게 정리하였다.

다) 예조에서 계문하였다. 생원 등이 벼슬길에 나서기에 급급하여 나이 어린 자들이 학교에 나오는 것을 좋아하지 않고 교도직을 얻으려고만 하니 단지 교사가 되기에 부적합할 뿐만 아니라 자기 학업에도 근면하지 않으니 국가에서 인재를 교육하고 양성하고자 하는 뜻에 어긋납니다. 청컨대 지금부터 생원 중에서 40세 미만인 자는 교도에 임명하는 것을 허용하지 않고, 경외에 있는 관직을 받은 생원 중에서 자원해서 입학하고자 하는 자는 아울러 학교에 나가게 하소서.[17)]

라) 교지하였다. 전조(고려)의 태조, 현종, 문종, 충경왕은 백성에게 공덕이 있으니 사전(祀典)에 올린다. 예전대로 제사를 지내다가, 정부와 육조, 춘추관의 의논에 따라 개정하도록 하라.[18)]

마) 길창군 권근이 상소하였다.……전조에 외방에 거주하는 한량 유신들이 사사로이 서재를 세워 후진을 가르치니 스승과 제자가 모두 편안하였습니다. 근래에 이르러 그런 가르치던 유자들을 혹은 타주의 교수로 삼아 가족과 헤어지고, 생업을 폐기하게 되니 모두 구차히 모면하려고만 하여 생도를 핍박하여 향교로 다니게 하고, 수업을 하고자 하지 않습니다. 수령은 또 책을 필사하는 임무를 맡기

---

17) 『세종실록』 권22, 세종 5년 11월 병술, "禮曹啓 生員等 急於仕進 年少者不肯赴學 亦邀教導之職 非唯不合爲師 自己學業 專不加勉 有違國家教養人才之意 請自今 生員年未滿四十者 不許差教導 其京外受職生員內 自願入學者 幷令赴學" ; 『경제육전집록』 이전 교관.

18) 『세종실록』 권29, 세종 7년 9월 계축, "教旨 前朝太祖顯宗文宗忠敬王 有功德於民 載之祀典 仍舊致祭 從政府六曹春秋館之議 而改正也" ; 『경제육전집록』 이전 외관직 崇義殿.

기도 하니 명분으로도 권학의 뜻에 어긋날 뿐 아니라 실제로 많은 곳이 폐기되었습니다. 이제부터 재외에 거주하는 유신으로 사사로이 서재를 설치하고 가르치는 사람은 타주의 교수로 정하여 흩어지게 하지 말고, 생도도 강제로 향학에 나가지 말도록 하며, 감사와 수령은 더욱 권면하여 각기 편안히 거주하면서 강학하게 하면 풍화가 더욱 이루어질 것입니다.[19]

바) 예조판서 허조 등이 계문하였다. 삼가 말하건대 천하의 국가에 인륜이 있는 곳에는 군신간의 상하의 분별이 있고, 어린 사람이 어른을 능욕하고 범하는 마음이 있어서는 안됩니다. 근래에 이르러 아랫사람이 윗사람을 엿보아서……당태종이 말하기를 근자에 노(奴)가 주인이 반역을 한다고 고발한 자가 있었다. 대저 모반이란 혼자서는 할 수 없는 것이다. 어찌 발각되지 않을 것을 두려워하여 하필 노복의 고발을 받겠느냐. 이제부터 노복이 주인을 고발하는 것은 수리하지 않고, 참형에 처하라고 하였습니다. 원컨대 지금부터 노비로서 주인을 고발하는 자는 수리하지 않고 참형에 처하십시오.

주문공(朱文公)이 효종(孝宗)에게 말하기를, "원하건대, 폐하께서는 정사를 맡은 벼슬아치거나 옥을 맡은 벼슬아치에게 깊이 일깨워 주소서. 대저 옥사나 송사가 있을 때에는 반드시 먼저 그 족속인가 비속인가, 웃사람인가 아랫사람인가, 어른인가 어린이인가, 가까운 사이인가 먼 사이인가를 따진 뒤에, 그 곡직에 관한 말을 들을 것이니, 만일 아랫사람으로서 웃어른에게 대항하거나, 낮은 자리에 있는 사람으로서 높은 자리에 있는 사람을 능멸히 여기는 것이라면 비록 옳다 하더라도 그 옳은 것을 인정하지 말 것이며,

19) 『태종실록』 권13, 태종 7년 3월 무인, "吉昌君權近上書……一 前朝之時 在外閑良儒臣 私置書齊教訓後進 師生各得所安 以成其學 今者師儒 或爲他州敎授 爲離家屬 廢棄生業 皆欲苟免 生徒逼令赴其鄕校 不得自便受業 守令或役以書寫之務 名違勸學 實爲多廢弛 自今在外儒臣 私置書齊敎訓者 毋散定爲他州敎授 生徒毋令强赴鄕學 監司守令 仍加勸勉 使各安居講學 以裨風化" ; 『경제육전집록』 예전 학교.

더욱이 옳지 못한 일이라면 죄를 보통 사람의 경우보다 더 중하게 할 것이라."고 하였습니다. 전조(前朝)의 풍속은 이 뜻을 받아들여, 백성으로 수령을 능멸히 여기거나 반항하면 반드시 이를 몰아냈고, 심지어는 그 집까지 물웅덩이로 만들고야 만 것이오니, 원하옵건대, 이제부터는 속관이나 아전의 무리로서, 그 관(官)의 관리와 품관(品官)들을 고발하거나, 아전이나 백성으로 그 고을의 수령과 감사를 고발하는 자가 있으면, 비록 죄의 사실이 있다 하더라도 종사(宗社)의 안위(安危)에 관한 것이거나, 불법으로 살인한 것이 아니라면, 위에 있는 사람을 논할 것도 없고, 만약에 사실이 아니라면, 아래에 있는 자의 받는 죄는 보통 사람의 죄보다 더 중하게 하여야 할 것입니다."하니, 그대로 따랐다.[20)]

사) 초에 전 현감 김홍의가 올린 폐단을 진술하는 상소를 의정부에 내렸 의논하게 하였더니 정부에서 함께 의논하여 보고하였다.……신 등이 의논하여 말하기를 농사는 의당 때맞추어 권장하고 돌려 하여야 할 것이오나, 그 중에 각박하게 독촉하여 백성이 수족을 놀리지도 못하게 한다든가 심지어는 밭에 거름할 겨를도 없게 하여, 혹시 상언한 것과 같이 작폐하는 자가 있사오니, 감사에게 명령하여 절후의 조만(早晩)과 민사의 완급(緩急)을 작량하여 시행하게 하소서."[21)]

---

20)『세종실록』 권9, 세종 2년 9월 무인, "禮曹判書 許稠等啓 竊謂天下國家 人倫所在 莫不各有君臣上下之分 不可少有陵犯之心也 近來 以下伺上……唐太宗曰 比有奴告主叛者 夫謀反 不能獨爲 何患不發 何必奴告之也 自今 奴告主 勿受 仍斬之 願自今 臧獲如有告主者 勿受 仍斬之 一 朱文公 言於孝宗朝曰 願陛下 深詔司政典獄之官 凡有獄訟 必先論其尊卑上下長幼親疎之分 然後 聽其曲直之辭 凡以下犯上 以卑陵尊者 雖直不右 其不直 罪加凡人之坐 前朝之俗 緣此義 民有陵犯守令者 必斥逐之 至豬其宅而後已 願自今 如有府史胥徒告其官吏 品官吏民告其守令與監司者 雖實 若不關係宗社安危及非法殺人 則在上者 置而勿論 如或不實 則在下者 加凡之坐 論罪";『경제육전집록』 형전 部民告訴.

21)『세종실록』 권84, 세종 21년 3월 병진, "初前縣監金弘毅上書陳弊 下政府挺

다)는 예조의 계문으로 예조에서 법안을 발의한 경우이다.『단종실록』에 이 조문의 일부분인 "교도수년과사십 방허취재서용(教導須年過四十 方許取才敍用)" 부분이 육전(신속육전으로 추정된다) 조문으로 인용되고 있다.[22)]

라)는 숭의전에서 봉사(奉祀)하는 4명의 고려 국왕을 선정하는 교지이다. 이전까지는 태조·혜종·현종·성종·문종·충경왕(원종)·충렬왕·공민왕 8위를 봉사했고, 이를『원전』에 수록했었는데, 이때 4위로 축소하면서 새로이 태조, 현종, 문종, 충경왕을 선정한 것이다. 이 교지는『속전』에 수록된 증가가 발견되지 않고 단지 고려 왕씨의 봉사를 4위로 한다는 규정이『속육전』에 수록되었다는 기록만 보인다.[23)] 하지만 4위를 제정하는 수교가 이날의 교지이므로『속육전』에 수록한 법조문이 이 교지임에 틀림없다.

이 교지는 의정부와 육조, 춘추관에서 합의하여 건의한 내용을 왕이 재가하여 다시 교지로 내린 경우로 여러 관서가 합사하여 건의한 경우이다. 초안은 의정부, 육조, 춘추관의 합의 때 누군가가 작성했을 것이다.

마)와 바)는 개인이 법안을 발의한 사례들이다. 마)는 길창군 권근이 개인적으로 과거와 학교제에 대해 올린 장문의 개혁안 중의 한 구절이다. 이 구절의 일부가『속전』조문으로 인용되고 있어[24)] 이 상소가

議以聞 政府僉議啓……臣等謂 農事須令 及時勸課 然其中刻迫催督 使民不得措其手足 至於不遑糞田 或有如上言作弊者 令監司節候早晚 民事緩急酌量施行".

22)『단종실록』권1, 단종 즉위년 6월 임오, "已曾立法而……自今 講經入格者亦依六典 年限差補".

23)『문종실록』권12, 문종 2년 3월 무술, "王氏奉祀 續六典 四位".

24)『세종실록』권75, 세종 18년 10월 경오, "儒士私置書齋 教誨生徒者 啓聞賞之之法 載諸續典".

교지로 내려지고, 이어 법전에 수록되었음을 알 수 있다.

바)는 예조판서 허조 등이 올린 유명한 부민고소 금지법의 원안이다. 이 법안은 『속육전』 형전에 수록되었는데, 이 상소문이 그대로 법조문으로 인용되고 있다.

> 속형전에 말하기를 주문공(朱文公)이 효종(孝宗)에게 말하기를, "원하건대, 폐하께서는 정사를 맡은 벼슬아치거나 옥을 맡은 벼슬아치에게 깊이 일깨워 주소서. 대저 옥사나 송사가 있을 때에는 반드시 먼저 그 족속인가 비속인가, 웃사람인가 아랫사람인가, 어른인가 어린이인가, 가까운 사이인가 먼 사이인가를 따진 뒤에 그 곡직에 관한 말을 들을 것이니, 만일 아랫사람으로서 웃어른에게 대항하거나, 낮은 자리에 있는 사람으로서 높은 자리에 있는 사람을 능멸히 여김은 비록 옳다 하더라도 그 옳은 것을 인정하지 말 것이며, 더욱이 옳지 못한 일이라면 죄를 보통 사람의 경우보다 더 중하게 할 것이라."고 하였습니다. 고려에서는 이 뜻에 따라 백성 중에 수령을 능범하는 자가 있으면 주민이 함께 배척하여 축출하고 그 집을 파서 연못을 만든 후에야 그쳤습니다.[25]

부민고소 금지법은 당시 상당한 논란이 되었는데, 그 과정을 보면 이 건의는 예조에서 작성한 것을 예조판서였던 허조가 대표자로 건의한 것이 아니고, 허조가 개인적인 소신을 가지고 주도하여 건의한 것이었다.[26]

---

25) 『세종실록』 권84, 세종 21년 2월 경오, "續刑典云 朱文公言於孝宗曰 願陛下深詔中外司政典獄之官 凡有獄訟 必先論其尊卑上下長幼親疎之分 然後 聽其曲直之辭 凡以下犯上 以卑陵尊 雖直不右 其不直 罪加凡人之坐 高麗緣此義 民有陵犯守令者 共斥逐之 至瀦其宅而後已". 허조가 이 상소를 올린 때가 세종 2년이므로 이 법은 세종 8년에 간행한 『신속육전』에 수록된 것으로 보인다.

사)는 세종이 내린 구언에 응하여 낙향해 있던 전현감 김홍의(金弘毅)가 올린 진폐상소의 일절이다. 왕은 이 상소를 의정부에 내려 의논하게 했는데, 의정부에서 심의 끝에 김홍의의 건의를 받아들이자고 건의하였다. 그것이 위의 기록이다. 그런데 나중에 이 문장이 그대로 수교로 인용되는 것을 발견된다.[27] 다만 사)는 『신찬경제속육전』 편찬 후에 있었던 일이므로 수교로는 내렸지만 『속전』에 수록하지는 않았다.

이상에서 살펴 본 것처럼 교지의 원안은 정부의 각급관서와 고관, 개인, 재야의 산관에 이르기까지 광범위한 대상에 의해 발의되고 작성되었다. 동기도 다양해서 왕의 개인적인 의사나 재상들과의 회의를 통해 결정한 사안을 해당관청에 지시하여 기안하는 경우도 있고, 기관이나 개인이 건의하는 경우도 있었다.

그렇다면 이렇게 기안되고 발의된 건의가 왕의 재가를 받고 정식 교지로 발표되기 위해서는 어떤 과정을 거쳤을까? 왕이 단독으로 재가 여부를 결정하는 경우는 거의 없었다고 생각된다. 그러나 법안이 꼭 의정부로 가서 논의를 거치거나 법안을 심의하는 공식적인 기구나 절차가 존재하지는 않았다. 논의의 장소도 다양해서 왕이 의정부나 상정소에 심의를 명령할 때도 있었고, 편전, 경연에서 논의, 결정되는 경우도 있었다.[28] 한마디로 다양한 장소에서 다양한 구성원에 의해 토의

---

26) 이수건, 『조선시대지방행정사』, 민음사, 1989, 245쪽 ; 임용한, 『조선전기 수령제와 지방통치』, 혜안, 2002, 317쪽.

27) 『세종실록』 권90, 세종 22년 8월 을유.

28) 다만 세종 때에 속전편찬작업을 여러 차례 시행하면서 법전편찬기구였던 속육전수찬소와 의례상정소에서 새로운 법안을 기획하고, 정리하는 등 입법기구로서의 기능이 확대되는 경향을 보여준다(이 책 4장 3절 참조). 그러나 이것은 일시적인 현상이었고, 또 이들의 활동이 강화된다고 해서 기존의 관행

와 결정이 이루어졌으며 이런 토의의 참석자, 다시 말하면 법안심의에 참석할 수 있는 사람도 엄밀하게 규정되어 있지 않아서, 경연석상이면 경연관 모두가 토론자가 되었다. 다시 말하면 그 날 그 자리에 참석할 수 있는 자격자가 다 심의에 참석자가 되었다. 다만 이러한 방식의 문제점을 인식했기 때문인지 『신찬경제속육전』을 편찬하던 세종 10년~17년 사이에 의례상정소를 입법기구화하면서 법률의 심의, 상정, 초안을 전담시키는 시도가 있었으나 상정소의 상설화 방침이 철회되면서 이 방식은 자취를 감추게 되었다.[29)]

이 과정에서 일부 문구가 수정되거나 내용이 바뀌는 경우도 있으나 수교로 내릴 때는 문제된 부분만 고칠 뿐 대체로 처음의 원문을 살려두었다. 예를 들어 위에 사례로 든 전현감 김홍의의 상서인 사)의 경우는 세종이 의정부에 내려 의의하게 하였다. 이는 세종 17년에 상정소를 폐지하고, 18년부터 의정부서사제를 시행하고 있던 사정과 관련이 있는 것 같다. 의정부는 이 상소를 검토하여 의견을 개진했다. 그런데 세종 22년 8월에 김홍의의 상서와 같은 문구의 수교가 '정통(正統) 4년[세종 21년] 3월 본부(의정부)수교'로 인용되고 있다.

> 정통(正統) 4년 3월 본부 수교의 한 구절입니다. "농사는 의당 때맞추어 권장하고 돌려 하여야 할 것이오나, 그 중에 각박하게 독촉하여 백성이 수족을 놀리지도 못하게 한다든가 심지어는 밭에 거름할 겨를도 없게 하는 작폐하는 자가 있사오니, 감사에게 명령하여 절후의 조만(早晩)과 민사의 완급(緩急)을 작량하여 시행하게 하소서.[30)]

을 제한하거나 대체한 것은 아니었다.

29) 이 책 384~386쪽.

30) 『세종실록』 권90, 세종 22년 8월 을유, "正統四年三月 本府受敎 節該 農事須令 及期勸課 然其中刻迫催督 使民不得措其手足 至於不遑糞田 作弊者或有之 令監司節候早晩 民事緩急 酌量施行".

한 두 글자에서 차이가 있기는 하나 전체적으로 두 기록의 문구는 같다. 이 차이도 검토 과정에서 표현상의 수정을 가한 것인지 상소인용이나 실록 서술 과정에서 축약인지 구분하기가 쉽지 않다. 수교를 내린 정통 4년 3월은 곧 의정부에서 김홍의의 상소를 검토 보고한 세종 21년 3월이므로 시기적으로도 일치한다.

이것은 육조의 계문이나 개인의 상서를 채용하여 반포할 때는 의정부 의의 같은 공식적인 검토를 거친 경우라 할 지라도 상서의 원안을 그대로 반영해서 교서로 내렸음을 보여준다.

그런데 상소의 원문을 보면 서두가 장황하고 수사적인 문사를 구사하는 경우가 많았다.

> 영의정부사(領議政府事) 성석린(成石璘)이 상서하여 시무(時務) 20조를 진달하였는데, 명하여 의정부에 내려서 의논하게 하였다. 상서에 이르기를, "국가의 일은 형세뿐이니, 그 형세를 보아서 미리 방비하면 근심이 없을 수 있는 것입니다. 비록 지혜가 있는 자라 하더라도 항상 일이 생긴 뒤에는 잘 조처하지 못하는 것입니다. 신은 본래 지견(知見)이 없고 나이 또한 쇠하고 늙었사오나, 감히 우자일득(愚者一得)의 생각으로 성총을 더럽힙니다. 예전에 기(杞)나라 사람이 하늘을 걱정한 자가 있었사온데, 노신의 소견이 실로 서로 표리(表裏)가 되는 바가 있습니다. 엎드려 바라옵건대, 성자(聖慈)께서 혼미하고 망령됨을 용서하시면 뒤에 반드시 천리마로 드리는 자가 있을 것입니다. 신이 진달하는 것은 모두 천근한 사목이니 어찌 족히 향안(香案) 앞에 진달할 것이 있겠습니까마는, 만에 하나라도 취할 것이 있으시면 엎드려 바라옵건대 밝으신 주상께서 결단하여 행하소서. 무릇 나라를 가지고 집을 가진 자는 방비가 없을 수 없습니다. 한 집에는 가장이 된 자가 몸소 거느려서 힘써 행하면 성효가 있는 것입니다. 지금 식량을 족하게 하고 군사를 족하게 하는 것이 한 나라의 방비가 되는 것입니다.……[31]

이것은 태종 7년에 영의정부사였던 성석린이 올린 시무20조의 서두 부분이다. 상서의 서두는 이 같은 의례적인 겸양의 말로 채워지는 경우도 있고, 이전 제도에 대한 비판, 법의 취지 등 여러 내용을 포함하기도 한다. 게다가 실록에 기재하는 상소를 문집이나 『승정원일기』 등에 수록한 상서 원문과 비교하면 원문에서 일부를 잘라낸 경우가 많아서 실제 서문은 훨씬 길고 장황한 경우가 많다. 이 같은 상소문을 그대로 법조문으로 삼기에는 곤란한 점이 많다고 생각되는데, 조선초기에는 수교를 내릴 때, 그리고 나중에 법조문으로 채택할 때도 이런 부분도 축소하거나 생략하지 않고 다 교지로 반포하였다.

2) 법조문의 기안과 법전수록

『경제육전』에서는 기존의 수교 중에서 법전에 수록할 수교를 선별하여 법전에 수록하였다. 즉 입법이라는 형식적 절차는 교서(수교)의 반포로 완료되었고, 그 법(수교) 중에서도 특별한 법이 법전에 등재되었던 것이다. 그렇기 때문에 법전의 편찬은 오늘날의 개념처럼 법의 제정이나 신법의 성립이 아니라 현존하는 법을 기록한다는 의미가 있었다.[32] 그러나 단순히 기록의 의미만 있었다고는 볼 수 없고, 각종의 다양한 수교 중에서 상위의 법, 지속적으로 지켜야 할 법을 규정하는

31) 『태종실록』 권13, 태종 7년 정월 갑술, "領議政府事成石璘上書 陳時務二十條 命下議政府議得 書曰 國家之事 勢而已 觀其勢而預爲之備 可得無患 雖有智者 常不能善於其後 臣素無知見 年又衰邁 敢以愚者一得之慮 仰瀆聰聽 古有杞人憂天者 老臣之見 實相表裏 伏望聖慈 赦其迷妄 後必有以千里馬獻者 臣之所陳 皆淺淺事目 豈足達於香案之前 萬有一可取者 伏望 明主斷而行之 凡有國有家者 不可無備 一家則爲家長者 躬率力行 乃有成效 今茲足食足兵 是爲一國有備之具……".

32) 박병호, 앞의 책, 420쪽.

의미도 있었다.

수교를 법전에 수록할 때는 기존의 수교 원문을 그대로 수록하는 것을 원칙으로 하였다. 왜냐하면 입법화 과정은 곧 법조문의 문구를 확정하는 절차이기도 하므로 법으로 확정된 수교의 문구를 한자라도 함부로 수정할 수 없었기 때문이다.

다만 이러한 원칙이 『경제육전』 편찬기에 동일하게 적용된 것은 아니다. 세종조에 『속전』을 편찬할 때는 중복되는 수교를 통합하거나, 법안의 일부만 수정할 때는 법전에 기재하는 수교의 내용을 일부 수정하는 방식을 사용하였다. 대신 그때마다 반드시 왕의 재가를 받도록 하였다.[33] 이것은 법제의 개정에 일일이 국왕이 간여하려는 의도가 있었지만, 법안이 성립하기 위해서는 왕의 재가와 교서의 반포라는 절차를 반드시 거쳐야 한다는 원칙에 따른 형식이기도 하였다.

그러나 이 같은 수정이 가해지기는 했지만, 이것은 어디까지나 편찬과 교열의 편의를 위한 조치였을 뿐, 수교 원문을 수록한다는 원칙에는 변함이 없었다.

결과적으로 『경제육전』 편찬기에는 개인의 상소까지도 그대로 수교가 되고, 그것이 또 그대로 법전 조문이 되었다. 그런데 이처럼 수교를 그대로 재록한 수교집 체제의 법전이 『경제육전』만 있었던 것은 아니다. 조선의 4대법전이라는 『경국대전』, 『속대전』 등에도 수교의 일부가 그대로 조문으로 기록되기도 하였고, 이들 법전 외에 『각사수교』, 『수교집록』, 『신보수교집록』과 같이 수교를 채록하여 편집한 수교집 체제의 법전이 존재하기도 하였다.

그러나 같은 수교집이라도 『경제육전』은 후기에 간행한 『수교집록』 류와는 다른 모습을 보여준다.

---

33) 『세종실록』 권34, 세종 8년 12월 임술, 「신속육전서」.

『수교집록』 등에 수록한 수교는 수교라고 할지라도 법률적 내용에 해당하는 내용을 추출하여 정리한, 보다 정제되고 간결한 모습을 보여준다.[34] 그런데 위에서 살펴본 바와 같이 조선초기에는 상서문을 교서로 반포할 때 서론이나 수사적 표현을 거르지 않고 그대로 사용한 사례를 종종 볼 수 있었다. 문제는 이를 법전에 수록할 때인데, 이때도 수교문을 그대로 전재한다는 원칙이 적용되었다.

『경제육전』 원본이 전하지 않는 상황이라 모든 수교, 모든 법조문에서 이런 원칙을 지켰다고 단언하기는 곤란하다. 그러나 드러난 사례들을 보면 이런 방식이 원칙이었던 것 같다. 앞에서 인용한 권근의 상소인 사료 마), 다음 장에서 인용하는 도평의사사에서 건의한 권농법 등도 서문까지 그대로 수교로 간행되고 법전에 수록한 증거를 찾을 수 있다.

위에서 인용한 성석린의 상서의 경우는 정확한 처리결과는 알 수 없지만 20개조 중의 하나인 인보법과 일부 조항이 『경제육전』에 수록된 것이 확인되는 것으로 보아 이 상서가 교지로 반포되고, 전부 혹은 최소한 그 일부가 『경제육전』에 수록된 것은 분명하다. 그 외에도 온전한 모습을 찾을 수 있는 대부분의 조문이 법의 취지나 시행목적을 설명하는 서론 부분을 가지고 있다.

다만 이런 경우 성석린이 상서한 20개조 중 일부만 수록했을 때 법전에 서문까지 그대로 수록했는지, 일부 내용만 수록했는지가 현재로

---

34) 『수교집록』은 1698년(숙종 24)에 완성되었다. 이에 앞서 1636년(인조 14)에 편찬한 『각사수교』가 있다. 『각사수교』는 수교를 그대로 수록하여 정리하는 수준이어서 『경제육전』처럼 수교 전문을 그대로 수록했다. 그러나 『수교집록』은 서문이나 기타 서설적인 내용는 빼고 기존의 법전과 같은 육전체제에 조문도 내용부분만 추려 정리하였다. 이후 편찬되는 『신보수교집록』 등은 다 이 같은 체제를 따랐다(구덕회, 「수교집록해제」, 『수교집록』, 한국역사연구회, 청년사, 2001, 17쪽 참조).

서 분명치 않다. 즉 처음에 20개조 모두를 교지로 반포했다고 해도, 20개조의 내용이 워낙 다양하기 때문에 법전에 수록할 때는 일부 내용만 수록했을 가능성이 있고, 모두 수록했다고 해도 육전 분류나 항목이 달라졌을 가능성이 있다. 그렇기 때문에 이런 경우는 서문까지 모두 수록하기가 쉽지 않았을 것이다. 그러나 같은 『경제육전』이라고 해도 『원전』과 『속전』의 구성과 체제는 좀 달랐던 것 같은데, 성석린의 상서 못지 않게 많고 다양한 내용을 포함하고 있었던 조준의 상서는 그대로 『원전』에 수록된 것을 볼 수 있다.

따라서 어쩔 수 없는 경우가 아닌 이상 보통은 수교 전문을 그대로 수록하는 것이 원칙이었다고 보여지며, 특히 개인의 상서가 법조문으로 수록될 때에 이런 경우가 많고, 세종조의 『속전』보다는 초기의 『원전』이나 『속집상절』 조문에 이런 사례를 보다 흔하게 찾을 수 있다.

그러나 세종조의 『속전』 때까지도 수교 원문을 그대로 수록한다는 원칙 자체는 변함이 없었던 것 같다. 다만 『원전』에서는 항목 분류도 단순하고, 모든 법을 새로 제정하는 경우였기 때문에 이처럼 상서 전문을 법전에 수록해도 큰 어려움이 없었던 것 같다. 하지만 세종조의 『속전』 편찬 때는 이미 많은 법이 갖추어져, 조준 상서나 성석린의 상서처럼 한번에 수십개조의 법안을 제시하는 경우가 사실상 없어지고, 항목도 다양해졌으며, 수교나 법전편찬의 기술적 능력도 발달함에 따라 이런 사례가 많이 줄어들었기 때문에 이런 사례가 드물게 발견되는 것 같다.

실제로 부민고소 금지법의 원안이 된 허조의 상서 바)와 같이 세종조에 수교로 반포하고, 『신속육전』에 수록한 경우에도 법안의 내용과는 직접적 관련이 없는 서문까지 법전에 그대로 수록한 사례를 찾을 수 있다.

개인의 상서가 그대로 수교가 되고, 『경제육전』의 조문으로까지 이용되었다는 사실은 실록과 같은 관찬기록의 사료를 해석하는 데 있어서 중요한 시사를 제공한다고 생각된다. 일반적으로 역사 연구자들 사이에서도 상서(上書), 특히 개인의 상서라고 하면 일종의 건의, 청원으로 보는 경향이 강한 듯하다. 그리하여 그 건의안이 채택되고, 법제화하는 과정은 별도의 과정으로 생각하는 경향이 있다. 따라서 조준의 상서같이 상서라고 기재된 정책은 실제로는 집행이 되지 않은 단순한 건의로 이해하는 경우가 많았고, 이 때문에 정책과 제도의 주요한 변화과정을 놓치는 사례가 너무나도 많았다. 과거 『경국대전』의 편찬과정을 소모적인 논쟁과정으로 이해한 것도 여기에 주요한 원인이 있다.

그러나 이러한 입법구조를 충분히 알고 있었던 당시의 입장에서 본다면 개인이나 기관이 상서하는 경우, 특히 국정 경험이 풍부한 관료나 기관에서 올리는 경우에는 그것이 채택되고, 교서로 내려지고, 법조문화하여도 지장이 없도록 충분한 배려를 했을 것이다. 대표적인 사례가 『원전』에 대거 수록된 조준 등의 상서라고 할 수 있다. 조준 등의 상서는 현대적인 관념에서 해석하면 개혁에 대한 건의 내지는 청원이지만, 『고려사』나 『고려사절요』를 편찬했던 사람들의 입장에서 보면 이것은 오늘날 국회에 법안을 제출하는 의미를 지니는 것이었다. 다만 이 시기에는 입법부가 별도로 존재하지 않고, 법조문의 기안, 법전조문의 작성 과정이 별도로 존재하지 않았으므로 청원으로서의 상서와 법안제출로서의 상서가 형식적으로나 내용적으로 구분되지 않았던 것이다.

그러나 아무리 그렇다고 하여도 수교와 법전 조문의 성립과정이 이처럼 특화되고 전문화된 절차를 거치지 않았으며, 일반 개인에게까지 개방되어 있었다는 사실은 『경제육전』 단계에서는 법조문의 형식과 문장구조가 전문화, 형식화되지 않았거나 혹은 미숙한 수준이었다고 말할 수 있겠다. 실제로 이런 구조는 법전편찬과 법의 운영에서 여러 가지 문제를 낳았다.

3) 경제육전의 체제적 특성과 한계

(1) 경제육전 조문의 구조

『경제육전』은 수교를 그대로 채록한 법전이었다. 수교집 형식의 법전은 조선후기까지도 편찬되었다. 그러나 『경제육전』의 조문을 보면 후대의 수교집과는 또 다른 특징을 보여준다.

우선 가장 두드러지는 특징으로 하나의 수교에 상당히 많은 내용이 복합적으로 들어간다는 점을 들 수 있다.

아) ⓐ 도평의사사에서 아뢰었다. "농사는 식량의 근본이므로 군사와 국가의 수용이 매여 있으니, 전지가 황무하고 창고가 텅 비게 된다면, 비록 금성 탕지(金城湯池)의 튼튼함과 무기·갑주의 예리함이 있더라도 또한 장차 어디에 쓰겠습니까?

ⓑ 원하옵건대, 공상(供上)·제사·빈객의 용도와 경외의 부득이한 경비 이외에는, 사전(祀典)에 기재되지 아니한 제사와 잡범(雜氾)한 비용은 일체 모두 금단하게 하소서.

ⓒ 또 지난해에는 이르게 한재가 있고 늦게 수재가 있어 볏곡이 크게 손실되었으며, 게다가 성을 쌓는 역사로서 백성들이 가을갈이를 때를 놓쳤으며, 금년 봄에도 또한 그 역사로 인하여 이리저리 유이(流移)하여 직업을 잃은 사람이 자못 많아졌습니다. 서울의 성은 비록 마땅히 쌓아야만 될 것이지만 농사에 방해가 되오니, 원하옵건대, 농한기에는 장정이 두 사람이면 장정 한 사람을 내어보내고, 장정이 한 사람이면 한 사람을 모두 내어보내어 그 역사를 마치게

할 것이오며,

① 금후에는 농사철이 되면 일이 반역과 왜적의 방어, 도적을 잡는 데에 관계된 것 외에, 노비의 상쟁(相爭)이나 묵은 부채의 추상 등, 잡람하고 긴요하지 아니한 사무는 일체 금단하고 오로지 농사에만 힘쓰게 하소서.

② 가만히 듣건대, 주현의 수령들이 마음을 써 농사를 권장하지 아니하여 공사가 모두 궁핍하게 되었다 하오니, 원하옵건대, 각도의 관찰사로 하여금 때때로 고찰하게 하여, 놀고 있는 사람은 농사에 돌아가게 하고, 식량이 없는 사람은 먼저 의창의 곡식을 주고,

③ 병이 나서 경종하지 못하는 사람은 이웃 사람과 족인(族人)으로 하여금 서로 도와서 경종하게 하여 시기를 잃지 말게 하며,

④ 그 전지를 많이 차지하여 서로 묵히면서 다른 사람이 경작하는 것을 금하는 사람은 10부(負)에 태형 10대를 집행하고, 매 10부마다 1등을 가하여 죄가 장형(杖刑) 80대에 그치게 하되, 전지가 없는 사람과 전지가 적은 사람에게 주어 경작하게 하고,

⑤ 무릇 백성에게 농사를 권장하는 일은 일체 모두 거행하고,

⑥ 수령의 전최(殿最)는 전지의 개간이 많고 적은 것으로써 3등으로 나누어, 무능한 사람을 물리치고 유능한 사람을 등용시키는 데 빙고하게 하소서."라고 하니 임금이 그대로 따랐다.[35]

---

35) 『태조실록』 권5, 태조 3년 4월 경진, " 都評議使司啓曰 農者食之本 軍國所需係焉 田疇荒蕪 倉廩虛竭則 雖有金湯之固 兵革之精 亦將何用 乞供上祭祀賓客之用 及京外不得已經費外 祀典不載祭祀 及雜汎費用 一皆禁斷且前年旱旱晩水 禾穀大損 加以築城之役 民失秋耕 今春又因其役 流移失業者頗多 京城雖所當築 有妨於農 乞當農隙 雙丁則出一丁 單丁則幷出一丁以畢其役

今後農時則 事干叛逆 及防倭捕盜外 如奴婢相爭 宿債追懲等 雜濫不緊之務 一皆禁斷 全務農事 竊聞州縣守令 不爲用心勸農 以致公私俱乏 乞令 各道都觀察使 以時考察 遊手者歸農 無食者 先給義倉之粟 疾病不能耕種者令隣里及族人 相助耕種 勿令失時 其多占田地 互相陳荒 禁他人耕作者 十負笞一十 每十負加一等 罪止杖八十 許於無田及田少者 給耕 凡可以勸課

아)는 태조 3년 도평의사사에서 올린 계문이다. 이 상소 역시 그대로 수교로 내려지고 『원전』에 수록되었다.[36] 『원전』 조문으로 인용되는 부분보다는 아)의 기록이 가장 자세하므로 이 기록을 토대로 이 법의 구조를 살펴보고자 한다.

ⓐ는 법의 내용이라기보다는 서론에 해당하는 부분이며 지극히 원론적인 내용이다. 사실 법조문으로는 없어도 상관이 없는 부분인데, 교서에서나 법전에 그대로 수록되었다.

ⓑ는 사전(祀典) 운영 및 지방경비 절감과 관련된 내용이다. 그러나 사실 이 부분도 원론적인 내용이고 내용에 구체성을 결여하고 있다. 또 사전과 관련된 별도의 법이 있었다고 본다면, 기존의 법과 중복되는 내용이라고 할 수 있다. 역시 하나의 법조문으로 성립하고 이용하기에는 구체성이 결여되어 있다.

ⓒ는 도성축조사업을 하는데 있어 전년도 가을에 흉년임에도 강행을 했고, 올 봄에 또 사업을 시작하여 백성의 부담이 크니 쌍정(2정)이 있는 호는 1정을 내고, 1정 뿐인 가구는 두 가구가 합하여 1정을 내자는 방침을 제시하고 있다. 이 점에서 ⓒ는 ⓐ와 ⓑ와 달리 출정(出丁) 기준을 분명하게 제시하였다는 구체성은 있으나 그 사업이 도성축조라는 특정한 사업이고, 이 수교를 발하던 때의 특수한 상황을 염두에 둔 방침이라 이 역시 보편성을 지녀야 하는 법조문으로서는 자격미달인 내용이라고 하겠다.

법조문으로서 보편성과 구체성, 일관성을 모두 갖춘 내용으로는 중반 이후에 거론하는 ①~⑥ 부분이다. 이 부분은 권농(勸農)을 위한 종합대책으로 농사철의 정송(停訟), 수령의 순시와 권농, 병작, 고의 진황지에 대한 처벌 규정 등을 언급하고 있다.

之事 一皆擧行 守令殿最 以墾田多少 分爲三等 以憑黜陟 上從之".

36) 『경제육전집록』 호전 권농, 임용한, 『조선전기 수령제와 지방통치』, 254쪽.

즉 이 수교는 크게 사전(祀典), 역제의 일부인 출정법(出丁法), 권농 등 세 가지 내용을 담고 있다. 그러나 사전과 출정법은 보편성이 결여된 일시적인 법의 성격이 강하다. 이러한 수교를 그대로 법전에 수록하였다는 것은 『원전』을 제정할 당시 법의 제정이나 법전에 수록하는 법의 기준, 법전의 편찬방식에 미숙한 점이 있었다는 사실을 보여준다.

한편 권농 부분(①~⑥)은 주제가 일관되어 있고, 보편성을 띤 조문으로 구성되어 있다. 하지만 이곳에 수록한 조문들도 이후의 법전과 비교하면 대단히 포괄적이고 복합적인 구성을 띤다는 특징을 보여준다. 이 점을 명확히 하기 위해 ①~⑥의 조문들을 『경국대전』의 유사 조문들과 비교해 보겠다.

①은 농사철에는 반역이나 군사문제 등 긴급한 일 외에는 소송을 허락하지 않는다는 정송에 해당하는 내용으로 『경국대전』에서는 형전 정송조에 이 규정이 조금 수정되어 수록되어 있다.

②·③·④는 농업경영과 토지이용에 해당하는 규정으로 이와 유사한 내용이 호전 전택(田宅)조에 있다. 그러나 아)에서는 위반자에 대한 처벌규정(④)까지 수록했는데, 『경국대전』에서는 이처럼 형량까지 수록하지 않았다. 이 점은 『경제육전』과 『경국대전』에서 두드러지게 다른 점으로 『경제육전』에서는 보통 처벌규정까지 같이 수록하지만, 『경국대전』에서는 법안의 내용과 형량을 분리해서 형량에 관한 부분은 모두 형전 추단조에 형량별로 모아 수록했으며, 그곳에 없는 사례는 『대명률』을 적용했다.[37)]

⑤·⑥은 수령이 권농에 힘쓸 것을 장려하고 그 결과를 가지고 수령을 포폄하겠다는 규정이다. 『경국대전』에는 이런 규정이 없으므로

---

37) 『경국대전』 刑典 用刑.

『경국대전』 식으로 분류하기는 어렵다. 굳이 분류하라면 수령의 임무와 고과에 관한 규정이므로 이전의 외관직이나 수령칠사를 기재한 고과에 해당할 것이다.

따라서 권농부분만 보아도 이 수교 하나에는 6개의 조문이 있으며, 『경국대전』 식으로 나누면 이전, 호전, 형전 조문 2개씩으로 분해된다. 즉 『경제육전』은 육전 분류를 택하고 있음에도 불구하고 법조문 하나에 여러 육전으로 분해될 수 있는 내용을 포함하고 있었다. 이렇게 된 가장 큰 이유는 수교가 해당 사안에 대한 시행배경과 취지, 방법, 처벌, 예외규정 등을 일괄적으로 포함하기 때문이다.

물론 이 규정은 『경제육전』 조문 중에서도 장황한 것에 속한다. 대부분의 조문은 이처럼 장황하고 복합적이지는 않아서 이런 형식의 조문이 오히려 희귀한 경우라고도 할 수 있다. 그러나 『경제육전』 원본이 전하지 않기 때문에 우리가 볼 수 있는 조문 자체가 매우 단편적이고, 부분적으로 인용되는 경우가 많다는 점도 감안해야 한다.

사료 아)도 실록에서는 아주 부분적으로 인용되지만, 원수교를 찾을 수 있었기 때문에 이 같은 특성을 발견할 수 있었다. 따라서 아)가 복합성이 특별히 강한 조문이었다고 간주하더라도 아)를 통해 드러나는 『경제육전』의 특성 자체는 『경제육전』의 법조문에 보편적으로 적용되는 특성이었으며, 많은 조문들이 양적인 차이는 있더라도 이 같은 특성을 보유했다고 볼 수 있다.

특히 『원전』과 『속집상절』 단계에서 비교적 장황한 수교가 많이 발견되고, 조준 상서와 같이 복합적인 내용을 담고 있는 장문의 상서안이 그대로 수록되는 경우도 발견되는 것으로 보아 초기의 판본에서 이 같은 현상이 더욱 두드러졌던 것 같다. 세종조에서부터는 법전편찬 방식에도 개량이 이루어지고, 이미 기본적인 법제는 갖추어서 조준 상서와 같이 한번에 국정 전반을 포괄하는 법안이 제출되는 경우가 없어서 이런 형태의 수교가 줄어든 것 같다.

그런데 아)와 같이 복잡한 수교가 아닌 한두 가지 내용만을 포함한 단명한 수교라고 할 지라도, 앞 장에서 이미 살펴본 바와 같이, 『경제육전』에 수록한 조문(수교)들은 법의 시행목적이나 배경, 취지를 설명하는 서론을 둔 경우를 종종 발견할 수 있다. 다음은 그러한 조문의 사례들이다.

자) 당상관은 지위가 높고 책임이 중하므로 그 선정하는 일이 가볍지 아니하옵니다. 고려의 옛 제도에는 성(省)이 다섯이고 추(樞)가 일곱으로, 명기(名器)가 범람하지 아니하고 요행의 길이 막혔더니, 아조(我朝)에 이르러서는, "도를 논하고 나라를 경륜하며 음양을 섭리하여 자기 몸을 바르게 하여 백관을 바르게 하는 자가 아니거나, 청백하고 충직하며 악인을 미워하고 현인을 좋아하여 나라만 생각하고 집을 잊는 자가 아니거나, 싸우면 이기고 치면 탈취하여 용맹이 삼군에 우뚝하고 위엄이 다른 나라에 떨치는 자가 아니면, 문·무 양부(兩府)에 들어오기를 허락하지 아니한다."고 『원전』에 실려 있습니다.[38]

차) 속형전의 옥수구휼(獄囚救恤) 조에 이르기를 옥은 소위 죄를 징벌하는 것이지 본래 사람을 죽이고자 하는 곳이 아니다. 옥을 담당한 관청의 관리가 마음을 써서 고찰하지 않아 죄수가 추위와 더위를 만나 혹은 질병에 걸리고, 혹은 추위와 굶주림에 시달리다 비명에 가기도 하니 진실로 가련하다. 경중에서는 형조와 장금사의 관원이, 외방에서는 각 관의 수령이 매삭에 무시로 직접 고찰하여 항상

---

38) 『세종실록』 권85, 세종 21년 6월 임인, "堂上官位尊任重 其選匪輕 高麗舊制 省五樞七 名器不濫而僥倖之路塞矣 及至我朝 非論道經邦 變理陰陽 正已以正百官者 非淸白忠直 疾惡好賢 國而忘家者 非戰勝攻取勇冠三軍 威加殊俗者 不許入兩府 載在元典".

옥의 내부를 청결하게 하고, 뒷바라지 하는 사람이 없는 죄인은 관에서 의복과 식량을 주고 병에 걸린 죄수가 있으면 즉시 구호하라. 마음을 써서 이 명령을 봉행하지 않는 관리는 경중에서는 헌사가 외방에서는 감사가 엄히 규리하라.[39]

카) 권농의 요체는 제언을 축조하는 데 있습니다. 수령이 모두 권농의 직을 띠고 있으나 이 업무에 신경을 쓰지 않습니다. 제언은 가뭄과 수해를 대비하는 것입니다. 도관찰사가 주부군현으로 하여금 그 고장의 한량품관염간가를 택하여 권농관으로 정하고, 가을과 겨울에 교대로 제언을 수축하여 눈녹은 물을 저장하고, 견고하고 촘촘히 수축하여 새거나 누설되는 것이 없게 하소서.[40]

타) 각 고을의 아록(衙祿)과 공수(公須)를 전부 국고의 저축에서 지급하면 군자(軍資)가 없어질 염려가 있으니, 주현의 둔전제도를 복구하여 유수・목・대도호부에는 수전・한전을 최고 10결까지 하고, 도호부와 지관(知官)은 8결, 현령・현감은 6결로 하여, 관노비를 시켜 폐단 없이 경작하게 하고, 그 소출을 감사에게 보고하여 장부에 기입하고, 관아의 비용이 떨어졌을 때 감사에게 보고하여 쓰도록 하고, 만일 가외로 경작하거나, 백성을 부려서 경작하면 수령은 율에 의하여 죄를 주소서.[41]

---

39) 『문종실록』 권12, 문종 2년 2월 신묘, "續刑典 獄囚救恤條云 獄者 所以懲有罪 本非致人於死 司獄官不用心考察 罪囚當祁寒盛暑 或罹疾病 或因凍餓非命致死 誠可憐悶 京中則刑曹掌禁司官員 外方則各官守令 每朔無時 身親考察 常使獄內潔淨 若無養獄者 官給衣糧 如有病囚 隨卽救護 其不用心奉行官吏 京中憲司 外方監司 嚴加糾理".

40) 『태조실록』, 권8, 태조 4년 7월 신유, "勸農之要 在築堤堰 守令皆帶勸農之職 而不急乎此 堤堰者 所以備旱潦也 乞下都觀察使 令州府郡縣 擇其鄕閑良品官廉幹者 定爲勸農官 當秋冬交 修築堤堰 以瀦雪水 務要堅緻 無或漏洩".

41) 『세종실록』 권26, 세종 6년 10월 정미, "各官衙祿公須 全以國庫所儲支用 則軍資將有虛竭之虞 願復州縣屯田之制 留守牧大都護府水旱田 多不過十結 都護府知官八結 縣令縣監六結 以官奴婢 無弊耕作 所出報監司置簿 隨其

자)는 원전에 수록한 조문이고, 차)는 속전 형전 조문인데, 어느 때의 속전인지는 분명치 않다. 카)는 홍무 28년 수교로 『원전』에 수록한 조문으로 실록에서는 부분만 인용되는 것을 원수교를 찾아서 복원한 경우이다. 타)도 원수교를 찾아 복원한 것인데, 세종 6년 수교이므로 세종 8년에 간행한 『신속육전』에 수록했을 것이다.

물론 모든 수교가 이런 형태를 띠었던 것은 아니다. 서론 부분 없이 바로 법안만을 기술하는 수교도 있다. 그것은 최초의 발의(상소) 단계에서부터 법조문처럼 정제된 문구로 건의된 경우도 있고, 건의문 형태를 띤 경우도 있었기 때문이다.

> 파) 삼가 원전을 살펴보니 고공법은 대간과 정조(政曹) 및 크고 작은 각 관사에서 출근하지 않는 자는 이조의 겸고공원이 매 아일에 공좌부를 고공하여 무단으로 결근한 자와 병으로 병고로 결근한 날자가 100일이 된 자는 상서사로 이문하고 또 매년 연말에 도력장을 복사하여 상서사로 전송하여 반드시 출척에 빙고하게 합니다.[42]
>
> 하) 속육전 안에 영락 21년 6월 23일 이조 수교에 율학훈도의 거관은 영락 13년 8월 25일 형조 수교의 7품 거관 후에 훈도라고 칭하여 그대로 본방에 근무하며, 율문을 강습하고 후진을 가르치며 항상 녹관과 함께 조율한다. 본조에서 매년 연말에 그 근만을 고찰하여 1명을 경외관에 서용하고 또 훈도관을 두어 율문을 가르치게 한다.[43]

衙廩乏絶之時 報監司支用 若加耕或役民守令 按律科罪".

42) 『태종실록』 권30, 태종 15년 8월 무인, "勤按元典 考功之法 臺諫政曹及大小各司仕不仕 吏曹兼考功員 每衙日 考功座簿 無故不仕 身病百日已滿者 移文尚瑞司 又於年終 都歷狀開寫 傳送尚瑞司 以憑黜陟".

43) 『세종실록』 권47, 세종 12년 1월 병오, "續六典內 永樂二十一年六月二十三日 吏曹受教 律學訓導去官 依永樂十三年八月二十五日 刑曹受教 七品去官後 稱爲訓導 仍仕本房 講習律文 訓誨後進 常與祿官照律 本曹每歲季 考

파)는 『원전』 조문이고 하)는 영락 21년에 내린 수교로 『신속육전』에 수록한 조문이다. 서론이 있는 수사적 형태의 조문과 이 같은 조문의 비율이 얼마나 되는지는 현재로서는 짐작할 수가 없다. 실록에서 발견되는 『경제육전』 조문은 부분적으로 인용되는 경우가 대부분이고, 원수교를 찾을 수 있는 경우도 제한되어 있기 때문이다.

다만 확인할 수 있는 수교들을 통해서 보면 대체로 세종조의 『속전』에서부터 조문이 단명해지고, 문구도 간결해지는 경향이 있다. 그러나 앞서 살펴본 허조의 부민고소법 조문처럼 세종조에 내린 수교에도 수사적인 수교가 있어 통일된 기준이 적용된 것은 아니다.

다만 세종조부터 법전편찬방식이나 법조문의 기안, 수교의 작성에 개량이 가해지면서 법조문이 형태를 잡아 가는 경향은 보여준다. 특히 세종조부터는 상정소에서 직접 새 법을 상정, 기안하기도 하였는데, 이런 방식은 후대의 『경국대전』과 같은 법전편찬방식의 기원을 이루는 것으로 수교나 법조문을 간결하게 하는데 도움이 되었을 것이다.

또한 『원전』과 『속집상절』에서 많은 새로운 법이 만들어졌고, 세종조에는 새로운 항목의 법을 만들기보다는 기존의 법을 수정하거나 추가하는 경우가 많아서 굳이 이런 취지의 설명을 부가할 필요가 없는 경우가 많아졌던 것도 서론이나 취지를 생략하는 요인이 되었을 것이다.

그러나 이러한 요인들이 일관성 있는 혹은 변화를 야기한 결정적인 요인은 아니었다. 왜냐하면 사료 파)의 경우처럼 이전 법전에 없는 신법을 제정할 때도 서문이 없는 경우가 있고, 하)처럼 기존 법을 개정할 때도 앞의 법의 폐단이나 개정의 이유를 부기하는 경우가 있기 때문이다.

其勤慢 以一人京外敍用 又置訓導官 以敎律文".

따라서 이처럼 법의 취지나 목적을 법조문으로 기재하는 경우에서 일관된 기준이 없는 근본적인 이유 역시 『경제육전』이 수교집이고, 행정부와 입법부가 분리되지 않고, 입법화 과정이 특화, 전문화되지 않은 중세국가체제의 특성에 따라 수교를 기안하는 주체가 다양하고, 법조문의 기안이나 법전편찬에 대한 전문기구나 개개인의 전문성이 부족했던 사정에서 기인한 현상이라고 평가할 수 있다.

그러나 이러한 본래적인 한계를 인정한다고 할지라도 최초의 법전편찬이라는 경험부족에서 기인한 요인도 있었다. 『경제육전』에 수록한 수교나 이 시기에 반포하는 수교의 형식적 특성은 고려시대에 사용하던 수교의 형태를 그대로 차용한 데 기인한 것이다. 고려시대에는 『경제육전』과 같은 종합법전이 없었다. 따라서 법과 제도는 교지를 통해 반포했고, 관리들도 참조할 수 있는 문서는 교지가 유일했다. 그러므로 이런 경우에는 하나의 교서에 이와 관련한 모든 규정들을 종합적으로 수록, 정리하는 것이 편했다.[44]

그런데 법을 기안하는 주체가 다양한 데다가 내용은 다양하고, 교서를 통해 반포되고 관리되다 보니 법과 법이 충돌하고, 정책과 정책이 부딪히고 일관성이 없어지는 문제가 발생했다. 특히 고려후기처럼 정치세력이 분화하고, 사회문제가 복잡해진 상황에서 이런 문제는 국가운영에 커다란 폐단으로 작용하였다. 이제현과 정도전이 모두 지적한 바 '정출다문(政出多門)'한 현상이란 바로 이런 경우를 의미한다.

이 같은 '정출다문' 현상을 바로잡고, 국가를 일원적이고 효율적으로 관리, 운영하기 위하여 구상해 낸 방안이 종합법전의 편찬과 이 법

44) 조선후기에 반행하는 수교도 상서나 계문의 원문을 그대로 기재하고, 이런 경우 서론격의 수사적 내용이 들어가기도 한다. 그러나 일반적으로 『경제육전』의 조문처럼 복합적, 종합적인 형태는 많이 줄어들었다. 또 이들을 모아 수교집을 편찬할 때도 『수교집록』부터는 이런 부분을 생략하고 법전적인 형태로 편찬하였다.

전에 기초한 국가운영이었다.

그런데 이 같은 구상에 의해 탄생한 최초의 법전은 법의 기안과 반포 같은 입법방식이나 기존의 교서 작성방식은 그대로 둔 채, 수교를 모아 법전으로 편찬하는 방식으로 이루어졌다. 그 결과 『경제육전』의 조문은 후대의 수교집과 비교해도 장황하고, 복합적이고 종합적인 내용을 갖춘 조문으로 채워지게 되었던 것이다.

초기의 편찬자들이 이전 시대의 수교형태를 그대로 사용한 것은 이런 부분에까지는 생각이 미치지 못했던 것일 수도 있고, 시간적 여유가 부족했거나 나름대로의 장단점이 있다고 판단했을 가능성도 있겠다.

(2) 수교집 체제의 장점과 채택 이유

체제상으로 보면 『경제육전』은 원나라에서 편찬한 법전의 영향을 받고 있다. 『원전장(元典章)』도 육전으로 구성되어 있고, 『경세대전』을 비롯하여 『대원통제』, 『지정조격』 등이 고려후기에 유입, 연구되고, 실제로 사용도 되었던 점을 감안하면,[45] 원대의 법전에서 많은 영향을 받았음을 부인할 수 없다.

법조문이 수교집의 형태를 띠고, 수교 전문을 그대로 수록하는 방식도 중국 법전의 특성이었다. 특히 현존하는 『원전장』을 보면 수교 전문을 기재하고, 수교에 법의 취지를 설명하는 서론 부분이 포함되어 있는 수교의 기재방식이나 형식이 『경제육전』과 동일하다.[46]

또한 당시에 반포하는 교서나 법전에 수록하는 수교의 형태는 이전

45) 각 법전의 개요와 고려와의 관계에 대해서는 이정훈, 「고려시대 지배체제의 변화와 중국률의 수용」(『고려시대의 형법과 형정』, 2002. 4) 및 김인호, 「고려의 원율 수용과 고려율의 변화」(『고려시대의 형법과 형정』, 2002. 4) 참조.

46) 『大元聖政國朝典章』, 文海出版社 영인본.

시대의 방식을 그대로 사용하였다. 이러한 수교 형식 역시 원대의 법전에서도 보이지만, 『경제육전』 특히 초기의 『원전』과 『속집상절』 단계에서는 복합적이고 종합적인 구성이 더욱 두드러진다. 이것은 단기간에 국가체제 전반에 관한 법과 제도를 반포하는 과정에서 벌어진 현상이라고 생각된다.

그러나 이처럼 체제적, 형식적 계통성만을 지적하는 것으로는 법전 편찬의 역사적 의미나 편찬목적, 편찬 당시의 문제의식을 규명하기에는 부족하다. 외국의 체제, 혹은 전대의 형식을 그대로 사용했다고 하더라도 그것을 받아들였던 데에는 그 체제를 선택한 내재적 이유와 필요성이 있었을 것이기 때문이다. 또한 그러한 필요성이나 체제가 주는 효용성이 동일하다고 할 지라도 국가적, 시대적 차이에 따라 그러한 효용의 우선순위나 양적가치는 달라지게 마련이고, 그것을 규명하는 것이 역사 연구의 목적이기 때문이다.

이 부분을 규명하기 위해서는 『경제육전』 조문의 형식과 특성을 조선 건국 당시의 상황과 관련시켜 이해할 필요가 있다.

수교집 체제가 지닌 최대의 장점은 신속성이라고 할 수 있겠다. 개혁을 추진할 때는 신속함도 중요하다. 개혁방침을 천명하고도 법안을 만들고 작성하는 과정이 지지부진하면 반대파들에게 대항논리를 만들거나 개혁안의 약점이나 폐단을 잡아 공격하는 충분한 시간을 벌어주게 될 것이다. 그렇기 때문에 법조문을 새로 다듬고 정리하는 수고를 덜고 법전편찬 시기를 줄일 수 있다는 점이 수교집이 지닌 큰 매력이었을 것이다.

수교를 그대로 재록하지 않고 법조문으로 재정리하는 절차를 두는 것은 복잡한 논쟁과 토론을 다시 한번 야기할 우려가 있었다. 법안이란 문구 하나하나가 의외의 해석을 낳기 때문에 법조문을 기안한다는 것은 예나 지금이나 지난하고 복잡한 작업이다. 그러므로 법조문의 형식과 특성을 정하고, 수교문을 다시 법조문으로 재정리 하는 작업을 한다면 그 작업이 생각처럼 간단치 않다. 아마도 처음 기관이나 개인이 계문이나 상서를 작성하고, 이를 국왕과 정부가 재검토 하는 과정만큼의 의논과 검토, 회의가 필요할 것이었다.

실제로 법조문을 새로 기안하는 과정을 마련해 두었다면 이런 재토의의 과정을 피해갈 수가 없었다. 왜냐하면 수교를 한글자라도 고친다는 것은 곧 법안의 변조, 개정과도 마찬가지이다. 원칙적으로 법의 제정은 국왕의 고유권한이었으므로, 이렇게 새로 정리한 법조문은 반드시 왕의 재가를 받는 행정절차를 거쳐야만 했다. 이 과정에서 법안에 대한 논의와 반론이 재연하는 것은 당연했다.

게다가 시행과정에서 발생하는 폐단과, 내용에 대한 불만과 의의의 소지가 없는 법이란 존재하지 않는다. 법과 제도에 불만이 있는 관료들은 이 기안한 법조문의 재결과정을 결코 그냥 지나치지 않았을 것이다.

최초의 법전인 『원전』을 편찬하던 당시에는 이런 사정이 더욱 심각하였다. 조선 건국을 주도한 조준, 정도전파는 태조의 군사력에 의지하여 정권을 장악하기는 하였으나 조선 건국 후에도 여전히 소수파였다.

수교에 법의 목적이나 취지를 설명하고, 이를 법전에도 그대로 수록하는 방식도 최초의 육전이며, 새로운 국가체제의 창출이라는 과제와 관련시켜 이해할 수 있다. 새로운 개혁정책을 시행할 때는 개혁법안을 만드는 일 뿐만 아니라 그 법의 의의와 목적을 선전하고 주지시키는 일도 상당히 중요하다. 조선초기에 행한 개혁은 지금까지 찾아낸 『경제육전』의 조문수만 약 600개조에 이를 정도로[47] 광범위하고 방대

47) 『경제육전집록』, 19쪽.

한 것이었다. 이 중에는 고려시대의 법을 계승한 것도 있으나 전대에는 아예 존재하지 않았던 법과 제도, 정책들도 상당히 많았다.48)

이런 점에서 장황하긴 하지만 과거의 폐단과 그 원인, 개혁법안의 취지와 시행목적, 타 제도와의 관련성을 일일이 지적하는 서문을 포함한 수교는 새로운 법안의 실행력을 높이고, 개혁정책을 주지시키는데, 효과가 있었을 것이다.

『경제육전』의 조문의 또 하나의 특성은 사료 아)에서 볼 수 있었던 복합성이다. 『경제육전』에 수록한 수교 중에는 법의 취지뿐 아니라 처벌형량, 시행세칙, 단서조항까지 일괄하여 수록하는 경향을 보여주었다. 특히 처벌규정과 단서조항 같은 것은 비교적 간결한 형태의 조문에도 수록된 경우가 많다. 이런 방식은 사실 단점과 문제가 많은 체제였다. 그것은 이후의 법전이 이런 방식을 다시는 채택하지 않는다는 사실이 좋은 증거가 된다.

그렇다면 『경제육전』에서 이런 방식을 택한 것은 최초의 법전편찬이 가지는 경험부족이나 판단착오에서 비롯한 일이었을까? 이 방식이 지니는 단점과 그 심각성에 대해 충분히 인식하지 못했던 것이 사실이라고 할지라도, 조선초기의 인사들이 이러한 방식을 선택한 데에는 나름대로 분명한 이유가 있었을 것이다. 그 이유 역시 새로운 국가체제의 건설이라는 과제와 결부하여 파악해야 할 것이다.

법제를 시행하고 집행하는 입장에서 보면 한 가지 사안은 시행규정, 처벌규정, 단서조항, 예외조항 등 여러 가지 법규를 필요로 하고

---

48) 『경제육전』에는 고려시대에 제정한 법도 들어갔다. 그러나 현재까지 찾아낸 바로는 고려말 조준상서 등 개혁파의 입법을 제외하고 조선 건국 이전의 법을 채택한 사례는 도첩제와 공물대납금지에 관한 법 2개조 뿐이다. 이 사실은 조선초기의 개혁정책이 당시로서는 대단히 혁신적인 개혁이었음을 말해준다.

적용하게 된다. 그런데, 이러한 법령과 규정이 여러 법전에 흩어져 있다면 제도와 법규가 낯설고 익숙하지 않은 상황에서는 법안을 찾고, 적용하기 쉽지 않다.

더 중요한 문제는 그 주제와 관련된 구법과 관행과의 충돌문제이다. 개혁법령이란 그것이 새로운 것일수록 이전의 법령만이 아니라 각 관서의 관습과 행정관행과도 충돌하게 된다. 새로운 법을 시행하여도 관리들이 법전을 완전히 숙지하지 않고 있으면 새 법과 옛 관행을 혼합하여 적용할 우려가 크다.

게다가 고려시대부터 각종 수교와 제도가 시행되어 왔기 때문에 아직 새 법령이 낯설고 관행이 정착되지 않은 상태에서 관련 규정들이 여기저기 흩어져 있다면 여간 능숙한 관리가 아닌 이상, 한 가지 임무를 수행할 때도 기존의 관행과 수교들을 모두 법조문과 대조하여 그대로 수행할 부분과 폐기, 개정해야 할 부분을 찾아내야 할 것이며, 새로운 정책이나 법이 의도하는 바가 무엇인지를 파악하기가 어려웠을 것이다.

따라서 이때처럼 개혁을 추진하고, 새로운 법제를 양산하는 시기에는 해당 조문에서 처벌규정, 단서조항, 시행세칙들을 한번에 모아 주는 것이 관리들에게도 편하고, 새 법과 제도에 관한 숙지도를 높이며, 새로운 관행을 정착시키기에도 편하였을 것이다. 다음의 사료는 이처럼 처벌규정을 함께 기재하는 방식이 관리들의 법률적 이해도 및 관행의 정착도와 관련이 있음을 보여주는 사례이다.

> 상정소에서 아뢰었다. "강무장에서 사사로이 사냥을 한 죄에 대해서는 율문에 따로 제정된 조항이 없어서, 일찍이 제서유위율로서 그 죄를 논단한다고 『육전』에 실려 있사온데, 이제 율문(대명률)을 상고하오니, '금원(禁苑)에 허가 없이 들어온 자는 장 100에 처하고, 이를 미

리 살펴 막지 못한 자는 (이에서) 3등을 감하여 시행한다.'는 조항이 있사오니, 비옵건대 이 율문을 적용하여, 『육전』에는 다만 율문에 의한다는 말만을 기재하고, 제서유위율이란 어귀는 삭제하게 하소서."

임금이 말하기를, "이른바 금원이라는 것은 상림원 같은 것을 가리키는 말이니 이 율은 이에(강무장에 적용하기에) 합당치 않다. 만약 율문에 의한다는 어귀만을 기재한다면 뒷 사람들이 어느 율에 의거할지를 모를 것이다."라고 하였다.

형조판서 하연(河演)이 아뢰기를, "만약 제서유위율에 의한다는 하교를 싣는다면 그 교지를 능히 가감할 수 없을 것이요, 범한 자와 이를 살펴 막지 못한 수령을 모두 장 1백에 처한다 하오면, 그 범한 자가 1백의 장형을 받는 것은 본시 당연하오나, 수령들까지도 1백의 장형을 받는 것은 온당치 않을 것 같습니다. 만약 허가 없이 금원에 들어온 율을 적용하여, 범한 자는 장형 1백에 처하고, 수령은 범한 자보다 3등을 감하여 시행하되, 아전을 수죄(首罪)로 삼아 장형 60으로 하고, 차등을 두어 시행한다면 거의 옳을 것 같사오며 또 이런 뜻으로 교지를 내리신다면 법률을 모른다고 무엇을 근심하겠습니까."하였다.

임금이 말하기를, "만일 사렵한 자에게 금원에 허가 없이 들어온 죄율에 비의하여 적용한다면 이는 두 가지 법률을 적용하는 것이 되고, 다만 율문에 의한다고 일컬으면 필연코 명령을 어긴 죄율에 다시 비의할 것이니, 이것도 역시 옳지 않다. 차등을 두어 한다는 말이 실로 가할 것 같다. 그러나 제서유위의 죄율이라고 어찌 차등이 없겠는가."라고 하였다.

하연이 아뢰기를, "그러하오면 제서유위란 말을 전대로 기재해 올리고, 이를 능히 살피지 못한 수령에 있어서는, 그 정실을 전혀 몰랐던 자는 각찰하지 못한 것으로서 논단하고, 그 정실을 미리 알고도 이를 묵인한 자는 무슨무슨 율로 차등 시행한다는 것을 그 말미에 보충하도록 하옵소서."하니 그대로 따랐다.[49]

---

49) 『세종실록』 권51, 세종 13년 1월 己巳, "詳定所啓 講武場私獵之罪, 律無正

이 기사는 『신찬경제속육전』을 편찬하는 과정에서 발생한 법률논쟁을 기록한 것인데, 이 논의의 의미를 이해하기 위해서는 약간의 배경설명이 필요할 듯하다. 조선초기에 형벌규정은 특별한 경우가 아니라면 대체로 『대명률』에 의거하였다. 그러나 조선의 특수한 사정 때문에 『대명률』과 형량을 달리 해야 하는 경우도 있고, 『대명률』에는 없는 조선의 특수한 제도나 상황도 있었다. 따라서 이런 경우에는 처벌규정을 수교나 법조문에 넣어 주어야 했다. 위의 기사에서 "강무장에서 사렵한 죄에 대해서는 율문에 따로 제정된 조항이 없어서, 일찍이 제서유위률로서 그 죄를 논단한다고 『육전』에 실려 있습니다"라고 한 것은 바로 이런 사례에 해당한다.

그런데 이전에 『원전』과 『속집상절』 단계에서는 이런 경우 "장100에 처한다"는 식으로 형량을 직접 기입했기 때문에 이런 문제가 발생하지 않았다. 그러다가 세종조에 들어서 기재방식을 바꾸어서 『대명률』에 있는 경우는 "율문에 의거한다"고 하고, 그렇지 않은 경우도 형량을 직접 기재하지 않고, "어떤 율에 의거하여 처벌한다"는 식으로 비의하는 율을 기재하게 하였다.

강무장은 중국에 없는 제도라는 사례에 해당하기 때문에 이전에 편

條, 曾以制書有違論罪 載在六典, 今考律文, 有擅入禁苑者杖一百, 不能考察者減三等之條。 乞用此律, 於六典 只載依律之辭, 削制書有違之語 上曰 所謂禁苑, 如上林園之類也, 此律不正合 若只載依律之辭, 則後人必不知依何律也 刑曹判書河演啓 若載制書有違之教, 則不能加減教旨, 犯者與不能考察守令, 必竝以杖一百罪之, 其犯者之受杖一百, 固當矣, 其守令等之受杖一百, 似乎未便 若用擅入禁苑之律, 則犯者杖一百, 守令減犯者三等, 吏典爲首杖六十, 差等施行, 庶乎其可 且以此意教下, 則何患律學之不知也 上曰 若令私獵者 以擅入禁苑照律, 則是兩律也 只稱依律 則必復以違令照律, 是未可也 若差等之語則誠可矣, 然制書有違之律, 豈無差等乎 演曰 然則制書有違之辭, 仍舊錄上, 其不能考察守令, 不知情者, 以失覺察論 知情者, 以某律論罪, 差等施行事, 補于其末 從之".

찬한 『육전』에서는 제서유위율을 적용한다고 기록하였다. 이 『육전』은 세종 8년의 『신속육전』일 것이다.[50] 그런데 『신찬경제속육전』을 편찬하는 과정에서 상정소에서 이 규정에 문제가 있음을 발견하였다. 그 이유는 이 기사의 중간에 암시되어 있는데, 『신속육전』의 처벌규정에 강무장에서 사렵한 자가 발생하면 침입자는 물론 감독책임까지 물어 지역의 수령까지 처벌하는 규정을 두고, 형량은 제서유위율을 적용한다고 했던 것 같다.

제서유위율이란 원래 관리가 조칙(詔勅)을 받들어 시행하는 과정에서 조칙의 규정을 제대로 이행하지 않은 자를 처벌하는 규정으로 형량은 장100이었다.[51] 아마도 『신속육전』을 편찬할 때 사렵한 자에 대한 처벌을 장100으로 상정하고 이 형량에 맞는 율문을 찾다가 제서유위율을 선택한 모양이다. 그런데 이렇게 하면 사렵한 자와 수령을 모두 동일한 형량으로 처벌하는 문제가 발생한다. 이 규정의 원 의미는 사렵자에게 제서유위율의 형량을 적용해서 장100에 처하고, 수령에게도 책임을 묻겠다는 의미였을 것이다. 상식적으로 판단해도 침입자와 감독자에게 똑같은 형량을 적용한다는 것은 문제가 있다.

물론 세종의 말처럼 제서유위율도 형량이 장100으로 고정된 것이 아니고 정황에 따른 차등적용 규정이 있다. 그러나 그것은 칙령을 고의로 어긴 자와 실수로 어긴 자, 명령을 지연수행한 경우, 일자와 명

50) 이 『육전』이 어느 『육전』이었는지는 명확하지 않다. 강무제도를 육전에 수록한 것은 『원전』에서부터이다. 그러나 이 규정에는 강무장에 침입한 자에 대한 처벌규정이 없었다(『경제육전집록』, 204쪽). 여기서 말한 『육전』은 '제서유위율'을 적용한다는 표현으로 보아 세종 때에 편찬한 『육전』이라고 보여지고, 이 논의가 벌어진 시기가 세종 12년이므로 세종 8년에 편찬한 『신속육전』일 가능성이 크다.

51) 『대명률직해』 권2, 吏律, 공식, 법제처, 1964, 163쪽, "凡奉制書有違所施行而違者 杖一百".

령의 주체(황제, 태자, 친왕)에 따라 차등적용하는 규정이었기 때문에 이 규정에 맞추어 차등적용하기가 쉽지 않았다. 더욱이 원래 제서유위율이란 조칙을 수행하지 못한 관리에 대한 처벌규정이어서 제서유위율을 적용한다는 조문은 사렵한 자가 아니라 감독책임이 있는 수령에 대한 처벌을 지시한 규정으로 해석될 소지도 있었다.

상정소의 관원들은 강무 규정에 이런 문제가 있음을 발견하고 율문을 다시 검토하다가 율문에 금원에 침입한 자에 대한 처벌규정이 있음을 발견하고 이것이 적절하다고 판단했던 것 같다. 금원 침입자에 대한 형량도 제서유위율과 같은 장100이며, 관리책임자는 3등을 감하여 적용하게 하는 규정이 있기 때문이었다.

그런데 여기서 상정소가 약간의 착오를 했다. 강무장 침입자에 대한 규정과 금원침입에 대한 규정을 동일시해서 『육전』에는 단지 율문에 의거한다고 기재하자고 하였다. 상정소의 관리들은 일반관리들이 율문을 찾으면 당연히 이 규정을 찾아 적용할 것이라고 생각한 것이다.

하지만 세종은 그렇게 생각하지 않았다. 위의 기사에서 세종은 상정소의 건의에 대해 "이른바 금원이라는 것은 상림원 같은 것을 가리키는 말이다. 이 율은 이에 합당치 않으며, 만약 율문에 의한다는 어귀만을 기재한다면 뒷 사람들이 어느 율에 의거할는지를 모를 것이다."라고 대답하였다.

세종의 이러한 지적은 일리가 있었다. 왜냐하면 상정소에서 발견한 금원 침입자에 대한 처벌규정이란 『대명률』 병률(兵律)에 있는 '궁전문천입(宮殿門擅入)' 규정을 말하는 것이었는데, 이 율의 규정은 다음과 같았다.

"궁전의 정문, 동문, 서문, 북문 및 금원에 함부로 들어간 자는 장

> 100의 형에 처한다. 각 궁전의 문에 함부로 들어간 자는 장60, 도1년의 형에 처한다.……문을 지키는 관원과 숙위하는 관군으로……발견치 못한 자는 죄3등을 감하되 죄는 장100의 형에서 그친다. 군인은 또 1등을 감한다. 아울러 당직한 자도 처벌한다."52)

이 율문에 금원 침입자에 대한 처벌규정이 있기는 하지만, 기본적으로 궁전침입자에 대한 규정이므로 강무장 침입자에 대한 처벌관행을 알고 있는 관리라면 모를까 기존의 관행을 모르는 관원이 강무장 침입규정을 이 율에서 찾거나 비정하기란 쉽지 않을 것이기 때문이다.

이상의 내용을 종합하면 이 기사는 외형상으로는 강무장 침입자 및 감독책임이 있는 수령에 대한 처벌에 어느 율문을 적용할 것이냐는 논쟁이다. 그러나 실제로 침입자에 대한 형량이나 수령은 차등 처벌해야 한다는 원칙에는 모든 사람이 동의하고 있다. 결국 논쟁의 본질은 어느 율을 적용하느냐는 문제가 아니라 법전의 표기방식에 있었고, 보다 근본적인 원인은 관리들의 법률지식의 수준과 이해도를 어느 수준으로 상정하느냐는 문제였다.

『원전』과 『속집상절』처럼 바로 형량을 기재하는 방식이라면 문제가 없겠으나 새로운 표기법을 시행하다 보니 이 경우처럼 『대명률』을 참조한다고 해도 찾거나 적용하기가 어려운 규정의 경우, 관리들의 법률적 지식과 숙련도를 어느 수준으로 상정하느냐에 따라 법전에 기재하는 표현방식이 달라지기 때문이다.

사실 세종조에 형량을 직접 기재하던 이전 『육전』의 표기방식을 버리고, 율령의 제목을 기재하는 방식을 택한 것도 국초에 비해서는 사

---

52) 『대명률직해』 권13, 병율 궁위 궁전문천입, 317~318쪽, "凡擅入皇城午門東華西華 玄武門及禁苑者 各杖一百 擅入宮殿門杖六十徒一年……門官及宿衛官軍……失覺察者減三等 罪止杖一百 軍人又減一等 並罪坐直日者".

안마다 어느 정도 경험과 관행이 축적되었기에 가능한 것이었다. 다만 그럼에도 불구하고 관리의 수준을 어느 정도로 판단하느냐에 따라 판단에 차이가 있을 수 있었다. 세종은 관리들의 개인적 수준에 기준을 두고, 수준을 낮추어 잡아서 만에 하나라도 잘못될 경우를 방지하고자 했던 것 같다.

그러나 세종의 걱정은 지나치게 세심했거나 이론적이었다고 말 할 수도 있다. 현실적으로 생각하면 『육전』의 표현이 어떻게 되어 있든지 간에 1번만이라도 이런 사건을 처리한 경험이 있다면 해당 관리는 적용하는 율문을 기억할 것이기 때문이다. 특히 강무장은 변동이 있기는 하지만 대체로 이 시기에는 경기, 강원의 몇 고을로 제한되어 있었으므로[53] 해당 도나 고을의 서리라면 강무장 관리와 관련된 규정이나 판례 정도는 금새 숙지할 수 있었을 것이다.

상정소의 관원들도 이런 사정을 감안했기 때문에, "율문에 의거한다"라고 추상적으로 기재하자고 했을 것이다. 관리들의 법률수준이 낮고 초보자가 많다고 해도 관행과 경험이 축적되어 있다면 이것은 해결할 수 있는 문제였다. 세종과 상정소의 논쟁도 바로 이러한 판단 기준의 차이에서 발생한 것이었다.

이상의 내용은 형량의 표기방식이 법제에 대한 관리들의 이해수준 및 관행의 정착여부와 관련이 있고 시간이 지날수록 형량의 표현방식도 구체적이고 직접적인 표기에서, 해당 율문을 지정하거나 율문에 의거하라는 방식으로 바뀌고 있음을 보여준다. 그렇다면 역으로 『경제육전』에서 『경국대전』과 달리 법의 내용과 형량이나 율문을 모두 함께 기재하고, 나아가 시행세칙이나 단서조항까지 세세하게 부기하는 것은 관리의 율문 이해도가 낮은 사정을 배려하고 판례와 관행의 빠

---

53) 박도식, 「조선초기 강무제에 관한 일고찰」, 『박성봉교수회갑기념논총』, 1987 ; 김동진, 「조선전기강무의 시행과 포호정책」, 『조선시대사학보』 40, 2007.

른 정착을 위해 시도한 것이라는 유추가 가능하다.

이 같은 유추를 뒷받침 하는 증거로 『경국대전』에 가면 하나의 법안에 들어있던 내용들이 주제에 맞추어 재배열되는 동시에 형량, 세부사항이나 시행세칙 같은 내용들은 법전에서 빠져 버린다는 사실을 들 수 있다. 조선을 건국한 지 근 100년이 되어가며, 법과 제도 및 관서마다 관행이 정착하게 되었고, 관리의 숙지도도 높아짐에 따라 이런 방식이 주는 장점과 효과가 감소하는 반면 법조문이 너무 길고, 장황하며, 복잡하다는 단점이 상대적으로 더욱 커졌기 때문이라고 생각된다.

위에 예시한 강무장 침입자에 대한 처벌규정도 『경국대전』에서는 빠졌다. 그러나 『경국대전』은 이런 규정들을 지나치게 삭제해 버린 감이 없지 않다. 그래서 성종 24년에 간행한 『대전속록』에 이 규정이 다시 실렸는데, 위에서 제시한 논쟁이 무안하게 "사렵한 사람은 제서유위율로 논죄하고, 가지고 있는 사냥기구는 모두 관에 몰수하며, 소재지의 수령 및 겸사복, 간직인은 모두 추문하여 과죄한다."[54]고 하여 위의 기사에서 내린 결론을 따르지 않고, 위 기사에서 말한 이전의 『육전』의 표기와 유사한 방식을 사용했다. 이를 보면 위의 기사에서 결론을 내린 수정안이 실제로는 시행되지 않아서 『대전속록』을 편찬할 때 이 조문을 다시 채록했을 가능성도 있다고 생각된다.

세종의 지적처럼 초보자의 입장에서 보거나 원칙적으로 보면 이런 식의 표현은 분명 문제가 있어서 수정하는 것이 당연하다. 게다가 왕과 재상들 간의 회의에서 그렇게 결론이 났음에도 불구하고, 결국은 이전의 표현이 그대로 사용되었다는 것은 현실적으로는 적용할 때는 큰 문제가 없다는 현실론이 반영되었으며, 이런 표현과 조문의 표현방식이 관리들의 숙지도와 관행의 정착여부를 감안하여 만들어 지고 있

54) 『대전속록』 권4 병전 금렵, "私獵人 以制書有違律論 所持獵具沒官 所在官守令及兼司僕看直人 并推科罪".

음을 다시 한번 보여주는 것이다.

(3) 수교집 체제의 한계

앞 장에서 살펴본 것처럼 『경제육전』이 수교집 방식을 택하고, 그 수교들이 때론 복합적이고 장황한 구성을 지니게 되었던 데에는 나름대로의 시대적, 상황적 요인이 있었다. 그러나 그렇다고 해서 이런 체제가 지닌 문제점이 해소되는 것은 아니었다.

이 같은 방식은 단점도 컸다. 근본적인 이유는 조선의 입법방식과 수교집 체제가 지닌 문제였다.

왕의 교지라는 것은 기본적으로는 명령서이며 공문이었다. 명령서는 필요할 때마다 내리는 것이기 때문에 같은 사안에 대해서도 여러 번 또는 주기적으로 교지를 내려야 했다. 대표적인 것이 권농사목 같은 것이다. 때론 예전에 내린 교지를 날짜만 바꿔서 다시 내리는 경우도 있었다.[55)]

그런데 교지를 새로 작성할 경우 같은 취지의 명령이라도 표현과 내용이 조금씩 차이가 났다. 시기도 다르고 교지의 작성주체도 다양했기 때문이다. 왕의 명령을 받아 교지를 작성하는 경우도 사안에 따라 부서나 작성자가 달랐다. 관아나 개인이 올린 상서는 장황한 서문과 시행취지가 달려 있는 경우가 많았는데, 상서를 교지로 내릴 때는 이런 문구들을 그대로 두고 전문을 교지로 내렸다. 나중에 이 수교가 다시 그대로 법전에 수록되기도 했다.

그러다 보니 거의 같은 내용임에도 불구하고 기존의 법령 내지는

55) 『세종실록』 권67, 세종 17년 1월 갑오, "召領議政黃喜等議曰 續典脫漏三十餘條 其間不無可行者 然邦典已成 不可追錄 何以區處 余則以爲撰集續典後 亦有受敎立法事 上項脫漏條件 以今受敎年月 改書舉行何如".

예전의 교지와 형량이 달라진다거나 어느 교지에서는 언급했던 사안이나 처벌규정이 다른 교지에는 없거나 바뀌어 있거나 용어나 표현이 달라지는 경우가 발생한다. 그때그때 상황에 따라 단서조항이나 추가사항이 첨가되거나 처벌규정이 추가되는 경우도 있었다.

이런 문제를 방지하려면 상서 초안을 작성할 때부터 기존의 수교와 법령을 빠짐없이 검토해야 한다. 하지만 조선시대에는 입법기구가 특화되거나 전문화되어 있지 않았고, 법안의 기안에 해당하는 교서의 작성과정 역시 개인이나 기관의 글이 그대로 사용하였다. 다른 법과 충돌하거나 모순되지 않는 법을 작성할 정도의 식견과 지식을 지닌 사람은 대신급이나 되어야 가능했을 것이다. 반포된 모든 수교를 등록하여 비치한 곳은 검상조례사와 춘추관 정도였다. 그러니 그런 자료를 섭렵할 수 있었던 사람도 많지 않았고 상서 하나를 쓰기 위해 법전과 등록을 다 검토한다는 것도 쉬운 일이 아니었다.

바로 이런 문제를 해결하기 위해 조선시대에는 법전을 편찬하고, 새 법이나 교서에 대한 도평의사사(의정부)의 의의(擬議) 기능을 강화하여 수교나 율령이 기존의 법과 어긋나거나 기존의 법과 모순되는 법을 반포하는 일을 줄이고자 하였던 것이다. 실제로 이 문제는 고려시대에 비해 크게 개선되었다. 그러나 교서를 통해 법을 반포하는 형식 자체는 변함이 없었으므로 이런 문제가 완전히 해결되지는 않았다.

특히 『경제육전』에 수록하는 수교들이 복잡하고, 장황한 형식을 지니고 있다는 것이 이런 문제가 재연할 소지가 되었다. 대표적인 사례로 사료 아)의 경우를 들 수 있다.

아)-⑥에 '수령의 전최(殿最)는 간전의 다소를 3등으로 나누어 출척에 빙고한다'라는 규정이 있다. 이 규정 자체는 수령의 개간을 독려하고, 그 실적을 업무고과에 반영하겠다는 규정이다. 그러나 이는 분명히 수령에 대한 고과법 및 전최 규정과 중복된다. 『원전』에는 별도로 수령의 고과에 대한 조항이 이전에 수록되어 있었다. 여기에는 고과 항목이 전야벽(田野闢)·호구증(戶口增)·부역균(賦役均)·학교흥(學校興)·사송간(詞訟簡)의 수령오사로 되어 있고, 각 항목에 대한 구체적인 사항이나 '간전의 다소를 3등으로 나눈다'는 규정 같은 것은 없다.[56] 즉 수령고과의 기준은 이전에 있지만 시행세칙은 호전의 권농조에 있는 결과가 된다.

그러므로 만약 이외의 많은 수교에 ⑥과 같이 수령이 행해야 하는 시행지침이 붙어 있었다면 수령의 고과 항목과 방식을 알기 위해서는 이전 고과 조항만 참조해서는 안되고, 모든 법전을 다 뒤져 해당사항을 찾아내야 한다는 어려움이 따르게 된다. 반대로 ⑥과 같은 규정이 수령을 고과할 때 수령오사를 무시하거나 약화시킬 가능성도 있다. 수령을 포폄할 때 '간전다소(墾田多少)'의 비중을 크게 높일 수도 있기 때문이다.

처음에 하나의 조문에 그 사안과 관련된 모든 규정을 종합적으로 정리한 이유는 관리가 고열하기에 편하고, 관련조항을 누락하거나 잘못 비정하는 사례를 방지하기 위한 것이었다. 초기에는 분명히 이런 효과가 있었을 것이다. 그러나 법령이 많아지고, 기존 법을 수정하기도 하고, 추가규정, 단서조항이 계속 부가되면서 오히려 이런 방식이 더욱 복잡하고, 혼동을 야기하게 되었다. 세종조에 『신속육전』을 편찬하면서 비슷한 조문끼리 묶는 방식을 사용했다고 한 것은 이런 문제를 해결하기 위한 시도였다고 생각된다. 실제로 세종조에 만든 조문들을 보면 전대에 비해 간결하고 단명해지는 경향을 보인다. 이것도 종류별로 묶어 편찬하려는 시도와 무관하지 않을 것이다.

그러나 기존의 조문들이 이미 복합적인 내용으로 구성되어 있고,

56) 정도전, 『삼봉집』 권6, 「경제문감」 하, 감사 '當親巡遠地'.

세종조의 속전도 수교 원문을 그대로 싣는 방식에는 변함이 없었기 때문에 이 방식은 큰 효과를 볼 수는 없었을 것이다.

더욱이 『경제육전』이 『원전』과 『속전』으로 분리되어 있으며, 『속전』 안에 또 『속집상절』과 세종조의 속전이 구분되어 있어서 이런 혼란을 가중시켰다. 이러한 불편함에 대한 반성이 다음에 편찬한 『경국대전』의 체제를 구상하는 데에 큰 영향을 미쳤을 것이다.

실제로 『경국대전』 편찬의 시초가 된 세조 3년 3월 무인 양성지의 상소에 의하면 그간의 『원전』, 『속전』, 『등록』, 『신전(新典)』을 포함하여 하나의 법전을 만들어야 한다는 것이 신법전 편찬 이유의 하나였으며, 그렇게 탄생한 『경국대전』의 체제를 보면, 같은 육전체제의 법전이면서도 조문의 구성이나 배치, 조문의 형태를 보면 『경제육전』의 주요한 특징과는 완전히 상반되는 형식을 취하고 있다. 특히 조문의 형식은 수교문의 형식에서 완전히 탈피하고, 철저하게 내용별로 나누어 육전과 항목에 따라 재배치한 것을 볼 수 있다. 때로는 그것이 너무 심하여서 법의 목적과 적용방식, 관련조문을 이해하기가 어려운 새로운 문제를 낳을 정도였는데, 이런 측면으로만 보면 『경국대전』의 체제는 『경제육전』의 문제와 한계에 너무 집착한 나머지 정 반대의 방식을 채택한 경우라고도 할 수 있다.

4) 법전편찬 원리의 형성과 의미

『경제육전』은 우리나라 최초의 법전이라는 의미도 중요하지만, 조선시대를 통괄하여 수행되는 법전편찬 원칙을 창출하였다는 데에서 특별한 법제사적 의의를 지닌다고 하겠다. 그러나 이 원칙은 법제사 연구자 및 한국사 연구자들에게는 대단히 당혹스러운 법칙이기도 하였다. 그 내용이 한번 법전에 오른 법은 수정할 수 없다는 조종성헌존중주의(祖宗成憲尊重主義)와 법은 영세불변의 진리가 되어야 한다는 원칙이었기 때문이다. 때문에 이 원칙은 일제하의 학자들에 의해 조선의 수구적인 태도 혹은 법제와 법전의 비현실적인 성격을 보여주는 것으로 평가받기도 하였고, 이 같은 해석에 대한 반발로 이는 단지 법을 존중하고, 입법의 신중성을 기하기 위한 상징적인 원칙이라는 견해도 제기되었다.

그런데 지금까지는 『경제육전』 조문을 볼 수가 없었으므로 법전편찬 원리에 대한 연구가 법전편찬이나 법 개정 과정에서 발생하는 논쟁기사를 중심으로 해석하였다는 문제가 있다. 원래 논쟁이란 아무래도 과장이 들어가고 과도한 원칙론이 지배하기 마련이다. 또 논쟁기사를 이해하기 위해서는 그 배후에 있는 사정과 의도를 찾아내는 것이 핵심이다. 그렇지 않고 논쟁에서 드러나는 논리만을 따라가서는 오히려 실상을 놓칠 위험이 크다.

그러므로 조종성헌존중주의나 영세불변의 법이라는 논의를 이해하기 위해서는 논쟁의 대상이 된 법조문이 지닌 실질적 의미와 정책적 차이를 고찰할 필요가 있다.

(1) 조종성헌존중주의와 각주 수정방식

『경제육전』이 태종~세종 연간에 여러 차례 개정, 재편되는 과정에서 몇가지 독특한 법전편찬 원칙이 탄생했다. 첫 번째 방침이 한 번 법전에 오른 규정은 절대로 수정할 수 없다는 조종성헌 개정 불가의 원칙이다. 이 논리가 처음 수면 위로 등장한 때는 태종 집권 후에 『원전』의 개정작업이 시도되던 때였다.

> "전 한성부윤 윤목(尹穆), 전 계림부윤 한리(韓理), 호조전서 윤사수(尹思修) 등이 진언한 내용 중의 일부입니다. '옛부터 나라를 차지한 이는 조종의 법을 가볍게 변경하지 못했습니다. 창업의 군주는 후일의 환란을 깊이 염려했기 때문에 그러한 법을 세운 것입니다. 가만히 생각건대, 우리 태상왕은 고금의 시의(時宜)를 참작하여 경제육전을 힘써 이룩하였는데, 그 법을 세우고 기강을 확립한 것이 상세하고 또 (필요한 내용을) 갖추어 마련했다고 이를 만하겠습니다. 근년 이래 사람들의 이견을 가지고 여러 번 그 제도를 변경하니, 중외의 인민이 조치할 바를 알지 못합니다. 원하건대, 이제부터 한결같이 육전의 제도를 준수하여 만세토록 지킬 도구로 삼도록 하소서.
>
> 전하가 즉위한 이후의 조령과 판지 가운데 육전에 기재되지 못한 것이지만, 가히 만세의 법이 될 만한 것은 골라 뽑아서 책을 만들어 속육전으로 판각을 간행하여 시행하도록 하소서.' 하였습니다."[57]

이 상소는 태종대에 새로운 법전 즉 『속집상절』을 편찬하게 하는 결정적 계기가 되었던 상소이다. 이들이 조종성헌존중을 주장한 것은 『원전』의 개혁정책을 유지하려는 숨은 목적이 있었기 때문이라고 보는 것이 타당할 것이다. 태종이 집권한 후 개혁정책은 방향이 크게 바뀌었고, 이 과정에서 원전에 수록한 많은 규정들이 폐기되었다. 그러나 태종 때의 집권층이라고 해서 그들의 의견이 일치했던 것은 아니며, 정도전·조준의 개혁안에 대한 태도도 엇갈리고 있었다.[58] 따라서

---

57) 『태종실록』 권8, 태종 4년 9월 정사, "前漢城府尹 尹穆 前雞林府尹 韓理 戶曹典書 尹思修等陳言內 自古有國家者 不可輊(輕)變 祖宗之法 其創業之君慮患也深 故其立法也密 惟我太上王叅酌古今之宜 勒成經濟六典 其立經陳紀可謂詳 且備矣 比年以來 人持異見 屢更其制 中外人民 罔知所措 願自今一遵六典之制 爲萬世持守之具 殿下卽位以後 條令判旨 六典所未載 而可爲萬世法者 簡擇成書 以續六典刋(刊)板施行".

58) 정도전파에 속했던 李稷, 李原은 태종~세종조에 계속 활약했다. 태종은 조준을 영의정으로까지 등용했으며, 나름대로 조준에 대해서는 상당한 신뢰감

윤목 등은 신세력의 법전 개정 작업 자체는 저지할 수가 없지만 조종성헌 즉 태조의 입법이란 근거를 내세워 가능한 『원전』을 보존시킴으로써 상소에서 암시하고 있는대로 『원전』의 조문을 일부를 삭제하거나 자의적으로 수정하지 못하도록 하려고 했던 것 같다.

그러므로 이 날의 상소에서 언급한 조종성헌의 존중은 상소자 자신들도 절대적인 법리나 원칙으로 신봉해서가 아니라 원전을 보존하자는 의도적인 주장이었다고 하겠다.

조종성헌존중주의가 법전편찬 원리로서 실체를 갖추게 되는 계기가 태종 15년에 등장한 각주 수정방식이다. 태종 12년에 『속집상절(續集詳節)』의 편찬을 마쳤으나 막상 『속집상절』을 편찬하고 나니 『원전』과 상충되는 내용이 상당히 발견되었다. 그리하여 태종 15년에 다음과 같은 처리 방침이 결정되었다.

> 무릇 조획(條劃)은 일체 원육전을 따르도록 하였다. 왕이 교지를 내리기를 속육전 중에 있는 원전 조항으로 다시 개정하기 불편한 것은 다시 참고하도록 명을 내려 일체 구제에 따라 시행하고 그 중 부득이하게 개정해야 할 조문은 심의하여 계문하게 하였다. 예조와 여러 조에서 심의하여 삼가 보고를 올리기를 "수령의 권차(權差), 수령 부임, 이전거관, 선군(船軍)에게 상으로 관직을 주는 규정, 수령천거, 과전을 체수하는 기한, 정3품의 의대(衣帶), 문과 시취 때의 좌차례(坐次禮), 문자상통격식, 기복, 삼심제, 노비송사에 관한 3개조, 차지(次知)를 수

을 가지고 있었다. 조준도 영의정이 된 후 자신의 개혁정책을 다시 펴보려고 했으나 관료들의 저항에 부딪혀 실패했다고 한다. 태종의 총신이었으며 속집상절 편찬을 주도했던 하륜도 보수파들에게서는 정도전에 비견될 정도로 미움을 받았다(『태종실록』 권3, 태종 2년 정월 경자, 임용한, 『조선전기 수령제와 지방통치』, 314쪽). 이런 기록들은 태종 정권 내에서도 『원전』과 『속전』의 법령을 두고 상당히 많은 토론과 갈등이 있었음을 보여준다. 실제로 『원전』과 『속집상절』 규정을 둘러싼 논쟁도 실록에서 찾아 볼 수 있다.

금하는 규정, 의심스러운 죄는 3번 취조하는 규정, 재상범죄처결방식, 대소사신의 상회례(相會禮), 외방에서 관직을 받은 자가 관교(官敎)를 받는 법 이상 18조는 원전을 따르고, 전지의 수손급손, 전(錢) 1관(貫)을 포 14필에 준하는 법 이상 2조는 속전을 따르는 것이 어떻겠습니까?" 하였다. 왕이 교지를 내리기를 원전을 고쳐서 속전에 실은 것은 다 삭제하고, 그 중 부득이 한 것은 원육전의 각 조항 밑에 각주로 달게 하였다.[59]

이 기사에 의하면 태종 15년의 판결은 조종성헌존중주의에 입각해서 가능한 한 『원전』의 조항을 유지한 것처럼 보인다. 서로 모순되는 18개 조항 중 『속전』에 따르도록 한 것은 겨우 2개였는데, 그나마 『원전』 조문을 삭제하지 않고 본문 밑에 각주로 달게 했다는 것이다.

이 때문에 지금까지의 연구에서는 항상 이 각주 수정방식을 성헌존중주의의 연장선상에서 이해해 왔다. 성헌존중주의가 법전편찬의 대원칙이었지만, 실질적으로는 법안을 개정할 필요가 끊임없이 생겨났고 실제로 고치고 있었으므로 이 모순을 해결하기 위하여 사문화된 법이라도 법전에 끝까지 보존시키는 각주 수정방식을 고안했다는 것이다.

하지만 이 조치의 실제 집행과정을 보면 태종 15년의 조치는 조종성헌의 준수와는 무관했다. 『경제육전』 조문을 복원하여 『원전』과

59) 『태종실록』 권30, 태종 15년 8월 정축, "凡條畫一從元六典 王旨續六典內元典條畫 更改未便 更令叅考 仍舊施行 其中不得已更改條畫 擬議啓聞 禮曹與諸曹 擬議謹錄 守令權差 守令赴任 吏典去官 船軍賞職 守令保擧 科田遆(遞)受期限 正三品衣帶 文科試取時坐次禮 文字相通 起復 刑決三復 奴婢相訟三條 次知囚禁 疑罪三度取招 宰相犯罪處決 大小使臣相會禮 在外受任者受官教 已上十八條 從元典 田地隨損給損 錢一貫准布十匹 已上二條從續典何如 教曰 元典更改續典所載並皆削除 其中不得已事 元六典各其條下 書其注脚".

『속집상절』의 내용을 검토해 본 결과 『속집상절』에는 이 20개조 이외에도 『원전』 조문을 개정한 조문이 상당히 많았다. 태종 15년에 단지 20개조만 언급한 이유는 잘 알 수 없으나, 이들은 『원전』과 『속전』에서 모순되는 조문 중 일부에 불과했다. 『속집상절』에 수록된 내용들 중에는 여기서 언급한 20개조 보다 비중과 파장이 훨씬 큰 조문들, 예를 들면 과거제, 음서제, 관료제, 군제, 신분제 등과 관련된 중요한 법령들이 상당히 많았다. 그 중 어떤 것들은 체제의 성격을 가늠할 수 있을 정도로 중요한 것들이었는데, 이런 조문들은 이날의 논의 선상에 등장하지도 않았다.

다시 말하면 이날 올라온 20개조가 대부분 『원전』을 따르도록 결정난 것은 상대적으로 이 조문들의 비중이 낮았거나 정도전계의 개혁안 중에서도 신집권층에게도 설득력이 높았던 것들이었기 때문이라고 생각할 수밖에 없다. 그나마 이날 『원전』을 따르라고 결정났던 수령권차법이나 수령보거, 이전거관, 선군상직(船軍賞職) 제도 같은 것도 결국은 개정안이 승리하여 원전의 방안은 철회되고 말았다.[60] 결국 내용상으로 보면 이날의 논의에서 결정된 것은 조종성헌존중주의가 아니라 기성의 법전을 보다 손쉽게 수정하는 새로운 방법이었다.

그런데 각주 수정방식이 '조종성헌존중주의와 관련이 없다고 한다면 왜 굳이 각주 수정이란 방식을 통해 폐기한 조문과 법전을 끝까지 존속시키는 방법을 사용했느냐는 물음에 대답해야 한다. 이 점에 대해서는 다음과 같은 추정이 가능하다고 생각된다.

앞 장에서 살펴본 대로 수교집 체제에서 법조문은 그 법의 근거, 시행배경과 목적까지 자세하게 설명하고 있다는 것이 최대의 특징이었다. 그러므로 본문을 수정하더라도 그 법의 취지와 시행목적과 같은

60) 윤훈표, 『여말선초 군제개혁 연구』, 혜안, 2000. 12, 284~300쪽.

일반론 혹은 원론적인 의미는 여전히 유용하고 필요했을 것이다.

또한 이후의 법전을 보아도 법조문은 한번에 전체가 수정되기 보다는 일부분씩 수정되는 경우가 많다. 그렇기 때문에 변경된 부분을 각주로 표시하는 것이 오히려 참조하거나 변경된 내용을 파악하기에 편리했을 것이다. 특히 수교는 문장이 길고 내용이 다양하므로 이런 방식의 편리성은 더욱 커진다.

두 번째로는 법을 운영하고, 재판기록을 상고하려면 이전에 개정된 법이라도 보존하고 열람하기 쉬운 체제를 유지해야 한다. 그런 점에서 여러 판본을 보관하는 방식 보다는 이같이 각주로 달아서 일목요연하게 법의 변화를 볼 수 있는 방식이 고열과 참조에 편리했을 것이다. 오늘날과 달라서 당시에는 법전을 교열하고 참고하기도 쉽지 않은 시대였다는 점을 감안할 필요가 있다.

『경국대전』 이후의 법전들을 보면 수정한 부분을 각주로 처리할 뿐만 아니라 후대에 새롭게 추가한 조문들도 별도의 표시를 하여 계속 병렬하는 방식을 썼다. 그 중 『전록통고(典錄通考)』 같은 책은 각기 별도로 간행되었던 『경국대전』, 『대전속록』, 『대전후속록』, 『수교집록』을 한 권으로 묶은 것이다. 이것은 당시 사람들이 여러 권의 법전을 뒤지기 보다는 가능한 한 관련조문을 한 권에 묶어 보는 것을 편하게 여겼다는 증거이다.

한편 각주 수정방식을 통해 가능한한 원문을 보존하려고 했던 데에는 중세의 법체제가 지닌 본질적 성격과도 깊은 관련이 있다.

근대사회와 비교할 때 중세사회의 중요한 특징의 하나는 정치, 경제, 사법과 같은 각 분야가 독자적이고 자기발전적인 기준을 가지지 못하고, 늘 서로 간의 상호관계 속에서 존재한다는 점이다. 예를 들면 근대사회에서 경제원리의 일차적 기준은 최대의 이윤추구와 효율성이라고 할 수 있다. 그러나 중세의 경제체제는 이윤만이 아니라 정체(政

體), 신분제, 우주관 등과 결부되어 총체적으로 규정된다. 특히 개혁파 사류의 이념적 근거가 된 성리학은 그 이전의 어떤 사상체계 보다도 철저하게 우주와 인간질서를 통합적이고 상호관련시켜 구성하고 있었다.

그런데 중세사회의 통합적인 사회이해방식에도 불구하고 법제로 보면 총체적인 대원칙을 제시하는 헌법과도 같은 것은 없었다. 대원칙이라고 할 수 있는 것은 유학의 고전에서 찾아지고 있었는데, 그것은 시대와 상황의 변화에 따라 어느 정도씩은 새롭게 해석할 수 있는 여지를 늘 남겨두고 있었다.

따라서 법을 제정하고 수정할 때는 각종 제도와 법들 사이에서 이런 원칙을 유지하고, 전체적인 일관성을 유지하는 일이 중요하였다. 이런 사례는 특히 형제(刑制)나 예제(禮制)를 둘러싼 논쟁에서 쉽게 찾아 볼 수 있다. 예를 들어 어떤 범죄의 형량과 처벌방식을 정할 때는 범죄의 정도나 동기 뿐만이 아니라 상하의 분수, 여타 다른 범죄에서의 신분에 따른 형량차이 등을 함께 고려해야 했다.

그러므로 개개의 법규정은 법조문의 내용적인 의미만이 아니라 체제 전반, 법질서 전반에 대한 원칙이나 기준을 내포하는 경우도 있었다. 실제로 법률규정을 둘러싼 논의 중에는 이미 개정법이 존재하여 사문화한 규정을 유추의 근거나 법률제정의 원칙, 준거로 사용하는 사례를 찾을 수 있다.

> 형조에서 아뢰었다……"원육전의 홍무 25년 7월에 상정한 입관보리법(入官補吏法)에 무릇 문음출신자는 본년본월일 이후로는 3품이상의 실직을 받은 자의 자손에 한해 음직의 수수를 허락한다고 하였는데, 유독 천첩자손을 속신하는 법에서만 첨설직 및 공상천예의 자손을 분간하지 않아서 외람됨이 막심합니다. 청컨대 지금부터는 전조의 관원

> 이면 3품이하 관의 자손, 본조에서는 공상천예의 자손은 속신을 일체 금단하고, 위에서 말한 공사천구로 이미 속신한 자들도 역시 개정하게 하소서." 왕이 계문대로 하되 다만 이미 속신한 자들은 논하지 말라고 하였다.[61]

이 기사는 세종 11년에 관료의 천첩자손의 속신기준을 논의한 내용이다. 그런데 이때까지는 부친의 관품에만 기준을 두고 그 관직이 실직이냐 첨설직이냐는 구별하지 않았던 것 같다. 이에 형조에서는『원전『의 입관보리법에 있는 문음자에 대한 실직 3품이상이란 제한규정을 근거로 속신할 때도 실직과 첨설직을 구분하여야 한다고 주장하여 왕의 허락을 얻어냈다. 그런데 여기서 인용한『원전』의 입관보리법은 이미 여러 차례 개정되고, 개정안이『속집상절』과『신속육전』에도 올라 실효성을 상실한 규정이었지만[62] 신분제적 구별을 위한 준거로서 유용한 기준으로 사용되고 있다.

이것이 사문화된 법 규정이라도 법전에서 완전히 삭제할 수 없었던 중요한 이유의 하나였다. 수교집 체제가 아니었던『경국대전』이후의 법전에서도 각주 수정방식을 유지했던 것도 이와 같이 법조문마다 조문 외적인 의미와 기능이 있었기 때문이었다.

조선 전시기를 통하여 "조종성헌을 존중해야 한다"는 구호는 대원칙이라기 보다는 미덕에 가까운 일종의 권장사항에 불과했다. 그러므

---

61)『세종실록』권46, 세종 11년 12월 을해, "刑曹啓……元六典 洪武二十五年 七月 日 詳定 入官補吏之法 凡門蔭出身者 自本年本月日以後 受實職三品 以上子孫 許令蔭授 獨於賤妾子孫贖身之法 不分添設及工商賤隷子孫 猥濫 莫甚 請自今 前朝三品以下 本朝工商賤隷子孫贖身 一皆禁斷 上項公私賤 口 已曾贖身者 亦令改正 命依所啓 但已贖身者 勿論".

62)『경제육전집록』, 21~25쪽 참조.

로 당사자의 판단에 따라 이 원칙은 얼마든지 융통성 있게 사용될 수 있었고, 법 개정을 당연시 하는 주장도 많았다.

> 하위지(河緯地)가 다시 계문하기를 "신등이 계문한 바는 다른 뜻이 있어서가 아니라 법을 가볍게 고치면 백성들에게 신뢰를 보이지 못하게 되기 때문입니다"라고 하니 왕이 대답하였다. "법을 세우고 시행하지 않는 것이 백성들에게 신의를 잃는 일이다. 폐단이 있는 법을 개정하는데 어찌 신의를 잃는 일이 있겠느냐?"[63]

> 원상 김국광(金國光)에게 전지(傳旨)하였다. "근래에 개정한 법들은 모두가 선왕의 성헌들이다. 선왕의 법을 폐지하는 것이 옳은 일이겠는가?"하니 김국광이 대답하기를……"폐단이 생기면 고치는 것이 바로 만세에 통행되는 법입니다. 예전에 한명회가 불편한 사안 수 개조를 건의하여 다수의 조문을 개정하였습니다. 하물며 육전('대전'의 오기인 듯 : 역자 주)은 세조께서 완성하지 못한 서적으로 지금 바야흐로 상정하였으니, 비록 혹 다시 고치더라도 불가하지 않습니다. 복색도 또한 마땅히 다시 정하소서"라고 하니, 명하여 예전을 고쳐서 편찬하게 하였다.[64]

> 사간원에서 상소하였다.……식자(識者)들은 이르기를, 『원전』에 기재되어 있는 것은 경솔히 고칠 수 없다고 하나, 이것은 『육전』에 이루워져 있는 법을 고치는 것이 아니고 『육전』에 미비한 점을 증보(增補)할 뿐이라고 하옵니다. 바라옵건대, 전하께옵서 이를 해당 관사에 내리시와 그 예법을 상정하게 하옵소서.라고 하니 드디어 이를 의정부에 내렸다.[65]

---

63) 『문종실록』 권3, 문종 즉위년 9월 병인, "(河)緯地更啓曰 臣等所啓非有他意 輕改立法 無以示信於民也 上曰 法立而不行 則是失信於民也 改有弊之法 何失信之有".

64) 『예종실록』 권6, 예종 원년 7월 병술.

65) 『세종실록』 권81, 세종 20년 6월 신미.

이러한 생각은 개인의 생각만이 아니었다. 『경국대전』에 뒤이어 편찬한 『대전속록』의 서문에서는 다음과 같이 법개정의 정당성을 천명한다.

> 법이 오래되어 폐단이 생기면 고치거나 더하는 것이 당연하다. 그 때에 쓸데없이 옛 법을 고수하여 변통하지 않으면 융통성 없이 고집하는 것[膠柱鼓瑟]과 마찬가지이니 어찌 족히 숭상할 것이겠는가.[66]

마지막으로 기존의 연구에서 지적한 대로 조종성헌존중주의는 법의 개정을 신중하게 하려는 의도도 있었다고 보여진다. 사실 논쟁기사로 보면 조종성헌을 존중해야 한다는 주장이 많지만 조선시대 법치의 현실을 보면 세종 당시에 "조선의 공사는 3일"이라는 유행어가 돌았을 정도로[67] 법을 자주 바꾸고 개정해서 국가정책의 일관성과 신뢰성이 떨어지는 것이 더 문제였다. 특히 세종은 『속전』 편찬과정에서 사소한 일에도 대단히 신중한 태도를 견지하였다.

> 또 김종서(金宗瑞)에게 이르기를, "옛 제도를 고치는 것이 비록 불가하다고는 하나 역대로 대를 이어 받는 임금이 그 시대의 적의성을 참작하여 없애기도 하고 새로 설치하기도 하는 것이다. 지난번 곽존중(郭存中)이 필요하지 않은 관리를 도태한 것을 담당하여, 그 봉급액이 3천여 석에 달하였고, 그 뒤에 다만 집현전과 종학(宗學)의 두 관청만을 증설하였다. 지금 들으니, 형조에서는 사무가 복잡하여 소송 사건을 제대로 다 처리하지 못하기 때문에 매우 곤란하였다 하니, 옛 제도를 보면 6부의 직원이 많기도 하고 적기도 하였다. 지금 형조의 낭관

66) 「大典續錄序」, "若法久弊生 當損益之 時而徒守舊章 不能變通 則膠柱鼓瑟 何足尙哉".

67) 『세종실록』 권65, 세종 16년 9월 병자.

(郎官) 두 명을 증원하여 모두 8명으로 만들고자 하는데, 비록 다른 조와 일치하지 않더라도 관계가 없을 것이다. 이렇게 하면 소송 문제를 처결하는 사무를 도맡게 되어 편리하며 이익이 있을 것이니, 두 의정과 상의하여 보고하라."[68]

이 기사는 세종이 형조의 낭관 2명을 증원할 것을 제안하는 내용인데, 낭관 2명을 증원이라는 크지 않은 사안에 비해 무안할 정도로 세종은 옛 제도를 고치는 것에 대한 긴 서설을 제시하고 있다. 이것은 세종이 아무리 사소한 제도라도 조종의 법을 개정하는 것에 대해 부담스러워 했기 때문이라고 볼 수도 있다. 그러나 세종은 자신의 치세에 두 번의 법전을 편찬했는데, 그것이 앞 선 두 법전의 개정작업이었다는 점을 감안하면 세종이 법의 개정에 대해 그 정도로 묵수적인 태도를 지니고 있었다고 보기는 어렵다. 그렇다면 이날 세종이 "옛 제도를 고치는 것은 불가하지만"이라는 말로 이야기를 시작한 것은 곧 법의 개정에 대한 신중하고 조심스런 자세를 보여주는 것이라고 생각된다.

(2) 영세지법(永世之法)과 일시지법(一時之法)의 구분

『경제육전』의 편찬과정에서 탄생한 또 하나의 중요한 법전편찬 원리는 법을 영원히 통용될 법과[永世之典] 한시적으로 사용할 법[一時之法]으로 이분하고, 영세지법은 『정전(正典)』에, 일시지법은 『등록(謄

68) 『세종실록』 권50, 세종 12년 10월 병술, "又謂金宗瑞曰 更改舊制 雖曰不可 然歷代繼世之君 因其時宜 或汰或設 曩者郭存中掌汰冗官 所減之錄 至三千餘石 厥後惟加設集賢殿宗學兩官耳 今聞刑曹因事劇煩 未察獄訟 深以爲嫌 稽之古制 六部員或多或少 今欲加設刑曹郎官二員 合爲八員 雖與他曹不同 亦可也 如是則專掌刑決之事 庶爲便益 其議諸兩議政以聞".

錄)』에 수록한다는 원칙이다. 이 원칙은 세종 8년『경제육전』의 세 번째 개정판인『신속육전』편찬 때 탄생했다.[69]

그런데 영세지법과 일시지법이라는 기준은 상당히 모호하며, 일시의 법이라고 할 경우 그 조문의 시한도 분명치 않다는 문제가 발생한다. 더욱이『경국대전』간행 이후에 편찬한『대전속록』,『대전후속록』,『수교집록』같은 것은 성격도 애매해서 일시의 법을 모은『등록』의 연장으로 보는 견해도 있고,『경국대전』의 속전이라고 보는 견해도 존재하는 형편이다.[70]

이것이 등록류에 속하느냐 법전류에 속하느냐는 애초에 영세지법과 일시지법의 기준 자체가 모호하기 때문에 판정하기가 쉽지 않은 문제이다. 영세지법을 조종성헌은 개정할 수 없다는 원칙과 관련시켜 이해할 수도 있는데, 조종성헌준수라는 개념 자체가 다분히 자의적이고 형식적인 개념이었기 때문에 이 기준을 사용해서 영세지법과 일시지법을 구분하기도 곤란하다.

일시지법의 개념을 이해하기 위해서는 일시지법을 수록했다는『경제육전등록』의 조문을 분석해 보는 것이 좋은 방법이다. 그런데 현존하는『등록』규정을 분석해 보면 일시지법이라는 개념에서도 역시 이중적인 성격이 발견된다.『등록』의 조문은 크게 세 종류가 있다.[71]

---

69)『세종실록』권34, 세종 8년 12월 임술.

70) 전봉덕씨는 속록과 후속록은 경국대전 후에 반행한 수교중에서 항법으로 삼을 만한 것을 모은 책이라는 편찬기준을 들어 이것이 일시지법을 수록하는 등록류가 아니라 엄연한 정식 법전이었다고 주장했다(전봉덕,「조선왕조법전 해제」,『대전속록·후속록』, 아세아문화사, 1983, 21~23쪽). 그러나 이런 책들이 경국대전, 속대전 같은 법전에 비해 위상이 떨어졌던 것도 사실이다.

71) 이하『경제육전등록』의 분석은 임용한,「경제육전등록의 편찬목적과 기능」참조.

① 가격 규정과 같이 변동의 가능성이 큰 규정
② 단서조항, 시행세칙과 같이 상황에 따라 변동의 가능성이 큰 규정
③ 정전에 수록할 만한 규정이지만 내용을 두고 논란이 심한 규정

①은 분명히 일시지법이라고 할 수 있는 것이다. ②도 영세지법으로는 곤란한 법이지만 법리적으로 보면 하위법에 해당하는 규정이라고 볼 수 있다. 즉 당시의 법체제에서 상위법과 하위법의 구분이 명확하지 않았던 것이 영세지법과 일시지법의 구분을 낳은 원인의 하나가 되었다.

그러나 ③은 전혀 다른 경우로 현대의 법개념으로는 설명하기가 곤란하다. 굳이 해석하자면 ①, ②의 경우와는 다르게 정전에 올라가기 위해서는 때를 기다려야 한다는 의미에서 일시지법이라고도 할 수 있겠다.

어쨌든 ①과 ②의 경우를 보면 영세지법과 일시지법의 구분이 발생한 원인의 하나는 조선시대의 법이 상위법과 하위법의 구분이 분명하지 않았던 데에 있다. 그리고 상위법과 하위법의 구분이 곤란했던 이유는 법의 성립조건이 국왕의 교서(수교)인데, 수교의 원문을 기안하고 법을 발의하는 주체가 다양하고, 교지로 반포하는 내용 역시 너무 다 다양했던 데에 원인이 있다.

교지가 법의 성립조건이기는 하였지만 그렇다고 모든 교지가 법전에 수록할만한 비중있는 내용을 지닌 것은 아니었다. 조선시대의 수교를 보면 국가정책적인 내용도 있지만 관청의 작은 사무나 시행지침에 해당하는 내용도 있고, 왕실 가족에게 토지나 노비를 지급하는 등의 개인적인 내용을 담은 것도 있다. 다시 말하면 법과 명령, 상위법과 하위법, 심지어는 국가의 공사와 국왕의 개인사무조차 분명히 구분되지 않았고, 법이라고 할 수 없는 일회적인 내용을 담은 것도 있었다.

게다가 법전에 있는 내용이라도 왕의 교지를 통해 법을 개정하거나 수정할 수 있는 통로가 얼마든지 열려 있었는데, 이런 경우 이 같은 조치를 어느 정도, 어느 한도로 인정하느냐가 문제가 되었다.

그렇기 때문에 이렇게 수시로 내려지는 수교의 효력한도와 시한을 정하는 일도 중요했다. 즉 수교의 내용을 보면 영세지법으로 삼을 만한 것이 있는 반면 일시지법도 있고, 일회성의 수교도 있었다. 그런데 현실적으로는 영세지법과 일시지법을 구분하는 일 못지 않게 일시지법과 일회성 수교를 구분하는 일도 중요하였다.

> 승정원에 내수사의 단자를 내리고 전교하였다. "유점사(楡岾寺)와 낙산사(洛山寺)에 소금을 공급하라는 분부에 선왕의 수결이 있으니, 이제 와서 폐기할 수 없다. 비록 『대전속록』에는 실리지 않았다 할지라도 (이것은) 틀림없이 그때에 이 조항을 다시 계품하지 않았기 때문에 기록되지 않은 것이니, 예전대로 시행하도록 하라." 그러자 승지들이 다시 아뢰기를, "이 일이 속록에 실리지 않았는데, 지금 만약 공급한다면 뒤에 반드시 예가 될 것이며, 또 소금은 백성의 힘에 의해 나오는 것이므로 그릇되게 써서는 안 되옵니다."라고 하였다.[72)]

이 논쟁은 연산군 2년 1월부터 2월까지 여러 차례 행해졌다. 논쟁을 살펴보면 연산군의 주장은 유점사에 소금을 공급하라는 성종의 수결이 찍힌 문서가 있으니 유점사와 낙산사에 소금을 공급하는 것은 합법이라는 것이었고, 신하들의 주장은 그 수교 내지는 명령서가 『속록』에 수록되지 않았으므로 그 명령은 일회용이며, 지금은 법적인 유효성을 상실했다는 것이었다. 이 기사는 『속록』의 수록여부가 수교의 지속성을 판정하는 중요한 기준이 되고 있음을 말해준다.

---

72) 『연산군일기』 권12, 연산군 2년 1월 경진.

그런데 이처럼 수교의 유효기간을 판정하는 방법은 사실은 예전부터 이미 마련되어 있었다.

> 무릇 제서(制書)・조칙(詔勅)으로 죄를 판결하는데 임시적인 처분일 뿐 영구적인 격(格)으로 하지 않은 경우에는, (이것을) 인용하여 후에 (다른 사건에서) 준칙으로 삼을 수 없다. 만약 함부로 인용하여 죄를 줌에 증감이 생긴 경우, 고의・과실로써 논죄한다.[73)]

이 기록은 당율의 규정으로 제서나 조칙에 "영격(永格)으로 한다"는 단서조항이 없는 것은 일회성 명령이라는 것이다. 조선시대의 수교에서 자주 쓰이는 '영위항식(永爲恒式)'이라는 문구의 기원이 바로 이것으로 원래 이 표현은 조종성헌은 고칠 수 없다는 '영구지법'을 의미하는 표현이 아니라 일회성 명령과 지속성을 지닌 명령을 구분하기 위한 관용구였던 것이다.

그런데 조선시대에 이 '영위항식'이라는 문구가 과연 그러한 기준을 지니고 엄격하게 적용되었으며, 실제 기능을 충분히 했는지는 정확하지 않다. 수교를 잘못 적용하는 문제는 실무과정에서 충분히 발생할 수 있는데, 그와 관련된 논쟁이 전혀 발견되지 않기 때문이다. 또 위의 연산군 2년의 사례에서도 '영위항식'은 전혀 언급이 없고, 『대전속록』의 수록여부가 수교의 영속성을 판정하는 기준이 되고 있다.

이것은 조선시대에는 「경국대전』 이후 수교집의 상위에 속하는 법전이 만들어졌고, 이것이 영세지법과 일시지법이라는 새로운 기준을 제공하면서 발생한 현상이라고 생각된다. 『대전』이 존재함으로 해서 영세지법과 일시지법의 분류는 가능해졌지만, 『대전』에 수록되지 않

73) 『唐律疏議』 第486條, 斷獄18, 「輒引制勅斷罪」, "諸制勅斷罪 臨時處分 不爲永格者 不得引爲後比 若輒引 致罪有出入者 以故失論".

고 현실적으로 존재하는 수교의 시한을 판정하는 기준이 모호해졌다. 원래 당율에서부터 이는 '영세지법'이라는 문구로서 판별하는 것이었지만, 법전이 그 기능을 가져가고, 『경국대전』부터는 수교집이 아닌 독자의 법조문을 사용하게 되니 '영위항식'의 사용법도 본의를 잃게 되었던 것 같다. 결국 이도 법전으로 판정해야 했으므로 『속록』과 『수교집록』과 같은 대전 이외의 법전류를 지속적으로 편찬할 수밖에 없었던 것이다. 그런데 이처럼 『대전』보다는 하위의 법전을 편찬한다고 해도 이 법전에 수록하는 법의 기원은 수교이므로 실제로는 『대전』의 법도 개정하는 수교들을 수록하여 「대전』의 법을 개정하는 결과를 가져오기도 했던 것이다.

(임용한)

제 4 장

경제육전의 편찬기구

1. 경제육전 원전의 편찬과 검상조례사

1) 검상조례사(檢詳條例司)의 설치와 직제

지금까지 법전의 편찬기구[1]에 대한 연구는 전무했다고 할 수 있다. 입법과정에 대한 연구도 “육조에서 올린 입법안을 삼정승이 논의하고, 국왕이 재결한다”는 식의 외형적 이해 수준을 뛰어 넘지 못하였다.

그 이유는 법제사 연구가 부족한 때문이기도 했지만, 근본적으로는 조선이 입법, 사법, 행정이라는 3권의 분립이 명확하지 않았던 데에 있다고 생각된다.[2] 그러다 보니 조선의 제도사 연구는 대부분이 행정

1) 『경제육전』은 4번이나 새로 편찬되었고, 편찬기구는 더 복잡하게 변하였다. 이중 두 기구인 검상조례사와 의례상정소에 대해 필자는 두 편의 논고를 발표한 바 있다(「경제육전의 편찬기구－검상조례사를 중심으로－」, 『조선시대사학보』 23, 2002 ; 「조선초기 의례상정소의 운영과 기능」, 『실학사상연구』 24, 2002). 그런데 이 기구들은 중간에 치폐가 반복되고, 서로 교차 혹은 중복하여 설치된 관계로 법전편찬기구의 성격과 변화과정을 설명하려면 이를 일괄하여 고찰할 필요가 있었다. 그러나 지면상의 제한과 학술지 투고라는 성격 상 이를 개별 기구로 분리해서 논술하다 보니 『경제육전』의 편찬과 관련한 기구의 변천과정과 의미를 제대로 전달할 수가 없었다. 또 중간에 존속했던 속육전수찬색과 속육전수찬소에 대해서는 언급하지 못하였다. 따라서 본고는 기존의 논고를 시기순으로 재구성하고, 속육전수찬색과 속육전수찬소 부분을 추가하고, 세종조의 의례상정소의 성격과 활동상황을 증보하여 세 편의 논고로 재편성하였다.

부의 연구에 집중되었고, 법제사의 경우도 입법보다는 사법분야에 관심을 기울여 왔다.

그러나 입법기능이 분명하지 않고 행정부의 기능 속에 매몰되어 있다고 해서 입법의 기능과 과정 자체가 없거나 무의미 했던 것은 아니다. 더욱이 조선은 법에 의한 통치를 천명했던 국가였으므로 입법과정은 정책 결정과정으로서 중요한 의미를 지닌다. 이 입법과정 중에서 최종 심의와 결정과정에 해당하는 부분이 바로 법전의 편찬과정이다. 이것은 사실상 정책의 최고 의결과정에도 해당하는 것으로 이 시기 국가정책이 어떤 기구와 메커니즘 속에서 결정되고 실현되었는가를 파악하는 데에도 대단히 중요한 단서가 될 것이다.

조선 최초의 공식 법전은 1397년(태조 6)에 편찬한 『경제육전』이었다. 『경제육전』은 조선 최초의 법전이면서 우리나라 역사상 최초의 종합법전이라는 의의를 지닌다.[3] 또한 『경제육전』은 조선 건국을 주도한 개혁파 사류의 개혁정책을 집대성한 법전이라는 의미도 있었다.

새로운 법전을 편찬하기 위해서는 그에 걸맞는 새로운 입법체제와 편찬방식이 필요했다. 그런데 법전편찬과 개혁정책을 주도하는 이들은 당시 정국에서는 소수파라는 문제가 있었다. 따라서 이들은 개혁정책을 빠르고 확고하게 시행하여 사회를 안정시키고, 새로운 지지세력과 지배구조를 창출해 낸다는 두 가지 목표를 동시에 추구해야만 하

---

2) 입법권과 행정권의 분리는 1907년(융희 원년) 12월 23일 법률 제8호로 재판소구성법을 재정하면서부터이다. 이때 비로소 大審院, 控訴院, 지방재판소, 區 재판소를 두었다. 미개청재판소의 관할에 속하는 사건은 종전대로 행정관으로 처리하게 하다가 융희 2년 7월부터는 모두 재판소에서 처리하게 하여 행정권과 사법권이 완전히 분리되었다(박병호, 『한국법제사고』, 법문사, 1974, 312쪽).

3) 실제로 조선 최초로 편찬한 법전은 태조 3년에 편찬한 정도전의 『조선경국전』이었다. 그러나 이는 사찬법전이었으므로 공식적인 법전은 『경제육전』이라고 할 것이다.

였다.[4)]

즉 개혁파 사류에게는 새로운 국가에 걸맞는 합리적이고 보편적인 입법 및 법전편찬체제를 구축해야 한다는 과제와 함께 자신들의 개혁구상을 신속하게 법제화해야 한다는 임시적이고 특수한 상황이 공존하게 되었다. 이와 같은 상황에서 정도전·조준파가 시행한 방법이 검상조례사를 통한 법전편찬이었다.

검상조례사는 조선 건국과 함께 처음 창설된 기구로 태조 즉위교서에 도평의사사의 속사(屬司)로 처음 등장한다.

> 문무백관의 제도를 정하였다.……도평의사사……검상조례사 검상 2명이다. 타관이 겸임한다. 녹사(錄事)는 삼관녹사(三館錄事)가 겸임한다.[5)]

당시 도평의사사에는 경력사(經歷司)와 검상조례사라는 두 개의 속사가 있었다. 경력사는 재정출납을 담당하는 육방녹사(六房錄事)를 통할하는 기구였고,[6)] 검상조례사는 도평의사사를 경유하는 모든 법령과 행정문서를 검사, 관리하며, 법전을 편찬하는 기구였다. 즉 도평의사사는 경력사와 검상조례사라는 두 기구를 통해 육조의 재정과 행정문서를 총괄하였던 것이다.

검상조례사의 관원은 검상(檢詳) 2명과 서리(胥吏)인 녹사 3명이 있었다. 검상은 타관이 겸임하는 겸관이고, 녹사도 삼관녹사가 겸임했다. 그런데 즉위교서에서는 타관이 검상을 겸직한다고만 했을 뿐 검상

---

4) 이들의 지지세력의 창출노력과 정책 사례에 대해서는 임용한, 「조선초기 한성부의 기능강화와 주민재편작업」, 『서울학연구』 3, 1994.

5) 『태조실록』 권1, 태조 1년 7월 정미, "定文武百官之制……都評議使司……檢詳條例司 檢詳二 以他官兼之 錄事三 以三館兼之".

6) 변태섭, 「고려도당고」, 『고려정치제도사연구』, 일조각, 1971, 110쪽.

의 직질(職秩)이나 겸임관의 종류에 대해서는 아무런 언급이 없다. 국초라 겸임대상 관원을 엄밀하게 정해놓지 않았다고 생각해 볼 수도 있으나, 아무리 국초라고 해도 도평의사사와 같이 중요한 기구의 관원을 그렇게 흐릿하게 정해 놓았을 것 같지는 않다.

실록에 기재한 교서나 상소가 거의 그렇지만 태조 즉위교서의 조문들도 하나하나 검토해 보면 완전한 전문이 아니고 적당히 요약하거나 축약한 경우가 많다. 특히 태조 즉위교서의 조문은 전체 조문을 축약하거나 개요만을 기록한 경우가 많다. 이로 미루어 보면 검상관에 대한 규정도 원래는 정해진 규정이 있었지만 실록에 기재하는 과정에서 생략된 것 같다.

따라서 검상의 직제와 겸임관은 실록에 나타난 사례를 통해 고증해 볼 수밖에 없다. 먼저 신개(申槪)의 경우를 보면 그는 태종 7년까지는 사간원 우헌납으로 재직했었고,[7] 태종 8년에 이조정랑으로 활동했다가,[8] 태종 9년에 의정부 사인으로 승진했다. 그런데 그가 이조정랑일 때 의정부 검상을 겸임했다고 한다.[9]

이회(李薈)는 태종 3년에 의정부 검상으로 임명되었다.[10] 이때 그가 어떤 관직을 겸임했는지는 확인되지 않는다. 그런데 이회는 태조 3년(1394) 병조정랑으로 재직하다가 변중량과 함께 당시 집정자였던 조준을 비난했다는 죄목으로 파직되어 유배된 적이 있었다.[11] 아마도 정도전, 조준이 주도했던 개혁정책에 반발하다가 숙청된 것 같다. 그는 태

---

7) 『태종실록』 권14, 태종 7년 11월 갑인.

8) 『태종실록』 권16, 태종 8년 8월 을미, 동년 10월 경인.

9) 『세종실록』 권111, 세종 28년 1월 계유, "議政府左議政申槪卒.……歲癸酉登第 補史官 累遷司諫院右獻納 轉吏曹正郎 兼議政府檢詳 陞舍人 癸巳 拜右司諫".

10) 『태종실록』 권6, 태종 3년 7월 신묘.

11) 『태조실록』 권6, 태조 3년 11월 경자, 임인.

조 7년 2월에 단주자목소제거(端州孳牧所提擧)라는 한직으로 복귀했다가[12] 태종이 집권한 후에 중용되어 태종 3년 경에 검상이 되었고,[13] 신개와 마찬가지로 검상직을 지낸 후 의정부 사인으로 승진했다.[14]

이들 외에 이양명(李陽明)과 허규(許揆)가 검상으로 임명된 사례를 찾을 수 있다. 이양명은 태종 2년에 정5품직인 사간원 우헌납으로 근무하다 파직되었으며,[15] 태종 8년에 검상이 되었다.[16] 허규는 태종 8년 12월에 헌납으로 있었는데,[17] 태종 12년에 검상이 되었다.[18]

이상의 내용을 표로 정리하면 다음과 같다.

신개 : (태종 7년) 사간원 우헌납 → (태종 8년) 이조정랑 겸 의정부 검상 → (태종 9년) 의정부 사인

이회 : (태조 3년) 병조정랑 파직 · 유배 → (태조 7년) 단주자목소제거 → (태종 3년) 검상

이양명 : (태종 2년) 사간원 우헌납 파직 → (미상) → (태종 8년) 검상

허규 : (태종 8년) 헌납 → (태종 12년) 검상

이양명과 허규의 관력에서는 검상직 역임 당시 겸임했던 직을 알 수 없다. 그러나 이들의 경우는 헌납과 검상직 재임 기간에 4~5년의 공백이 있고, 이양명이 우헌납에서 파직된 후에 검상이 되는 것으로

12) 『태조실록』 권13, 태조 7년 2월 경진.

13) 이회가 검상관이 된 정확한 시기는 알 수 없다. 다만 태종 3년 경에 검상으로 있다가 의정부 사인으로 승진했다는 기록이 있다(『태종실록』 권5, 태종 3년 7월 신묘, "上曰然 舍人者 傳人君及大臣之言 副於代言 不可不擇也 乃以檢詳官李薈 都事徐選爲之").

14) 위와 같음.

15) 『태종실록』 권4, 태종 2년 7월 신축.

16) 『태종실록』 권16, 태종 8년 8월 임오.

17) 『태종실록』 권16, 태종 8년 12월 무자.

18) 『태종실록』 권23, 태종 12년 6월 임오.

보아 우헌납으로 있으면서 검상직을 겸임한 것은 아니다.

그런데 앞서 신개의 경우도 우헌납→이조정랑·검상의 과정을 거쳤고, 조선시대에는 낭관들이 대간직과 육조의 직책을 번갈아 맡는 게 거의 관행이었던 것을 감안하면 이양명과 허규도 헌납에서 체직한 후 육조낭관으로 전보하면서 검상을 겸임했을 가능성이 크다고 생각된다.

사례가 충분하지는 않지만 신개가 정5품직인 이조정랑으로 검상을 겸임하고 이회는 병조정랑 재임 중 유배되었다가 복직하면서 검상으로 등용되는 사례로 보아 검상은 정5품직이며 주로 육조낭관이 겸임했던 것이 분명하다. 또 신개와 이회의 사례를 보면 검상을 역임한 관원은 의정부 사인으로 승진하는 경우가 많았던 것 같다.

2) 검상조례사의 업무

검상조례사의 임무는 문서등록과 법전편찬이었다. 그러나 법전편찬이란 항상 있는 업무는 아니므로 원래의 임무라고는 할 수 없다. 검상조례사의 본 업무는 문서등록으로 의정부를 거쳐 가는 모든 문서를 등록하는 것이었다.

가-1) (태종 16년 7월) 예조낭관 한 사람으로 검상조례사 검상관을 겸하게 하였다. 예조에서 아뢰었다. "검상조례사는 문서를 등록하는 것이 임무로 그 소임이 경하지 않기 때문에 의정부에 있을 때에는 사람을 택하여 맡기었습니다.[19]

---

19) 『태종실록』 권32, 태종 16년 7월 정유, "以禮曹郎官一員兼檢詳條例司檢詳官 禮曹啓 檢詳條例司文書謄錄 其任匪輊(輕) 其在議政府 擇人授任".

가-2) (세종 6년 5월) 이조에서 계하였다. "예조에 속한 검상조례사의 검상관은 가히 그 일을 감당할 만한 자를 택하여 겸하여 임명하게 하고 자주 옮기지 말게 하고, 무릇 교지가 있으면 모두 등록하게 하소서."[20)]

가-1)과 가-2)는 검상조례사가 예조로 이속된 이후의 사례이다. 그러나 가-2)에 의하면 도평의사사(이때는 도평의사사가 의정부로 개칭되어 있었다) 시절부터 문서등록이 검상조례사의 임무였음을 알 수 있다.

그렇다면 문서등록이란 무엇을 등록한다는 것일까? 가-2)에 의하면 문서등록은 곧 교지(수교)를 등록하는 업무였다. 그런데 검상조례사의 문서등록이 보다 광범위한 업무였음을 보여주는 기록이 있다.

나) (태조 1년 9월) 예문춘추관에서 세 가지 일을 상언하였다……"1. 본관으로 하여금 서울과 지방의 크고 작은 아문에 직접 공첩을 보내어, 무릇 시행한 것이 정령에 관계되고 권계(勸戒)에 전할 만한 것은 명백히 공문서로 보내게 할 것이며, 또 도평의사사와 검상조례사로 하여금 매양 그 달의 마지막 날에 조례를 모두 써서 본관으로 보내어 기록에 빙고하게 하고, 이것을 일정한 법식으로 삼게 하소서."하니 상이 모두 허락하였다.[21)]

이 기사는 매달 말에 검상조례사에서 도평의사사를 경유해 간 모든 조례를 기록하여 예문춘추관에 보고하게 하자는 건의이다. 실록에는

---

20) 『세종실록』 권24 세종 6년 5월 기해, "吏曹啓 禮曹所屬 檢詳條例司檢詳官擇其可當者 兼差下批 毋得數遞 凡有敎旨 悉皆謄錄".

21) 『태조실록』 권2, 태조 1년 9월 임진, "藝文春秋館 上言三事……京外大小衙門 凡所施行 關政令 垂勸戒者 明白移文 又令都評議使司檢詳條例司 每於月季 悉書條例 送于本館 以憑記錄 永爲恒式 上皆許之".

예문춘추관의 상소였다고만 기록되어 있어서 이 상소의 시행여부에 대해 의문을 가질 수 있다. 하지만 세종 16년 11월 무인조에 이 상소의 일절이 『원육전』의 한 조문으로 인용되고 있어서[22] 이 건의가 수용되어 수교로 내려지고, 이어 법전에도 수록되었음을 확인할 수 있다.

이 기사는 도평의사사를 거쳐가는 모든 조례를 등록하라는 명령은 아니고, 예문춘추관으로 보내라는 것이지만, 모든 조례를 복사해서 보낸다는 것은 사실상 검상조례사에서 모든 조례를 취급, 정리하고 있음을 말해주는 것이다.

그렇다면 여기서 말한 조례란 무엇을 말하는 것일까? 조례에 대한 중국의 용례를 연구하여 명・청대에 조례란 율(律)의 하위 개념인 영(令) 혹은 법령을 의미하는 말로 사용되었다고 보는 견해가 있다.[23] 그

22) 『세종실록』 권66, 세종 16년 11월 무인, "春秋館承敎旨 擬議廣記事之條以啓 一 謹按元六典一款 今京外大小衙門凡所施行之事 可爲勸戒者 明白開寫 送于本館 以憑記事 永爲恒式".

23) 조례는 오늘날의 개념으로 보면 "광의로는 지방자치단체의 자주입법을 총칭하는 개념이고, 협의로는 국가기관이 제정하는 법령과는 달리 국가에서 독립한 법인격을 인정받은 행정주체인 지방자치단체가 법령의 범위 안에서 그 권한에 속하는 사무에 관하여 지방의회의 의결에 의하여 제정하는 법형식"이다(김철수, 『헌법학개론』(제11전정신판), 법문사, 1999, 1133쪽 ; 지방자치법 제15조 참조). 그러나 조례의 어의와 용례, 법제사적 의미에 대해서 金池洙는 조례란 중국 전통법체계에서 등장하는 개념으로 원래는 조문화된 例를 지칭한다고 하였다. 처음에는 율이 근본법의 위치를 장악했고, 수시변통적인 하위법으로서 조령, 제령이 형성되었다. 송대에는 令대신 勅이 법형식이 되었다. 금과 원을 거치면서 조례가 법형식의 명칭으로 정식화되고, 명대에는 조례가 영의 위치를 대체하여 律例체계로 전환했다. 청대에는 조례가 율과 거의 대등한 관계를 유지하여 법전편찬이란 곧 조례의 편수를 의미하게 되었다고 한다. 조선의 경우 수교와 조례가 법전편찬의 기초적 法源이 되었다고 하였다(김지수, 「수교의 법적 성격과 이념」, 『한국법사학논총』, 박영사, 1991, 120~121쪽).

러나 '율령'에서 율을 오늘날의 일반적 법이라는 의미에서 최상위 개념으로 보고 영을 율의 하위개념으로 이해하는 것은 잘못된 이해이다. 먼저 수·당의 율령체제에서 율은 처벌규정으로 법 전반을 지칭하는 개념이 아니라 오늘날의 형법에 가까운 개념이다. 이는 『대명률』이 실제로 처벌 규정을 담고 있는 것이나, 『경국대전』 형전 용률조의 "대명률을 사용한다"는 규정으로도 알 수 있다. 만약 율이 법 자체를 의미한다면 이 규정을 형전 용률조가 아닌 『경국대전』의 첫머리에 넣었어야 했을 것이며, "모든 율을 대명률을 사용한다"는 규정 한마디로 『경국대전』은 존재할 필요가 없어지게 된다.

영(令)의 개념도 재검토가 필요하지만 여기서 논의하는 것은 본고의 주제에서 벗어나므로[24] 여기서는 단지 조례를 오늘날의 개념이나 율령의 하위개념으로 보는 것은 잘못된 견해라는 사실을 지적하는 것으로 마치고자 한다. 그러므로 위 기록에서 말한 조례의 의미를 이해하기 위해서는 『실록』에서 조례의 용례를 찾아 분석할 필요가 있다.

> 다-1) 형조에서 차승도(車承道)란 사람이 '송사한 노비가 판결이 나지 않아서 노상에서 그 무리를 모아 구타하여 물건을 빼앗은 것'이 형률에 규정된 조례가 없다고 품신하였다.[25]
>
> 다-2) (정도전이) 즉위교서를 지으면서 백성에게 편리한 사목(事目)을 조례하였다.[26]

---

24) 최근에 율령에 대한 지금까지의 개념이 잘못되었음을 지적한 연구가 발표되었다. 이에 대해서는 영남대학교 민족문화연구소, 『동아시아 율령체제와 고려율령』(제31회 국제학술대회 발표집), 2007 참조.

25) 『태조실록』 권14, 태조 7년 6월 신해, "刑曹申 有車承道者所訟奴婢未決 路上聚其黨 歐擊奪物 律無正條".

26) 『태조실록』 권1, 태조, 원년 8월 임신, 이숭인, 이종학, 우홍수의 졸기, "製卽位敎書 條例便民事目".

다-3) 황희가 아뢰었다. "삼관의 뜻은 다만 이것 때문이 아닙니다. 현재 상정한 조례에 있기를,……"[27)]

다-4) 임금이 좌우에게 묻기를, "이 법전(경제육전)이 과연 시행하여 폐단이 없을 만한가?"하니 병조판서 황희가 "신이 지신사로 있을 때에 이미 일찍이 참고하였고, 뒤에 참지(參知)로 있을 때에 다시 상고하였었는데, 그 조례가 조금 번다하여 받들어 시행하기에 어려운 것이 있을까 합니다."라고 대답하였다.[28)]

다-5) 태종께서 예조에 명하여, 『속육전』 조문 중에서 『원전』을 고친 것은 모두 삭제하고, 부득이하여 둔 것은 『원전』 본조문 밑에 주로 달도록 했었습니다. 그 뒤에 또 다시 여러 해가 지나니 무자년(戊子年) 이후의 조례는 수찬을 거치지 못해서 전후가 혹 서로 어긋나고 혹 중복되어서 관리들이 준용하기가 혼돈스러웠습니다.[29)]

다-6) 집의(執義) 이균(李均)이 아뢰었다. "『대전』 외에 조례와 교령이 번잡하여 다시 『속록』을 편찬하여 이미 반포하였는데 이제 다시 수교가 있으니, 법이 쇠털같이 많습니다."[30)]

다-7) 각년의 조례문서 가운데 등록하지 않는 일은 예조로 보내고, 이미 등록한 것은 가각고에 갈무리합니다.[31)]

다-1)에서 조례는 처벌규정 즉 율을 의미한다고 볼 수 있겠다. 다-2)

---

27) 『태종실록』 권14, 태종 7년 1월 을해, "黃喜啓曰 三館之意 非只爲此也 見今詳定條例 有曰".

28) 『태종실록』 권23, 태종 12년 4월 무진, "上問諸左右曰 此典果可行之無弊乎 兵曹判書黃喜對曰 臣爲知申事時 已曾叅考 後爲叅知 復考之 其條例稍煩 恐有奉行之難".

29) 『세종실록』 권34, 세종, 8년 12월 임술.

30) 『성종실록』 권279, 성종 24년 6월 갑자.

31) 『태종실록』 권27, 태종, 14년 4월 경신, "各年條例文書 未謄錄事 送禮曹 已謄錄事 藏架閣庫".

는 즉위교서의 사목, 다-3)은 상정 중인 법, 다-4)는 『경제육전』에 수록한 법, 다-5)와 다-6)은 명백하게 수교를 말하는데, 다-2)~4)의 법도 결국은 수교로 반포된 후에 법전에 수록되는 과정을 거친 것이므로 전체적으로는 수교의 범위에 포함된다고 하겠다. 그러나 다-7)은 수교보다도 폭넓은 의미의 규정으로 수교의 범위를 넘어선다. 사료 나)에서는 "무릇 시행한 것이 정령에 관계되고 권계에 전할 만한 것은 명백히 공문서로 보내게 할 것이며"라고 했는데, 조선시대의 사례를 볼 때, 수교는 아니라도 유서(諭書), 각종 계하문서(啓下文書), 사목, 단자(單子), 관문(關文) 등은 관례나 행정절차를 규정하는 데에 사용되었고, 수교나 법령을 제정할 때 참고가 되기도 하였다.

따라서 이 시기의 용례로 보면 조례는 광의의 법 즉 수교를 지칭하는 경우가 많기는 하지만, 수교와 동의어로 사용했다기보다는 일반적인 의미의 법이나 규정이라는 의미라고 보는 것이 정확하다고 생각된다. 내용적으로 수교와 등치되는 경우가 많은 이유는 조선시대에 법이 교서로 반포됨으로써 법으로서의 자격을 갖추었던 사정과 관련이 있다.

따라서 나)에서 매달 말일에 검상조례사에서 그 달의 조례를 모두 필사해서 예문춘추관으로 보내라고 한 것은 그 달에 내린 수교를 포함하여 법이나 규범이 될만한 모든 기록을 보내라는 의미였다고 보인다. 여기에는 유서(諭書)나 사목도 포함되었을 것이다.

조례의 의미가 이러하다면 검상조례사라는 명칭도 단순히 기록과 명령을 정리하는 부서라는 명칭이 아니라 법령에 관련이 있는 모든 문서를 검상하는 의미로 명명한 것이라고 볼 수 있다.

그렇다면 여기서 두 가지 의문이 발생한다. 첫째, 모든 조례를 검상한다는 것은 구체적으로 어떤 업무를 말하는 것일까? 앞의 사료 가)에서는 문서를 등록하는 것이 임무라고 했는데, 이 등록, 또는 조례나 문서의 검상이 단순한 문서관리 임무만을 말하는 것일까?

둘째는 문서등록 업무와 법전편찬 업무의 상관관계이다. 검상조례사의 또 하나의 업무는 『경제육전』의 편찬이었다. 그러나 이것은 업무라기보다는 업적이라고 해야 할 것이다. 법전의 편찬이 상시적인 임무일리는 없고, 『경제육전』 편찬기구로 검상조례사를 설치한 것도 아니기 때문이다. 이를 이해하기 위해서는 문서등록 업무의 내용을 좀 더 깊이 고찰할 필요가 있다.

『경제육전』의 간행기사에 의하면 검상조례사는 무진년(창왕 즉위년) 이후의 합행조례(合行條例)를 책사(冊寫)해서 『경제육전』을 만들었다고 했다.[32] 또 조준의 졸기에서도 "조준이 검상조례사에 명하여 국조의 장헌조례(憲章條例)를 은괄(檃括)하여 『경제육전』을 만들었다"고 하였다.[33]

여기서 합행조례를 책사하고, 헌장조례를 은괄했다는 말의 의미가 분명하지 않다. 만약 단순히 선정된 조례를 복사하고 등록하는 편집 업무만 수행했다면 검상조례사는 법전편찬기구라고 부르기는 곤란하고, 법전을 책으로 만드는 실무를 담당한 기관이 된다. 반면에 검상조례사가 합행조례를 선정하는 과정에도 간여했다면 검상조례사는 법전편찬에서 무시 못할 기능을 수행했다고 할 수 있을 것이다.

그런데, 후자의 의미로 해석하기에는 몇 가지 석연치 않은 점이 있다. 검상조례사는 법전편찬이라는 막중한 임무를 맡기기에는 관원의 격이 낮고 인원도 너무 적다. 검상조례사의 관원은 정5품 육조낭관이 겸임하는 검상 2명에 불과하다. 육조낭관이 비중이 작은 직책은 아니

---

32) 『태조실록』 권12, 태조 6년 12월 갑진, "都堂令檢詳條例司 冊寫戊辰以後合行條例 目曰 經濟六典 啓聞于上 刊行中外".

33) 『태종실록』 권9, 태종 5년 6월 신묘, 趙浚의 졸기, "嘗使檢詳條例司 裒集國朝憲章條例 檃括成書 名曰經濟六典 刋(刊)行中外".

지만, 법전편찬이라는 대사를 생각하면 격이 너무 낮다. 이후의 『경제육전』 개정판이나 『경국대전』의 편찬 사례를 보아도 그렇고 상식적으로 생각해도 법전편찬이라면 재상급이거나 최소한 판서, 참찬 중에서도 특별한 명망이 있는 인물이 참여하는 것이 상례였다.

이런 형편으로 보면 검상조례사는 이미 선정된 조문을 등사, 정리하는 실무만을 담당했다고 보는 것이 타당할 듯하다. 하지만 검상조례사가 그 수준 이상의 업무를 수행했음을 보여주는 기록이 있다.

라-1) (세종 6년 5월) 이조에서 계문하기를, "예조에 소속된 검상조례사의 검상관은 그 감당할 만한 자로 택하여 겸임하도록 하비(下批)하여 자주 체임하지 못하도록 하고, 무릇 교지가 있으면 죄다 등록하고, 그 중에 『원육전』·『속육전』에 기재된 것이 아니라도 법으로 삼을 만한 것은 장관에게 품하여 계속 찬집하였다가, 후일에 서로 상고하도록 하고, 만일 빠진 것이 있으면 검상관을 논죄하도록 하소서." 하니, 그대로 따랐다.[34]

라-2) (세종 10년 9월) 예조에 전지하기를 "무릇 문서를 찬집하는 일은 비록 여러 사람과 의논한다 하더라도 오히려 어려운 일인데, 이제 예조의 검상 한 사람이 각사의 수교조건을 가지고 문사를 고쳐서[修改文辭] 따로 책 하나를 만들고 있으니, 수교한 본의와 후에 법될 만한 것의 여부를 반드시 다 알고 상세히 기록하지 못할 것이다. 이제부터는 문사를 고쳐서 찬집하지 말게 하고 오직 등록만 자세히 기재하도록 하라." 하였다.[35]

---

34) 『세종실록』 권24 세종 6년 5월 기해, "吏曹啓 禮曹所屬 檢詳條例司檢詳官 擇其可當者 兼差下批 毋得數遞 凡有敎旨 悉皆謄錄 其中非元續六典所載 而可爲法者 稟于長官 連續撰集 後日相考 如遺漏 檢詳官論罪 從之".

35) 『세종실록』 권41, 세종 10년 9월 경술, "傳旨禮曹 凡撰集文書 雖與衆共議 猶難也 今禮曹檢詳一員 將各司受敎條件 修改文辭 別爲一書 其受敎本意 及可爲後法與否 必未能悉知而詳載之 自今除修改撰集 唯於謄錄 詳悉記

라-1)의 기사에 의하면 검상관은 문서(교지)를 등록하면서 법전에 수록할 만한 교지를 선별하여 별도의 책으로 만드는 임무를 수행하고 있었다. 라-2)에서는 심지어 검상이 책을 편찬할 때 교지의 문사(文辭)를 고치기까지 한다는 놀라운 사실을 전해주고 있다. 이것은 법전편찬 업무에서 검상관의 역할이 법전에 수록할 자료를 선정하는 업무까지 포함하고 있었음을 보여준다.

물론 라)의 기록은 모두 검상조례사가 예조로 이속되어 있던 세종 때의 사료라는 문제가 있다. 라-1)을 보면 이 조치는 이 당시에 처음 시행되는 조치처럼 보인다. 그러나 다음 장에서 자세히 살펴보겠지만 태종 14년 4월에 검상조례사를 예조에 이속시키는데,[36] 그 이유는 검상조례사의 법전편찬 기능을 박탈하는 것이 목적이었다. 그래서 검상조례사를 예조로 이속하면서 검상관마저 폐지했던 것이다.[37]

그러다가 법전편찬 업무를 복구하고 검상관도 다시 설치하면서 내렸던 명령이 사료 라-1)의 기록이다. 그러므로 이 임무 역시 도평의사사 시절의 검상조례사의 업무를 반영한다고 보아도 무리가 없다고 생각된다. 단지 이때는 『원전』과 『속집상절』이 이미 간행되어 있던 시기였으므로 "『원육전』·『속육전』에 기재된 것이 아니라도 법으로 삼을 만한 것"이라는 조건이 붙었던 것이다.

또한 사료 라-1)과 라-2)에서 묘사한 대로 교지를 등록하면서 법으로 삼을 만한 수교를 별도로 뽑아 성책한다는 것은 검상조례사에서 합행조례를 모아서 베꼈다거나 국조의 헌장조례를 수집해서 은괄, 성서(成書)했다는 기술과도 부합한다고 하겠다.

이상에서 살펴본 바를 종합하면 검상조례사는 평소에 도평의사사

載".

36) 『태종실록』 권27, 태종 14년 4월 경신.

37) 『태종실록』 권32, 태종 16년 7월 정유.

를 경유하는 교지와 문서를 등록하는 일만이 아니라 법전에 수록할 만한 조문을 별도로 뽑아 찬집하는 임무까지 맡고 있었다. 다만 검상조례사의 선정작업은 법전 수록여부를 결정하는 선정은 아니고, '후일의 상고' 즉 최종 검토를 위한 1차적인 자료선정이었다.

최종선정은 아마도 도평의사사의 대신들이 담당했을 것이다. 당시 도당에는 개혁파 사류의 리더이던 조준과 정도전이 함께 재직하고 있었다. 정도전은『경제육전』편찬에 앞서『조선경국전』을 편찬하기도 했고,『원전』에 조준 상서의 내용이 상당히 많이 들어가 있다.[38] 그러므로 이런 구도와 작업과정으로 보면 도평의사사와 검상조례사의 역할분담과 상호관계도 분명해진다.

검상조례사는 후일의 속육전수찬소(續六典修撰所)나 의례상정소(儀禮詳定所)처럼『경제육전』의 편찬을 도맡은 기구는 아니었다. 일반적으로 검상조례사가『경제육전』의 편찬기구였다고 알려져 있지만, 실제『경제육전』의 편찬에서는 도평의사사의 역할을 무시할 수 없다. 따라서『경제육전』은 도평의사사와 검상조례사에서 담당했다고 하는 것이 정확할 것이다.

그런데, 검상조례사의 임무가 비록 최종선정이 아닌 1차적인 선별작업이었다고 해도 이 일을 감당하는 검상관의 자격이나 인원은 여전히 너무 미약하다는 느낌을 지울 수 없다. 여러 수교 중에서 법이 될 만한 혹은 법전에 수록할 수교를 골라내는 작업이란 개인의 주관적인 판단이 들어가는 것이고, 실제로는 법안이나 정책을 결정하는 것과 마찬가지의 기능을 한다. 경우에 따라서는 많은 논란과 토의를 요구하는 것이었다. 그러므로 이런 선정작업을 검상관 2인에게 맡겼다는 것은 이해하기가 어렵다. 더욱이 라-1)의 명령을 내리던 세종 6년에는 검상

38)『경제육전집록』, 61, 94쪽 참조.

관이 1명으로 축소되어 있었다.

이 의문은 조선시대의 법체제에서 해답을 찾을 수 있을 것 같다. 『경제육전』은 수교집이었다. 그러므로 법전을 편찬할 때는 『경국대전』처럼 법조문을 기안하여 수록하는 것이 아니라 기존의 수교 중에서 법전에 기재할 만한 것을 골라 그대로 채록하였다.[39]

그러므로 법전을 편찬할 때도 법조문을 기안하고 다듬는 과정이 필요가 없고, 기존의 수교를 잘 정리, 검토하고 분류해 두었다가 그 중에서 법전에 수록할 수교를 선정하는 것이 주된 작업이 되었다.

그런데 이 작업에는 한 가지 난점이 있었다. 조선시대에는 입법부가 독립하여 있지 않았기 때문에 국회동의와 같이 법안을 제정하는 특화된 절차가 없어서 법이 성립하는 과정이 분명하지 않았다. 따라서 법이라는 개념이 사실은 모호하고 범주가 넓었다. 그나마 이 시대에 법안이 성립하는 형식적인 과정으로 중요한 의미가 있었던 것은 왕의 교지(수교)였다. 모든 법은 왕의 재가를 받아 교지로 반포됨으로써 법으로서 존재하는 것이었다.

그러나 그렇다고 교지(수교)가 다 법이 될 수 있는 것은 아니었다. 왕의 교지라는 것이 오늘날의 법안처럼 일정한 수준과 내용을 유지하는 것이 아니었고, 종류도 다양했다. 교지는 종류가 매우 다양해서 법안과 제도를 반포하는 것도 있지만 왕의 개인사에 해당하는 것도 있고, 하례, 포상, 공신녹권, 사면, 사여에 이르기까지 폭넓게 사용되었다.[40]

당시에도 이런 폐단을 알았기 때문에 교지 중에서 관청에 내리는

39) 수교집 체제의 구조와 특징, 이 시기의 입법과정과 법전편찬작업 과정에 대해서는 임용한, 「조선초기 법전 편찬과 편찬원리」, 『한국사상과 문화』, 1999, 133~141쪽 참조.

40) 최승희, 『한국고문서연구』, 정신문화연구원, 1981, 46~47쪽.

교지를 수교라 하고 이것은 대간의 서경을 받은 뒤에야 비로소 효력을 발휘할 수 있었다. 그러나 이런 수교라고 해도 다 법이 될만큼 엄밀한 자격과 내용을 지닌 것은 아니었다.

그러므로 자료정리와 보존이라는 차원에서 모든 교지는 일단 등록해 두어야 했지만, 법률안 심사에 사용하기에는 내용이 너무 잡다하고 번잡했다. 따라서 먼저 법안이 될 만한 수준의 내용을 다루는 수교, 서로 중복되거나 모순되는 내용을 걸러내는 과정이 필요했다. 사료 라-1)에서 말한 "법으로 삼을 만한 수교를 선정하여 별도로 찬집하는 작업"이란 여러 법조문 중에서 법전에 올릴 법안을 선정하는 작업이 아니라 이런 온갖 종류의 수교 중에서 주제나 내용이 법령에 해당하는 수준을 지닌 수교를 선별하는 작업이었을 것이다.

『원전』 조문이기도 했던 사료 나)에서 매달 말일에 모든 조례를 예문춘추관에 보내라고 했고, 『경제육전』 간행기사에서도 "무진년 이후의 수교 중에서"라고 표현하지 않고 "무진년 이후의 조례 중에서"라고 표현하였다. 이 이유도 수교나 문서의 종류가 워낙 다양하므로 이들 중에서도 "법령에 해당하는 것"을 지칭하는 의미에서 조례라고 일관되게 표현한 것이다.

마지막으로 검토해 보아야 할 것은 검상관의 임무가 조례의 선별에 한정되어 있었는지 아니면 법안의 최종검토 과정에도 재상들과 함께 참여했는지의 여부이다. 이 부분에 대해서는 사료가 없어 확인할 수가 없다. 다만 정황증거로 추측해 보자면 최종 검토과정에서 굳이 이들을 배제시킬 필요는 없다고 생각된다.

등록 자료를 찬집하면서 이들은 법안들을 검토하고 기존의 법안과 비교하는 업무를 수행했을 것이다. 따라서 이 방면에는 상당한 지식과 실무적인 경험을 지니게 된다. 또 이들은 비록 정5품관이지만 엘리트 관원이라고 할 수 있는 육조낭관들이었으며, 이조와 병조의 낭관들이

전랑권(銓郞權)을 보유하였듯이 관계에서 차지하는 비중과 역할을 작지 않았다. 게다가 자료집을 제공하고, 선정된 조례를 필사, 제본하는 실무까지 맡았으므로 이들이 논의과정에 참가하는 것이 법전편찬 업무에도 여러 모로 편리했을 것이다.

이상의 내용을 종합하면 검상조례사는 문서등록이 주 임무였지만 그것이 단지 자료정리나 기록보존을 위해 부가한 업무가 아니었음을 알 수 있다. 문서등록의 과정에서 법전에 수록할 만한 수교, 즉 조례를 별도로 뽑아 정리하는 작업이 함께 진행되었고, 이 작업은 곧 법전편찬의 예비작업의 성격을 지닌 것이었다.

그리고 최종적으로 도당에서 법전에 수록할 조문이 결정되면 그것을 등사하고 정리, 편찬하는 작업은 다시 검상조례사에게 부과되었을 것이다. 경제육전 간행기사에서 검상조례사가 조례를 수집하고 책사(冊寫), 성책(成冊)하였다고 기록한 것은 이처럼 검상조례사가 법전편찬의 처음부터 끝까지 전 과정에 간여하였기 때문이다. 다만 법조문의 선정이라는 최종적인 역할을 도당의 대신들이 주도하였을 것이므로 검상조례사가 법전편찬을 전담한 것은 아니었다. 이 점에서는 애초에 검상조례사가 단독기구가 아니라 도평의사사 내에 설치한 한 부서였다는 점을 상기할 필요가 있으며, 검상조례사의 법전편찬 업무는 도평의사사의 설치 목적과 기능과 결부하여 이해하여야 이 시기 법전편찬 방식과 편찬기구의 의미를 이해할 수 있다.

3) 검상조례사의 예조 이속과 폐지

1398년 왕자의 난으로 정도전이 사망한 후 조선의 개혁정책은 변화를 맞게 된다. 도평의사사도 정종 2년에 의정부로 바뀌었다.[41] 하지만 이보다 먼저 법전편찬 기능을 도평의사사와 검상조례사에서 분리시켰다. 정종 원년 10월에 조례상정도감(條例詳定都監)을 설치하여 새로운 법령의 제정작업을 시작했고, 태종 8년에는 속육전수찬소를 세워 『속집상절』의 편찬업무를 맡겼다.

법전자료의 편찬 기능을 상실한 검상조례사에는 조례 등록 기능만이 남게 되었다. 하지만 전처럼 모든 문서가 의정부를 경유해야 할 필요가 없어졌으므로 검상조례사를 의정부에 두어도 별다른 장점이 없었다. 결국 태종 14년 4월 육조직계제를 시행하면서 검상조례사도 의정부에서 예조로 이속하였다.[42] 그 이유는 교지와 문서의 관리업무가 예조 소관이었기 때문이다. 이후 조선후기까지도 교지의 등록은 예조의 업무로 남는다.

검상직도 검상조례사에는 녹사만 남겼다. 법전자료편찬이나 검토라는 기능이 없어진 이상 검상관을 둘 필요가 없어졌기 때문이었다.

그러나 2년 후인 태종 16년 7월에 검상관 1명을 복설하였다.

> 예조에서 아뢰었다. "검상조례사는 문서를 등록하는 것이 임무로 그 소임이 경하지 않기 때문에 의정부에 있을 때에는 사람을 택하여 맡기었습니다. 본조(예조)에 이속한 뒤로부터 오직 녹사만 차정하므로 임무가 능이해졌습니다. 바라건대, 본조 낭청 한 사람으로 검상을 겸하여 그 소임을 전과 같게 하소서." 하니, 임금이 말하기를 "좋다. 낙점을 받아서 임명하라."고 하였다.[43]

---

41) 『정종실록』 권4, 정종 2년 4월 신축.

42) 『태종실록』 권27, 태종 14년 4월 경신.

43) 『태종실록』 권32, 태종 16년 7월 정유, "禮曹啓 檢詳條例司文書謄錄 其任匪輊(輕) 其在議政府 擇人授任 自移屬本曹之後 惟差錄事 所任陵夷 乞以本曹郎廳一員兼檢詳 以專其任 上曰可 受點差任".

이 기사에서 검상을 복설해야 하는 이유가 문서등록이란 임무가 가벼운 임무가 아니기 때문이라고 하였다. 하지만 여기에는 의문이 있다. 한말까지도 문서등록은 예조의 업무로 남았지만 굳이 검상관을 필요로 하지 않았기 때문이다.[44)]

그러므로 이때 검상관 복원을 요청한 데는 다른 이유가 있었음에 틀림없다. 이와 관련되어 주목되는 사실이 이 시기에 법전의 검토작업이 다시 시작되었다는 것이다. 4년 전인 태종 12년에 『속집상절』이 완성되었다.[45)] 그러나 이 법전에 대한 반론이 만만치 않았다. 결국 태종 15년 8월에 『원전』과 『속집상절』을 다시 비교 검토하여 『원전』 조항을 고친 것은 다 삭제하고 그 중 부득이한 것은 『원전』의 각 조항 밑에 각주로 달게 하는 조치가 내려진다.[46)]

이 작업은 곧 『원전』과 『속집상절』의 재검토를 요하는 것이었다. 그런데 이때의 작업은 여기서 그치지 않았다. 새로운 수교가 『속집상절』에 추록되는 등 사실상의 재편찬작업으로 이어졌다. 이 작업은 성공하지 못했지만,[47)] 한창 이 작업이 진행되는 도중에 검상관이 복구된 것이다.

세종 즉위 후에 법전편찬작업은 다시 탄력을 받았다. 세종은 즉위

44) 검상관은 세조 12년 관제개혁 때 폐지된다.

45) 『태종실록』 권23, 12년 4월 무진, "更定經濟六典元集詳節三卷續集詳節三卷".

46) 『태종실록』 권30, 태종 15년 8월 정축, "凡條畫一從元六典 王旨續六典內元典條畫 更改未便 更令叅考 仍舊施行 其中不得已更改條畫 擬議啓聞 禮曹與諸曹 擬議謹錄 守令權差 守令赴任 吏典去官 船軍賞職 守令保擧 科田遆(遞)受期限 正三品衣帶 文科試取時坐次禮 文字相通 起復 刑決三復 奴婢相訟三條 次知囚禁 疑罪三度取招 宰相犯罪處決 大小使臣相會禮 在外受任者受官教 已上十八條 從元典 田地隨損給損 錢一貫准布十匹 已上二條從續典何如 教曰 元典更改續典所載並皆削除 其中不得已事 元六典各其條下 書其注脚".

47) 『경제육전집록』, 6쪽.

하자마자 기존의 법전 중에서 시행되지 않고 있는 조문을 조사하는 등[48] 기초자료의 정리작업부터 다시 시작했다. 당연히 검상관의 업무가 과중하고 중요해질 수밖에 없었다. 이에 세종 1년 12월에 예조는 검상과 녹사는 거관하면 외관으로 임명하지 말고 경관을 주는 특별조치까지 건의하게 되었다.

> 예조에서 계하였다. "본조의 검상과 녹사 등은 여러 조례와 『등록』을 상고할 일이 번잡한데, 혹시 일이 많으면 낭청(郎廳)의 임무도 겸해 보고 있어, 아침 일찍부터 저물 때까지 수고합니다. 거관할 때에 외방에 서용하는 것이 비록 당연하나, 이제부터는 경관에 녹용하소서."하니, 그대로 따랐다.[49]

이 기사에서 검상과 녹사는 조례와 『등록』을 상고하는 일로 하루종일 수고하고 있다고 하였다. 여기서 『등록』의 편찬이 아니라 조례와 『등록』의 상고라고 말하고 있는 점에 주목할 필요가 있다. 조례의 상고는 곧 도평의사사 시절의 업무로서 검상조례사를 예조로 이속한 후에 사라졌던 업무였기 때문이다. 이것은 검상관의 복설이 검상관의 법전자료편찬 업무로의 복구를 의미하는 것임을 말해준다. 법전편찬작업은 특별하고 중요한 작업이었으므로, 당시 세종이 심혈을 기울여 추진하던 경외관 순환제의 원칙마저 깨고, 경관에 임명하는 특혜까지 베풀면서 이들의 작업을 독려했던 것이다.

세종 4년 8월에는 속육전수찬색(續六典修撰色)을 설치하여 본격적인 새 법전편찬작업에 들어갔다.[50] 이에 따라 검상관의 역할은 더욱

---

48) 이 작업의 결과는 세종 2년에 정리 보고되었다(『세종실록』 권10, 세종 2년 11월 신미).

49) 『세종실록』 권6, 세종 원년 12월 임신.

50) 『세종실록』 권17, 세종 4년 8월 을미, "置六典修撰色 以星山府院君李稷・左

커졌다. 이에 12월에 과거 도평의사사 시절의 검상조례사처럼 모든 조례와 문서를 예조에서 수합, 고열하게 하였다.

> 이전에 대간이 왕의 전교를 받거나 왕의 뜻을 받들어 시행하는 일은, 다만 의정부에만 보고하고 육조에는 공문을 보내지 않았다. 이때에 와서 예조가 청하기를, "국가의 호령을 육조에서 불가불 알아야 되겠사오며, 더구나 본조는 직책이 온갖 조례의 등록을 맡았사온즉, 더욱 알지 않아서는 아니 될 것이오니, 이제부터는 대간이 교명을 받거나 왕지를 받들어 하는 일은 다 육조에 통보하도록 하소서."하니, 그대로 따랐다.[51]

태종 14년에 문서등록 임무를 도평의사사에서 예조로 이관할 때에는 대간이 왕으로부터 직접 받는 전교는 예조에 이관되지 않는 등 예조가 문서등록 임무를 이전처럼 완전히 장악하지 못했던 모양이다. 이에 대간이 받는 문서도 예외 없이 예조로 보내도록 한 것이다.

2년 후인 세종 6년 5월에는 이조에서 검상조례사에게 예전처럼 법전자료를 편찬하는 임무를 다시 맡길 것을 건의하여 통과시켰다. 이것이 앞에서 인용한 사료 가-2)이다. 편의상 다시 한번 인용하여 살펴보겠다.

> 이조에서 계문하였다. "예조에 소속된 검상조례사의 검상관은 그 감당할 만한 자로 택하여 겸임하도록 하비(下批)하여 자주 체임하지 못하도록 하고, 무릇 교지가 있으면 죄다 등록하고, 그 중에 『원육전』·『속육전』에 기재된 것이 아니라도 법으로 삼을 만한 것은 장관에게 품하여 계속 찬집하였다가, 후일에 서로 상고하도록 하고, 만일 빠진

議政李原 爲都提調 贊成事孟思誠·參贊許稠 爲提調".

51) 『세종실록』 권18, 세종 4년 윤12월 을해.

것이 있으면 검상관을 논죄하도록 하소서."하니, 그대로 따랐다.[52]

당시 이 건의를 한 이조의 책임자는 속육전수찬색에 제조로 참여하고 있던 허조였다. 이때 육전을 편찬하다 보니 검상조례사의 기능이 필요하다는 사실을 절실히 느꼈기 때문일 것이다. 게다가 그는 예조판서를 역임한 적도 있었다. 그렇다면 이때는 왜 검상조례사를 속육전수찬색이나 의례상정소 같은 법전편찬기구에 직속시키지 않았을까라는 의문이 생긴다.

그 이유는 두 가지 측면에서 생각해 볼 수 있을 듯하다. 하나는 행정적인 측면이다. 검상조례사는 문서등록과 법전편찬이라는 두 가지 임무를 지닌다 그런데 문서등록은 항상적인 업무이고, 법전편찬이라는 것이 일시적이고 한시적인 임무였다. 속육전수찬색 역시 임시기구였다. 그러므로 검상조례사를 속육전수찬색으로 옮기면 법전편찬이 끝난 후에 다시 예조로 이속시켜야 했다.

두 번째로 고려해 볼 수 있는 상황은 속육전수찬색이나 의례상정소 같은 체제가 지니는 폐쇄성에 대한 일반 관료들의 반발이다. 이 같은 별설기구는 예전의 도당과 달리 행정 일선과 떨어져 있고 소수 대신이 지속적으로 참여했다. 이런 체제는 보다 신속하고 일관성 있는 검토가 이루어지는 장점이 있었다. 그러나 이런 체제는 토론이 활성화되지 못하고 소수의 의견이 일방적으로 반영될 소지가 있다.

실제로 『경제육전』이 계속 개정되어야 했던 것도 법전에 대한 불만이 끊이지 않았기 때문이다.[53] 그러므로 세종 6년 이미 속육전수찬색

---

52) 『세종실록』 권24, 세종 6년 5월 기해.

53) 태종 15년 정축조에 원,속전에서 차이가 나는 20개 조항에 대한 논의가 있다.(『태종실록』 권30, 태종 15년 8월 정축) 또 이때 간행한 서문에서는 원, 속전의 모순되는 조문은 원전을 따르도록 했다고 되어 있다(『동문선』 권93, 「경제육전원집상절서」). 이 기록들 때문에 원, 속전의 차이가 크지 않고 성헌

이 법전편찬 업무를 진행하고 있는 중에 갑자기 예조의 검상조례사에게 법전자료의 편찬업무를 다시 부과하고, 분명히 비효율적이었을 것임에도 불구하고 법전편찬작업을 이원화시킨 것도 소수 대신이 법전편찬을 독점하는 데 대한 관료들의 불만과 견제심리 때문일 가능성이 높다고 생각된다.

그런데 검상조례사의 법전자료 편찬작업은 세종 10년 9월에 다시 중지되고 이전처럼 등록만 담당하는 것으로 바뀌었다. 그 이유는 검상관이 법전편찬용 자료를 편찬하면서 함부로 문사(文辭)를 수정하고 고치기까지 한다는 것이었다(修改文辭).

이것은 검상관의 지나친 권력확대 내지는 월권이라기보다는 당시의 법전편찬 환경이 빚어낸 해프닝이었다고 여겨진다. 『원전』과 『속집상절』만 해도 서로 대립하는 개혁론의 소산이어서 두 법전 간에 상충되는 법안은 양자택일을 하면 되었다. 그러나 세종조에 접어들면 이렇게 택한 법조문을 두고 부분적인 보충이나 수정을 가하는 경우가 늘었다. 결국 수교들 간에 미세한 차이와 모순이 발생하게 되는데, 이를 무시하고 모든 관련 수교를 다 채록하면 분량도 크게 증가하고, 나중에 다시 한번 검토작업을 해야 하는 문제가 발생한다.[54]

존중주의에 의해 대체로 원전의 조문이 준수된 것으로 이해하는 경향이 있다. 그러나 실제 조문을 검토해 본 결과 원전과 속집상절에는 법과 제도의 취지가 완전히 달라질 정도로 차이가 개정한 조문이 상당히 많았다.

54) 예를 들어 세종 2년에 허조가 부민고소를 금지할 것을 상소했는데(『세종실록』 권9, 세종 2년 9월 무인), 세종 4년 형조의 계문에 이 허조의 상소가 영락 18년(세종 2) 9월 예조 수교로 인용되고 있고(『세종실록』 권15, 세종 4년 2월 경인), 세종 21년 2월 경오조에 다시 『경제육전』 형전 조문으로 인용되고 있다(『세종실록』 권84, 세종 21년 2월 경오). 그렇지만 허조의 상소가 원문 그대로 법전에 탑재된 것은 아니다. 세종 4년에 형조가 처벌방식을 세분하는 안을 제출하여 노비가 주인을 고발하면 참형이 아닌 교형에 처하게 하였다(『세종실록』 권15, 세종 4년 2월 경인). 결국 허조의 상소에서 奴婢告家

따라서 검상관도 조금씩 수정된 수교가 여러 개 나올 때는 이를 일일이 다 필사하지 않고 수정된 부분을 첨가하거나 합쳐서 정리하는 방식을 사용하게 되었던 것 같다. 그러나 법률이란, 단어나 표현 하나가 중요한 것이므로 세종의 말대로 이런 작업은 법의 본의를 훼손하거나 엉뚱한 실수를 할 수도 있는 위험한 행위였다.

세종은 이를 구실로 검상관의 법전자료 편찬작업을 중지시켰다. 세종의 지적은 합당한 것이었다. 하지만 그것이 검상관의 법전자료 편찬업무 자체를 박탈할 만한 사안이었는지는 의문이다. 고열이 불편하고, 추가작업이 필요하기는 하지만 '수개문사(修改文辭)' 없이 자료를 찬집하게 할 수도 있었기 때문이다.

이 명령을 내린 시기는 세종 10년 9월이었다. 그리고 황희와 이직이 법전편찬을 완료하고 「신속육전진전(新續六典進箋)」을 올리는 것이 두 달 후인 세종 10년 11월이었다.[55] 그렇다면 사료 라-2)의 명령을 내린 9월이면 개정판에 수록할 법률안의 심의나 정리는 거의 끝나 있어야 하는 시기이다.

그러나 법전을 둘러싼 논쟁은 여전히 그치지 않았던 모양이다. 그 점은 이때 황희와 이직이 「신속육전진전」까지 작성했음에도 불구하고

長者의 형량 부분을 수정할 일이 발생했다.
그런데 이 수정은 허조 상소의 원문 중 "勿受斬之"를 "勿受處絞"로 고치기만 하면 되는 것이었다. 하지만 이전의 『경제육전』의 편찬 방침대로라면 이 두 수교를 다 실어야 한다. 이렇게 하면 법전의 분량이 한없이 커질 뿐 아니라 내용이 중복되고, 착오가 일어나기도 쉽다. 그래서 세종 8년에 편찬한 『신속육전』부터는 합칠 수 있는 수교는 아예 합쳐버리고 어느 수교와 어느 수교를 합쳤다고 주로 달아주게 했다(『세종실록』 권34, 세종 8년 12월 임술). 실제로 허조 상소의 원문을 그대로 『경제육전』에 전재한 기록이 발견되고, 또 絞刑으로 수정된 조문 또한 『경제육전』에 수록된 것도 발견되는 것으로 보아(『세종실록』 권79, 세종 19년 11월 경인) 이런 작업이 이루어졌음을 알 수 있다.

55) 『세종실록』 권42, 세종 10년 11월 정축.

결국은 간행도 하지 못하고 바로 개정작업에 들어갔던 사정을 통해서도 짐작할 수 있다.[56)]

법전을 빨리 완성하기를 고대하던 세종으로서는 이런 논쟁과 잦은 연기와 끝이 보이지 않는 개정작업에 불만이 높았을 것이다. 그래서 세종은 이때 검상의 '수개문사'를 빌미로 검상관의 법전자료 찬집작업 자체를 중단시킴으로서 법전과 관련된 업무를 모두 의례상정소로 일원화시키고, 법전편찬에 속도를 더 내려고 했던 것 같다.

그러나『경제육전』과 관련한 검상의 역할은 완전히 끝나지 않았다. 세종 18년 7월에 검상이 2인이라는 기록이 있다.[57)] 그렇다면 세종 10년에서 18년 사이에 검상을 2명으로 증원했다는 이야기가 된다. 세종 15년『신찬경제속육전』을 간행하면서『경제육전』편찬은 종식되었다.『신찬경제속육전』이 완성된 후에도 전체적인 검토와 교정작업은 계속되었던 것 같다. 그래서 세종 17년 1월에 누락된 조문 30여 개조가 발견되어 추록시키는 조치가 있었다.[58)] 만약 그렇다면 세종 15년의『신찬경제속육전』의 편찬을 전후하여 검토와 교정작업이 더욱 활발해졌고, 이 과정에서 검상이 2명으로 증원되었을 가능성도 높다.

하지만 세종 17년 1월 기사를 고비로『경제육전』의 편찬에 관한 논의가 거의 사라진다. 이렇게 오랜 시기를 끌어온 법전편찬이 종결되자 바로 검상조례사도 존재가치를 상실했다. 세종 17년 5월에 예조의 검상녹사가 거관할 때는 문서와 해유를 교부하게 하는 조치가 있었다.[59)]

---

56)『세종실록』권43, 세종 11년 3월 갑자.

57)『세종실록』권74, 세종 18년 7월 정유, "檢詳 前此屬禮曹 但令文臣參外二人治之 別無官號 自議政府署事以後 別立檢詳之官 屬於議政府 序於藝文應敎之下 擇人差之".

58)『세종실록』권67, 세종 17년 1월 갑오.

59)『세종실록』권68, 세종 17년 5월 갑신, "禮曹啓 檢詳錄事去官時 所掌文書解由交付 從之".

이는 검상조례사의 주임무가 문서정리가 되면서 검상은 유명무실해지고 녹사의 비중이 높아졌음을 보여준다. 마침내 세종 18년 7월에 검상을 예조에서 떼어내 의정부의 전임직으로 이속하였다.

> 검상은 예전에는 예조에 소속되어 단지 문신 참외관 2인으로 하여금 이를 다스리게 하였고, 따로 관호(官號)가 없었다. 의정부서사제를 회복한 이후로 별도로 검상이란 관직을 설치하여 의정부에 소속시키고, 그 등급은 예문관 응교의 아래에 있게 하고, 사람을 선택하여 임명하였다.[60]

세조 12년에 행한 관제개혁 때는 검상조례사 검상을 검상으로 바꾸었다.[61] 이는 검상관은 그대로 두되 검상조례사라는 속사는 폐지한다는 의미이다. 이로서 검상조례사는 완전히 폐지되었고, 이후로 한말까지 다시는 설치되지 않았다.

검상조례사가 유명무실해진 것은『경제육전』편찬사업의 종결 때문이었다. 법전편찬이 완료되면서 검상조례사에게는 다시 문서등록이란 업무만 남게 되었는데, 사실 교지를 등록하고 관리하는 것도 법전편찬과 법률안의 검토라는 특수한 효용이 전제된 것이었다. 그러므로『경제육전』의 편찬이 완전히 종료되자 문서등록의 의미도 약화되었고 단순한 문서등록 업무라면 태종 14년의 직제 개편 때처럼 이 임무는 녹사만으로도 해결할 수 있는 것이었다. 결국은 필요 없게 된 검상관을 의정부로 이속시켜 버리면서 검상조례사는 기능을 상실했던 것이다.

60)『세종실록』권74, 세종 18년 7월 정유, "檢詳 前此屬禮曹 但令文臣參外二人治之 別無官號 自議政府署事以後 別立檢詳之官 屬於議政府 序於藝文應敎之下 擇人差之".

61)『세조실록』권38, 세조 12년 1월 무오.

검상조례사는 이렇게 사라졌지만 검상관은 의정부의 관원으로 살아남았다. 『경국대전』에서 의정부 검상은 정5품의 전임직인데,[62] 단종 원년까지는 김지경(金之慶)이 경창부소윤(慶昌府少尹)과 검상을 겸임하는 기록이 있는 것으로 보아[63] 검상이 전임직으로 바뀐 것은 세조~성종 연간의 일인 것 같다.

그렇다면 이때 검상조례사를 의정부로 이속시키고, 검상관은 겸임직에서 전임직으로 바꾼 이유는 무엇이었을까? 사료 라-2)에서는 의정부서사제를 회복하면서 관원이 필요해졌다고 했지만, 실제로는 나중에 의정부서사제를 시행하지 않을 때도 검상은 폐지되지 않았다. 더욱이 이때 검상을 의정부로 옮겼지만 예전 검상조례사가 도평의사사에 속해 있던 시절의 검상관의 기능을 복구한 것은 아니었다.

이때의 검상조례사의 의정부 이속은 검상조례사 보다는 검상관에 초점이 모아져 있었다. 검상조례사는 유명무실해졌지만 이때부터 검상관의 역할은 더욱 활발해졌다. 단 이때의 검상관은 예전의 업무와는 무관하게 의정부의 낭청으로서의 역할이 강조되었다. 이후 사료를 보면 검상관은 주로 국왕과 의정부 대신 사이의 의논을 전하거나 연락을 담당하는 업무를 수행하였다.[64]

검상조례사의 기능이 유명무실해졌음에도 검상의 비중과 대우가 높아진 것은, 예전 검상의 기능 중에서 의정부 대신과 소장 엘리트 관원 간의 연결과 인재 훈련이란 의미만이 남았음을 의미한다. 그런데

62) 『경국대전』 이전 경관직, 의정부.

63) 『단종실록』 권9, 단종 원년 12월 경인, "守慶昌府少尹金之慶上書辭職曰 臣本以庸劣 謬膺重選 忝拜掌令 今旣閱月 曾無一言小補惟新之治 而反蒙聖恩 驟遷慶昌府少尹 又兼檢詳 臣不勝驚惶 夫檢詳之職 其任匪輕 如臣庸昏實有不稱".

64) 『단종실록』 권7, 단종 원년 7월 신사 ; 『세조실록』 권1, 세조 원년 7월 병자 ; 『세조실록』 권14, 세조 4년 12월 정축 등.

이 같은 기능을 수행하기 위해서는 예조보다는 의정부가 더욱 적격이었다.

이후로 의정부 검상은 육조낭관, 사헌부 장령(掌令), 성균관 사예(司藝) 등을 역임한 사람이 임용되는 엘리트 관직으로 기능했다. 성종 3년에는 역시 의정부의 낭청이던 사인에 결원이 생기면 무조건 검상을 승진시켜 임용하도록 규정하였고, 이에 따라 검상은 개월법에 구애받지 않는 관직의 하나가 되었다.[65]

4) 검상조례사의 특성과 의의

검상조례사는 오직 조선전기에만 존속한 특별한 기구로, 독립기구가 아닌 도평의사사(나중에는 예조)에 속한 부서였다. 이 점이 이후의 법전편찬기구와는 구별되는 아주 독특한 특징이다. 『경제육전』의 나머지 판본과 『경국대전』 이후 조선의 주요 법전의 편찬과정을 보아도 법전편찬을 도평의사사(의정부)의 소속 기관에 맡기는 경우는 다시는 존재하지 않기 때문이다.

또한 법전편찬이 아닌 일상적인 업무로 보아도 검상조례사는 매우 특이한 기구였다. 왜냐하면 조선시대를 통해 수교의 등록과 보관은 예조의 업무였기 때문이다.[66] 그러나 조선을 건국할 때는 도평의사사에 검상조례사라는 새로운 속사를 설치하고 수교를 포함한 모든 조례의 등록을 담당하게 했다. 그러므로 이 사실이 검상조례사는 물론 『경제육전』의 특성 및 조선초기의 입법체제 및 법제를 이해하는 데 중요한 단서가 되리라고 생각된다.

65) 『성종실록』 권23, 성종 3년 10월 을해.
66) 『세종실록』 권18, 세종 4년 윤12월 을해.

도평의사사는 고려 때부터 존속한 최고 의결기구였다. 그러나 조선 건국 당시의 도평의사사는 명칭만 동일할 뿐 고려의 도평의사사와는 성격과 구성이 크게 달랐다. 일반적으로 조선조 도당의 가장 큰 특징으로 도당에 참여하는 재상의 수를 대폭 줄였다는 점을 지적한다. 고려후기에 60~70명에까지 달했다는 도당 참여 인원이 조선 건국 당시에는 사(使) 이상이 14명으로까지 축소되었다.[67)]

그러나 재상의 축소가 도당 개혁의 본질은 아니었다. 개혁파 사류가 도평의사사의 개혁에서 제일 중시했던 내용은 모든 정령은 도당을 통해 나가야 한다는 것이었다. 이것이 조선의 육전체제(六典體制)가 지향한 일차적인 목표였다. 고려의 행정체제에 대한 개혁파 사류의 중요한 비판의 하나가 법의 제정과 집행에 일관성과 통제력이 부족하다는 것이었다. 이 문제는 이미 고려후기부터 고려말까지 지속적으로 논란이 되었다.[68)]

> 마) 먼저 『대원통제』가 있고, 뒤에 『지정조격』이 생겨서 흠휼의 뜻이 진실로 당・우(虞)에 비해서도 부끄럽지 않다. 그러나 지금 법리가 예(例)를 많이 쓰고 있으니 율이 예와 같지 못한가. 예에 혹 조문이 없으면 율에 가서 구하지만 율에도 만일 조문이 없다면 어디에 가서 구하겠는가.……본국의 법을 세운 지가 오래되어 거듭 변경하였고 근래에 정령이 여러 군데서 나와(政出多門) 사람들이 법을 받들지 않는다. 혹 형벌을 사용할 경우에 원나라의 법으로 사용하면

---

67) 변태섭, 앞의 책, 111~112쪽. 고려후기에 도당의 참여인원은 계속 증가하여 60~70명에 이르렀다.이것은 개혁파 사류에게 비난의 초점이 되었던 것으로(『고려사절요』 권33, 창왕 즉위년 대사헌 조준의 상서 및 『고려사』 권75, 선거, 銓注, 공양왕 원년 12월 문하부낭사 具成祐 등의 상소), 도당 참여인원의 축소는 이들의 주요한 개혁정책의 하나였다.

68) 정도전도 '政出多門'의 문제를 지적했다(정도전, 『삼봉집』 권8, 「조선경국전」 하, 헌전 郵驛).

유사는 손을 모으고 감히 말 한마디를 못한다. 혹자는 세조가 국속은 변하게 하지 말라고 훈계했다고 하며 혹자는 같은 하늘 아래 왕토 아닌 곳이 없다고 한다. 지금 위로는 조격에 어긋나지 않고 아래로는 구장(舊章)을 잃지 않게 하여 형법이 하나로 귀일되어 사람들이 구차히 면하지 않게 하려면 그 요령은 어디에 있는가.[69)]

마)는 1347년(충목왕 3)에 이곡(李穀)이 책문으로 출제한 내용이다. 책문에서 이 문제를 거론했다는 것은 그만큼 이 현안이 중요하고, 문제의식도 넓게 퍼져 있었다는 의미가 되겠다. 그런데 이곡은 구체적으로는 예(例)와 율(律)의 충돌, 원율과 고려 전래의 법의 충돌을 언급하고 있다.[70)]

원율과 고려 전래법의 충돌은 전통법과 외래법의 갈등으로 볼 수도 있겠으나 현장에서 보면 같은 사안에 대해 여러 가지 법이 시행되는 혼란을 지적한 것일 수도 있다. 그렇다면 왜 이런 상황이 발생했을까? 법제적으로 보면 법령을 만들고 시행하는 과정이 일원화되어 있지 않기 때문이다. 소위 '정출다문'이 바로 이런 의미이다.

같은 이유로 상위법과 하위법의 구분 내지는 하위법에 대한 상위법의 통제가 잘 이뤄지지 않는다는 문제를 들 수 있다.

---

69) 이곡, 『가정집』 권1, 책문, "先有大元通制 後有至正條格 欽恤之意誠不愧於唐虞矣 然今法吏多用例 律其不如例乎 例或無其條則求之律 律如無其文將於何求之歟 欲臻唐虞三代之治 必用其法 使不駭于今 不泥于古 其道何繇 本國立法已久 重於變更 比來政出多門 人不奉法 或於用形之際 繩之以元朝之法 則有司拱手而不敢言 或曰世皇有訓 毋變國俗 或曰 普天之下 莫非王土 今欲上不違條格 下不失舊章 使形法歸一而人不苟免 其要安在".

70) 박병호는 고려말에서 조선초기의 법전 과정에서 벌어지는 이 같은 갈등을 전통법과 중국법의 갈등이 주요한 원인이 되었다고 하였다(박병호, 앞의 책, 419~420쪽).

바) 각 관서의 원리(員吏)가 자기의 소견을 고집하여 새로운 법을 만들기를 좋아하고, 당해 관리가 준수하기에 어려운 것을 생각하지 않으니, 폐단이 다시 전과 같습니다. 금후로는 각사에서 무릇 새로운 법으로 가히 세울 만한 일은, 반드시 정부에 보고하여, 의정부에서 가히 시행할 만한 사건인지를 상량하여 의논하고서 수판하여 시행할 것이요, 다시 의첩을 내주지 말도록 하소서.[71)]

바)는 조선 태종 4년 10월의 기록이다. 당시는 육조직계제를 시행하기 이전이었지만 그럼에도 관서마다 자기 소견대로 새 법을 만들어, 의정부에 보고하지도 않고 시행하고 있다고 한다. 여기서 관서마다 원리가 자기 소견대로 법을 만든다는 것은 전체적인 상황이나 기존의 법령을 고려하지 않고 자기 부처의 업무와 상황에 맞는 법을 만든다는 뜻일 것이다.

이것은 조선시대의 사례이지만 이 상소를 올린 때가 태종 4년이라는 시점에 주목할 필요가 있다. 정도전·조준의 주요한 개혁정책의 하나가 도평의사사의 권한을 대폭 강화해서 모든 법령과 문서가 도평의사사를 경유하도록 한 것이었다. 그러나 태조 7년 정도전, 조준이 실각하자 한동안 고려의 법제로 복귀하는 반동적인 정책이 시행되었다. 태종 4년은 바로 이때에 해당한다. 따라서 아직 육조직계제는 시행하지 않았으나 의정부의 기능과 위상도 고려적인 형태로 회귀했을 가능성이 크다. 위의 상소에서 "각 관서 원리가 각각 소견을 고집하여 새로운 법을 만들기를 좋아하고, 당해 관리가 준수하기에 어려운 것을 생각하지 않으니, 폐단이 다시 전과 같습니다."라고 말한 의미도 의정부의 정책 총괄 기능이 약화되어 각사가 서로 상충하는 법을 제작하

71) 『태종실록』 권8, 태종 4년 10월 병술, "各司員吏 各執所見 喜作新法 不惟當該官吏 難於遵守 弊復如前 今後各司 凡可立新法之事 必報政府 政府以可行事件 擬議受判施行 勿令更出依貼".

고 시행하는 고려시대의 폐단이 다시 살아났다는 의미이다.

비록 이 시기에 의정부의 기능이 약화되었다고 해도, 조선 건국 당시부터 육조의 권한과 육조 중심의 행정체제를 강화하고, 도감, 각색을 많이 혁파했고, 법전도 제정하여, 고려시대에 비해 행정의 집중도가 높아진 상태였다. 따라서 이 시기에 이런 정도의 현상이 발생했다면 고려시대에는 이 같은 폐단이 더욱 심하였을 것이다. 왜냐하면 고려시대에는 관서의 자율성이 훨씬 강하였기 때문이다. 고려시대에는 수조권 분급제에 의해 각사(各司)는 자신의 수조지와 노비를 보유하고 관리하였다. 이것은 각 관사가 독자적인 재정권을 보유하였다는 것을 의미한다. 각사의 하급 관리의 인사나 지방과의 연락사무, 사신파견 등에 있어서도 상당한 자율권을 누렸다. 각사는 관료천거권이 있었고, 지방에 사신을 파견한다거나 조세를 징수하는 등의 행정을 독자적으로 행하기도 하였다.[72]

여기서는 각사의 사례만을 들었지만 법조문을 기안하고 건의하는 자격과 경로가 각사에 국한된 것은 아니었다. 고려 · 조선시대를 통해 이 같은 발의권은 각사로부터 개인에게까지 광범위하게 분산되어 있었고, 경로도 다양하였다.[73]

고려후기에 예와 율의 충돌, 중국법과 고려법의 적용을 놓고 갈등이 일어나는 근본적인 이유는 이처럼 입법체제에 대한 통합적이고 조직적인 관리가 되지 않는 체제에 원인이 있었다. 관사나 권력자들이 이런 제도상의 약점을 이용하여 자신들의 이익에 맞추어 자의적으로 법을 만들고, 적용할 수 있었다.[74]

---

72) 임용한, 『조선전기 수령제와 지방통치』, 혜안, 2002, 제1장 참조.

73) 이 책 제3장 4절 참조.

74) 고려후기에 이 문제는 표면적으로는 주로 원율과 고려율의 갈등이라는 양상으로 전개되었다. 그러나 그것이 민족주의적인 발상이나 토착문화와 외래문화의 적용이라는 이유로 벌어진 것은 아니었다. 근본적으로는 고려후기 사

이 같은 상황에서는 여러 가지 폐단이 발생했다. 사료 바)에서는 “새 법 만들기를 좋아하고, 당해 관리가 준수하기에 어려운 것을 생각하지 않는다.”고 했다. 이것은 관서의 편의주의에 의해 규정이 자주 바뀌는 탓에 집행에 혼돈이 오고, 이전의 수교나 타 관서의 규정과 상충한다는 의미일 것이다. 또 각사별로 다른 규정이 존재하고 법들이 모순, 중첩되면 부정을 저지르기도 쉬워진다.

하지만 역시 가장 큰 문제는 법의 일관성과 효율성이 결여됨에 따라 법의 권위와 준법성이 위협받는다는 사실일 것이다. 사료 마)에서 이곡은 “법을 자주 변경하고 정령이 여러 군데서 나오니 사람들이 법을 준수하지 않는다”고 지적하였다. 이런 현상은 궁극적으로는 법치의 근간을 위협하는 것이었다.

이 같은 현실을 타파하기 위해서는 세 가지 조치가 필요했다. 첫째는 국정전반에 걸쳐 각사의 명령에 우선하는 상위의 법을 분명하게 확정하는 것이었다. 『경제육전』이라는 종합법전의 출현은 바로 이를 위한 것이었다.

그러나 종합법전을 편찬해도 새로운 법은 계속 창제되고, 각사의 조례와 내규도 계속 발생할 것이다. 그러므로 『경제육전』이라는 상위법이 그 위치를 지키고, 제대로 기능하기 위해서는 과거의 모순을 재현하지 않도록 입법과정을 정비하고, 각종 조례를 검증, 관리하는 시스템을 마련해야 했다.

회가 발달하고 복잡해지면서 관청마다 상이한 판례가 누적되고, 문벌과 권력자들에 의한 권력전횡이 이루어지면서 서로 유리한 법을 적용함에 따라 혼란이 가중되었던 것이다. 그 결과 고려후기부터 통일적인 법체제와 국가통치를 달성하려는 요구가 높아져 갔다(김인호, 「고려의 원율 수용과 고려율의 변화」, 『고려시대의 형법과 형정』(한국사론 33), 국사편찬위원회, 2002, 63~65쪽 ; 이정훈, 「고려시대 지배체제의 변화와 중국율의 수용」, 같은 책, 2002, 30~31쪽).

가장 좋은 방법은 입법부와 행정부를 분리하고, 입법과정을 일원화하는 방법일 것이다. 그러나 조선시대에 이는 사실 불가능했다. 조선 후기까지도 각사에서 자기 소견대로 법을 만드는 자체는 금할 수가 없었다. 삼권분립이 제대로 이루어지지 않은 중세국가체제가 지닌 피할 수 없는 약점이었다. 조선시대 내내 오늘날과 같이 입법부가 따로 없었으므로 입법발의권 또는 법령을 초안하는 권한에 특별한 제한이 없었다. 그러므로 개인의 상소나 각 관서에서 올린 건의안이 왕의 재가를 받아서 수교로 반행되면 다 법이 되거나 법에 준하는 강제력을 얻었다.

오늘날과 달리 이 시대에는 법전에 수록함으로써 법이 되는 것이 아니었다. 법이 성립하는 요건은 왕의 교서(수교)였다. 그러므로 법전의 법을 수정하는 새 법도 먼저 교서로 반포되는 절차를 거쳤기 때문에 수교가 법전의 법을 침범하거나 수정하는 것이 가능했고, 실제로 그렇게 되었다.

수교의 작성과 반포과정(입법과정)을 일원화할 수 없다면 수교와 각종 명령, 관행의 반포, 집행과정에 대해서라도 관리, 검증 절차를 강화하는 방법이 있었다. 그래서 고안한 방법이 모든 정령은 도평의사사를 거쳐야 한다는 것이었다.

이 같은 필요성은 이미 고려시대부터 제기되고 있었다. 충렬왕 4년의 필도치 설치를 시작으로 내추(內樞)제도가 시행되었는데,[75] 이때부터 도평의사사의 행정기능이 강화되었다. 또한 왕의 내지(內旨)일지라도 도당을 경유하도록 하는 시도도 했다.[76] 공민왕 때는 재상이 항상 합좌하고, 원나라의 제도를 본 따 각목(刻木)으로 서명하게 하였다.[77]

75) 변태섭, 「고려도당고」, 102~103쪽.
76) 『고려사절요』, 충렬왕 22년 2월.
77) 변태섭, 위의 글, 105쪽.

마침내 공민왕 20년 12월에는 지방에 내려가는 모든 문서는 도당을 경유하게 하였다.[78]

그러나 이 같은 시도들은 대개 실패하였다. 도평의사사의 개혁이 실제로 시행되는 것은 정도전, 조준이 집권한 고려말이었다.

조준은 도평의사사를 백관을 총괄하고 모든 법령을 주재하는 상설적인 최고 관부로 만들 것을 건의하였다.[79] 실제로 개혁파 사류는 정권을 장악한 후 공양왕 원년에 도평의사사 청사를 신축하여 도당을 상설기구로 만들었으며,[80] 도당의 구성과 행정체계를 개혁했다.

창왕 즉위년에 도당에 6방녹사를 두어 6조의 사무를 처리하게 했는데,[81] 6방녹사를 통괄하는 부서로 경력사를 설치하여 6조에 대한 통제와 행정의 집중력을 높였다.[82] 각사가 개별적으로 외방에 파견하는 사신도 모두 혁파하고 모든 행정명령은 도당 → 관찰사 → 주현 수령으로 일원화하게 하였다.

> 대사헌 조준 등이 상소하였다……"원컨대 지금부터 각사에서 성중애마(成衆愛馬)를 외방에 파견하는 것을 일체 금지하고 무릇 이 같은

---

78) 공민왕 때부터 외방사신과 모든 행정명령을 도당을 경유하게 하는 시도가 여러 번 있었지만 성공하지 못했다.
『고려사』 권84, 형법1 직제, 충목왕 원년, "整理都監狀 外方官吏 貪婪不公 擾害百姓者 今存問按廉使 糾理體察 不能者科罪 行省行移外方公事 報都評議使司 移文存問按廉使施行例也 近年以來 行省令宣使螺匠等 授牌者 發送播擾 民閒" ; 『고려사』 권84, 형법1 직제, 공민왕 20년 12월, "一 百僚庶務 斷自都堂 近年 諸司凡有公事 擅移諸道存撫按廉 遣人徵督 甚者 直牒州縣 病民實多 自今 並令稟都評議司 區處".

79) 『고려사절요』, 공양왕 원년 12월 조준 등의 상소, "都堂摠百官 頒號令".

80) 정도전, 『삼봉집』 권4, 記, 高麗國新作都評議使司廳記.

81) 이 당시 도당의 변화에 대해서는 변태섭, 「고려도당고」, 『고려정치제도사연구』, 107~115쪽 참조.

82) 정도전, 『삼봉집』 권4, 記, 高麗國新作都評議使司廳記.

사무는 모두 도당에 보고하면 도당에서 관찰사에게 하명하고 관찰사가 다시 소재 주현에 나누어 주어 책정된 안에 의거하여 직납하게 하면 백성들이 거의 편하게 여길 것입니다."[83]

이 조치를 뒷받침하기 위해 도평의사사에 선차(宣差)와 지인(知印)을 두어 도평의사사에서 외방으로 보내는 연락을 직접 담당하게 하였다. 이로써 도당이 6부 이하 모든 관사의 보고와 명령을 심의하고, 연락사무의 집행까지도 관장하였다.

그러나 도당을 통해 행정체제를 일원화한다고 해도 도당을 거쳐 하달되는 정령 자체가 서로 모순된다면 그 효과를 거둘 수 없다. 그러므로 이 체제가 효과를 거두려면 도당을 거쳐 나가는 법령은 이전 법령과의 모순, 충돌 여부에 대한 심의를 받고 수정되거나 교정되어야 했다.

그런데 조선의 행정체제나 입법체제는 이런 문제가 발생할 소지가 많았다. 왕의 교서나 유서, 기타 명령서는 법안의 근원이기도 했지만 기본적으로는 행정문서이며 공문이기도 했다. 명령서는 필요할 때마다 내리는 것이기 때문에 같은 사안에 대해서도 여러 번 또는 주기적으로 교지를 내려야 했다. 대표적인 것이 권농사목 같은 것이다. 때론 예전에 내린 교지를 날짜만 바꿔서 다시 내리는 경우도 있었다.[84]

교지(수교)는 국왕이 반포하는 것이지만 원문의 작성주체는 다양했다. 교지의 원문은 관서의 계문, 관료와 재야의 상소 등 다양했다. 이

---

83) 『고려사절요』 권34, 공양왕 원년 12월, 863쪽, "大司憲趙浚等上疏曰……願自今各司愛馬 差遣外方者 一切禁之 凡係此等事 皆令呈于都堂 都堂下觀察使 觀察使 分布所在州縣 據案直納 則庶便於民".

84) 『세종실록』 권67, 세종 17년 1월 갑오, "召領議政黃喜等議曰 續典脫漏三十餘條 其間不無可行者 然邦典已成 不可追錄 何以區處 余則以爲撰集續典後 亦有受敎立法事 上項脫漏條件 以今受敎年月 改書擧行何如".

를 국왕과 대신이 심의해서 교지로의 반포 여부를 결정하는 것이지만 아무래도 이런 체제다 보니 사소한 문제가 발생할 여지가 많았다. 거의 같은 내용임에도 불구하고 기존의 법령 내지는 예전의 교지와 형량이 달라진다거나 어느 교지에서는 언급했던 사안이나 처벌규정이 다른 교지에는 없거나 바뀌어 있거나 용어나 표현이 달라지는 경우가 발생한다. 그때그때 상황에 따라 단서조항이나 추가사항이 첨가되거나 처벌규정이 추가되는 경우도 있었다.

이런 문제를 방지하려면 상서 초안을 작성할 때부터 기존의 수교와 법령을 빠짐없이 검토해야 한다. 하지만 상서안을 작성하는 사람은 다양하고 교지의 종류도 많았다. 하자 없는 법안을 기초할 정도의 정도의 식견과 지식을 지닌 사람은 대신급이나 되어야 가능했을 것이다. 반포된 모든 수교를 등록하여 비치한 곳은 예조(초기에는 검상조례사)와 춘추관 정도였다. 그러니 그런 자료를 섭렵할 수 있었던 사람도 많지 않았고 상서 하나를 쓰기 위해 법전과 등록을 다 검토한다는 것도 일반관료나 재야인사에게는 아예 불가능한 일이었다.

그러므로 이것은 개인에게 맡겨놓을 수 있는 사안이 아니었다. 물론 왕의 재가를 받는 과정에서 충분한 토론이 이루어지고 이런 토론에서는 도당(나중에는 의정부) 대신들이 큰 역할을 했다. 그러나 이런 검증 방식으로서는 전후의 명령과 관련법들과의 상관관계를 충분히 걸러낼 수 없었다. 고급 관료도 모든 법을 다 외우고 있지는 못했다.

> 좌의정 서문중이 아뢰었다. "신이 예조참판으로 있을 때에 서원을 지을 때는 조정에 고하는 법령이 있다는 것을 비로소 알았습니다. 그러나 중외에서 봉행하지 않아 마침내 중첩되게 설치하고 많이 설치한 폐단이 있게 되었습니다."[85]

---

85) 『비변사등록』, 숙종 25년 윤7월 17일.

이것은 숙종 25년 서원의 남설을 논의하는 자리에서 등장한 이야기다. 좌의정까지 된 인물이 서원의 건설이라는 작지 않은 문제와 관련된 법규를 예조참판이 되어서 처음 알았다는 것이다. 이것은 조선후기의 사례이기는 하지만 조선시대의 일반적인 상황을 보여준다고 생각된다.

이 문제를 해결하려면 모든 문서와 명령이 하달되기 전에 기존의 명령이나 법과의 충돌 여부를 검토하는 제도적인 절차를 마련할 필요가 있었다. 검상조례사의 조례의 등록과 검상 기능은 바로 이를 위하여 마련한 것이었다. 그리고 이렇게 검상에 의해 정리되고 선별된 수교집을 검토하여 법전을 편찬함으로서 사실상 입법기구의 일원화와 같은 효과를 거두려고 하였다.

검상조례사의 기능은 입법기구의 일원화라는 근본적인 목적만이 아니라 혁명초기라는 당시의 정치적 현실과도 잘 조응하는 것이었다. 혁명기에 개혁법령을 양산해 내려면 집중적이고 효율적인 체제가 필요하다. 더욱이 관료 중에서도 조준과 정도전의 급진적 노선에 동조하는 인물은 많지 않았고, 기존의 인식과 관행은 이들의 정책과 맞지 않는 것도 많았을 것이다. 그러므로 개혁정책을 추진하려면 모든 관사의 법령과 명령을 검토하고 조율함으로써 그들의 정책과 다르거나 상반되는 명령이나 관행을 적발하고 조절할 필요가 있었을 것이다.

도당에 검상조례사를 설치함으로써 도당의 대신들은 개혁법령을 입안하여 교서로 반포하는 동시에 그것을 검상조례사를 시켜 등록한 뒤 그것을 묶고, 검토, 선별하여 법전으로 편찬하는 과정을 모두 도당에서 처리할 수 있게 되었다. 이 방식은 권력의 집중을 가져올뿐더러 법전편찬의 시간과 노력을 절약할 수 있고, 따로 법전편찬기구를 세워 재검토를 할 경우 발생할 수 있는 토론과 논쟁을 줄임으로써 일관성 있고, 신속하게 개혁을 추진할 수 있게 했다.[86]

지금까지 살펴본 내용과는 좀 다르게 정치적인 측면에서 검상조례사의 기능도 하나 생각해 볼 수 있다. 검상조례사에는 소장관료층의 지도자이며 최고 엘리트들이라고 할 수 있는 육조낭관을 법전편찬에 참여시킨다. 앞에서 살펴본 대로 검상조례사의 임무는 단순한 문서정리가 아니라 수교를 검토하고, 판단할 수 있는 기능까지 부여받고 있었다. 국정 전반의 구조와 통치를 경험하는데, 이보다 좋은 자리는 드물 것이다. 더욱이 이를 통해 재상층과 그들이 선발한 젊은 엘리트 관원 사이에 유대관계를 설정할 수가 있다. 비록 검상이 2명에 불과하지만 검상의 임기가 겨우 1~2년 정도이고, 재상의 임기는 정년이 없었다는 사정을 감안할 필요가 있다.

조선시대에 대신층과 낭관층 간의 대립이 심했던 점을 고려하면 이런 방식은 유대관계 설정이라는 수준을 넘어 대신들이 낭관 중에서도 자신들과 교류가 되고 자신들을 이해하는 관원을 선정하여 육성하고, 그를 젊은 관료의 리더로 키우는 적극적인 방식으로도 기능할 수 있었다.

(임용한)

86) 『경제육전』이 수교집 체제였던 것도 이런 사정과 관련이 있다고 생각된다. 물론 고려후기의 법과 법전에 많은 영향을 미쳤던 『지정조격』, 『경세대전』과 같은 원의 법전도 다 수교집이었으므로 이들의 영향력도 무시할 수 없다. 그러나 그렇다고 해도 그것을 그대로 수용했을 때는 내적 상황에서도 그 방식이 충분한 효용과 타당성이 있었기 때문일 것이다. 수교집 체제는 내용이 중복되고 번거롭고, 참조하기에 불편하다는 단점이 있지만 법령을 신속히 반포할 수 있고, 법전편찬 속도를 줄이고, 개혁법령의 취지와 실행사항을 한 번에 알려줄 수 있다는 장점이 있었다. 이 역시 혁명초기, 개혁기에 적합한 장점이었다(임용한, 「조선초기 법전 편찬과 편찬원리」, 144~146쪽).

2. 속집상절과 법전편찬기구의 독립

1) 조례상정도감의 설치와 원전 개정작업

1398년 왕자의 난으로 정도전이 사망하고 조준이 실각하면서 조선의 개혁정책은 변화를 맞게 된다. 정도전・조준파는 집권기간이 짧았으므로 국가체제의 정립을 위해서는 아직도 많은 제정과 수정이 필요하였다. 더욱이 신(新)집권층은 과거・군제・지방제・관료제와 같은 많은 주요한 제도에서 정도전・조준 계열과는 다른 생각을 지니고 있었다.[1] 따라서 태종이 집권하자 신집권층은 『경제육전』의 법안을 개정, 수정할 필요도 발생하였다.

그러나 법령의 개정이란 어떤 의미로는 새 법령의 창안보다도 더 많은 논의가 발생하기도 한다. 게다가 태종 때의 집권층도 고려적인 체제에 안주하려는 보수적 인사와 일정한 개혁을 주장하는 세력으로 나뉘어 있었다. 이 같은 문제를 극복하고, 새로운 법전을 편찬해야 하는 것이 『속집상절』 편찬기의 과제였으며, 이를 해결하기 위해 새로운 법전편찬방식의 변화가 요구되었다.

이러한 시도로 처음 탄생한 기구가 정종 원년 10월에 설치한 조례상정도감이다.

---

1) 임용한, 「『경제육전속집상절』의 간행과 그 의의」, 『조선시대사학보』 25, 2003.

> 사헌부에서 상소하였다.……"지난해 겨울에 백료(百僚)가 드린 바 백성을 편안케 하는 조목과 언관이 올린 소장은 모두 이 시기의 병폐에 적절한 전하의 약석(藥石)입니다. 지금 또 백료로 하여금 숨기지 말고 다 말하게 하시니, 엎드려 바라건대, 전하께서는 명하여 조례상정도감을 세워……"[2)]

이 기사에서 조례상정도감을 설치하기 전 해의 겨울에 백관의 진언을 수집하였고, 그것이 축적되자 조례상정도감을 설치하였다고 한다. 전 해는 왕자의 난이 발생한 태조 7년이므로, 왕자의 난 성공 후 그 해 겨울에 바로 백료로부터 진언을 받았음을 알 수 있다. 이들 백관이 올린 봉장(封章)은 바로 조례상정도감으로 이송되어 체계적으로 검토되었다.[3)] 이는 『원전』에 수록한 정도전·조준파의 정책에 불만이 있던 관료들의 의견을 수합하여 정책을 수정하고, 보수파 관료군의 지지를 끌어내려는 의도였던 것으로 보인다. 그러나 그렇다고 태조대의 집권세력을 완전히 무시한 것은 아니었다.

조례상정도감에는 당시 정안군(靖安君)이던 태종과 조준, 김사형(金士衡), 이무(李茂), 이거이(李居易), 전백영(全伯英), 유관(柳觀)이 판사로 참여하고, 윤사수(尹思修) 외에 9명이 속관(屬官)으로 참여했다.[4)] 이들의 구성을 보면 조준, 김사형, 윤사수 등은 정도전 파에 속하는 인물이었고, 이무, 이거이, 전백영, 유관은 태종 편에 속한 인물이었다.[5)] 백관의 진언이라는 형식도 그렇고 상정도감의 구성을 보아도 아

---

2) 『정종실록』 권2, 정종 원년 10월 기유, "司憲府上疏曰……往歲之冬, 百僚所獻便民之目 及言官所上之疏 皆切時病 而殿下之藥石也. 今又令庶僚 盡言不諱 伏惟 殿下 命建條例詳定都監……".

3) 『정종실록』 권2, 정종 원년 10월 을묘, "下百官封章于條例詳定都監, 令擬議以聞".

4) 『정종실록』 권2, 정종 원년 10월 계축.

5) 윤훈표, 「경제육전의 편찬과 주도층의 변화」, 『동방학지』 121, 2003, 19~23

직은 의도적으로 신·구 세력을 통합하고 위무하려는 의도가 보인다.

그런데 이 기사만으로는 조례상정도감의 설치 목적이 명확하지 않다. 조례상정도감의 활동 내역을 보여주는 사례도 다음의 기사 하나뿐이다.

> 사평부(司平府) 낭청은 문하부의 예에 따라 조예(皂隷)를 거느리도록 명하였으니, 상정도감의 아룀에 따른 것이었다.[6]

상정도감에서 각 품 혹은 각 관서에 배당하는 조예의 수를 상정했다는 것이다. 작은 안건이지만, 3방의 소관업무가 수전, 차역, 요부, 전폐와 같은 국가의 주요제도를 포괄한다는 기록에다 이런 세세한 내용까지 상정도감에서 논의했다는 사례를 조합하면 상정도감에서 국가제도 전반에 걸친 검토와 수정작업을 행하고 있었다는 추정이 가능하다.

조례상정도감은 넓게 보면 법전편찬기구라고도 볼 수 있고, 또 그렇게 발전할 소지도 있었다. 그런데 조선의 입법체계로는 법전을 편찬하려면 그 이전에 먼저 새로운 법령을 교지로 반포하는 과정이 필요했다. 이 시기의 법전은 기(旣) 반행된 후, 수교 중에서 법전에 수록할 법령을 선정하는 방식이었으므로 충분한 교지를 축적한 후에야 법전을 편찬할 수 있었다.

그러나 조례상정도감은 단명하는 바람에 이 단계까지 발전하지 못했다. 하지만 넓의 의미에서 보면 조례상정도감은 새로운 법령의 편찬임무를 별도의 임시기구를 세워서 맡기는 최초의 사례였다는 점, 도평의사사에게서 법전편찬업무를 분리시켰다는 점에서 역사적 의미가 크

쪽.

6) 『태종실록』 권2, 태종 원년 9월 임자, "命司平府郎廳 以門下府例 率皂隷 從詳定都監之啓也".

다. 이후 조선의 법전편찬은 대개가 이런 방식을 따르게 된다.

2) 의례상정소와 속육전수찬소

(1) 의례상정소의 설치

조례상정소는 태종 원년 9월까지는 활동하고 있었다.[7] 그러나 다음 해에 갑자기 활동 기록이 사라진다. 대신 태종 2년 4월에 의례상정소가 등장한다.

> 가) (태종 2년 4월) 의례상정소에 명하여 무과의 관함(觀銜)을 모두 문과에 준하여 정하게 하였다.[8]

의례상정소라는 용어는 이 날 기록에 처음 출현한다.[9] 하지만 이보다 앞선 태종 2년 2월에도 상정소가 운영되고 있음을 보여주는 기사가 있다.

> 나) (태종 2년 2월) 각 관서의 이전(吏典)의 천전법(遷轉法)을 세웠다. 사헌부에서 상소하였는데, 그 대략은 이러하였다. "본국의 제도로 말하면 내시·다방·삼도감·삼군 출신자는 문반 7, 8품과 권무를 제수하고, 각사 이전 출신자는 서반 7, 8품과 위정(尉正)을 제수한 까닭에 직질이 어지럽지 아니하였습니다. 지금은 한 관서에 이전이 비록 5, 6명이 되더라도, 소정의 달수[箇月]가 찬 사람은 모두

7) 위와 같음.

8) 『태종실록』 권3, 태종 2년 4월 신유, "命儀禮詳定所 定武科觀銜 皆准文科".

9) 李範稙은 이 기록에 의거하여 의례상정소가 이때 처음 설치되었다고 보았다 (이범직, 『한국중세예사상연구』, 일조각, 1991, 242쪽, 주 252)).

> 문반의 7, 8품에 임명하게 됨에 간혹 이전 출신으로서 본사 이원(吏員)의 웃자리에 있게 되어, 매우 미편합니다. 원컨대 무반 7, 8품 및 대위(隊尉)의 직으로서 각 관서의 이전으로 근무개월 수가 다 찬 자로 임명하시고, 장차 개월이 찬 사람 1명은 주무[頭] 한 사람의 직을 삼으시고, 그 나머지는 전조의 역관(役官)의 진급을 보류하던 예에 의하여 차례로 녹용하소서. 또 도목이 대단히 번잡하오니, 상정소로 하여금 각각의 소속으로서 합병할 것은 합병하고, 도태할 것은 도태시키게 하소서."[10]

이 기사는 사헌부에서 각사 이전 천전법의 개정안을 상정한 내용인데, 상소 중에 각사 이전을 도태하고 병합하는 구체적인 도목은 상정소에 맡기자는 내용이 나온다. 실록에는 '상정소'라고만 표기되어 있고, 다루고 있는 내용이 의례가 아닌 법제와 관련된 내용이어서 여기서 말한 상정소가 과연 의례상정소인지 의문을 제기할 수도 있다.

그러나 바로 2달 후에 의례상정소에서 무과의 관함을 정하게 하는 사료 가)의 기록이 나온다.[11] 관함이란 산계(散階)의 총명칭으로 내용상으로는 의례에 속하지만 일반적으로 예서보다 법전에 수록되는 내용이다. 또 조선전기에는 의례상정소 외에는 상정소라는 명칭을 사용하는 기구가 없으며, 이 시기 실록에서 의례상정소를 상정소로 줄여 표현하는 경우가 종종 있으므로,[12] 나)에서 언급한 상정소가 의례상정소임이 분명하다.

이 기사는 의례상정소가 최소한 태종 2년 2월 이전에 설치되었음을 확인해 준다. 그러나 사료 나)는 가)의 기록보다 겨우 2달 정도 빠른

---

10) 『태종실록』 권3, 태종 2년 2월 임술.

11) 또 4월 경오 및 6월 정사에도 의례상정소에 관한 기사가 있다.

12) 『세종실록』 권33, 세종 8년 8월 정축, 3 : 39, 권35, 9년 2월 을축, 3 : 60, 권40 10년 4월 임진 등등.

것으로 큰 의미는 없다. 오히려 이 기록에서 주목되는 내용은 의례상정소가 의례만이 아니라 이전의 천전법 같은 법제의 개정까지도 담당하고 있었다는 사실이다.

이전에 법제의 제정을 담당했던 조례상정도감의 흔적이 태종 원년 9월에서 끊어졌던 점을 감안하면 5개월 후에 등장한 의례상정소는 조례상정도감의 후신임이 분명하다. 즉 태종 원년 9월에서 태종 2년 사이에 조례상정도감이 의례상정소로 대치되었던 것이다.

그렇다면 태종 2년에 조례상정도감을 의례상정소로 대치한 이유는 무엇이었을까? 일단 의례의 상정이란 측면에서 보면 전문성을 담보하기 위한 기구였다고 추측할 수 있다. 의례는 법제보다도 더욱 어렵고 내용도 방대하고 복잡했다. 국상의주(國喪儀註) 하나를 상정하는 데도 역대의 의주를 참고하고 정리하느라 수년이 걸렸다는 사례도 있다.[13] 의례에 정통한 사람은 더욱 드물었다. 세종대까지도 변계량과 허조가 의례상정을 전담하다시피 했을 정도였다.[14]

도감체제는 관원들의 인사이동에 구애받지 않고 전문 관원을 상임시킬 수 있다는 장점도 있었다. 그러므로 전문성을 확보하고, 안정적이고 장기적으로 운영하기 위해 의례상정소를 별도로 독립시켰다고 볼 수 있다.

이상의 의미는 이후에 설치되는 의례상정소에도 모두 공통적으로 적용되는 보편적인 의미이다. 그러나 태종 2년의 의례상정소는 그런 보편적 의미만을 추구하여 설립한 기구는 아니었다.

당시의 정황으로 보아서는 의례상정소의 설치가 정종의 하야와 태종의 즉위라는 정치적 변동과 관련이 있음은 분명하나,[15] 구체적인 내

---

13) 『세종실록』 권16, 세종 4년 5월 갑신.
14) 이 시기 의례정비 과정에서 두 사람의 활약에 대해서는 이범직, 앞의 책, 243~250쪽.

용은 드러나지 않는다. 그런데 정치적 변동과 관련이 있다면 아무래도 이들 기구의 인적구성에서 변화가 발생했을 소지가 크다고 생각된다.

불행하게도 태종 2년에 설치한 의례상정소에 참여했던 인물은 기록에 전혀 나타나지 않는다. 그러나 한가지 단서는 있다. 사료 나)에서 건의한 각사 이전의 천전법은 6월에 만들어지는데, 이 법을 만든 사람은 영사평부사(領司評府事)였던 하륜(河崙)이었다.

> 삼관(三館)에 통경(通經)의 다소로써 천전시키는 법을 세우고, 경중의 대소아문의 이전은 그 인원이 적고 많음에 따라서 둘을 병합하기도 하고, 혹은 셋을 병합하여 하나로 만들고, 도목에서도 역시 삼도감의 계서(階除)를 제외하고 거관하는 자는 외임에 서용하게 했으니, 모두 하륜이 정한 것이다.[16]

각 아문에 속한 이전의 수에 따라 둘, 셋을 병합하기도 하고 도목의 규정을 정했다는 것은 사료 나)에서 의례상정소에 상정을 요구한 내용과 일치한다. 또한 이 해 6월에 예조와 의례상정소제조가 악조를 상정했다는 기록이 있는데,[17] 같은 달인 6월에 하륜이 악장 2편을 진상했고,[18] 8월에는 「조선성덕가(朝鮮盛德歌)」 12장을 올렸다.[19] 이처럼 의례상정소의 작품과 하륜의 작품이 겹치는 것을 보면 이 시기 의례상정소제조는 하륜이 분명하다.

결국 조례상정소에서 의례상정소로의 변화는 『경제육전』의 개정작

---

15) 박병호, 「조선초기의 法源」, 『한국법제사고』, 1974, 399쪽.

16) 『태종실록』 권3, 태종 2년 6월 을축, "立三館以通經多少遷轉之法 又京中大小衙門 吏典隨其多少 或幷二 或幷三爲一都目 又除三都監 階除去官者 叙于外任 皆河崙所定也".

17) 『태종실록』 권3, 태종 2년 6월 정사, "禮曹與儀禮詳定提調 同議進樂調".

18) 『태종실록』 권3, 태종 2년 6월 신유.

19) 『태종실록』 권4, 태종 2년 8월 정축.

업을 조준, 하륜 등 여러 이질적인 세력이 참여하는 집단 작업에서 하륜을 책임자로 한 단일세력에 의한 편찬작업으로 바꾸기 위한 조치였다. 이는 정종대와 태종대의 정치적 성격의 차이를 분명히 보여주는 징표라고 하겠다.

(2) 의례상정소의 폐지와 속육전수찬소의 설치

태종 2년 2월 이전에 설립된 의례상정소는 2월에서 6월 사이에는 매달 한건 정도로 의례상정소의 활동 기록이 있을 정도로 활발히 활동하였다. 그러던 상정소가 전혀 아무런 논쟁이나 대체기구도 없이 7월부터 갑자기 활동을 정지한다. 그 후 태종 10년에다시 의례상정소를 설치했다는 기록[20]이 나오는 것으로 보아 이때는 폐지한 것이 분명하다. 의례상정소가 이렇게 단명한 이유는 무엇일까? 이것은 속육전수찬소의 설치 목적 및 『속집상절』의 편찬체제와도 밀접한 관련이 있으므로 상세히 고찰해 보도록 하겠다.

태종조의 의례상정소의 설치 및 복설, 속육전수찬소의 운영과정에서 주목되는 점은 이 모든 사건이 하륜의 동향과 밀접한 관련이 있다는 사실이다.

의례상정소의 제조였던 하륜은 태종 2년 10월에 명나라 영락제의 등극을 하례하는 하등극사(賀登極使)가 되어 명나라로 파견된다. 이때 하륜의 파견은 예상치 못했던 돌발적인 사태였다. 당시 조선과 명과의 관계는 순탄치가 않았다. 특히 전 황제였던 건문제는 태종이 즉위한 사연이 개운치 않다는 이유로 고명(誥命)을 거부한 전례가 있었다.[21]

---

20) 『태종실록』 권20, 태종 10년 8월 임술.

21) 태종은 부친을 몰아내고 정종을 세운 전력이 있었고, 다시 정종이 풍질이 들어 동생(태종)에게 양위하였다고 통보하였다. 중국에서는 정황이 의심스럽다는 이유로 고명의 하사를 연기하였다(『태종실록』 권1, 태종 원년 3월 을축).

명에서 새로 영락제가 즉위하자 조선으로서는 새 황제의 태도가 근심스러울 수밖에 없었다. 그래서 사신의 선발에도 신중을 기해야 했는데, 하륜이 사행을 자원하였다. 태종은 하륜의 자원에 감격하여 울기까지 하였다.[22]

그러므로 태종 2년 7월 경 의례상정소의 갑작스런 폐지는 바로 예기치 못한 하륜의 사행 때문이었다고 보여진다. 그런데 이런 가정이 성립하려면 하륜이 귀국한 후에 의례상정소가 다시 활동을 재개해야 하는데, 그렇지가 않다. 하륜은 사신의 임무를 성공적으로 수행하여 영락제로부터 태종의 즉위를 인정하는 고명을 받아 다음 해인 태종 3년 4월에야 돌아왔다.[23] 그러나 그의 귀국에도 불구하고 의례상정소는 복구되지 않았다. 이는 어떻게 설명해야 할까?

그 답은 명나라에서 돌아온 하륜이 이 공으로 좌의정이 되어 의정부에 들어갔다는 사정으로 설명할 수 있다. 하륜이 하등극사를 자원하자 태종은 하륜에게 바로 좌의정을 제수했던 것이다.[24]

의정부란 모든 법령과 행정명령이 거쳐 가야 하는 곳이므로, 하륜이 의정부 대신으로 있으면서 법령과 의례의 제정을 주도하고, 간여할 수 있었다. 실제로 하륜이 의정부 좌의정으로 있으면서 법령의 개수작업에 주력하였음은 아래의 기록을 통해 확인할 수 있다.

> 형조판서 김희선(金希善), 사헌부대사헌 성석인(成石因), 사간원 우사간대부 오승(吳陞) 등이 상소하였는데, 간원(諫院)의 상소는 이러하였다. "가만히 보건대, 좌정승 하륜은 지식이 고금을 통달하고 재주는 변통하는 데에 합당하여, 제작하는 일에 있어서 여유가 있다 하겠으나, 매양 법령을 만들어서 백성에게 반포하면, 백성들이 많이 불편하

22) 『태종실록』 권4, 태종 2년 10월 갑인.
23) 『태종실록』 권5, 태종 3년 4월 무신.
24) 『태종실록』 권4, 태종 2년 10월 갑인.

게 여기어 비방을 하고, 그 원망을 주상께 돌리오니, 작은 일이 아닙니다."[25)]

이 상소는 태종 7년 6월에 올린 것으로 하륜의 독단적인 입법활동에 대한 조정관료들의 반감을 표현한 것이다. 하륜에 대한 이때의 공세는 만만치 않아서 반대파들은 세자의 혼인과 중국 사신의 접대문제,[26)] 재이까지 들먹이며 하륜의 사직을 요구했다.

위의 인용문에서도 김희선 등은 여러 가지 구실을 들었지만, 근본적인 이유는 결국은 하륜이 독점하다시피하는 법제 개정사업에 대한 불만이었다.

다) (태종 7년 6월) 광연루(廣延樓)에 거둥하여 우사간대부 오승, 좌정언 정초를 인견하였다. 두 사람이 대궐에 나와 아뢰기를, "지난달 28일에 전하께서 신 등에게 명하시기를, '중외 신하들의 득실을 장문(狀文)을 갖추어 아뢰라.' 하셨으므로, 신 등이 맨 먼저 예전의 삼공이 재앙을 만나 자리를 피한 고사를 진달하였습니다. 근년 이래로 수재와 한재가 서로 겹치니, 마땅히 대신이 허물을 지고 사면할 때입니다. 그런데, 하륜과 조영무 등이 은총을 탐하여 사면하지 않

---

25) 『태종실록』 권13, 태종 7년 6월 계미, "刑曹判書金喜善 司憲府大司憲成石因 司諫院右司諫大夫吳陞等 上疏 諫院疏曰 竊見左政丞河崙 識達古今 才合變通 其於制作之事 可謂有餘裕矣 然每爲法令 以布於民 民多不便 起爲謗讟 歸怨於上 非細故也".

26) 태종 초에 양녕대군을 명나라 황녀와 결혼시키려는 시도가 있었다. 그러나 중국 측 반응이 탐탁치 않고 태종도 이를 후회해서 김한로의 딸과 정혼시켰다. 그러다가 태종 7년에 중국 사신이 오자 이현 등이 이를 다시 추진해 보자고 하륜과 조영무, 민제 등에게 건의했고, 하륜이 동의했다. 이 일이 태종에게 들어가자 태종은 분노했고, 신하들은 세자가 이미 정혼했음에도 이를 속이고 명과 혼인을 추진하려 했다는 죄목으로 하륜을 공격했고, 명나라 사신인 황엄이 하륜에게 불만이 많다는 이유까지 첨가했다.

고 다시 법제를 세웠으며……[27]

라) (태종 10년 6월) 임금이 말하기를, "수재와 한재의 재앙은 실로 나의 부덕한 소치이다. 예전에 하륜이 수상이 되어 법령을 개수하였는데, 그 당시 수한의 재앙이 있어 사람들이 가리켜 비방하였었다. 그 뒤에 조준·김사형·이서로 하여금 계속하여 정승을 삼았는데, 수한의 재앙이 없는 해가 없었으니, 이것이 그 증험이다.[28]

사료 라)에서 "하륜이 수상이 되어 법령을 개수하였는데, 그 당시 수한(水旱)의 재앙이 있어 사람들이 가리켜 비방하였다."고 했다. 그런데 하륜이 영의정부사로 임명된 때는 태종 8년 2월이었고,[29] 조준과 김사형이 정승이 된 때는 태종 3년 전후여서 하륜을 수상을 삼았다가 그 뒤에 조준, 김사형 등을 차례로 정승을 임명했다는 서술이 맞지 않는다. 그런데 하륜이 조준, 김사형 이전에 정승이 된 때는 태종 3년 좌의정이 되었을 때이다. 그러므로 여기서 말한 수상이란 영의정이 아니라 하륜이 좌의정으로 재직할 때이다. 이때 하륜은 법의 개정을 주도했고, 태종 7년 6월에 천재지변을 이유로 관료들이 하륜을 공격해다. 태종 7년 6월의 기록에는 하륜의 사임을 요구한 이유가 재해였지만, 태종 10년의 회고에서는 태종 스스로 천재지변은 명분이고, 하륜에 대한 비방이 법제의 개수 때문임을 분명히 밝히고 있다.

---

27) 『태종실록』 권13, 태종 7년 6월 신축, "御廣延樓 引見右司諫大夫吳陞 左正言鄭招 二人詣闕啓曰 前月二八日 殿下命臣等曰 中外臣僚得失具狀以聞 臣等首陳古者 三公遇災避位故事 近年以來 水旱相仍 正大臣引咎辭免之時也 而河崙趙英茂等 貪寵不辭 更立法制".

28) 『태종실록』 권19, 태종 10년 6월 경신, "上曰 水旱之災 實予否德之所致也 昔河崙爲首相 修改法令 時有水旱之災 人指以爲謗 其後以趙浚金士衡李舒 相繼爲政丞 水旱之災 亦無歲無之 此其驗也".

29) 『태종실록』 권15, 태종 8년 2월 경인.

결국 태종도 대간의 공세를 버티지 못하고 7월에 하륜을 해임하였다.[30] 하필 이 무렵에 관료들이 하륜에 대한 거센 공세를 펼친 것은 당시에 『원전』을 대체할 새 법전편찬사업이 시작되던 시기였기 때문이 아닌가 한다. 실제로 『속집상절』의 편찬사업이 다음 달 8월에 시작되기 때문이다. 좌의정으로서 하륜이 시행하는 새로운 법령에도 불만이 많았던 그들로서는 새 법전의 편찬사업까지 하륜이 주도하는 것을 용인할 수 없었을 것이고, 그것이 하륜의 퇴진 운동으로 나타났을 것이다.

그러나 태종은 8월에 속육전수찬소라는 새로운 기구를 만들어 법전편찬 사업을 전담하게 하고, 그 책임자로 하륜을 임명해 버림으로써[31] 하륜에 대한 관료들을 공세를 무색하게 만들어 버렸다. 관료들은 하륜이 좌의정으로 재직하는 동안 법제 제정 기능이 과거 태조대처럼 의정부로 돌아왔기 때문에 하륜을 사임시키면 의정부의 새로운 정승들이 법제편찬을 주도할 것으로 예상했을 것이다. 그러나 태종은 다시 독립기구를 만들어 하륜을 책임자로 임명해 버렸던 것이다.

속육전수찬소에는 성산부원군 이직(李稷)이 함께 제조로 참여했으나,[32] 『실록』에서도 이 법전의 책임자로 하륜을 언급하고,[33] 실제로 내용을 검토해 보아도 하륜이 제정한 법령이 상당수 들어갔을 정도로 하륜의 주도권은 확고했다.

하륜은 태종 8년에 다시 의정부로 복귀했는데, 이번에는 최고 책임자인 영의정부사가 되었다. 이제 하륜은 육조를 총괄하는 의정부의 수반과 법전편찬기구인 속육전수찬소 제조를 겸임하게 되어서 영의정으

30) 『태종실록』 권14, 태종 7년 7월 을묘.
31) 『태종실록』 권14, 태종 7년 8월 기해, "置續六典修撰所 以晉山府院君河崙領其事".
32) 『태종실록』 권23, 12년 4월 무진.
33) 『태종실록』 권23, 태종 12년 4월 무진, 『경제육전속집상절』 찬진기사.

로서 새 수교의 검토 및 반행과정과 속육전수찬소의 제조로 그 수교의 법전 수록과정 전부를 일괄하여 관할하게 되었다.

하륜의 노력으로 『속집상절』은 태종 12년 4월에 완성되었고,[34] 태종 13년 2월에 주자소에서 인간하여 반행하였다.[35] 그리고 이후로 속육전수찬소에 관한 기록이 전혀 등장하지 않는 것으로 보아 법전의 편찬완료와 함께 속육전수찬소도 폐지되었던 것 같다.

독립기구인 속육전수찬소는 구조적으로 보면 조례상정도감이나 의례상정소의 맥을 잇는 것이라고 하겠다. 이처럼 법전편찬기구를 도평의사사나 의정부 같은 최고 행정기관에서 분리시켜 법전을 편찬하는 방식은 경륜과 능력이 있는 전문인력을 인사이동에 구애받지 않고 활용할 수 있다는 장점이 있다.

또한 도평의사사를 의정부로 바꾸면서 의정부에 참여하는 재상군이 전보다 더욱 협소해진 단점도 해결할 수 있었다. 조례상정도감의 경우처럼 여러 개혁론의 인물을 참여시킨다면 논쟁과 타협을 통해 개혁론을 아우르는 정치적 융통성을 발휘할 수도 있을 것이다.

그러나 사용하기에 따라서는 전혀 다른 결과를 초래할 수도 있다. 태종대의 의례상정소와, 속육전수찬소의 설립이 바로 그러한 경우였는데, 법제 개혁과 법전편찬임무를 오직 하륜에게 맡기려는 태종의 의도에 따라 새로운 기구의 창설과 치폐가 반복되고, 법제 개정작업이 의례상정소에서 의정부로 다시 속육전수찬소로 바쁘게 이동하였던 것이다. 이것은 위인설관(爲人設官)의 대표적인 사례이며, 이로 인하여 법전편찬작업에 참여하는 인원이 더 협소해졌다. 결국 『속집상절』을 완성하는 데는 성공했지만, 『원전』의 법을 유지하자는 세력, 고려의 법을 따르자는 보수파들은 다 이 법전에 불만을 토로했고, 황희, 허조

34) 위와 같음.

35) 『태종실록』 권25, 태종 13년 2월 기묘.

와 같은 하륜의 차세대 관료들도 하륜의 법에 불만을 토로했다.

결국 『속집상절』은 간행은 하지만 거의 시행되지 않고 바로 개정에 들어가 세종 즉위 후에 법전편찬작업이 다시 시작되게 된다. 이것은 법전개정이라는 국가적 사업을 지나치게 개인에게 의존함으로써 법전의 완성도와 관료군의 동의를 끌어내는데 실패했던 것이라고 평할 수 있겠다.

『속집상절』의 규정이나 여러 기록으로 판단해 보면 하륜은 전반적으로는 『원전』의 급진적 개혁노선에 반대하는 이색 계열의 온건개혁파 사류의 개혁방안에 서 있었다. 하지만 그러면서도 하륜은 국가적, 국왕적 입장을 배려하여 국가의 공적 기준과 국왕의 권위를 강화하고, 귀족적 특권을 어느 정도는 억제해야 한다는 입장이었다. 이 때문에 그는 보수파들로부터는 정도전과 같은 인물이라는 공격을 받았고, 태종조의 관료들에게서도 상당한 견제와 질시를 받았다.

개혁의 방향이 아니라 법전의 완성도에서도 『속집상절』은 문제가 있었다. 『속집상절』에 수록한 법령들을 검토해 보면 보수파와 개혁파의 중간에서 법제를 개정하고 제정하다 보니 법령 간의 일관성이 떨어지고, 법제에 세세한 내용이나 보완규정이 미비하여 새로운 문제를 야기하는 경우도 종종 있다. 황희, 허조 등 세종대의 『경제육전』 편찬자들이 하륜의 『속집상절』을 비판한 데는 이 같은 불완전성도 주요한 이유가 되었다고 생각된다. 그리고 이처럼 『속집상절』이 2계열의 개혁론을 제대로 융화시키지 못한 데는 여러 사람의 토의와 검토를 거치지 않고 하륜이라는 개인의 주도권이 너무 강했던 데도 원인이 있다고 생각된다.

이것은 태종조의 법전편찬방식이 가져다 준 근본적인 한계였다. 즉 하륜이라는 개인을 내세워 법전편찬을 강행한 태종의 방식은 빠르고,

신속하게 법전을 편찬하여 『원전』의 개혁을 대체하는 새로운 개혁노선을 수립하는 데는 성공했으나, 보편성과 법전의 완성도, 관료들의 지지도라는 점에서는 심각한 문제를 지닐 수밖에 없었다. 결국 이 과제는 다음 왕인 세종에게로 넘겨지게 된다.

3) 의례상정소의 재설치와 법전편찬기구화

속육전수찬소가 활동 중이던 태종 10년 8월에 의례상정소가 다시 설치되었다.

> 의례상정소를 설치했다. 영의정부사 하륜과 예문관 제학 변계량, 참지의정부사 이조를 제조로 삼았다.36)

의례상정소의 제조는 영의정부사 하륜, 예문관제학 변계량, 참지의정부사 이조였다. 다음 해 쯤에 예조참의 허조도 제조가 되었다.37)

허조는 예조참의로 상정소 제조를 겸했는데, 후술하겠지만 이후로 예조와 상정소는 긴밀한 관계를 맺게 된다. 따라서 기구 간의 협력을 위해 예조의 관원이 상정소 제조를 겸하는 방법을 사용하였던 것 같다.

하륜은 변계량 등과 제조로 참여하고 있지만, 제조라고 해서 지위

36) 『태종실록』 권20, 태종 10년 8월 임술, "置儀禮詳定所 以領議政府事 河崙 藝文館提學 卞季良 參知議政府事 李慥爲提調".

37) 허조는 예조참의 시절에 상정소 제조를 겸했다는 기록이 있다(『세종실록』 권16, 세종 4년 5월 갑신). 그런데 허조는 태종 11년부터 예조참의로 활약했고, 태종 15년에 상정소 제조로 재직했다는 기록이 있으므로(『세종실록』 권16, 세종 4년 5월 갑신) 창설 당시나 그 직후부터 상정소 제조로 활약했던 것 같다.

가 같아지는 것은 아니었다. 이때 하륜의 지위가 영의정부사였고, 하륜에 대한 태종의 신임이나 자신의 정치적 지위로 보아 하륜이 의례상정소를 주도했다고 보여지는데, 실제로 이후의 기사를 보아도 하륜은 의례상정소에서 주도적인 역할을 하였다.

의례상정소의 설치 목적이 의례 편찬에 있었다고 보면 의례상정소의 복설은 자연스러운 일이라고 생각된다. 조선시대 법전의 편찬과정에서 법조문 못지 않게 중요하고 방대한 내용이 의례였다. “예는 사대부 이상에게, 형은 대부 이하에게 적용한다”라는 『예기』의 서술처럼 고래로부터 동양사회에서 예와 법은 서로 별개의 것이 아니었다.

그러나 의례의 편찬에는 현실적인 이유도 존재했다. 조선시대의 의례는 오늘날처럼 의식과 예절의 범주에 국한되지 않는다. 예와 법은 함께 통치의 규범을 이루었다. 따라서 의례라고 해서 모두 예서에만 수록되고, 법은 법전에만 수록되는 것도 아니다. 의례 중의 일부는 법전의 주요항목을 차지하며 법전에 수록되었다. 당장 『경국대전』 이하 조선의 주요법전을 보아도 예전에는 관원들이 대면하고, 합석할 때의 의례를 규정한 경외관원의 상회례(相會禮), 회좌례(會座禮), 영송례(迎送禮)와 오복제(五服制) 등이 수록되어 있다.

『경제육전』 단계에서는 법전에 수록하는 의례의 항목이 더욱 넓었던 것 같다. 위에 든 항목 외에도 나중에 『오례의』로 분류되는 대열의(大閱儀)와 시향제의식(時享祭儀式) 등을 수록했다는 기사가 있다.[38] 이로 미루어 보면 오례(五禮)에 해당하는 부분과 각종 제사의식까지 법전에 기록했던 것 같다. 의례와 법제의 분리는 세종대에 오례의를 편찬하면서 추진되기 시작하지만 『경국대전』 이후에도 완전히 분리되지는 않았다.

---

38) 『태종실록』 권30, 태종 15년 8월 정축.

이러한 사정 때문에 법전을 편찬하기 위해서라도 의례의 상정은 필수적인 것이었다. 그렇다면 의례상정소를 별도로 설립하기보다는 의례상정소와 속육전수찬소를 합치는 것이 편하지 않았을까 하는 의문이 든다.

우선 이 두 기구의 책임자가 모두 하륜이었다. 또 이 시기의 의례상정소는 일반 의례보다는 『경제육전』에 수록하는 의례의 상정과 『원전』에 수록한 의례의 개정에 매진하고 있었다. 태종 15년에 『속집상절』에서 『원전』을 개정한 18개 조문을 논의하는 중에 대소사신 상회례와 문과에서의 좌차례(坐次禮)가 언급되고 있다. 그 외에도 대간과 일반관원의 상접례(相接禮)의 개정조항을 『속집상절』에 수록하였다.[39] 이외에도 '기복(起復)', '상장(喪葬)', '가묘제례(家廟祭禮)' 등 의례와 관련된 여러 조문에서 『원전』 조항의 개정이 이루어졌다.[40]

『속집상절』을 편찬할 때 이 같은 의례 개정조항을 어느 부서에서 만들었는지는 『실록』 기록에 나타나지 않는다. 그러나 기왕에 의례상정소를 설치하고 운영했다면 의례상정소에서 만들고 검토했을 가능성이 높다고 보아야 할 것이다. 결국 태종 10년에 복설한 의례상정소는 태종 12년 『속집상절』을 편찬할 때까지 주로 법전에 수록한 의례의 개정작업에 매달려 있었던 것이다.

그럼에도 불구하고 두 기관을 합치지 않고 분리한 이유에 대한 해답 역시 하륜에게 있다. 그것은 속육전수찬소를 중심으로 한 하륜의 법전편찬 권한을 보호하기 위한 방편이었다고 생각된다. 태종 7년 하

---

39) 『세종실록』 권13, 세종 3년 9월 신미, "臺諫奉命去處則 從優答禮 各品隋行之禮則 不答 此續典所載". 이 조문은 『원전』에 수록했던 대소사신의 相會禮를 수정한 것이다. 그런데 이때가 세종 3년이므로 여기서 언급한 속전은 곧 『속집상절』이다.

40) 『원전』과 『속집상절』 조문의 차이와 의미에 대해서는 임용한, 「『경제육전속집상절』의 간행과 그 의의」, 『조선시대사학보』 25, 2003, 20~26쪽.

륜을 의정부에서 몰아낼 정도로 하륜과 그의 법제에 대한 관료들의 반발도 심했다. 그러나 태종은 이를 무시하고, 속육전수찬소를 설립하여 하륜에게 법전편찬의 전권을 맡겼다.

하지만 이런 방법으로는 관료들의 불만을 해소할 수는 없었을 것이다. 그렇다고 하륜과 이직, 2인의 제조가 의례까지 담당하기는 무리였다. 그런데 의례편찬을 위하여 만약 허조, 변계량 등이 속육전수찬소의 제조로 참여했다면, 그들의 발언권은 예제의 범주를 넘어서 각종 법규로까지 미칠 것이 분명했다.

이것이 의례상정소를 별립시킨 숨겨진 의도였다고 생각된다. 이렇게 함으로써 태종은 법전편찬작업 중에서도 전문성과 인력이 필요한 의례편찬작업을 법전 개정작업에서 분리시키고, 속육전수찬소에 기반한 하륜의 주도권도 보존할 수 있었던 것이다.

태종 12년에 『속집상절』을 편찬하면서 속육전수찬소가 폐지되고 의례상정소만이 남게 되었다. 지금까지 법전편찬업무에 종속되어 있던 의례상정소는 이때부터 『예서』에 수록하는 순수 의례를 상정하기 시작했다. 태종 12년 8월에 종친과 대신의 국장격례를 마련하는 것을 시작으로 해서,[41] 삭망전의(朔望奠儀), 기고의(祈告儀), 풍운뢰우단기우의(風雲雷雨壇祈雨儀) 등의 상정작업이 활발하게 이루어진다.[42]

그러나 이때에도 의례상정소에서 하륜의 역할은 강력했다.

> 참찬 허조가 상서하였다. "우리 태상 전하가 을미년(1415, 태종 15)에 예조에 명하여 국상의제를 제정하게 하였는데, 좌의정 이원(李原)이 그때 예조판서로서 친히 이 명령을 받았고, 신은 그때 의례상정소 제조로서 그 대략을 들었고 동부대언 곽존중은 별감으로 그 일을 담

41) 『태종실록』 권24, 태종 12년 8월 경진.
42) 『태종실록』 권30, 태종 15년 3월 신축.

당하여, (의례상정소) 제조인 진산부원군 하륜의 계획에 의하여 면재(勉齋) 황씨의 『의례경전통해속(儀禮經傳通解續)』·『두씨통전』·『주자가례』와 명나라에서 반포한 태조 고황제의 발애조장 및 우리 태조 강헌대왕의 상장의궤를 수집하고, 그것을 참고하여 초안을 세우고 수년 동안 '갈고 다듬어서' 성안하였습니다.[43]

이 기록에 의하면 국상의제의 상정작업에서 하륜이 계획을 세웠다고 한다. 이는 실제로 그가 의례 상정을 주도하였다는 의미이다. 이처럼 하륜은 사실상 의례상정소의 총책임자 역할을 맡았을 뿐 아니라 각종 의례의 제정에서도 자신의 주장을 관철하였다.

처음에 알성의주(謁聖儀註)를 상정하는데, 하륜이 "당나라·송나라와 고려의 역사를 상고하면 '임금이 화(靴)와 포(袍)를 입는다'라는 글이 있으니, 임금은 원류관(遠遊冠)에 강사포(絳紗袍)를 입는 것이 마땅하다" 하니, 예조참의 허조가 선농(先農)의 제사에도 응당 곤룡포(袞龍袍)에 면류관(冕旒冠)을 입고, 또 병술년 시학(視學)할 때에도 또한 곤룡포에 면류관을 입었습니다." 하였다. 하륜이 "썩어빠진 유자가 옛것에 얽매어 변통을 알지 못하는 것이다." 하고, 드디어 원류관·강사포의 제도를 썼다.[44]

물론 그렇다고 해서 하륜의 권력이 절대적인 것은 아니었다. 변계량과 허조는 하륜과 논쟁을 벌이면서 자신들의 의견을 관철시키기도 하였고,[45] 서로 간에 독자적인 주장과 노력을 펼치기도 하였다. 일례

43) 『세종실록』 권16, 세종 4년 5월 갑신.

44) 『태종실록』 권28, 태종 14년 7월 무자.

45) 하륜은 『홍무예제』를 참작해서 제향 때의 齋戒 일수를 정했는데, 태종 11년에 허조가 개원례를 수정하여 준행할 것을 주장하여 조정에서 논쟁이 벌어진 적이 있다(『태종실록』 권22, 태종 11년 9월 기사). 이외에도 허조는 여러

로 변계량은 태종 17년 태조와 신의왕태후(神懿王太后)의 기신제(忌晨祭)를 원묘(原廟)에서 제사해야 한다는 자신의 주장을 태종에게 단독으로 상소해서 관철시키기도 했다.46) 그러나 이런 사례가 특별한 사건으로 기록된다는 것은 역으로 그만큼 하륜의 권력이 압도적이었음을 보여준다.

하륜에 대한 태종의 신임도 각별했다. 태종 14년 예조에서 우사(雩祀)의 신주 규격을 건의하자 태종은 재상들이 하륜, 이직과 의논하여 결정을 내리라는 명령을 내렸다.47) 태종 15년에는 향리의 입제(笠制)를 정했는데, 이것도 하륜이 평소부터 주장해 온 것으로 태종은 반대하는 황희를 직접 설득해 가면서 하륜의 청을 들어주었다.48)

이처럼 하륜의 권력을 속육전수찬소를 지나 의례상정소까지 지속적으로 이어졌다. 그러나 『속집상절』의 법에 대한 비판이 발생하면서 사실상의 재개정 작업이 시작되는 태종 15년부터 의례상정소의 운영과 기능에 변화가 발생한다.

먼저 의례상정이라는 본연의 업무로 돌아갔던 의례상정소가 다시 법제를 상정하기 시작한다. 아래의 <표 1>은 『속집상절』을 완성한 태종 12년부터 태종이 양위하는 태종 18년까지 상정소의 활동 양상을 『실록』에서 뽑은 것이다.

아래의 표를 보면 태종 12년부터 국장격례와 우사(雩祀) 및 섭사의(攝事儀), 삭망전의(朔望奠儀)와 같은 각종 의례를 상정하던 의례상정소가 태종 15년 향리 립제(笠制)49)의 제정을 계기로 녹과와 같이 법전

번 하륜이 제정한 제도에 대해 이견을 제시하였다.

46) 『태종실록』 권34, 태종 17년 9월 기사.

47) 『태종실록』 권27, 태종 14,년 5월 경인.

48) 『태종실록』 권29, 15년 4월 경진.

49) 향리의 립제는 의례에 해당하지만 『경국대전』에도 수록한 제도이다.

에 수록하는 제도를 다시 상정하기 시작함을 보여준다. 또 태종 16년에는 예조에서 관복제의 상정안을 보고했고, 17년에는 과거제도 개정안을 올리고 있다. 이 보고에는 상정소가 등장하지 않고, 예조의 보고로 기록되어 있지만, 보고 주체나 기록과정에서 상정소가 생략되는 경우가 있고, 향리의 립제를 상정소에서 상정했다면 관복제 개정에서 상정소가 개입했을 가능성이 높다. 따라서 실제 기록에 나타나는 것보다 훨씬 많은 법제를 상정했다고 보아야 할 것이다.

<표 1> 태종 12년 이후 의례상정소의 활동

일 시	활동 내역	비 고
태종 12년 8월 경진	종친과 대신의 국장격례를 정함	예조 보고
태종 14년 5월 경인	우사(雩祀)의 신주 규격을 정함	예조 보고
태종 15년 3월 신축	종묘친합의(宗廟親祫儀), 섭사의(攝事儀), 삭망전의(朔望奠儀), 기고의(祈告儀), 천신의(薦新儀), 제중뢰의(祭中霤儀), 문소전친향의(文昭殿親享儀), 풍운뢰우단기우의(風雲雷雨壇祈雨儀)를 상정	예조와 상정소 보고
태종 15년 4월 경진	향리의 립제(笠制) 상정	예조와 상정소 보고
태종 17년 9월 기사	태조와 신의왕태후의 기신제를 원묘에서 제사	변계량 보고
태종 17년 12월 신축	현임관은 항상 사모를 쓰게 함	예조와 상정소 보고
태종 17년 12월 정미	제군의 녹과 상정	예조와 상정소 보고

태종 15년 『속집상절』의 재개정이 필연적인 사실로 되었을 때, 태종은 다시 속육전수찬소와 같은 기구를 설립하지 않고 예조와 의례상정소에 의례와 법제의 상정 임무를 몰아주었다.

이와 함께 예조에서는 과거 도평의사사에서 하던 법령의 등록과 고열 업무의 비중이 높아졌다. 이것은 검상조례사의 기능 복구로 이어져서 검상관 1명을 복구하고, 문서등록작업을 단순한 문서정리작업에서 법령의 고열 및 자료편찬 작업으로 바꾸었다.

이렇게 해서 의례상정소는 다시 법제와 예제 상정업무를 함께 감당하는 입법기구로 확대되었다. 이때도 하륜은 여전히 제조를 맡았지만, 이때부터 하륜의 영향력이 점차 퇴조하기 시작한다. 하륜 개인으로도 수명이 얼마 남지 않았지만, 태종도 『속집상절』의 실패를 통해 하륜의 한계와 이전 방식의 한계를 깨닫고, 하륜 개인에게 의존하는 위인설관적인 편찬기구의 설립을 자제한 결과라고 생각된다.

예조와 의례상정소가 의례와 법전편찬을 전담하게 된 데는 태종 14년부터 시행하기 시작한[50] 육조직계제의 영향도 크다고 생각된다. 재상들의 통치행위적인 권한을 축소하고 육조의 임무와 권한을 강화하는 것이 육조직계제의 목표였던만큼 법전편찬과 의례상정에서도 예조의 역할을 강화사킨 것이다. 이는 위인설관적인 부서 운영을 지향하고, 폐쇄적이며 한시적인 기구보다는 상설적이며, 공기구적 성격이 강화된 의례상정소와 예조에 법제의 제정과 법전고열 업무를 맡겼다는 점에서 의미 있는 변화이자 발전이었다고 평할 수 있겠다.

그러나 태종 15년 이후의 변화는 아직은 미미했다. 이러한 반성이 본격적으로 법전편찬에 및 입법방식에 반영되는 것은 세종대에 들어서부터이다.

(임용한)

---

50) 『태종실록』 권27, 태종 14년 4월 경신.

3. 세종대의 법전편찬과 입법기구의 상설화

1) 신속육전의 편찬과 법전편찬기구의 다원화

법전편찬기구 상의 문제로 볼 때 『원전』과 『속집상절』의 문제는 그것이 특정 세력의 견해를 대변하는 방식으로 구성되었다는 점이었다. 태종 때의 경우는 특정세력이 특정 개인으로까지 축소되었다. 그것은 법전에 대한 관료들의 불만을 야기할 뿐만 아니라, 법전의 완성도를 떨어뜨렸다. 세종은 즉위하자마자 법전편찬작업을 준비하기 시작했는데, 당연히 법전편찬기구의 문제도 해결해야만 하였다.

세종이 즉위하자마자 착수했던 첫 작업은 지금까지 해 왔던 법전자료의 검토와 분석이었다. 그 결과가 세종 2년 11월에 예조에서 보고한 "원전과 속전에 수록한 각년판지(各年判旨) 중에서 당연히 준행해야 할 것이지만 잘 시행되고 있지 않는 조문 30개조"[1]이다.

이 결과는 예조가 보고했지만 실제 이 작업을 담당한 기구가 당시 예조로 이속되어 있던 검상조례사였던 것 같다.[2] 한편 세종 초반에는 이 같은 기존 법령의 검토작업만이 아니라 새 법령의 제정도 지속적으로 수행되었다. 이 작업은 태종 후반의 정책을 이어받아 의례상정소가 계속 맡았다. 이 시기에 의례상정소가 제정한 법령을 보면 세종 원

---

1) 『세종실록』 권10, 세종 2년 11월 신미.
2) 이 책 4장 1절 참조.

년 5월에 예조와 함께 각도의 생원시 정원을 상정했고,[3] 태종의 국상의례와[4] 기타 제사의 의례를 상정하고 규정하는 기록이 보인다.[5] 세종 5년에 그동안 정수가 없던 각 관사의 제조의 수를 법으로 규정했다. 이때 상정소도 도제조 1명, 제조 2명으로 정했다.[6] 상정소 제조의 정수를 정한 것은 상정소가 상설기구화하였음을 시사하는 것이기도 하다.

다만 이 시기 실록 기록을 보면 상정소가 법안을 상정하는 경우보다는 예조가 보고하는 법제와 의례 상정안이 훨씬 많다. 하지만 이는 당시의 행정절차가 예조가 보고하는 구조로 되어 있었기 때문이지 상정소의 활약이 미미했던 것은 아니었다.

> (세종 4년 11월) 예조에서 계하였다. "본조에서는 달마다 『예기』의 월령을 아뢰고 각 관사에 공문을 보냈는데, 그 중에는 본조에서 행하지 못한 일도 갖추어 있어, 마침내 공문은 헛문서가 되고 맙니다. 행할 만한 사건은 본조에서 의례상정소와 더불어 함께 의논하여 교명을 받아 달마다 신문(申聞)하고, 경중의 각 관사와 외방의 주군에 알리어 일일이 봉행하도록 하되, 이를 어기는 자는 사헌부와 관찰사가 죄를 규탄하게 하여, 이를 영구히 일정한 법식으로 삼게 하소서."하여, 그대로 따랐다.[7]

이 기사는 매월 하달하는 월령도 예조와 상정소가 함께 의논하여 매달 왕에게 보고하고, 이를 반행하는 것을 항식(恒式)으로 하자는 것이다. 이는 예조와 상정소의 활동이 긴밀하게 얽혀 있음을 보여주는

3) 『세종실록』 권4, 세종 원년 5월 임신.
4) 『세종실록』 권4, 세종 원년 7월 경오.
5) 『세종실록』 권10, 세종 2년 12월 신해.
6) 『세종실록』 권19, 세종 5년 3월 을미.
7) 『세종실록』 권18, 세종 4년 11월 정묘.

동시에 상정소가 사실상 상설기구로 인정받고 있음을 보여준다.

예조와 상정소의 관원이 서로 조금씩 중복되고, 명령과 보고가 예조를 경유하기는 했지만, 반드시 그렇지도 않았다. 상정소의 관원은 대부분 예조판서보다 격이 높은 대신들이었고, 가끔은 상정소로 직접 명령이 내려가거나 상정소가 예조를 거치지 않고 보고를 하는 경우도 있는 것으로 보아 상정소의 독립성 역시 강하였다.

이렇게 해서 세종 초반에는 형식적으로는 예조를 중심에 두었지만 의례의 상정을 담당하는 상정소와 법전자료의 편찬, 관리를 담당하는 검상조례사로 입법행정체제가 분화되었다. 여기에 『신속육전』 편찬작업을 시작하자 다시 법전편찬을 담당할 별도의 기구가 설립되었다. 그것이 1422년(세종 4)에 설치한 육전수찬색(六典修撰色)이었다. 수찬색의 도제조는 성산부원군 이직과 좌의정 이원이 맡고, 제조로는 찬성사 맹사성, 참찬 허조가 임명되었다.[8] 이 중 허조는 의례상정소 제조를 겸하였다.

이렇게 하여 세종대에는 법과 의례의 기안(의례상정소), 고열 및 자료정리(검상조례사), 법전편찬(육전수찬색) 기구가 분화되었다. 이것은 태종대의 실패를 경험한 결과였다고 생각된다. 단일 기구에 법률편찬 기능을 몰아준다면 결국은 누군가의 독주체제가 형성되고, 관료간의 갈등만 높아질 가능성이 높다. 그러므로 공정을 분화시켜 관료의 참여폭을 넓히고, 편찬의 효율화를 달성하고자 했던 것이라고 생각된다.

그런데 이렇게 입법기구를 다원화하고 법전편찬 기능을 분산, 전문화시켰지만 막상 법전편찬작업을 시작하자 새로운 문제가 발생했다. 입법기능 중에서도 핵심적 기능은 새 법의 기안 즉 상정인데, 이 기능은 의례상정소에만 부여하였다. 그러나 막상 기구를 포치하고 법전편

---

8) 『세종실록』 권17, 세종 4년 8월 을미, "置六典修撰色 以星山府院君李稷·左議政李原 爲都提調 贊成事孟思誠·參贊許稠 爲提調".

찬을 시작하자 육전수찬색과 검상조례사가 모두 법안의 수정과 새 법의 기안권을 행사하는 사태가 발생하였다. 입법기능이라는 것이 그렇게 명목에 따라 나눌 수 있는 것이 아니었기 때문이다.

먼저 육전수찬색의 경우를 보겠다. 『신속육전』 서문에 의하면 육전수찬색은 유사하고 중복된 수교는 하나로 묶는 권한을 보유했다.[9] 이는 그동안 비슷비슷한 수교도 많아졌지만 법안을 부분적으로 개정하는 경우는 같은 조문이 반복되는 사태가 발생했기 때문이었다. 이 기능은 법안을 개정하거나 신법을 기안하는 것이 아니라 교정, 편찬 차원의 업무였다. 그러나 단 한 글자에 따라서도 법의 의도와 정책적 성격이 달라질 수 있는 것이 법조문이다. 그러므로 수교의 교정, 증보, 통합이란 새로운 입법안을 초래할 수 있었다. 더욱이 이 기능을 수행하다 보면 자연히 기존 법안을 검토하게 되고, 법안의 문제나 불만이 논제로 등장하게 되었다. 다음의 기사는 그러한 사정을 말해준다.

> 형조에서 계문하였다. "『대명률』 과실살인조(過失殺人條)에 '만약 과실로 살인한 자는 싸우다가 살인한 죄에 준하고, 율에 의하여 속전(贖錢)을 거두어서 살인당한 집에 급부한다.' 하였고, 또 위세로 사람을 핍박하여 죽게 한 조목과 형벌을 결정하되 법 조목과 같지 않게 한 조목에는, '매장은' 11냥쭝을 징수하여 살인당한 집에 준다.' 하였습니다. 만약 한 사람이 한 사람을 죽였다면, 속전을 거두고 매장은을 징수해서 살인당한 집에 주는 것이 율문과 합치되지마는, 한 사람이 여러 사람을 살상했다든가, 혹은 여러 사람이 한 사람을 살상했을 경우에, 속전을 거두는 것과 매장은을 징수하는 것은 율문에 조목이 없으므로, 당해 관리가 혹 아울러 받기도 하고, 혹은 각각 받기도 하여, 제 요량대로 시행하니 미편합니다. 수찬색을 시켜 자세하게 정하기를 청합니다." 하니, "이는 형조에서 주관할 일이니 잘 조사하여 정하라."고

9) 『세종실록』 권34, 세종 8년 12월 임술.

명하였다.[10]

이 기사는 형조에서 율문에 없는 사건에 대해 수찬색에게 그 내용을 상정하게 해 달라고 왕에게 청원했다는 내용이다. 이에 대해 세종은 이는 수찬색의 임무가 아니라고 하여 형조로 환송했다. 여기서 다시 한번 입법기구와 공정을 분화시키고 이를 철저히 지켜가려는 세종의 의도가 드러난다.

그러나 이때 형조가 수찬색에게 상정하자고 한 것이 기구의 기능을 잘못 파악했기 때문일까? 그렇지는 않다고 생각된다. 수찬색이 각종 법안의 고열과 수정업무를 사실상 수행하고 있었기 때문일 것이다. 실제로 수찬색이 직접 법제를 기안, 건의하는 사례도 발견된다.

> 수찬색에서 계문하였다. "지난 을미년 지신사 유사눌(柳思訥)이 왕지를 받들어 전할 때, 간쟁과 탄핵이 사리에 합당하였습니다. 근래에 와서는 대간이 글월을 봉해 가지고 일을 논하기 때문에, 그 사실을 상세히 파악할 수가 없어서, 말하는 것이 사실과 맞지 않는 경우가 있사오니, 이제부터는 임금의 과실로서 꼭 숨겨야 될 일이라든가, 대소 관리가 범한 죄로서 종사에 관계가 되는 불충불효한 일이라든가, 풍기를 더럽힐 우려가 있는 것은 모두 봉함하여 보고하며, 그 이외의 말하는 것은 모두 승정원에 나아가 직접 전달하게 하여 언로를 넓히소서"[11]

검상조례사에서도 비슷한 현상이 발생하였다. 『신속육전』을 편찬 중이던 세종 6년 검상조례사에게 수교를 등록하는 과정에서 법전에

10) 『세종실록』 권29, 세종 7년 8월 계미.

11) 『세종실록』 권31, 세종 8년 2월 계유, "修撰色啓 歲在乙未 知申事 柳思訥 封傳王旨 諫爭彈劾 務得其當 近來臺諫封章論事 未能悉知其由 言或失中 今後人君過失 所當隱諱事 大小員人 所犯關係宗社 不忠不孝 汚染風俗等事 實封以聞 其餘可言之事 皆詣承政院直達 以廣言路".

수록할 만하다고 생각되는 법령을 선별하여 따로 찬집하게 하는 임무를 다시 부과하였다.[12)]

원래『경제육전』의 편찬이라는 것이 법을 새롭게 기안하는 것이 아니라 기존의 교지 중에서 법전에 수록할 만한 내용을 선별하여 묶는 것이었다. 그러므로 비록 예비적 단계라고는 하여도 검상조례사가『원전』과『속전』에 수록하지 않은 교지라도 법으로 삼을 만한 것을 선정하여 따로 찬집한다는 것은 사실상 법전편찬작업으로 육전수찬색의 임무와 겹치는 것이었다.

그런데 이날 검상관에게 수교를 선별하는 권한을 주자고 건의한 부서는 예조가 아닌 이조였다. 법전편찬과 관련된 건의를 하필 이조에서 했을까라는 의문이 든다. 그 이유는 당시 이조판서가 육전수찬색의 제조였던 허조였기 때문이다. 허조 자신이 육전수찬색에 속해 있었지만 막상 법전을 편찬하다 보니 기왕에『등록』과 새 교지를 고열하는 검상조례사에서 새 법전조문의 수록대상 조문을 선별하는 것이 훨씬 효율적이라는 생각을 하게 되었던 것 같다.

이렇게 해서 검상조례사는 수교를 검토하는 중에 법전에 수록할 만한 법안이라고 판단되는 수교를 별도로 선별, 찬집하는 임무를 부여받게 되었다. 이와 같은 검상조례사의 새로운 임무는 금새 검상관이 직접 문구를 수정하기까지 하는 상황으로 발전하였고,[13)] 그러다 보니 자연스럽게 검상조례사의 업무도 법의 제정과 법전편찬이라는 영역으로 상당히 침투하게 되었다.

세종 때의 법전편찬의 과제는 법 제정과 법전편찬의 전문성을 높이는 동시에 법전에 대한 동의와 공감대를 넓혀가는 것이었다. 비록 완전한 분화는 이루지 못했으나 입법기구의 분할은 이 같은 목적과 맞

---

12)『세종실록』권24, 세종 6년 5월 기해.

13)『세종실록』권41, 세종 10년 9월 경술.

아 떨어진다. 기구별로 기능을 분할하였고, 특히 상정소, 수찬색 같은 곳은 별설 또는 임시기구였으므로 순자법이나 임기에 구애받지 않아 전문관료를 구임시킬 수가 있었다. 이러한 노력의 결과로 세종 8년에 『신속육전』이 탄생하였다.[14)]

2) 법전편찬기구의 재통합과 의례상정소의 상설기구화

새로운 시스템을 도입하고 체제와 내용상으로도 많은 수정을 가한 『신속육전』이었지만 이 법전도 최종본이 되지 못했다. 이에 법전편찬 작업을 다시 시작하게 되었는데, 체제 상으로는 큰 변화가 발생한다. 그간의 공정과 기구분화의 원칙을 포기하고 다시 통합을 추구하게 된 것이다.

세종 초반에는 법전편찬과 입법기구를 다원화하는 정책을 의도적으로 행하였다. 그러나 그 결과 업무영역이 중복되는 문제를 낳았으며, 의도했던 바대로 관료들의 동의를 얻는데도 실패했다. 어쩌면 그 반대로 다원화된 편찬구도가 의견분열과 대립을 촉진했을 가능성도 있다. 결국 세종은 의례상정소에 법률·제도의 제정과 심의, 법전편찬 기능을 모두 부여함으로써 법전편찬에 추진력을 부여하고자 했다.

먼저 수찬색과 같이 법전편찬기구를 별설(別設)하던 지금까지의 전통을 버리고, 의례상정소에 법전편찬을 맡겼다. 세종 10년 9월에는 검상조례사가 문서를 검토하면서 수정까지 하는 행위(修改文辭)도 월권행위라 하여 금지시켜 버렸다.[15)] 이리하여 의례상정소가 법안의 상정

---

14) 『세종실록』 권34, 세종 8년 12월 임술.

15) 『세종실록』 권41, 세종 10년 9월 경술.

과 기안권을 완전히 장악하고, 법전편찬과 관련된 대부분의 권한을 보유하게 되었다. 그리하여 만든 법전이 세종 15년의 『신찬경제속육전』이다.[16] 그러나 그후로도 조문 검토, 빠진 조문의 추록 등의 잔업이 더해져 세종 17년에야 법전사업은 완전히 종결되었다.[17]

이때 의례상정소로 법전편찬기능을 통합한 목적에 대해서 『신속육전』으로 법전의 대강은 완성되었고, 『신찬경제속육전』은 기술적 보완, 수정작업 위주였기 때문이라는 추정도 가능할 것이다. 그러나 『신찬경제속육전』의 편찬에는 7년이란 시간이 소요되었다. 이는 『속집상절』이나 『신속육전』의 편찬기간보다 더 길다. 그러므로 이 기간을 마무리 작업 단계로만 이해하기는 곤란하다.

의례상정소로 권력과 업무를 통합함에 따라 상정소의 제조가 증가했다. 세종 5년에 상정소의 직제를 도제조 1명, 제조 2명으로 정했었다.[18] 그런데 세종 8년 이후의 기록을 보면 도제조는 이직, 맹사성(세종 13년), 황희(세종 15년)가 차례로 맡았는데, 세종 15년 무렵부터는 황희와 맹사성이 함께 도제조를 맡아 도제조가 2인으로 증가했다.[19] 제조로는 황희, 허조, 맹사성, 이수(李隨),[20] 변계량, 신상(申商), 조계생(趙啓生), 정초(鄭招), 김효손(金孝孫)[21] 등이 활약하였다. 이들이 동시에 제조를 맡은 것은 아니지만 한번에 2인 이상이 등장하는 경우가 있는 것으로 보아[22] 제조 2인이라는 규정도 수정되었던 것이 분명하

16) 이상 『경제육전』의 편찬과정에 대해서는 박병호, 앞의 글, 397~404쪽 및 전봉덕, 『경제육전습유』, 11~17쪽.

17) 『세종실록』 권67, 세종 17년 1월 갑오.

18) 『세종실록』 권19, 세종 5년 3월 을미.

19) 『세종실록』 권62, 세종 15년 10월 계유.

20) 『세종실록』 권30, 세종 7년 12월 경인.

21) 『세종실록』 권43, 세종 11년 3월 병인.

22) 일례로 세종 12년 12월 상정소 제조는 우의정 맹사성, 찬성 허조, 총제 정초 등이었다(『세종실록』 권50, 세종 12년 12월 무진).

다.

제조들의 평균 관직도 상승하였다. 상정소 제조로 재임할 당시 이들의 관직은 아래의 표와 같다.

<표 1> 상정소 제조와 관직

이름	상정소직위	관 직
이직	도제조	성산부원군
황희	제조	좌의정
맹사성	제조, 도제조	우의정
허조	제조	이조판서, 찬성
신상	제조	예조판서
이수	제조	중군도총제
변계량	제조	판우군부사(判右軍府事)
조계생	제조	대사헌
정초	제조	동지총제, 이조참판, 예문대제학
김효손	제조	예조참판

제조들의 관직이 상승한 것은 이직, 황희, 허조 등 법전 전문가들이 오랜 기간 근무하다 얻어진 자연스러운 결과라고 볼 수도 있다. 그러나 이유가 무엇이든 제조들의 수가 늘고 관직이 높아짐에 따라 의례 상정소의 권위도 상승하였을 것이다.

하지만 더 중요한 사실은 이들의 관직 분포를 보면 거의 소내각이라 할 수 있을 정도로 국가의 중추적 관료들이 골고루 포진하였다는 것이다. 예조판서와 예조참판이 상정소 제조로 참여하는 관행에는 변함이 없지만, 세종 즉위 후로 내내 법전편찬에 간여했고, 영의정을 역임한 이직은 국가 원로로 참여했고, 황희와 맹사성은 의정부의 실세인 좌의정과 우의정이 되어 있었다. 육조에서는 이조와 예조 판서가 참여하고, 대사헌과 대제학도 있었다. 다만 관직의 분포나 비중으로 봐서는 군사 쪽이 조금 소홀해 보인다. 이조와 함께 무관인사를 담당하는 병조판서가 빠져 있는데, 대신 이수가 중군도총제로 참여했다. 변계량도 판우군부사로 참여했는데, 그는 예학의 전문가였고, 늘 예제와 관련된 법안을 다루었던 점을 감안하면 관직과 실상이 어울리지 않아 보이기도 한다.

상정소 제조의 구성이 소내각을 방불케 되면서 상정소의 기능과 역할 자체에 변화가 일어났다. 이 시기 상정소의 위상이나 역할이 달라진 것은 예조 혹은 예조와 상정소의 합동보고가 주를 이루던 예전과 달리 이 시기부터는 상정소의 단독 보고가 증가한 데서도 찾을 수 있다. 더욱이 예조의 고유업무이기도 의례 상정같은 부분에서도 논의는 예조와 함께 논의하는 구도를 유지했지만, 결과물의 상정과 보고는 상정소가 단독으로 보고하는 경우가 대다수를 이룬다. 이것은 업무상으로나 직제상으로 독립적이고 자기 완결적 구조를 지니게 된 의례상정소의 위상을 반영하는 것이다.

법전편찬 기능이 상정소로 집중되면서 상정소의 활동도 대폭 증가했다. 세종 9년까지 상정소 관련기록은 1년에 4~8회 정도가 보통이었다. 그러나 세종 10년부터 18년까지는 매년 30~50회 이상으로 상정소의 활동기록이 증가한다. 여기에는 보고 주체가 상정소로 바뀐 탓도 있겠다. 하지만 활동 내역을 보면 역시 의례상정소의 기능과 위상이 증가한데 따른 것임을 알 수 있다.

이 시기에도 상정소가 마련하는 제도는 양적으로 보면 예제가 더욱 많았다. 그러나 법제의 양도 작지 않았다. 이 시기 상정소가 상정한 주요한 법제는 다음의 표와 같다.

<표 2> 세종 12년 이래 상정소의 주요 입법 활동

제 도	일 시
제학(諸學)의 취재제도 마련	세종 12년 3월 무오
유배자 배소의 재정비	세종 12년 5월 갑인
잡직 상정.	세종 12년 9월 을사
천첩 소생에 대한 공신전 불허 건의	세종 12년 9월 갑인
노비 상속 규정(유서 사용)	세종 12년 5월 갑자
관노의 출산휴가 규정	세종 12년 10월 병술
사형수의 국문절차	세종 12년 12월 경오
효렴천거	세종 14년 11월 계미

의례상정소의 위상과 기능의 변화는 사례를 통해서도 찾아볼 수 있다.

(1) 전문 입법기구로서의 기능

상정소의 고유 업무의 하나가 법률의 기안이었다.

가) 형조에서 아뢰었다. "죄를 범하여 유배시키는 곳을 일찍이 자세히 작정하지 아니하였으므로 안팎 관리들이 임시로 요량하여 정하기 때문에, 멀고 가까운 것이 적당하지 못한 실수를 이루게 됩니다.…… 윗 항의 유배 죄수의 배소의 거리가 멀고 가까운 것은 각각 범인이 사는 곳에 따라 적당하게 정할 것이며, 국가의 일에 관계되는 죄수는 평안도 의주・삭주・강계와 함길도의 길주 등 고을에는 정배를 보내지 말게 하소서."하니, 이 문제를 상정소에 내렸다.[23)]

나) 임금이 대언 등에게 이르기를, "옛적에 관가의 노비에 대하여 아

23) 『세종실록』 권48, 세종 12년 5월 갑인, "刑曹啓 犯罪流配之所 不曾詳定 故中外官吏臨時量定 以致遠近失宜……上項流囚配所 地里遠近 各以犯人所居 隨宜量定 其關係國家罪囚 則平安道義州朔州 江界 咸吉道吉州等官 勿定送 下詳定所".

이를 낳을 때에는 반드시 출산하고 나서 7일 이후에 복무하게 하였다. 이것은 아이를 버려두고 복무하면 어린 아이가 해롭게 될까봐 염려한 것이다. 일찍 1백 일 간의 휴가를 더 주게 하였다. 그러나 산기에 임박하여 복무하였다가 몸이 지치면 곧 미처 집에까지 가기 전에 아이를 낳는 경우가 있다. 만일 산기에 임하여 1개월 간의 복무를 면제하여 주면 어떻겠는가. 가령 그가 속인다 할지라도 1개월까지야 넘을 수 있겠는가. 그러니 상정소에 명하여 이에 대한 법을 제정하게 하라." 하였다.[24)]

다) 상정소에 교서를 내리기를, "형옥의 사건이 애매하여 밝히기 어려운 것은, 한두 사람이 판단 결정할 것이 아니다. 지방의 사형 해당범에 대하여는 차사원을 따로 정하여 온 고을의 수령과 함께 심문하고, 감사가 직접 물어본 뒤에 형조에 공문을 보내도록 하는 것이 벌써 법으로 마련되어 있으나, 관리가 심문하는 중에 혹은 보는 점이 같지 않든가, 혹은 방법이 서툴러서 살릴 것을 죽이고, 죽일 것을 살리는 수가 간혹 있다. 지금부터는 차사원이 본고을의 수령과 같이 심문하여 감사에게 보고하고, 감사는 다른 고을에 옮기어 가두고 다시 다른 차사원 두 사람을 선정하여 심문한 뒤에, 감사가 직접 물어보고 나서 형조에 공문을 이송하도록 항식을 삼으라." 하였다.[25)]

---

24) 『세종실록』 권50, 세종 12년 10월 병술, "上謂代言等曰 古者公處奴婢 必令産兒七日後立役者 矜其棄兒立役 以傷小兒也 曾命加給百日 然臨産而立役身勞 則未及其家而産者 或有之 若臨産月 除役一朔 何如 彼雖欺罔 豈過一月乎 其令詳定所幷立此法".

25) 『세종실록』 권50, 세종 12년 12월 경오, "下敎于詳定所曰 刑獄之事 暖昧難明 非一二人所能辨析也 外方死刑 別定差使員 同本官守令推劾 監司親問 然後移關刑曹 已有成憲 然官吏於推劾之際 或所見不同 或昧於施爲 以生爲死 以死爲生者 間或有之 自今差使員同本官守令推考 報于監司 監司移囚他官 更定他差使員二人考覈 然後監司親問 移關刑曹 以爲恒式".

가)는 형조가 죄의 종류와 형량에 따라 유배지를 지정하여 분배하자는 것으로 이미 형조에서 어느 정도 지역까지 정해 놓은 상태에서 상정소에 기안을 의뢰하였다. 나)는 관노에게 주는 법정 출산휴가 규정이다. 이미 불가론에 대한 반론과 100일이라는 기한까지 다 정해진 상태에서 상정소에 법 제정 명령을 내리고 있다. 사료 다) 역시 구체적인 절차까지 정리된 내용을 상정소에 하달하는 경우이다. 이처럼 거의 결정된 정책이라도 상정소에 내리는 것은 상정소에 최종적인 고열과 기안을 맡기는 것이다.

법률기안 작업은 개인이나 기관이 제정할 법의 내용을 구체적으로 지목해서 올렸을 때, 이를 상정소에 의뢰해서 법조문을 다듬는 작업이다. 상정소에서 법률을 기안하기 위해서는 역대의 제도와 법안을 검토하는 것이 필수적이었다. 원래 '상정'이라는 용어 자체가 이런 의미를 지닌 것이고, 의례상정소라는 별도 기구를 만들어 국정 경험이 풍부하고 법과 예제의 전문가들을 모아 놓은 것은 이런 기능을 극대화하기 위함이었다. 따라서 이 두 사례는 특히 정책의 발의와 결정, 법조문의 기안 과정의 확실한 분업방식을 보여주는 것이다.

이 같은 입법기능의 분화는 고려시대 이래 중세국가의 문제였던 입법권의 분산에 따른 폐단과 부조리를 치유하는 데 대단히 효과적이었다. 법전을 편찬해도 상위법이 법전이라는 유형의 형태로 존재한다는 사실만으로는 상위법에 저촉되는 수교나 명령, 지침이 발생하는 것을 방지할 수 없었다. 법안의 발의가 개인으로부터 여러 기관에 분산되어 있기 때문이다. 실제로 이 같은 사태는 조선시대를 통해 지속적으로 발생하였다.

그러므로 의례상정소의 지속적인 운영과 입법공정의 분화는 육전체제의 목표 중 하나인 각사가 편의주의적인 명령을 남발하거나 상위법인 법전에 어긋나는 법령이나 명령이 반포되는 경우를 최소화하는

데 상당히 기여할 수 있었다. 따라서 상정소의 전문 입법기구화는 상정소의 기능과 존재의미를 가장 잘 구현하는 것이라고 하겠다.

물론 당시에 입법공정의 분화가 완전히 자리잡은 것은 아니었다. 이 시기에도 개인의 상소가 교지로 반포되어 법조문화하고, 기관이 법안을 기안하여 보고하는 사례를 여전히 발견할 수 있다. 그러나 이처럼 관사에서 필요한 법률의 취지와 개요만을 제시하고, 구체적인 기안은 상정소에 의뢰하는 방식 또한 자리잡아 가고 있었다. 이것은 조선의 입법과정에서 한 단계 진보한 형태라고 할 것이다.

한편 이 시기에는 상정소가 상설기구화하고, 체계가 잡혀 감에 따라 법치와 관련되는 주요한 판례가 발생하면 이를 상정소로 이송하는 사례도 발견된다.

> 형조에서 아뢰기를, "이전에 수양(收養)에게 전해 준 노비를, 본손이 만일에 그 조부의 '본손 외에는 주지 말라'는 유서를 가지고 다투면, 유서에 따라 결정해 줄 것이오나, 그 법을 세우기 전에 이미 본손 외의 사람에게 결급한 것은 어떻게 처리하오리까."하니, 의정부와 여러 조에 명하여 같이 의논하게 하였다. 모두 아뢰기를, "수교하기 전에 이미 결정된 것은 다시 고치는 것이 미편합니다." 하니, 명하여 상정소에 내렸다.[26)]

이 논의는 오늘날로 말하면 법률의 소급적용에 관한 판례이다. 의정부와 육조 관원의 의논에 따라 결정이 난 것을 굳이 상정소로 보낸 이유는 이 사례를 법의 제정과 고열에 참고하게 하고, 참고자료로서 이 판례를 보존하게 하려는 의도였을 것이다. 문서의 보관은 예조와

---

26) 『세종실록』 권48, 세종 12년 5월 갑자, "刑曹啓 前此傳給收養奴婢 本孫如將祖考 勿給孫外 遺書爭之 令從遺書決給 其立法前已決給孫外者 處之如何 命政府諸曹同議 僉曰 受敎前已決者 更改未便 命下詳定所".

검상조례사의 업무이지만 이곳에는 수많은 문서가 모이고, 부서와 종류별로 문서가 분류되기 때문에 이처럼 입법과 법치의 원리를 보여주는 문서를 별도로 관리하거나 찾아내기란 쉽지 않다. 아마도 이런 이유를 이 판례를 상정소에 내렸던 것 같다. 이것이 입법기구 통합의 장점이고, 상정소가 법률의 전문기구로서 자리잡아 가는 과정을 보여주는 것이라고 하겠다.

(2) 국정 자문과 결정

이 시기의 상정소는 국왕에게 주달된 건의를 검토하거나 의뢰받은 법안을 연구, 기안하는 단계에서 더 나아가 법 제정의 필요성을 의논하거나 건의하는 단계로 발전하였다.

> 총제 정초가 아뢰기를, "중국의 관제에는 각품마다 모두 잡직이 있어 유품(流品)이 참예하지 못하오나, 우리나라의 관제는 잡류의 구별이 없기 때문에 공상·천예·조예·소유·나장·장수의 무리일지라도 직임만 얻을 것 같으면 모두 조관 반열에 참예하고 있으니 심히 미편한 일입니다. 비옵건대, 서반 관직을 줄이고 따로 잡직을 설정하시와 문무관의 지위를 높이도록 하옵소서." 하니, 임금이 옳게 여기고 말하기를, "……상정소로 하여금 잡직의 설정에 대한 타당 여부를 논의하게 하라." 하였다.[27]

이 기사는 정초가 잡직 설치를 건의하자 상정소로 하여금 잡직 설치의 타당여부를 논의하게 하였다는 것이다. 원래대로라면 의정부나

27) 『세종실록』 권49, 세종 12년 9월 을사, "摠制鄭招啓 中朝官制 各品皆有雜職 不列於流品 本朝官制 則無雜類之別 故工商賤隷 皂隷所由 螺匠杖首之類 若得受職 則竝齒朝班 甚爲未便 乞減西班官職 別設雜職 以尊文武官 上然之曰……其令詳定所議設雜職便否".

육조 관리들과의 논의를 통해 잡직 설치여부를 결정하고, 상정소에 역대 제도의 검토와 기안을 명령하는 것이 일반적이고 정상적인 절차였다.[28] 그러나 이때 세종은 상정소에 잡직 설치여부의 타당성 자체를 논의하게 하였다. 이것은 당시 재상들 사이에도 잡직 문제에 대해 의견이 분분해서 결정을 내리기가 곤란했던 데에 원인이 있다고 생각된다.

그러나 그렇다고 하여도 상정소에서 정책의 가부 자체를 결정한다는 것은 상정소가 국정 자문기구로도 기능하게 되었음을 의미하는 것으로 중요한 변화라고 아니할 수 없다.

여기서 더 나아가 상정소는 자체적으로 정책을 상주, 건의하는 단계로까지 발전하였다.

> 조참을 받고, 정사를 보았다. 상정소에서 과전 신청의 기한의 개정을 청하였다.……상정소에서 또 아뢰기를, "공신들의 천첩의 소생에게 공신전을 허락하지 마옵시기를 청합니다." 하였다.[29]

세종 12년 9월 조참을 받고 정사를 논하는 자리에서 상정소에서 과전신청의 기한 개정과 천첩 소생의 공신전 수수 금지를 건의하였다는 기록이다. 이 건의는 즉석에서 여러 관원들의 토론에 붙여졌고, 공신

---

28) 예를 들어 세종 12년 세종은 우대언이던 김종서에게 형조의 업무가 번다하니 형조낭관을 6명에서 8명으로 증원하는 문제를 두 의정과 상의하여 보고하라는 명령을 내리고 있다(『세종실록』 권50, 세종 12년 10월 병술). 분명 이것도 법제를 개정해야 하는 사안이지만 먼저 의정과 육조 관원에게 의논을 시키고 있음이 주목된다. 이 조치의 결말은 알 수 없지만 이런 방식이 정상적인 절차로 유사한 사례는 세종 30년 吏典 就閑之法의 논의(『세종실록』 권120, 세종 30년 4월 정축) 등 실록에서 무수히 발견할 수 있다.

29) 『세종실록』 권49, 세종 12년 9월 갑인, "受朝參 視事 詳定所請改定科陳告限……詳定所又啓 功臣賤妾所産 請勿許功臣田".

전의 경우는 제사를 받는 경우 제전(祭田)이라는 명목으로 지급하고 대수(代數)가 다하면 회수하는 것으로 결론이 났다.[30] 이 기록은 상정소가 구체적 법률안이 없이 관원들에게 의제를 제기한 사례로 지금까지는 전혀 볼 수 없었던 사례이며, 상정소가 일반 행정 관부와 같은 기능을 하고 있다는 점에서 특별한 의미를 지닌다고 하겠다.

상정소가 이처럼 발전한 것은 어찌보면 당연한 것이었다. 정부와 상정소가 기구상으로는 분리되었다고 해도 상정소의 제조는 의정부와 육조의 요직을 겸한 인물들로 그들의 면면을 보면 또 하나의 의정부라고 해도 손색이 없었다. 따라서 정부와 상정소의 기능을 정책의 논의와 결정－입안이라는 구조로 분리했다고 해도, 사실상 같은 인물이 양쪽의 논의에 참여하게 된다. 결국 상정소는 정부 안의 또 하나의 소정부 역할을 하게 되고, 상정소에서 법령을 기안·제정한다는 것은 정책의 논의, 결정을 다 포괄하게 되는 것이다.

특히 과전 문제, 잡직, 효렴천거제와 같이 관료들의 합의를 이끌어내기 쉽지 않거나 다수의 관료들이 반대하는 정책을 추진할 때에 상정소는 매우 효과적이었다. 결국 이런 정책을 추진하는 데 있어서 상정소가 전면에 나서 특정 정책을 주도적으로 집행하는 경우로까지 발전하였다. 대표적인 사례가 세종대 중반에 추진한 효렴 천거의 확대 시도이다.[31]

---

30) 『세종실록』 권49, 세종 12년 9월 갑인, "上曰 旣爲祖先承重 屬忠義衛 其給功臣之田以報功也 何不可之有" 演曰 我國之人 號稱知禮義 以其有貴賤上下之分也 今功臣賤妾之子 亦令屬忠義衛 大小士民 莫不缺望 若又給田 則尤不可也 嫡室之女 且不得遞受 況賤妾之子乎 上曰 女雖嫡 不得承重 子雖賤 亦能奉祀 何可竝論 功臣雖歿 功不可不報 雖賤妾之子 得祭先世 以祭田遞受 何害 古有圭田之法 予亦爲外親 置圭田五十結 此人不可不給田以奉祀也 季聞曰 若不得已給田 則名曰祭田 待親盡還收 上嘉納".

31) 임용한, 「조선전기의 효렴 천거에 대하여」, 『호서사학』 35, 2003, 42~48쪽 참조.

> 예조판서 신상이 아뢰었다. "전조의 사민은 부모의 상을 지낼 때 날로써 달로 바꾸어 3년을 행하지 않는 자가 많았사오매, 만일 무덤에 여막을 짓고 3년을 지키는 자가 있으면, 세상에서 모두 아름답다 일컬어 정표하였습니다. 그러나 오늘날에는 모두 삼년의 상을 행하옵고, 여묘하는 자도 많이 있사오며, 혹은 손가락을 끊어서 병친에게 약으로 드리기도 하며, 혹은 불사를 행하지 아니하고 한결같이 가례에 따르옵는데, 이제 효자를 포상하고 장려하라는 명을 내리시니, 상정소에서는 경중을 논하지도 아니하고 모두 정문을 세우고 관직을 제수하되, 등급도 분별하지 않습니다. 바라옵건대 1등은 서용하고, 정표하시고, 그 다음은 녹용하시며, 손가락을 끊은 일 따위는 비록 중용의 도에 지나친다 할지라도 지극한 정에서 나온 것이오니, 상등에 의하여 시행하여 주시기를 바라옵니다."[32]

이 기사는 예조판서 신상이 상정소에서 상정한 효자 장려책에 문제가 있음을 고하는 상소이다. 효렴천거제의 확대는 세종과 상정소에서 추진하던 정책이었다. 그런데 신상 자신도 예조판서로 상정소 제조였지만 유독 이 정책에는 반대했던 모양이다. 그리하여 세종에게 직접 이 정책의 추진에 제동을 걸었던 것이다.

그러나 상정소는 굴하지 않고 정책을 추진해서 2개월 후에 정리된 효자·순손의 천거와 등용방안을 다시 제시하였다.[33] 또 상정소 제조

---

32) 『세종실록』 권58, 세종 14년 11월 계미, "禮曹判書申商啓 前朝士民 居父母之喪 以日易月 不能行三年者多矣 或有廬墳三年者 世皆稱美 以旌表之 今則皆行三年之喪 廬墓者比比有之 或切指以藥病親 或不作佛事 一從家禮 今下褒賞孝子之命 詳定所不論輕重 並令旌門除職 地位無等 乞一等則敍用旌表 其次錄用 約割指等事 須過中制 出於至精 乞依上等施行".

33) 『세종실록』 권80, 세종 15년 1월 임신, "詳定所啓 孝子順孫節婦 旌表門閭敍用復戶 所以勸後也 當以人道平常之事 雖云平常之事 實有他人所不及者也 若救親於敵 事出非常 故當褒典 至於折骨和藥 六年居墓 爲行詭激 不可爲訓者 恐不可特異其科也 其父母生前盡孝奉養 死後盡禮行喪者 旌表門閭

의 일원인 허조는 이조판서를 맡으면서 효자·순손의 등용을 직접 실천하여 물의를 빚기도 하였다.34)

3) 의례상정소의 폐지와 의미

『신찬경제속육전』을 편찬한 때가 세종 15년이고, 누락 조문 30개조를 발견한 때가 세종 17년 1월이었다. 그런데 의례상정소는 이후에도 약 1년간 존속하다가 세종 17년 11월에 가서야 혁파되었다. 법전편찬 완료 시기와 의례상정소의 혁파 시기에 간격이 있는 것은 의례상정소의 혁파 문제를 두고 고민이 있었기 때문이다. 아래의 의례상정소 혁파 기사는 그러한 고민이 있었음을 암시해 준다.

> 정사를 보았다. 임금이 말하기를, "상정소를 오래 두겠는가, 두지 못하겠는가." 하니, 판원사(判院事) 허조가 대답하기를, "옛날에 태종께서 법을 만들고 제도를 정할 때에 시기에 따라 특별히 설치한 관직이므로, 일을 마치면 마땅히 혁파해야 될 것이며 오래 둘 수는 없습니다. 만약 그대로 두고 혁파하지 않는다면 어수선하게 고치게 되는 폐단이 많이 있을 것입니다." 하매, 임금이 말하기를, "국가에서 일을 의논함에는 정부와 육조가 있고, 중국과의 교섭하는 일은 승문원이 있으며, 또 상정소 제조도 또한 정부와 육조의 사람이니 어찌 각각 설치할 필요가 있겠는가." 하면서, 마침내 이를 혁파하라고 명하였다.35)

復戶 若士人則幷敍用何如 乃下禮曹".

34) 『세종실록』 권87, 세종 21년 12월 임인, "(許稠)爲吏曹判書 每當銓注 高麗及我朝名臣死節之後 中外所擧孝子順孫 盡皆敍用 議者謂焉 有眞孝子順孫若是其多乎".

35) 『세종실록』 권70, 세종 17년 11월 병술, "上曰 詳定所 可久置否 判院事許稠對曰 昔太宗立法定制之時 因時特設之官也 事畢則當革 不宜久置 若仍置

이 기사의 서두는 의례상정소의 존폐 문제를 두고 고민이 있었음을 보여준다. 존폐 논의의 구체적 내용은 알 수가 없지만 상정소를 폐지하는 이유로 허조는 태종조의 전례를 들어 입법기구는 임시관청이며, 상정소를 그대로 두면 계속 법을 만들고 고치는 폐단이 있을 것이라고 하였다. 즉 상정소를 지속시키면 건국 초부터 지금까지 끌어온 법전편찬작업이 완결되지 못할 위험이 있으니 당시 법전편찬의 이상대로 『경제육전』을 만세의 법전으로 유지하기 위해서는 상정소와 같은 별도의 입법기구나 법전편찬기구를 아예 폐지해야 한다는 의미라고 볼 수 있다.

그런데 앞 장에서 살펴본 바와 같이 이 시기의 상정소는 입법기능이라는 측면에서만 보아도 과거의 법전편찬기구나 의례상정소와는 기능이 달랐다. 과거의 편찬기구는 소수의 인원이 개혁법안을 양산해 내거나 수교 중에서 법전을 편찬할 법을 선정하여 법전을 편찬하는 기구였다. 국초라는 상황과 시급한 개혁이라는 명분이 결합한 과도적이고 독립적인 기구의 성격이 짙었다.

이에 반해 『신찬경제속육전』 편찬기의 의례상정소는 앞 장에서 살펴본 바와 같이 정부-육조에서 발의, 결정한 정책을 기안하여 완성하는 분업적 구조 속에서 존재하고 있었다. 이것은 행정부와 입법부가 분화되지 않은 당시 국가체제 하에서 행정과 입법기능의 분리란 불가능하였지만, 나름대로 그러한 체제가 지니는 모순을 이해하여 발의와 결정-입법 기능을 분리하고, 여기서 행정과 입법의 부분적인 분화효과까지도 보려고 했던 것 같다. 또 이렇게 함으로서 조선 건국초부터 개혁 과제였던 일관되고 체계적인 법치에 기여하려고 했던 것이다.

허조가 태종대의 고사를 들어 가면서 상설화에 반대한 것은 바로

不革 則多有紛更之弊 上曰 國家議事 有政府六曹 事大之事則有承文院 且詳定所提調 亦政府六曹之人也 何必各設 遂命革之".

의례상정소의 이 같은 성격을 부정하는 것으로 의정부—육조와 함께 상존하는 입법기구의 필요와 장점을 부정한 것이라고 할 수 있다. 허조 자신도 의례상정소의 제조를 오래 역임했지만, 입법기구가 상설화되면 폐단이 더 크다고 보았던 것 같다. 그가 생각한 폐단은 자신이 주장한 대로 법을 계속 고치게 된다는 것이었다. 이런 생각은 허조의 개인적 성향과도 무관하지 않은 듯하다. 허조는 고례에 정통하다 보니 법제에 대해서는 대단히 정태적인 생각을 지닌 인물이었고, 고례와 관습을 준수하는 데에서는 고지식할 정도로 철저해서 젊은 관원들의 기롱거리가 되기도 하고,[36] 당시 사회에서 회자되는 유명한 에피소드들을 남기기도 했다. 따라서 그는 일단 성헌한 법을 고수하는 것이 최우선이라고 보았던 것 같다.

세종도 상정소 폐지에 동의하였지만, 세종이 폐지를 결정한 이유는 허조와 달랐다. 세종은 "국정을 처리하는데 의정부, 육조, 승문원이 있고, 상정소 제도도 정부와 육조의 인물이니 상정소를 따로 둘 필요가 없다."고 말하였다. 이는 앞 장에서 살펴본 대로 상정소가 국정기구화하면서 상정소와 의정부, 육조의 역할이 겹치는 폐단을 지적한 것이다. 그리고 상정소를 폐지한 다음 해인 세종 18년부터 의정부서사제가 시행되었다. 의정부서사제에 대해서는 그동안 왕권과 재상권의 관계 속에서만 고찰해 온 경향이 있는데, 국가기구의 운영과 행정체제라는 측면에서는 오히려 입법권과 행정권의 문제에 주목해야 하고, 의정부서사제의 시행은 의례상정소 폐지의 후속조치로서 이해해야 한다고 생각된다.

조선초기 육전체제의 주요한 목표가 법치의 일관성 및 체계성의 확보였다. 고려후기부터 논란이 되었던 '정출다문(政出多門)' 현상은 입

---

36) 『세종실록』 권24, 세종 6년 4월 경오. 허조에 대한 인물평, 『용재총화』 2권 및 9권 허조의 일화.

법기구와 행정기구의 분리가 되어 있지 않아 법안의 발의권이 사실상 모든 관청에 개방되어 있고, 법률에 의한 개별관청의 엄밀한 통제가 불가능했던 사정에 원인이 있었던 것이다.

조선은 이 모순을 극복하기 위하여 육전을 기본 골격으로 한 종합 성문법전을 편찬했고, 여기서 더 나아가 법전편찬 과정을 전문화, 일원화하려는 시도를 하였다. 그러한 시도의 극점이 의례상정소를 전문 입법기구화하여 법안의 상정과 기안을 전담시키는 것이었다.

그런데 어찌되었건 상정소를 혁파하면 법안과 정책에 대한 일원적 관리와 일관성의 유지가 어려워지게 되므로 이의 후속조치가 필요했다. 또 이제는 『경제육전』이라는 종합법전을 완성했으므로 상정소와 같은 입법기구를 분리시키는 것보다는 의정부에게 정령(政令)과 문서를 총괄하는 업무를 부여하는 것이 효율적이라고 결정했던 것 같다.

상정소의 입장에서 보면 상정소 체제는 전문입법기구로서 법안을 마련하고, 특정한 정책을 전문적이고, 효과적으로 수립하고 집행하는 데는 매우 효과적이었다. 무엇보다도 수십 년을 끌어온 『경제육전』의 편찬을 종결하였다는 것으로 그 효능을 입증하였다. 세종은 이후로도 식례상정소(式例詳定所)[37]와 공법상정소(貢法詳定所)[38]를 설치하는 것으로 봐서 상정소 체제의 이러한 장점은 분명하게 인식하고 있었던 것 같다.

그러나 이 기간 동안에 상정소는 스스로가 소정부화하는 모습을 보여주었다. 이는 장기적으로 보면 의정부와 육조로 구성되는 국정기구를 무력화하고, 세조 때의 원상제와 같이 과두체제를 형성할 위험이 있는 것이었다.

그런데 이 같은 위험성은 실은 전문적 입법기구라는 구성 속에 이

37) 『세종실록』 권101, 세종 25년 7월 임오.
38) 『세종실록』 권73, 세종 18년 윤6월 기묘.

미 내재해 있는 것이었다. 의례상정소와 같은 기구를 통해 입법기능의 일부를 분리했다고 해도 이는 행정과 입법의 분리가 아니라 입법과정, 엄밀히 말하면 심의와 기안과정의 분할이었다. 입법권 자체는 정부에 내재해 있으며, 의례상정소의 구성원도 정부의 구성원과 겹치게 된다. 즉 근대적 의미의 행정부와 입법부의 분리가 아니라 정부 내에서 별도의 기구를 통해 입법권의 일부를 가져가고 관리하는 방식이었기 때문에, 역으로 이 기구는 또 하나의 정부 관사가 될 수밖에 없었던 것이다.

이는 육전체제 하에서 입법기구를 상설화하거나 근대와 같이 상하위법의 구분이 명확하고, 법령의 일관성을 달성하기는 불가능함을 시인하는 것이었다. 결과적으로 입법기구와 행정기구의 분리라는 과제는 조선시대 내내 충분히 해결되지 않는 과제로 남았다. 법전을 편찬할 때는 태종 때의 의례상정소와 같이 임시적인 기구를 설립하여 법전편찬을 담당하는 것이 항상적인 관례가 되었다. 이것이 육전체제의 특성이자 한계였다.

하지만 이것은 중세국가체제의 한계로서 육전체제의 실패를 의미하는 것은 아니었다. 오히려 세종조의 상정소 설치와 운영방식은 입법기구와 행정기구의 미분리라는 체제적인 한계를 극복해 보고자 했던 시도로서 역사적인 의미를 지닌다고 하겠다.

(임용한)

ABSTRACT

Establishment of the 'Gyeongje Yukjeon(Six Codes of Administration)' and the 'Six Codes System'

This book studies the 'Gyeongje Yukjeon(Six Codes of Administration)', which is the code of the laws of the Joseon Dynasty. It is the first code of laws established in the Joseon Dynasty. The Joseon Dynasty had six ministries under its centralized administrative system and the 'Gyeongje Yukjeon' codified laws and ordinances for institutions and the operation of the state into six areas. Before the 'Gyeongje Yukjeon', there were stipulations on the administrative system, but the 'Gyeongje Yukjeon' was the first-ever comprehensive code of laws established in Korea, China and Japan. This is also called the 'Six Codes System' and provides the basic material to understand the state system of the Joseon Dynasty.

The 'Six Codes of Administration' served as the predecessor to the Joseon Dynasty's representative code of law, the 'Gyeonggukdaejeon(Complete Code of Law)'. Thus, the study on the 'Complete Code of Law' should start from the 'Six Codes of Administration'. However, a complete copy of the 'Six Codes of Administration' has not been preserved. The only available sections of the 'Six Codes of Administration' are restorations from extracts of the 'Annals of the Joseon Dynasty'.

This book explores the following topics. First, what is the background for the creation of the 'Six Codes of Administration'. It was closely tied with the reform theory that evolved in the late Goryeo era. The State Administration System is not something that can be created in a short time. The process of its formation involves conflicts between conservatives and reformists.

According to the concepts of the state system pursued by different parties, the process of the revision of laws also causes conflicts. The 'Six Codes of Administration' was revised many times. Political conflicts were caused surrounding the direction of policy changes. Understanding these conflicts is the key to understanding the formation and reorganization of the political power. The direction of the Joseon Dynasty's state administration system was determined amidst this kind of conflict. Thus, this book tries to clarify the characteristics of the state administration system dreamt by the reformist scholars of the late Goryeo period.

Second, this book explains the different characteristics, content and legislators of the four versions of the 'Six Codes of Administration'. Difference in laws and ordinances contained in different versions were caused by changes in the reform theory, trials and errors during the enforcement, or developments in the legislation and codification method. This book tries to classify those differences and explain how the concepts of the state system pursued by different parties varied and how the theory of law were established.

Third, this book covers the principles of laws and institutions of the Joseon era as well as the principles of legislation and codification. Unlike in the Goryeo era, the Joseon Dynasty tried to run the state centrally, based on laws. For this, it needed to establish the legislative body and processes. However, separating the legislative function from the administrative function was not an easy task for a medieval state, when even the concept of checks and balances was not established. This book illustrates how the theory of law and the legislative system developed and evolved in this situation.

The study of the 'Six Codes of Administration' is essential to understand the characteristics and functional structure of the state system during the Joseon Dynasty. The 'Complete Code of Law', which is recognized as the fundamental codes of law of the Joseon Dynasty, was created from the 'Six

Codes of Administration', and it did not involve fierce discussion and conflict as the codification of the 'Six Codes of Administration' did.

Due to the above reasons, the 'Six Codes of Administration' also serves as an essential basis for the study on the history of Joseon Dynasty laws. All the theory of laws and principles of codification of the Joseon Dynasty were born during the formation of the 'Six Codes of Administration'.

Although the centralized administrative system of the Joseon Dynasty has received a lot of interest, the study on its codes of law and legislation has not been active until recently. I believe that this study on the 'Six Codes of Administration' will help future studies in this field.

찾아보기

【ㅇ】

【ㅎ】

지은이_
윤훈표 | 연세대학교 국학연구원 연구교수, 연세대학교 사학과 및 대학원 졸업(문학박사). 논저로는 『經濟六典輯錄』(공저), 『麗末鮮初 軍制改革硏究』, 「麗末鮮初 軍事訓鍊體制의 改編」, 「조선전기 군법의 적용과 군령의 운용」 외 다수.

임용한 | 충북대학교 중원문화연구소 연구교수, 연세대학교 사학과 및 대학원(문학석사), 경희대학교 대학원 졸업(문학박사) 논저로는 『經濟六典輯錄』(공저), 『朝鮮前期 守令制와 地方統治』, 「경제육전속집상절의 간행과 그 의의」, 「조선전기 인사고과제의 정비와 운영」 외 다수.

김인호 | 광운대학교 교양학부 교수, 연세대학교 사학과 및 대학원 졸업(문학박사). 논저로는 『經濟六典輯錄』(공저), 『高麗後期 士大夫의 經世論 硏究』, 「정도전의 역사인식과 군주론의 기반-<경제문감>의 분석을 중심으로-」, 「고려의 원률수용과 고려율의 변화」 외 다수.

경제육전과 육전체제의 성립

윤훈표 · 임용한 · 김인호

2007년 11월 1일 초판 1쇄 발행

펴낸이 · 오일주
펴낸곳 · 도서출판 혜안
등록번호 · 제22-471호
등록일자 · 1993년 7월 30일

㊤ 121-836 서울시 마포구 서교동 326-26번지 102호
전화 · 3141-3711~2 / 팩시밀리 · 3141-3710
E-Mail hyeanpub@hanmail.net
ISBN 978 - 89 - 8494 - 324 - 7 93910
값 28,000원